高职高专经管类专业精品教材系列

企业战略管理

冯志强　主编

清华大学出版社
北京

内 容 简 介

本书从高职高专学生的学习实际出发,以企业战略管理的实际工作过程为依据,构建了系统的知识体系,全书共包括十章内容,理论与实践相结合,吸纳了企业战略管理的最新研究成果。本书在具体知识点的介绍中引用了大量典型案例,进行深入浅出的分析;书中穿插大量战略管理模型、插图、表格,使得本书清新活泼,动静结合;每章开始均有名言点出本章主要知识点,增强了趣味性;每章末的本章小结对本章知识进行梳理,思考与练习中的案例分析和实训题,有助于学生发现问题、分析问题、解决问题能力的培养和提高。

本书可作为全国高职高专院校管理、经济、贸易类等相关专业"企业战略管理"课程相应教材使用,也可作为企业人士的参考书。

图书在版编目(CIP)数据

企业战略管理/冯志强主编. —北京:清华大学出版社,2015(2024.8重印)
(高职高专经管类专业精品教材系列)
ISBN 978-7-302-36912-7

Ⅰ.①企… Ⅱ.①冯… Ⅲ.①企业战略—战略管理—高等职业教育—教材 Ⅳ.①F272

中国版本图书馆 CIP 数据核字(2014)第 131420 号

责任编辑:左卫霞
封面设计:傅瑞学
责任校对:刘 静
责任印制:曹婉颖

出版发行:清华大学出版社
　　　　网　　　址:https://www.tup.com.cn,https://www.wqxuetang.com
　　　　地　　　址:北京清华大学学研大厦 A 座　　　　　　邮　　编:100084
　　　　社 总 机:010-83470000　　　　　　　　　　　　　邮　　购:010-62786544
　　　　投稿与读者服务:010-62776969,c-service@tup.tsinghua.edu.cn
　　　　质量反馈:010-62772015,zhiliang@tup.tsinghua.edu.cn
　　　　课件下载:https://www.tup.com.cn,010-62795764
印 装 者:三河市龙大印装有限公司
经　　销:全国新华书店
开　　本:185mm×260mm　　　印　　张:20.75　　　字　　数:477 千字
版　　次:2015 年 1 月第 1 版　　　　　　　　　　　印　　次:2024 年 8 月第 8 次印刷
定　　价:59.00 元

产品编号:059298-03

成大事必备九种能力

摆正心态，敢于面对现实

对于那些不停地抱怨现实恶劣的人来说，不能称心如意的现实，就如同生活的牢笼，既束缚手脚，又束缚身心，因此这些人常屈从于现实的压力，成为懦弱者；而那些真正成大事的人，则敢于挑战现实，在现实中磨炼自己的生存能力，他们就叫强者！在此，我们可以得出一条成大事的经验：适应现实的变化而迅速改变自己的观念，最重要的是需要我们有聪慧的头脑，做生活的有心人。在现实的压力之下，如果你能改变观念，适时而进，可收到事半功倍的效果。我们的自下而上须臾离不开现实，随着现实的变化，我们必须随之调整自己的观念、思想、行动及目标。这是生存的必备条件。如果我们有办法来改变现实，使之适合我们能力和欲望的发展需要，则是最难能可贵的。

拥有过硬的自制能力

自制，就是要克服欲望，不要因为有点压力就心里浮躁，遇到一点不称心的事就大发脾气。一个人除非先控制了自己，否则将无法控制别人。一个人只要有成大事的目标，知道自己想要的，然后采取行动，告诉自己绝对不要放弃，成功只是时间早晚而已。假使你在途中遇上了麻烦或阻碍，你就去面对它、解决它，然后再继续前进，这样问题才不会越积越多。你在一步步向上爬时，千万别对自己说"不"，因为"不"也许导致你决心的动摇，进而放弃你的目标，从而前功尽弃。"人最难战胜的是自己"，这句话的含义是说，一个人成功的最大障碍不是来自于外界，而是来自于自身。只有控制住自己，才能控制住压力，让压力在你面前屈服。

把情感装入理性之盒

一种抵触情绪的产生往往是潜移默化的，但它对人一生的影响却是巨大的，这种影响从诸多小事上体现出来。我们应尽量消除自己的不良情绪，因为它不仅会给我们造成身心上的伤害，而且在我们通往成功的路途上，不良情绪有时会成为绊脚石。为了成功，你必须把情感装入理性之盒，你必须去适应别人，适应形势，不然的话，你注定成不了大事，注定会被淘汰。

独处可以激发思考的力量

成大事者都是善于独处的人——在独处的过程中激发思考的力量。自卑可以像一座大山把人压倒并让人永远沉默，也可以像推进器产生强大的动力。比别人先走一步，能创造一种成功的心境。在独处时，你应当有所思考，不要总人浮于事。

压力是最好的推动力

欲成大事者，因目标高远，压力可能会更大。但若欲成大事，就必须能承受这种压力，把压力当成推进人生的动力。人们最出色的工作往往是在处于逆境的情况下做出的。

以变应变,才有出路

顺应时势,善于变化,及时调整自己的行动方案,这是成大事者适应现实的一种方法。一个人如果没有和人打交道的高超技巧,没有把各种情况都考虑周全的头脑和灵活应变的手段,就根本无法驾驭大的局面,将很难成大事。一个人能看清自己的现状,心态就会平衡许多,就能以一种客观的眼光去看待和认识这个世界,并且相应的调整自己的行为。

自信心是人生的坚强支柱

自信心充足者的适应能力就高,反之则适应能力较低。一般信心不足较严重的人常有一些身心症状,比如孤僻,害怕与人交往,说话过于偏激,悲观失望。如果做事成功的经验越多,那么自信心就越强。自我成功锻炼的机会越少,自信心就越弱,以致产生严重的自卑情绪。19世纪的思想家爱默生说:"相信自己'能',便会攻无不克。"拿破仑说:"在我的字典里没有'不可能'。"

把精力投入到自己的强项上

大多数人的生活层次只停留在:为吃饭而吃、为搭公车而搭、为工作而工作、为了回家而回家。成大事者与不成大事者的差别表现在一些小的方面:每天花5分钟阅读、多打一个电话、多努力一点、在适当时机的一个表示、表演上多费一点心思、多做一些研究,或在实验室中多试验一次。在行动之前你自己就知道你是否足以胜任这一个任务。没有任何借口可以解释你为什么长时间仍然无法胜任一项工作。不论你想追求的是什么,你必须强迫自己增强能力以实现目标。勤加练习,勤加练习,最后还是勤加练习!决不放弃学习,而且一定要将学到的知识运用于日常生活中。

要专心地做好一件事

如果大多数人集中精力专注于一项工作,他们都能把这项工作做得很好。能成大事者的商人是能够迅速而果断地做出决定的人,他们总是首先确定一个明确的目标,并集中精力,专心致志地朝这个目标努力。一次只专心地做一件事,全身心地投入并积极地希望它成功,这样心里就不会感到筋疲力尽。把你需要做的事想象成是一大排抽屉中的一个小抽屉。不要总想着所有的抽屉,而要将精力集中于你已经打开的那个抽屉。每个人为人处世的手段都是不一样的,可以说,一个人就有一种手段,一个人就有一种靠自己手段获得成功的途径。无数事实表明,有些人就是太过于自信,认为自己的手段能够解决任何问题,但不知道这样往往起不到任何作用。因此,他们总觉得离成功的目标不是越来越近,而是越来越远。

成大事还必须具备九种心态:积极向上;勤勉谦恭;诚实守信;敢于挑战;善于合作;知足平衡;乐观豁达;宽厚容忍;永远自信。

成功的企业领袖常以十大金句为伴:承诺于事情的发生而不是它如何发生;承诺于预定的结果而不是执着于常规;愿意向任何难度挑战;愿意修改行动;愿意放下现在我所拥有的;客观事实是最终的权威;清晰的目标与理想,焦点集中于计划;行动的速度是迫切和专注;计划要求完整而细致;自律和坚持。

河南人民广播电台著名节目主持人　陶真

前　言

面对着经济全球化与知识经济的发展,企业战略管理的理论与社会实践不断地创新。全国大多数高等学校特别是高职高专院校经管类专业将"企业战略管理"课程设为核心专业技能课。在高职高专教育强化实践技能理念的指导下,结合编者多年的一线实践教学经验和企事业单位实践工作经验,编写了本书。

本书的编写坚持了传统的经验理念,围绕智力因素展开,即学、思、习、行等条件对"知行统一"过程发生作用,并渗透到博学、审问、慎思、明辨四个阶段中;围绕非智力因素展开,即以情、意为主的条件对"知行统一"过程发生影响与作用,达到立志、乐学、持恒、博学、慎思、自得、笃行的目的。

本书的编写吸纳了职业教育的新理念,比如人本主义教育理论、斯金纳的操作学习理论、皮亚杰建构主义经验理论、布鲁纳认知结构学习理论、加工学习理论、拉斯韦尔的模式、贝罗模式等,达到在知识结构上"知行统一",提高实践工作能力的目的。

本书的特点是理论与实践相结合,从高职高专学生学习的实际出发,系统地介绍了本学科的理论知识点,吸纳了新的研究成果,在内容与知识体系上更加突出实用和创新。本书以企业战略管理的实际工作过程为依据构建了完备的知识体系,在具体知识点的介绍上引用了大量新颖的案例,进行深入浅出的分析,满足不同学生的学习兴趣和求知欲。每章内容的小结,对知识点和技能点进行巩固与提高。每章的案例分析有助于学生发现问题、分析问题、解决问题能力的培养和提高。

本书采用章节体例,共十章,第一章为绪论;第二章和第三章为企业战略分析,包括企业外部环境分析,企业内部环境分析;第四章介绍企业使命与战略目标;第五章至第七章介绍企业总体战略,企业竞争与合作战略,企业职能战略;第八章介绍企业战略评价与选择;第九章和第十章分别介绍企业战略实施、企业战略控制。每章一般有 3～5 节的教学任务。每章开始时使用了启发性、引导性案例,中间是理论、方法、技巧、训练,最后是案例分析,帮助学生提高企业战略管理的能力。本书的特点是大量采用了企业战略管理的模型,把管理方法、管理技巧融会其中,方便教师教学,方便学生掌握企业战略管理实际问题的解决方法与技巧。

本书由河南工业贸易职业学院冯志强、河南人民广播电台著名主持人陶真、南昌职业学院熊晴海、嘉兴职业技术学院陈凌、辽宁经济职业技术学院程云、桂林电子科技大学卢金燕、广州南洋理工职业学院赖简生、湖北生物科技职业学院陈文钦、陕西工商职业学院刘旭颖、四川职业技术学院漆明春、郑州经贸职业学院张亚贞、开封文化艺术职业学院赵占清等,多年从事一线教学的知名教授和骨干教师共同编写完成。本书由冯志强担任主编,陶真、熊晴海、陈凌担任副主编。向老师们的辛勤工作表示最衷心的感谢!

本书在编写过程中,参考了大量文献资料,特向这些文献资料的作者表示深深的谢意! 同时,还得到了各界同仁的大力支持和帮助,在此一并感谢!

由于作者水平有限,书中难免有不妥之处,敬请广大同仁和读者批评指正。

编 者

2014 年 9 月

目 录

第一章 绪论

人无远虑，必有近忧。

——孔子

以天下之目视者，则无不见；以天下之耳听者，则无不闻；以天下之心虑者，则无不知。

——鬼谷子

没有战略的企业就像一艘没有舵的船一样只会在原地转圈，又像个流浪汉一样无家可归。

——[美]乔尔·罗斯

管理工作中最重要的是，做正确的事情，而不是正确地做事。

——[美]彼得·德鲁克

学习目标

※ 掌握企业战略的含义、特点和层次；
※ 了解制订企业战略的必要性与前提条件；
※ 掌握企业战略管理的概念、原则和构成要素；
※ 理解企业战略管理与一般业务管理的区别；
※ 掌握企业战略管理过程中各环节间的关系；
※ 了解企业战略管理者的构成及技能。

案例导入与分析

英特尔公司的产品转型

20 世纪 80 年代中期，计算机存储芯片是英特尔公司的主要业务。而日本的制造商想要占领存储芯片业务，因此相对英特尔以及其他芯片生产商的价格降低了 10%。每一次美国企业在价格上进行回应后，日本生产商就又降低了 10%。针对日本生产商的挑衅性策略，可供英特尔选择的方案有：设计更加高级的存储芯片；撤退到日本生产商不感兴趣的市场上去。最终，英特尔决定放弃存储芯片业务，转而致力于为个人计算机开发更加强大的微处理器。

就战略而言，发展比生存更为重要，英特尔采取其他的选择也可能生存，但是从目前的结果来看，英特尔选择了一种长期的赢利模式和业务。

（资料来源：冯志强.经典的工业贸易思想.北京：燕山出版社，2009）

思考：请结合该材料，谈谈你对企业战略的认识。

分析：从本案例我们可以看到企业战略对企业生存和发展是至关重要的，企业能够经得起考验，健康地生存下来，在于其能够适应环境的变化，谋划好企业的未来，确定科学而清晰的发展战略，找到长期的可持续发展的模式。

　　企业的发展与其他事物一样，也经历着时间与环境的考验。在一部分企业衰亡的同时，也会有一批新的企业产生，但能经得起考验、健康生存下来的企业却为数不多，长寿型企业更是少数。企业成功的秘诀在于其能够适应环境的变化，谋划好企业的未来，拥有科学而清晰的发展战略。没有精心的谋划，就没有科学的战略，没有战略的企业也就没有思路和方向。正如美国未来学家托夫勒所说："没有战略的企业就像在恶劣气候下飞行的飞机。"

1.1　战略与企业战略

1.1.1　战略的含义

　　"战略"(strategic)一词原本是一个军事术语，意译于希腊语 strategos，指基于对战争全局的分析而作出的谋划，即战略就是作战的谋略。而将"战略"一词应用到企业管理中，最初是在巴纳德(C. I. Bernad)的名著《经理人员的职能》一书中。此后在 1965 年美国经济学家安索夫(H. I. Ansoff)所著《公司战略》一书问世后开始被广泛应用。哈佛大学商学院著名教授迈克尔·波特(Michael E. Porter)被誉为"竞争战略之父"，是当今世界上竞争战略理论领域公认的权威。

　　在我国，"战略"一词最早出现于军事领域。从本义上讲，"战"是指战争、战役；"略"是指一个国家或地区疆界，与领土面积有关，后引申为筹划、谋略。综合起来，"战略"就是指对战争、战役的总体谋划与部署。《孙子兵法》是我国古代较早对战争进行全局谋划的战略研究著作，它从战略及战术上阐述了如何把握战争全局，赢得战争的胜利。它对中国古代的军事文化影响深远，被誉为"兵学圣典"，孕育出了历史上的无数名将。后来，《孙子兵法》被运用于社会其他领域；同时，它不仅在中国得到了广泛的运用，而且在其他国家和地区也得到了认可和应用。在全球经济快速发展和市场竞争日益激烈的今天，企业的发展需要汲取多方面的文化营养，需要有更加科学的竞争理念和策略。目前，中国、日本、韩国、东南亚各国、美国和西欧等许多国家和地区成立了《孙子兵法》研究机构，致力于挖掘《孙子兵法》所蕴含的思想理念，以制订更加高明的竞争策略。

1.1.2　企业战略概述

1. 企业战略的含义

　　企业战略是指企业为了适应未来环境的变化而把战略的思想和理论应用到企业管理当中，寻求长期生存和稳定发展而制订的总体性和长远性的谋划。这种谋划是企业家能力、企业组织、企业文化、企业核心能力四种能力的聚合与协同，反映了企业生存、竞争、发展的高级管理水平，如图 1-1 所示。

　　根据企业战略的上述概念，可以清楚地看到，企业战略不同于企业中的一般计划，它是企业高层领导为企业的发展描绘出的一张发展蓝图，是企业未来发展的依据，是企业生产经营活动的总纲。在企业的发展过程中，经营环境会发生大的变化，充满着许多变

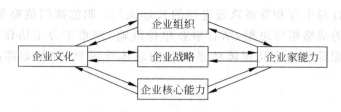

图 1-1 企业战略模型

数,风险与机会难以预料,因此,企业战略的宗旨就是适应未来战略期内的环境变化,保持企业外部环境、自身实力和战略目标三者之间的动态平衡,实现企业的健康发展。

2. 企业战略的特点

企业战略作为指导企业发展的总纲,一般具有以下六个方面的特点。

（1）指导性

企业战略界定了企业的经营方向、远景目标,明确了企业的经营方针和行动指南,并筹划了实现目标的发展轨迹及指导性的措施、对策,在企业经营管理活动中起着导向的作用。

（2）全局性

企业战略以企业全局为研究对象,确定的是企业的总目标,规定的是企业的总行动,追求的是企业的总效果。它研究的问题既不是某个单一的问题,也不是包罗万象的系统,而是关系企业发展和生死存亡的关键问题,如投资方向问题、市场营销问题、产品生产质量问题等。因此,全局性是企业战略的最根本特征。

（3）长远性

"今天的努力是为了明天的收获","人无远虑、必有近忧"。首先,企业战略应兼顾短期利益,着眼于长期生存和长远发展的思考,确立远景目标,并谋划实现远景目标的发展轨迹及宏观管理的措施、对策。其次,围绕远景目标,企业战略必须经历一个持续、长远的奋斗过程,除根据市场变化进行必要的调整外,制订的战略通常不能朝令夕改,应具有长期的稳定性。

（4）竞争性

竞争是市场经济不可回避的现实,也正是因为有了竞争才确立了"战略"在经营管理中的主导地位。面对竞争,企业战略需要进行内外环境分析,明确自身的资源优势,通过设计适当的经营模式,形成特色经营,增强企业的对抗性和战斗力,推动企业长远、健康地发展。

（5）系统性

立足长远发展,企业战略确立了远景目标,并需围绕远景目标设立阶段目标及各阶段目标实现的经营策略,以构成一个环环相扣的战略目标体系。同时,企业战略需由决策层战略、事业单位战略、职能部门战略三个层级构成一体。决策层战略是企业总体的指导性战略,决定了企业经营方针、投资规模、经营方向和远景目标等战略要素,是战略的核心(本书所讲解的企业战略主要属于决策层战略);事业单位战略是企业独立核算经营单位或相对独立的经营单位,遵照决策层的战略指导思想,通过竞争环境分析,侧重于市场与产品,对自身生存和发展轨迹进行的长远谋划;职能部门战略是企业各职能部门,遵照决策层的战略指导思想,结合事业单位战略,侧重于分工协作,对本部门的长远目标、资源调配等战略支持保障体系进行的总体性谋划,如策划部战略、采购部战略等。

（6）风险性

企业战略着眼于企业未来的发展,要求战略的制订者能准确洞察未来环境中的变化,而未来环境与企业当前所处的环境可能有很大差异,甚至大相径庭。在从现在的环境向未来环境转化的过程中,有规律性的变化因素是可以把握的,但无规律性的变化因素则难以把握。因此,如果制订战略时对未来环境变化的预测较为准确,就能较为顺利地实现战略目标,为企业带来丰厚的利润;相反,如果对未来环境的预测和把握出现较大的误差或失误,就会为企业带来巨大的风险。因此,企业战略是一把双刃剑,利润与风险同在,成功与失败共存。

3. 企业战略的层次

企业战略是一个庞大复杂的系统,可以分解为不同层次的子系统。一般来讲,企业经营战略包括三个层次:第一层次是公司战略(又称企业总体战略),第二层次是企业竞争战略(又称基本战略或通用战略),第三层次是职能战略(又称分战略)。公司在制订总体战略时要考虑下一层次的情况,而下一层次的战略应服从和体现上一层次的战略意图,如图1-2所示。

图 1-2　企业战略层次

（1）公司战略（企业总体战略）——第一层次

公司战略是指在对企业内外环境进行深入调查研究的基础上,对市场需求、竞争状况、资源供应、企业实力、国家政策、社会需求等主要因素进行综合分析后所确定的谋划和指导企业全局和长远发展的方略。

总体战略依据不同的方式可以分为不同的类型。

① 按照企业所处的经营态势不同,企业战略可分为发展型战略、稳定型战略和紧缩型战略。

② 按照企业经营领域不同,企业战略可分为专业化战略和多元化战略。

③ 按照企业制订经营战略的主客观条件不同,企业战略可分为保守型战略、可靠型战略和风险型战略。

④ 按照企业资源配置和增长方式不同,战略可分为粗放型战略和集约型战略。

（2）企业竞争战略——第二层次

企业竞争战略又称为基本战略或通用战略,是指在行业竞争中,企业通过营造显著的竞争优势,以保持在行业中的有利竞争地位,取得理想经营业绩的战略。企业竞争战略有成本领先战略、差异化战略和集中战略三种。企业竞争战略是限定在一定业务范围内的战略,不同业务间的竞争战略不同。企业可以根据实际情况,对不同的经营业务制订相应的竞争战略。

① 成本领先战略。成本领先战略又称为低成本战略,是指通过产品低成本的优势提高企业的竞争地位,增强竞争实力,获取超过行业平均利润的超额利润的竞争战略。成本领先战略适合于产品差异性小、同质化程度高、以价格竞争为主的行业,如石油、煤炭、水泥、钢材和化工产品等。

② 差异化战略。差异化战略又称为标新立异战略,是指通过差异化的途径获取竞争优势、实现企业战略目标的竞争战略。差异化战略适合于产品差异性大、以特色竞争为主的行业,如餐饮、食品、服装和家电等。差异化战略的核心是特色经营。特色经营的产品可以高价销售,因此,企业可以获得高额利润。企业提供的特色必须是顾客所欢迎的,否则,就会弄巧成拙。

③ 集中战略。集中战略又称重点战略,是指通过集中企业资源,为少部分特殊顾客提供特殊产品或服务的竞争战略。实施该战略的企业一般是行业中的中小型企业,这些企业无力与行业中的大企业抗衡,而是根据自身特点选择行业市场中一小部分特殊的顾客作为目标市场。并且,在其目标市场上,企业往往会独占经营,与顾客建立良好的关系,获得较为可观的经济效益。

（3）职能战略——第三层次

职能战略也叫分战略,是指为了保证企业总体战略和经营单位战略的实现,运用各种专业的职能,使企业开展的经营活动更加有效地适应内外环境的要求所制订的长远性谋划和方略。职能战略的重点是提高企业资源的利用效率,使企业资源的利用效率最大化。职能战略一般可分为市场营销战略、人力资源战略、财务战略、生产战略、研究与开发战略、公关战略等。

单一业务企业的战略结构,如图1-3所示。

图1-3 单一业务企业的战略结构

跨行业经营的企业的战略结构,如图1-4所示。

企业各层次的企业战略的关系,如图1-5所示。

企业战略管理的三个层次管理理论的关系,如图1-6所示。

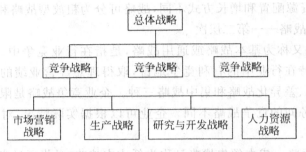

图 1-4 跨行业经营企业的战略结构

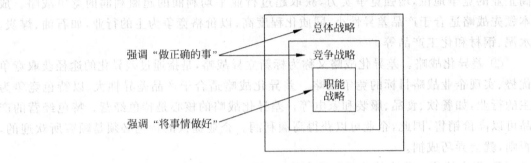

图 1-5 企业中的战略层次

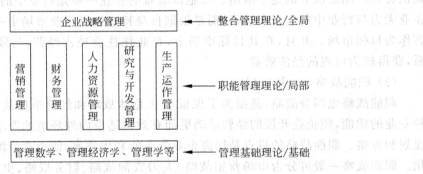

图 1-6 三个层次管理理论的关系

4．制订企业战略的必要性及前提条件

（1）制订企业战略的必要性

制订企业战略的必要性主要有以下三点。

① 适应未来环境变化。适应未来环境变化是企业制订战略的根本原因。企业在发展的不同时期面临的环境不同。一般情况下,企业经历的历史环境和现实环境与未来环境相比较,历史环境最简单,未来环境最复杂,现实环境介于两者之间。简单环境是指环境中有利于企业发展的机会较少,不利于企业发展的风险也较少,企业的生存环境相对安逸。在这种环境下,企业的发展相对稳定。复杂环境是指环境中的机会多,风险也较多,企业要想实现发展,就必须发挥自身的竞争优势,更好地利用环境中的机会和规避风险。

② 适应激烈的市场竞争。市场竞争的激烈化也是企业制订战略的重要原因。随着

社会的发展,市场竞争的范围、规则和频率等都在发生着重大变化。过去企业竞争的范围和焦点主要集中在产品上,着重突出产品质量的竞争;而现在的竞争范围和焦点除了产品自身的质量外,重点体现在产品设计、产品服务、企业形象及企业文化等方面,竞争的范围更加广泛。随着世界经济一体化及全球信息化的快速发展,企业之间的竞争规则也在发生着深刻的变化。过去竞争强调的是实力,是"大鱼吃小鱼";而现今企业竞争强调的是速度,是"快鱼吃慢鱼"。大企业也可能因一时的疏忽大意而被淘汰,名不见经传的小企业也可能因抓住机遇而一举成名。现在企业间竞争的频率明显比过去快,各企业的竞争意识和竞争实力明显增强,竞争之前的准备工作较为充分,一旦有竞争对手向其发起挑战,企业会以最快的速度予以回应。所有这些变化,都加剧了市场竞争的激烈程度。企业只有制订科学的企业战略,提高战略实力,才能适应这种竞争形势。

③ 适应多元化的市场需求。随着社会的发展,顾客的消费意识日渐提高,消费形式日趋多元化。社会进步、经济增长和文化繁荣促使广大消费者在购买商品时,尽可能张扬出自己的消费个性。因此,可以看到,在服装、食品、家庭装饰和化妆品等领域需求多元化的趋势更为突出,甚至现在同质化程度较高的汽车、住房和家电等产品,在今后的发展中也将趋向于多元化。因此,企业只有准确预测和把握消费者需求的发展趋向,积极实施产品多元化战略,研发出更多形式不同、个性鲜明的产品,才能满足消费者不断发展的多元化市场需求。

(2) 制订企业战略的前提条件

制订企业战略的前提条件主要有以下四个。

① 独立的经营自主权。企业只有拥有独立的经营自主权,成为自主经营、自负盈亏、自我发展、自我约束的法人实体,才能更好地具备发展的积极性、主动性和创造性,才能更好地谋划企业的未来发展,才能应对激烈的竞争和严峻的挑战。如果一个企业不是独立的法人实体,对企业的未来发展就缺乏责任感,就会存在惰性和保守思想,从而严重制约企业的成长。20世纪90年代初以后,伴随着社会主义市场经济的建立和一系列促进企业经营机制改革政策的出台,我国企业逐步从传统的计划经济体制中走出来,根据现代企业制度的要求进行企业制度改革,使企业真正成为独立的法人实体。

② 正常的经营管理秩序。一个企业要制订战略,必须具备正常的经营状态。如果企业处于停产状态或破产了,制订企业战略就无从谈起。如果一个企业的经营处于混乱状态,员工思想涣散,无组织、无纪律,也无法制订企业战略。因此,只有企业的产、供、销系统正常运转,具备正常的经营管理秩序,才可以制订可行的企业战略。

③ 开放的企业运营系统。企业制订战略依赖于来自宏观环境、行业环境和企业经营实力方面的资源和信息。现代企业的发展必须依赖环境的支持。只有从环境中吸收各种经营要素,利用环境中的机会,企业才能具备成功经营的基本条件。因此,企业坚持开放思维、开阔视野、求实创新,积极挖掘环境中的各种有利资源,辨别与利用环境中的机会,是制订企业战略的必要条件。在主观臆断、封闭保守的形势下,企业不可能制订出科学的企业战略。

④ 开拓进取的企业领导和高素质的员工队伍。企业领导是企业战略的构思者、制订者、实践者和管理者。一个企业发展得好与坏,与企业领导尤其是企业一把手的关系很

密切。如果企业领导是开拓进取型的,敢于挑战、善于管理、勇于创新,具有强烈的发展欲望,那么,企业制订战略的动力就很大,企业的战略目标就易于实现;相反,如果一个企业的领导因循守旧、墨守成规,缺乏迎接挑战的勇气和胆识,没有更高的发展目标,那么,企业就会缺乏制订企业战略的动力,只能在低水平徘徊。另外,高素质的员工队伍是企业实力的核心,也是制订和实施企业战略的必要保障。

1.2 企业战略管理的模型

企业战略就是"企业竞争的谋略",是关于企业长远发展的全局性谋划,是战略在企业这一特定组织领域的具体应用。因而,企业战略具有战略的一般性特征,如对抗性、长远性、全局性等。但是,企业战略与一般战略的不同之处在于,企业间还存在"合作"关系。

1.2.1 企业战略是市场竞争的产物

没有市场竞争就没有企业战略。市场竞争越激烈,战略的地位就越高;反之亦然。原因在于,在完全垄断情形下,企业完全可以凭借垄断地位取得高额利润,没有进行战略规划的动力;在完全竞争情形下,企业对市场竞争不能施加有效影响,因而也没有进行战略规划的必要。只有当市场态势处于完全垄断与完全竞争之间的状态时,即垄断竞争与寡头垄断情形,企业之间的竞争才会迫使企业重视战略规划。企业战略与市场竞争的关系如图1-7所示。

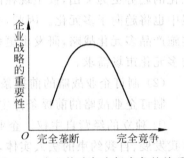

图 1-7 企业战略与市场竞争的关系

实际上,我国企业近年来之所以越来越重视企业战略,根本原因就在于市场竞争的加剧。可以预见,随着我国市场的进一步对外开放以及经济全球化趋势的深入,市场竞争必将更加激烈,企业战略也将为更多的企业所认可与重视。

1.2.2 企业战略与企业所有权

企业战略是涉及企业长远发展问题的规划。这意味着,企业管理者的"战略眼光"主要体现在所做决策符合企业的长远发展。不难理解,倘若企业管理者仅仅是企业的一个短期"打工仔",企业的长远发展往往与其谋求自身利益最大化的动机不符,甚至有可能出现"前人栽树,后人乘凉"的后果。因而,企业管理者往往更喜欢采取短期行为,而不重视企业的战略管理。或许,这也是当前我国很多企业,尤其是国有企业对战略问题重视不够,而私营企业则相对重视的原因所在。

1.2.3 企业战略与企业间合作

企业之间有竞争,也有合作,两者都是市场分工的必然结果与要求。经济学鼻祖亚当·斯密曾论证,一国或地区的经济增长主要是劳动分工的结果,而劳动分工必然要求分工者之间的竞争与合作。原因在于,只有竞争,分工才能够不断深化;只有合作,随着分工日益"异化"的分工者才能生存。企业是市场中的一个分工承担者。为了自身生存,不同企业都要争取消费者,否则,企业便无法生存,这必将导致企业之间的激烈竞争。此外,随着分工的深化,企业的功能也将越来越多地"外包"给其他企业,成为一个只拥有"核心能力"的单位,从而使企业之间的合作成为事关生死存亡的关键因素。应该强调的是,市场分工是一个核心能力的回归过程。不难理解,在市场初期,每一个企业都可能是"全能企业",生产、物流、营销、服务等各种职能集于一身,但是,随着分工的深化,企业必须把一些职能分离出去,只保留一些自身的核心能力。这是因为,倘若企业依然保留所有核心能力与非核心能力职能,在与其他具有核心能力的企业竞争中,必然处于竞争劣势。所以,随着市场分工的深化,企业也将越来越集中于自身的核心能力,企业之间的竞争也将主要集中在核心能力竞争。

1.2.4 管理与企业战略管理

企业战略管理是企业如何选择竞争领域与企业成长路径,谋求与维持竞争优势,实现企业生存与发展的动态管理过程。

1. 企业战略管理与企业战略

企业战略管理不同于企业战略。企业战略实质上是企业的一种"谋划或方案",而战略管理则是对企业战略的一种"管理",具体来说就是对企业的"谋划或方案"的制订、实施与控制。明确这两者之间的关系与区别相当重要。对于企业界而言,有助于更好地加强战略管理;对于理论界而言,则有助于纠正目前因混淆两者而把许多教科书弄得"令人糊涂"的现状——说是战略管理实际上却在大谈企业战略,说是企业战略则又有些许战略管理的迹象,如图1-8所示。

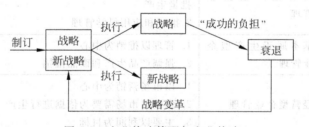

图 1-8 企业战略管理与企业战略

可以用一句话把战略管理讲清楚,即扬长避短、趋利避害,不断通过战略性投资和整体化运作提升企业的核心竞争能力。这句话说明战略管理思想精粹由两部分构成。前半句话"扬长避短、趋利避害"是从静态的角度来看战略管理的,往往从短期来看,企业需要扬长避短、趋利避害。后半句话"不断通过战略性投资和整体化运作提升企业的核心竞争能力"。是从动态的角度来看战略管理的,强调补短。这种补短是通过战略投资(强调在某一方面集中地和长期地投资)和整体化运作(强调一加一大于二的协同效应以提高补短的效率)来实现的。

2. 企业战略管理与生产管理、经营管理的区别

企业战略管理与经营管理有着密切的联系。一方面,企业战略管理规定了经营管理的方向;另一方面,企业战略管理是通过一系列的经营管理来实现的。

生产管理关注的是企业内部生产现场,其核心问题是"投入如何转化为产出"。经营管理关注的则是企业的投入与产出,其核心问题是"企业如何满足当前的市场需求"。与两者不同,企业战略管理关注的是企业未来的投入与未来的产出,其核心问题是"企业的未来是什么"。因此,企业战略管理实质是一种"面向未来的管理"。显而易见,"视野"不同是这几个管理范畴的最大区别,见表1-1。

表1-1 生产管理、经营管理、战略管理的区别

未来的投入	投入	生产现场	产出	未来的产出
		←—— 生产管理 ——→		
	←——————— 经营管理 ——————→			
←—————————————————— 战略管理 ——————————————————→				

经营型企业管理与战略型企业管理的区别,见表1-2。

表1-2 经营型企业管理与战略型企业管理的区别

经营导向	管理属性	特点	管理者
以经验为导向	经验管理	1. 手工业生产转化为大机器生产 2. 市场竞争观念十分淡薄 3. 管理主要由企业主直接控制	经验型企业家
以生产为导向	典型生产型企业管理	1. 管理以生产为中心,强调品种单一和批量生产 2. 推广和应用科学管理	生产管理专家
	基本属于生产型企业管理	1. 管理以推销为中心 2. 强调产品生产和商品推销	生产管理专家、推销专家
以市场为导向	经营型企业管理	1. 以市场营销为中心 2. 强调以市场需要为依据进行生产 3. 主要以利润为目标	市场经营专家
	战略型企业管理	1. 以战略管理为中心 2. 谋求企业长期生存和稳定发展	战略家、现代企业家

3. 企业战略管理与经营管理的联系

企业战略管理与经营管理有着密切的联系。一方面,企业战略管理规定了经营管理的方向;另一方面,企业战略管理是通过一系列的经营管理来实现的。换言之,没有正确的战略管理,企业的经营管理有可能迷失方向,没有配套的经营管理,企业战略管理有可能沦为"空想"。所以,战略管理规定了企业如何做正确的事情(do right thing),经营管理则规定了企业如何正确地做事情(do thing right),如图1-9所示。

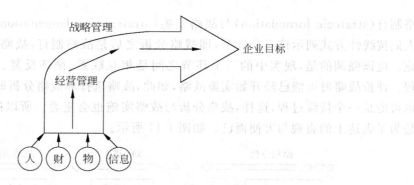

图 1-9　企业战略管理与经营管理的联系

1.2.5　战略体系与模型

1. 战略体系

由上可见,公司战略、竞争战略与职能战略一起构成了企业战略体系。设计战略体系的目的,是为了使企业高层管理人员明确认识战略的层次以及各层次之间的关系,以便根据公司整体的情况和公司内各部门和各单位的经营业务实际,制订符合各种实际情况的不同战略,进而有效地实施战略管理,增进企业的战略竞争能力。企业战略体系的主要内容,如图 1-10 所示。

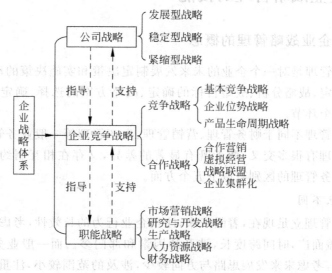

图 1-10　企业战略体系主要内容

从图 1-11 可以看出,企业战略的各个层次之间相互联系、相互配合。企业每一层次的战略都构成下一层次的战略环境,同时,低一级的战略又为上一级战略目标的实现提供保障和支持。所以,一个企业要想实现其总体战略目标,必须把三个层次的战略结合起来。

2. 战略管理模型

战略管理过程(strategic management process)包括战略分析(strategic analysis)、战

略制订(strategic formulation)与战略实施(strategic implementation)三个环节。通常,人们按线性方式列示这三个环节,即战略分析之后是战略制订,战略制订之后是战略实施。应该强调的是,现实中的三个环节之间是相互联系、循环反复、不断完善的一个过程。评价战略时可能已经开始实施战略,如此,战略选择和战略分析就会重叠;战略分析也可能是一个持续过程,这样,战略分析与战略实施也会重叠。所以按线性方式表示,只是为了表达上的直观与方便而已。如图1-11所示。

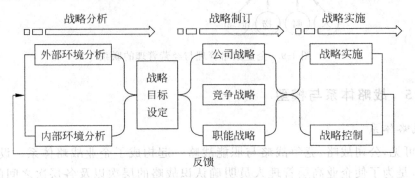

图1-11 战略管理模型

1.3 企业战略管理的技能

1.3.1 企业战略管理的概念

企业战略管理是对一个企业的未来发展制定决策和实施决策的动态管理过程,包括企业使命的确定、战略分析、战略目标的确定、战略方案的选择、确定职能战略和战略的实施与控制几个环节。

企业战略管理不同于财务管理、营销管理、生产管理等一般业务管理,企业战略管理与一般业务管理有很多交叉,两者既有显著的差异,又存在相互制约的关系。企业战略管理与一般业务管理的区别有以下五个方面。

1. 着眼点不同

企业战略管理立足现在,着眼未来,注重企业行为的长效性,考虑的是企业的发展前途与方向,覆盖面广,时间跨度长,涉及的因素和部门多。而一般业务管理是立足现在,解决目前问题,考虑未来发展思路与方向较少,涉及的范围较小,注重对企业活动的过程控制。

2. 复杂程度不同

企业战略管理包括许多环节,面临的问题较为复杂,需要企业各部门通力协作、密切配合、协调一致,整合企业各方力量和资源,才能确保企业战略目标的实现。而一般业务管理如生产运营管理、财务管理、营销管理等,所涉及的工作相对简单。

3. 涉及范围不同

企业战略管理所涉及的问题是关系企业全局的大问题,关系到企业的生死存亡,意义深远。而一般业务管理所涉及的问题范围相对较小,而且一般业务管理对企业来说较易控制,工作较为程序化。

4. 时间期限不同

企业战略管理时间跨度大、周期长,一般是 3~5 年,甚至更长。而一般业务管理的时间跨度短,一般是 1~2 年。

5. 面临的环境不同

企业战略管理面临的是复杂多变的未来环境,环境中机会与风险并存,并且环境中充斥着大量的不确定性因素,增加了企业管理的难度。而一般业务管理面临的是相对简单、明确的现实环境,企业对策和措施的针对性较强。

虽然企业战略管理与一般业务管理存在不同之处,但两者又密不可分。企业战略管理为一般业务管理提供了方向和思路,对一般业务管理具有指导作用。一般业务管理是企业战略管理成功的保障,影响着企业战略的细节。

1.3.2 企业战略管理的原则

企业战略管理有助于企业走向成功之路,但是不正确的战略管理有时会适得其反。因此,战略管理要遵循科学的原则。

1. 适应环境原则

来自环境的影响力在很大程度上会影响企业的经营目标和发展方向。战略的制订一定要关注企业与其所处的外部环境的适应性。

2. 全程管理原则

战略是一个过程,包括战略的制订、实施、控制与评价。在这个过程中,各个阶段是互为支持、互为补充的,忽略其中任何一个阶段,企业战略管理都不可能成功。

3. 整体最优原则

战略管理将企业视为一个整体来处理,强调整体最优,而不是局部最优。战略管理不强调企业某一个局部或部门的重要性,而是通过制订企业的宗旨、目标协调各单位、各部门的活动,使其形成合力。

4. 全员参与原则

由于战略管理是全局性的,并且有一个制订、实施、控制和修订的全过程,所以战略管理绝不仅仅是企业领导和战略管理部门的事,在战略管理的全过程中,企业全体员工都将参与。

5. 反馈修正原则

战略管理涉及的时间跨度较大,一般在五年以上。战略的实施过程通常分为多个阶段,因此需要分步骤地实施整体战略。在战略实施过程中,环境因素可能会发生变化。此时,企业只有不断地跟踪反馈方能保证战略的适应性。

6. 从外往里原则

卓越的战略制定是从外往里而不是从里往外。首先分析宏观环境,分析行业环境,寻找机会与威胁因素;然后分析企业内部环境,发现自身的优势和劣势,搜寻企业发展战略,以便进行企业战略管理。

1.3.3 企业战略管理的要素

安索夫在其著作《公司战略》一书中,把企业战略管理要素概括为四个方面,即产品与市场领域、成长方向、竞争优势和协同作用。他认为这四种要素可以在企业中产生一种合力,形成企业的共同经营主线。所谓共同经营主线是指企业目前的产品与市场组合和未来的产品与市场组合之间的关联。企业在制订战略时,应当从产品、技术以及市场营销等方面的类似性,为企业确定出一条共同经营主线。

1. 产品与市场领域

产品与市场领域是指在企业战略中要描述清楚现在企业生产经营的产品类型,这些产品服务的顾客是谁,其市场范围多大;将来企业生产经营的产品类型,这些产品服务的顾客是谁,其市场范围多大。并且,要明确现在企业产品与市场领域和未来产品与市场领域之间的联系。安索夫把这种联系称为"共同的经营主线"。企业只有遵循这条"共同的经营主线",才能实现更好的发展。因此,在一般情况下,无论汽车厂的产品结构如何变化,只能在汽车制造及其相关行业内寻求发展空间,食品生产企业只能在食品及相关的行业内寻求发展,不可能跨度太大,这就是"共同的经营主线"的作用。

2. 成长方向

成长方向是指在上述产品与市场领域,企业的经营活动应该向什么方向发展。安索夫根据企业现有的产品、市场和将来发展的新产品、新市场的组合,指出企业可以采取以下四个方向发展的战略。

(1) 市场渗透战略,即这是由现有产品领域与现有市场领域组合而产生的一种企业成长战略。

(2) 市场开发战略,即是由现有产品领域和新市场领域组合而产生的一种企业成长战略。

(3) 产品开发战略,即是通过向现有市场投放新产品、改良产品或追加不同规格的产品,实现扩大销售额和市场占有率的成长战略。

(4) 多元化战略,即是由新产品领域和新市场领域组合而产生的成长战略,它是通过向未曾涉足的新市场投放新产品,开发新的经营领域而使企业获得发展的战略。

3. 竞争优势

竞争优势是指企业在与同行业企业竞争时所表现出来的优势项目或强项,它反映了企业的竞争实力,决定了企业在行业中的竞争地位,决定了企业的经营业绩。在制订企业战略时,必须明确本企业的竞争优势和竞争对手的竞争优势,以便达到"知己知彼,百战不殆"的效果。竞争优势的形式是多元化的。常见的竞争优势有低成本优势、技术优势、生产优势、品牌优势、资源优势和服务优势等。不同企业的竞争优势一般是不同的。

4. 协同作用

协同作用指明了一种联合作用的效果,指若干因素的有效组合可以比各个因素单独作用产生更大的效果,也就是可以取得 $1+1>2$ 的效果。企业中的这种协同作用可以表现在多个方面。

(1)销售协同。销售协同即企业利用共同的销售渠道、共同的销售组织和共同的产品品牌以及市场资源等来提高产品的销售业绩。

(2)生产协同。生产协同即两家或几家企业共用现有的生产技术、设备、人员及费用等生产资源,从而为各家企业带来低成本、高效益的经营效果。

(3)管理协同。管理协同即企业充分发挥管理系统的作用,特别是通过各级管理人员的通力合作而产生的协同效应。例如,企业集团、企业战略联盟就属于管理协同。

上述四个战略管理要素是相辅相成,互不排斥的,共同构成了企业战略的内核。产品与市场领域明确了企业寻求获利能力的范围;成长方向明确了这种范围的扩展方向;竞争优势是企业获利能力的保证;协同效应则是企业获利能力实现的"加速器"。

1.3.4 企业战略管理的过程

企业战略管理过程可分为确定企业使命、战略分析、确定战略目标、选择战略方案、确定职能战略和战略的实施与控制几个环节,如图 1-12 所示。

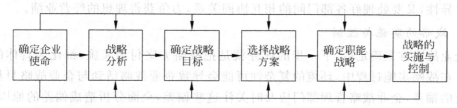

图 1-12 企业战略管理过程

1. 确定企业使命

企业使命反映了企业的经营理念和价值取向,代表了企业的战略思想。企业使命的确定是企业战略管理过程的第一步,需要在认真调查的基础上,综合考虑社会发展及企业的历史、文化、产品、技术和人员等多方面因素,集思广益,形成较为科学的企业使命。企业使命的确定要求企业决策者不仅要具备一定的专业技术知识、丰富的实践经验和全面的工作能力,而且必须具备较强的战略思维能力。战略思维不同于一般的思维方式,主要有三大特征。

第一是系统型思维,即要全方位、多角度地去观察事物和分析问题,企业战略活动的层次性要清晰。第二是超前型思维,即决策者要具备预测和把握事物发展的能力,能想到别人前面,做到别人前面。第三是创新型思维,即决策者要具备敢于冒险的开拓创新精神,敢为天下先、不拘泥于陈规陋习和传统的思维方式。

2. 战略分析

战略分析是指战略环境分析,包括企业外部环境分析和企业内部环境分析两方面内容。其中,外部环境分析包括宏观环境分析和行业环境分析两部分,内部环境分析是指企业实力分析。战略环境分析的任务是分析外部环境中的机会与威胁,分析企业的优势与劣势,从而确保企业战略目标的实现。

3. 确定战略目标

在企业战略环境分析之后,就要依据企业使命的要求,明确企业的经营哲学,体现企业的经营宗旨,科学地描绘出企业战略期内的发展目标,向社会及全体员工展示出企业发展的雄心和蓝图,以提升企业的社会形象和企业的凝聚力。企业使命是抽象的,企业战略目标是直观的。

4. 选择战略方案

在确定战略目标以后,企业就要组织构思实现战略目标的可行方案了。企业决策者可根据企业的实际状况和未来环境可能出现的变化情况,选择最科学的战略方案,为战略的实施提供依据。战略决策关系着企业的未来发展,关系着企业的生死存亡,决策者一定要坚持民主、科学、创新与协作的原则,做出正确的预测、评价与决策。

5. 确定职能战略

战略方案确定以后,企业要根据战略方案的要求设计市场、营销、财务、生产、研发、人力资源、企业文化与企业形象等各职能战略,把企业总体战略目标分解到各职能战略中去,以保证企业总体战略目标的顺利实现。在确定企业职能战略时,既要考虑到各部门的差异性,又要处理好各部门间的相互协同关系,力争获得理想的经营业绩。

6. 战略的实施与控制

企业战略方案确定后,下一步的任务就是把战略方案付诸实施,细化为具体的战略活动。在战略实施过程中,环境的复杂性可能会导致企业战略活动与企业战略目标间存在一定的偏差,企业战略管理部门应及时关注这些偏差,全面分析造成偏差的原因,及时采取有力措施,努力缩小偏差范围。但企业战略决策形成以后,也不是一成不变的。如果环境中出现了大的风险,如战争、突发事件和自然灾害等,导致企业战略目标难以实现,企业就可以采取终止或转移的措施,以避免遭受更大的损失。

1.3.5 企业战略管理者的构成及其技能

1. 企业战略管理者的构成

企业战略管理者的构成因企业的性质不同而不同。由于公司制企业的法人治理结构比较科学、规范,已形成一套较为完善的战略管理机制。因此,本书将以公司制企业为例介绍企业战略管理者的构成。

对公司制企业,战略管理者通常包括企业的董事会、高层管理者、中层管理者、非正式组织的领导、战略管理部门以及公司内外专家。其中,董事会和高层管理者起关键作用。

(1) 董事会

董事会是有限公司或股份公司的最高权力机构,是一个由董事组成的集体决策机构,是公司的人格化,对外代表公司,对内代表股东或组成公司的各单位。通常设有董事长一名,副董事长若干名,有的公司还设有常务董事若干名。

从战略管理的角度讲,董事会具有三项主要的任务。

① 提出企业的使命,为企业高层管理者划定战略选择的具体范围。

② 审批企业高层管理者的建议、决策、行动,为他们提出忠告和建议,提出具体的改进措施。

③ 董事会通过它的委员会监视企业内外环境的变化,并提醒企业高层管理者注意这些变化将会给企业造成的影响。

（2）高层管理者

高层管理者是指公司的总经理、副总经理、总经济师、总会计师。企业高层管理者负责制订战略规划和管理战略规划过程。为了确定企业的使命,建立企业的目标,制订企业的战略和政策,企业高层管理者必须从长远的角度看问题。企业各级管理者分配在企业战略规划上的时间因其在企业内的地位不同而异,其中企业总经理的大部分时间是用于考虑企业今后 2～4 年的发展,而部门经理则集中精力考虑今后 3～6 个月内的工作。

高层管理者在实施企业战略的过程中具有以下三方面的特征。

① 高层管理者为他人树立了追求的榜样。他们对企业的目标和活动有着十分明确的态度和价值观,并在其言行上与他人进行不断的交流。

② 高层管理者为企业制订卓越的目标。他们能够超越日常工作的范围考虑企业的前途,并赋予企业各种活动和员工的工作以新的含义,使他们能够透过自己的工作看到企业整体的利益。

③ 高层管理者为其下属和企业员工设立较高工作目标的同时,对员工实现这些目标表现出充分的信心。

（3）中层管理者

中层管理者位于组织的中间层次,负责业务单位和重要部门的活动。部门主管、分部经理和质量控制经理以及研究实验室主管都是中层管理者的例子。典型的中层管理者下面还常常有 2～3 层管理人员,主要负责实施高层管理者制订的总体战略与政策,一般关心较短一段时间的问题,需要与组织中的同僚建立良好的关系,并鼓励团队合作和解决冲突。

现代企业日益强调中层管理者参与战略管理。但是中层管理者参与战略管理存在局限性,体现在以下几个方面。

① 战略管理方面的理论与技术掌握得不多。

② 倾向于站在部门角度而不是公司的角度提出问题和进行决策。

③ 可用于战略思考的时间有限。

（4）非正式组织的领导者

企业是一个包括了许多子系统在内的正式组织,但也有各种非正式组织存在。这些非正式组织对企业战略的制订具有重要影响。这种影响的大小同时取决于企业正式领导者的领导方式和非正式组织领导者的影响力。在决定企业宗旨、目标、战略和政策过程中,企业内部总是有各种不同的意见,这些意见反映了企业内部的各种不同利益。最后,战略制订的过程变成各种利益集团讨价还价的过程,而经妥协产生的决策往往是次优的。因此,如果企业管理者能够重视非正式组织的领导者,通过与其充分沟通和引导,或采取其他有效措施,使非正式组织的领导者参与到企业战略管理中来,支持企业战略的制订、实施和控制,这将有助于企业战略管理的成功。

（5）战略管理部门

战略管理部门（战略研究部、企划部、规划部）是专门负责战略管理的职能部门，主要有以下几方面的职能。

① 监测企业内外部环境变化、关注行业及技术发展动态，负责收集相关信息并进行分析。

② 就企业发展战略的重大问题进行专题研究。

③ 负责起草企业发展战略方案。

④ 监督战略执行情况并向上级汇报。

（6）公司内外专家

公司内外专家在一定程度上参与企业的战略管理，一般由以下人员组成。

① 行业权威人士。

② 大学或研究机构专业人员。

③ 政府官员。

④ 社会名流。

⑤ 咨询公司专家。

总之，企业的各种不同的战略管理者之中，董事会和企业高层管理者最为重要。只有在董事会和高层管理者都积极参与和相互合作的情况下，企业战略管理才会成功。

2．企业战略管理者的技能

美国学者罗伯特·卡茨将企业管理工作对管理者的能力要求划分成三个方面：一是技术能力；二是人际能力；三是概念能力。

处于企业不同管理层次的人员，对上述三种能力的要求是不同的。低层管理者所需要的主要是技术能力和人际能力；中层管理者的有效性主要依赖于人际能力和思维能力；而高层管理者最需要的能力是思维能力（或战略能力），这是保证他们工作有效性的最重要因素。

在企业战略管理的执行过程中，各层战略管理者应具备三种基本的管理技能：技术技能、人际技能和概念技能（思维能力、战略能力），如图 1-13 所示。

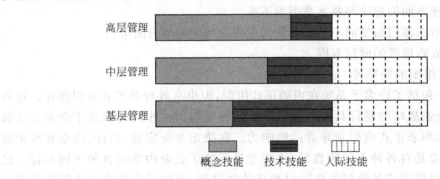

图 1-13　各层战略管理者的技能要求

（1）技术技能

技术技能是指使用某一专业领域内有关的工作程序、技术和知识完成组织任务的能力,即对完成自己管理范围内的工作所需的技术和方法的掌握程度。一般来讲,"懂行""一技之长""才重一技""隔行如隔山""不熟不做"都是对技术技能的描述。技术技能对基层管理者来说尤为重要,因为他们直接处理员工所从事的工作。

例如,生产车间主任要熟悉各种机械的性能、使用方法、操作程序,各种材料的用途、加工工序,各种成品或半成品的指标要求等,即要精通生产业务。财务科长要熟悉相应的财务制度、记账方法、预算和决算的编制方法等,即要掌握会计基本业务操作。

（2）人际技能

人际技能指与人打交道和与人共事以实现组织目标的能力,包括联络、处理和协调组织内外人际关系的能力;激励和诱导组织内工作人员的积极性和创造性的能力;正确地指导和指挥组织成员开展工作的能力。

从某种意义上说,管理者的活动是围绕着人进行的,因此怎样和组织内外的各种人打交道,对外争取到有利的合作,对内与上下左右实现有效的沟通,是管理者必须掌握的基本技能。许多研究表明,人际技能是一种重要技能,对各层管理者都具有同等重要的意义。

（3）概念技能

概念技能是指对事物的洞察、分析、判断、抽象和概括的能力,包括对复杂环境和管理问题的观察、分析能力;对全局性的战略性的、长远性的重大问题处理与决断的能力;对突发性紧急处境的应变能力等。其核心是观察力和思维力。出色的概念技能,可使管理者做出更佳的决策,对高层管理者尤为重要。

从图 1-14 中可以看出,越是高层的管理者其所需的概念技能越大;相反,越是层次低的管理者,其技术技能的要求在三项技能中占的比重越大。因为越是高层的管理者,其在战略制订过程中所需要的技能越不是单纯的专业技能。

1.4 企业战略管理理论的判断

1.4.1 企业战略管理理论的产生背景

企业战略理论是商品经济不断发展和生产社会化进一步扩大的必然产物。伴随着生产的社会化和企业规模的扩大,市场竞争逐步加剧,企业战略管理理论应运而生。

企业战略管理理论最早出现在美国。美国经济学家切斯特·巴纳德（Chester I. Barnard）最早把战略思想引入企业管理领域。他在 1938 年出版的《经理人员的职能》一书中开始运用战略思想对企业系统进行分析,指出企业是由物质、生物、个人和社会等方面的因素构成的复杂系统,系统内部各要素不是独立的,而是相互联系、相互影响的。当时,巴纳德的观点只是一些零散的观点或观念,没有形成系统的企业战略理论框架。第二次世界大战后,随着全球范围内科学技术的进步和世界经济的恢复发展,加之美国对第三世界国家资源的掠夺,美国经济进入高速增长时期,1945—1970 年,美国国民生产总值翻了两番多。在这种稳定有利的经济环境中,美国公司的成长速度普遍加快。在第二次世界大战后近三十年,国际商用机器公司（IBM）、施乐公司（Xerox）、3M 公司等高新技术公司的销售额平均每年增长 16.25%。许多企业逐步发展为跨国公司。1973 年石油危机爆发,高通货膨胀率遍及全球。新技术革命浪潮汹涌,社会价值观急剧转变。面对这种充满危机的经营环境,许多美国公司由于不适应环境变化,经营陷入困境,成本上升,库存增加,利润下降,亏损惊人,大批工厂倒闭。现实使企业管理者认识到,只注重企业内部资源的利用,不注意外界环境对企业生存和发展的影响;只追求短期利益,忽视对未来发展的规划;只满足职能领域的有效管理,不关心制订、实现企业的总目标和总战略,企业就很难适应外界环境的变化,甚至在风浪中翻船。在这种情况下,企业战略管理开始摆到企业管理人员面前。

1.4.2　企业战略管理理论的发展阶段

企业战略管理,无论是实践还是理论,与企业管理的生产管理、财务管理、营销管理、管理经济学等其他学科相比较,产生比较晚。一般认为,现代战略管理思想诞生于 20 世纪 60 年代的美国,至今已有五十多年历史,在世界各个领域得到广泛传播。尽管战略管理理论发展历史并不长,但是发展速度非常快,研究文献硕果累累。这种理论上的繁荣态势与企业战略管理实践的蓬勃发展息息相关。企业战略管理理论的发展可分为三个主要阶段:长期规划阶段、战略规划阶段和战略管理阶段,如图 1-14 所示。

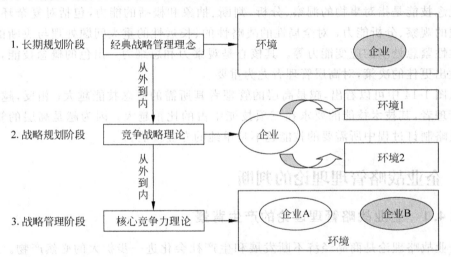

图 1-14　战略管理理论的演变

1. 长期规划理论发展阶段(20 世纪 50 年代初期—60 年代初期)

长期规划理论是战略管理理论的雏形。20 世纪 50 年代后,美国等西方国家的企业经营环境发生了巨大的变化。消费者需求结构的变化,市场购买力的提高,技术进步的刺激,全球竞争的加剧,社会、政府、顾客等对企业要求的提高,使企业的产品结构、运营方式、管理思想受到挑战,创新压力日趋加大。同时,促使企业管理人员延展传统管理概念,寻求新的管理技能,建立大胆进取目标,以寻求更快的成长。在这种情况下,长期规划理论应运而生。长期规划的基本假定是过去的情况必将延续到将来。长期规划实现形式主要是根据历史经验,以趋势外推法预测企业未来环境因素的变动情况,然后以此为依据制订企业的长期计划,以保持或赢得市场竞争优势。

2. 战略规划理论发展阶段(20 世纪 60 年代初期—70 年代初期)

长期规划理论的应用有以下两个前提:第一,认为促使环境变化的主动权在于企业本身,企业对环境的变化具有很大影响力;第二,认为外部环境是可以预测的,企业总可以制订计划以应付未来的变化。

但是 20 世纪 60 年代后,由于政府严格的管制和各种调节政策,企业失去对环境的控制,而且外部环境的复杂性和交互作用使得企业难以预测环境变化。企业要发展,必须具备能够对外部环境变化迅速做出反应的能力,并且要适应环境的变化,选择灵活性的战略。因此,从 20 世纪 60 年代后期开始,战略规划理论取代长期规划理论,战略正式进入企业经营管理领域。企业战略规划的核心在于制订有效的经营战略,以适应经济、市场的变化和冲突。其基本假定是:过去长期规划运用的延续性预测已经不够,在不连续的经营时代,企业必须不断进行战略调整,制订新的经营方针,以求对市场和竞争对手迅速做出反应,不断打入新的产品市场领域。因此,战略规划理论不仅重视市场环境的预测,而且重视对市场环境的深入了解,特别是对竞争对手市场的了解,以把握环境变动对企业的影响。战略规划首先对企业的外部环境进行分析,寻求出发展的趋势,发现对企业发展构成的威胁和新的发展机会,以使潜在的利润最大化。

在战略规划理论阶段,一些公司根据企业的使命、竞争力、执行整体计划和控制下属单位能力等特征,将下属的经营事业部改组为综合的经营单位。许多大公司专门建立战略规划部门,并由总裁或总经理一级的高层管理人员负责战略规划工作。据调查,到 20 世纪 70 年代初,美国最大的 500 家工业公司中,85% 的企业组建了战略规划部门。制订企业战略规划给一些企业带来了显著的管理成效。美国通用电气公司在 20 世纪 60 年代曾一度盲目发展,出现销售额直线上升,投资收益和利润额却呈下降趋势的奇怪现象。该公司通过制订战略规划,淘汰了对公司发展无贡献的产品和部门,把有限的资源集中于有发展前途并能获利的产品和部门,使得公司利润率和销售额保持同步增长,投资收益显著提高。该公司的这一经验受到当时美国企业界的极大关注,许多企业纷纷仿效。

这一时期比较有代表性的人物及其观点主要有以下内容。

(1)彼得·德鲁克

美国著名管理大师彼得·德鲁克(Peter F. Drucker)早在 1954 年就提出了企业战略问题。他认为一个企业应该回答以下两个问题:"我们的企业是什么?""它应该是什么?"从而为企业战略下了一个比较含蓄、范围较小的定义。第一个问题是企业战略要明确企业的现状,包括企业面临的外部环境、企业自身的实力和近期发展目标等;第二个问题是企业战略要明确企业今后的发展方向、思路和目标等。企业战略的核心是明确企业的远期目标和中近期目标,突出企业使命和战略目标。

(2)钱德勒

1962 年,美国经营史学家钱德勒(Alfred D. Chandler)在其著作《战略与结构》中对企业战略是这样定义的:"……决定企业的长期目的和目标,并通过经营活动和分配资源来实现战略目标。"这一定义虽然没有严格区分战略本身与战略的制订过程,但是也为企业战略的研究指明了方向。钱德勒提出了组织、战略、环境相互适应的战略理论。

（3）安德鲁斯

1965年，哈佛大学的安德鲁斯（Kenneth R. Andrews）综合彼得·德鲁克和钱德勒两人的研究成果，对企业战略提出了一个广义的定义："战略是由目标、意志和目的，以及为达到这些目的而制订的主要方针和计划所构成的一种模式。"即战略＝目的＋手段。

（4）安索夫

1965年，美国学者安索夫（H. Igor Ansoff）在其所著的《公司战略》一书中把企业战略描述为："由于做了什么企业才会发展，或是由于做些什么才能保全企业活力。"他认为企业战略的构成要素包括产品与市场领域、成长方向、竞争优势和协同效应四个方面。

3. 战略管理理论发展阶段（20世纪90年代至今）

战略规划理论的一个假设前提是：一个新的战略总是能够利用企业的历史优势，企业的战略变化了，但企业的能力或条件仍可保持不变。这是战略规划理论的一个缺陷，因为它忽略了企业能力这一关键因素。实践证明，一种战略即使再有吸引力，如果企业没有能力将其实施，那也只不过是纸上谈兵。在战略规划阶段，由于一些高层管理人员机械地看待战略规划过程，过分强调定量分析的作用，只注重制订战略计划，忽视了对战略的评估与实施工作，使一些公司战略计划或缺少弹性，或流于形式，成为玩弄数字的游戏，丧失了战略计划应有的成效。1973年能源危机发生以后，为了克服上述弊端，不少公司开始强化对企业战略的评估与实施，并且随时根据环境条件的变化修改、调整原有战略，或者制订新的经营战略，从而开创了企业战略管理理论的新阶段。

战略管理理论依据的假定是：面对迅速变化的外部环境，过去有一定周期的计划制度已不能满足应付变革的需要。企业战略决策者为了应付外来的战略突变和迅速出现的机会与威胁，必须摆脱计划周期的束缚，改变重计划不重实施的做法，转为制订、评价和实施战略并重，在实施战略计划上下工夫，灵活而又富有创造性地实施战略性管理。因此，战略管理是一种全面地对战略进行的管理，也是一种动态的管理过程。这个阶段战略管理理论有两个主要进展，一个是由以波特为代表的战略定位观；另一个是以普拉哈拉德和哈默尔为代表的资源基础观。

自20世纪八九十年代以来，企业战略理论在形成基本框架体系的基础上，又得到了进一步的丰富和完善。经济学界出现了许多新的观点，如迈克尔·波特的竞争力模型（五力分析模型）和价值链理论、明茨伯格的5Ps（计划（plan）、计策（ploy）、模式（pattern）、定位（position）、观念（perspective））模型、加里·哈默尔（Gary Hamel）和普拉哈拉德（C. K. Prahalad）的企业核心能力（核心竞争力）理论以及企业兼并理论等。这些新理论、新观点的出现，极大地丰富了企业战略理论。目前，企业战略已成为企业管理界乃至全社会关注的焦点，全球已经进入了一个空前的"战略热"阶段。

竞争战略之父迈克尔·波特的竞争力模型将大量不同的因素汇集在一个简便的模型中，以此分析一个行业的基本竞争态势。竞争力模型确定了竞争的五种主要来源，即

供应商的议价能力、购买者的议价能力、潜
在进入者的威胁、替代品的威胁，以及来自
同一行业的公司间的竞争。一种可行战略
的提出首先应该包括确认并评价这五种力
量，不同力量的特性和重要性因行业和公
司的不同而变化，如图 1-15 所示。

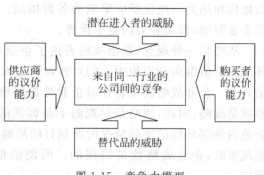

图 1-15　竞争力模型

　　迈克尔·波特认为，价值链由一系列
业务流程构成，每个业务流程又可分解为
若干具体的作业。企业的价值创造活动可
分为基本活动和辅助活动两类，基本活动
是企业的基本增值活动，辅助活动既支持整个价值链的活动，又分别与每项具体的基本
活动有着密切联系。价值链列示了总价值，并且包括价值活动和利润。价值活动是企业
所从事的物质上和技术上的界限分明的各项活动，这些活动是企业创造对买方有价值的
产品的基石。利润是总价值与从事各种价值活动的总成本之差。

　　不同的企业参与的价值活动中，并不是每个环节都创造价值，实际上只有某些特定
的价值活动才真正创造价值，这些真正创造价值的经营活动，就是价值链上的"战略环
节"。企业要保持的竞争优势，实际上就是企业在价值链某些特定的战略环节上的优势。
运用价值链的分析方法来确定核心竞争力，就是要求企业密切关注组织的资源状态，要
求企业特别关注和培养在价值链的战略环节上获得重要的核心竞争力，以形成和巩固企
业在行业内的竞争优势。企业的优势既可以来源于价值活动所涉及的市场范围的调整，
也可来源于企业间协调或合用价值链所带来的最优化效益。

　　明茨伯格的 5Ps 模型认为：

　　战略是一种计划，是指战略是一种有意识、有预计、有组织的行动程序，是解决一个
企业如何从现在的状态达到将来位置的问题的方法。战略主要为企业提供发展方向和
途径，包括一系列处理某种特定情况的方针政策，属于企业"行动之前的概念"。

　　战略是一种计策，是指战略不仅仅是行动之前的计划，还可以在特定的环境下成为
行动过程中的手段和策略，一种在竞争博弈中威胁和战胜竞争对手的工具。例如，得知
竞争对手想要扩大生产能力时，某企业便提出自己的战略是扩大厂房面积和生产能力。
由于该企业资金雄厚、产品质量优异，竞争对手自知无力竞争，便会放弃扩大生产能力的
设想。然而，一旦对手放弃了原计划，该企业却并不一定要将扩大能力的战略付诸实施。
因此，这种战略只能称为一种威胁竞争对手的计策。

　　战略是一种模式，是指战略可以体现为企业一系列的具体行动和现实结果，而不仅
仅是行动前的计划或手段。即，无论企业是否事先制订了战略，只要有具体的经营行为，
就有事实上的战略。

　　战略是一种定位，是指战略是一个组织在其所处环境中的位置，对企业而言就是确
定自己在市场中的位置。企业战略涉及的领域很广，可以包括产品生产过程、顾客与市
场、企业的社会责任与自我利益等任何经营活动及行为。但最重要的是，制订战略时应
充分考虑外部环境，尤其是行业竞争结构对企业行为和效益的影响，确定自己在行业中

的地位和达到该地位所应采取的各种措施。把战略看成一种定位就是要通过正确地配置企业资源，形成有力的竞争优势。

战略是一种观念，是指战略表达了企业对客观世界固有的认知方式，体现了企业对环境的价值取向和组织中人们对客观世界固有的看法，进而反映了企业战略决策者的价值观念。企业战略决策者在对企业外部环境及企业内部条件进行分析后作出的主观判断就是战略，因此，战略是主观而不是客观的产物。当企业战略决策者的主观判断符合企业内外部环境的实际情况时所制订的战略就是正确的；反之，当其主观判断不符合环境现实时，企业战略就是错误的。明茨伯格 5Ps 模型中计划与模式的关系如图 1-16 所示。

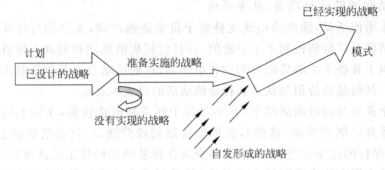

图 1-16　明茨伯格 5Ps 模型中计划与模式的关系

普拉哈拉德(C. K. Prahalad)认为：“核心竞争力是在一组织内部经过整合了的知识和技能，尤其是关于怎样协调多种生产技能和整合不同技术的知识和技能。”企业的核心能力是企业持续竞争优势的源泉，然而它本身不会自动转化成竞争优势。如果没有相应的机制和条件加以支持，核心竞争力将毫无价值。识别核心竞争力的三个标准，一是核心竞争力提供进入许多产品市场的可能性；二是核心竞争力对终端产品的顾客提供明显的使用价值；三是核心竞争力难以让竞争对手模仿。他再三强调连接核心竞争力和终端产品的环节是核心产品，从长期看，以比竞争对手更低的成本和更快的速度孵化出产品方能体现核心竞争力，而不仅仅是短期内的价格优势。

1.4.3　企业战略管理理论的流派

企业战略管理理论的流派众多，明茨伯格、阿尔斯特·兰德和兰佩尔等在其所著的《战略历程：纵览战略管理学派》一书中，将战略管理的各种理论梳理成十大学派，即设计学派、计划学派、定位学派、企业家学派、认知学派、学习学派、权力学派、文化学派、环境学派和结构学派。这十大学派分别从各个角度层次反映战略形成的客观规律，均对战略管理理论作出贡献。明茨伯格认为，战略管理的真谛其实就像一头大象，十大学派只是从不同的侧面看到大象的局部，只有综合集成各派的观点，才能对大象有整体的认识和体悟。如图 1-17 所示。

本书梳理了十大理论学派的分类及对战略形成的看法，见表 1-3。

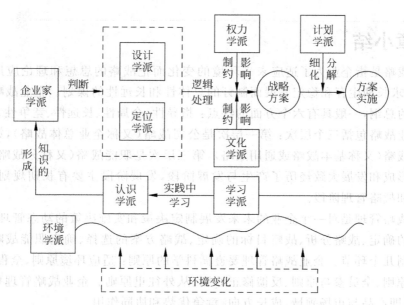

图 1-17　企业战略管理理论综合框架

表 1-3　企业战略管理的十大理论学派

序号	战略学派分类	代表物	对战略形成的看法
1	设计学派	蜘蛛	一个资源和能力匹配的过程
2	计划学派	松鼠	一个严谨的程序化过程
3	定位学派	水牛	一个选择可行性方案的过程
4	企业家学派	狼	一个领导人能力体现的过程
5	认知学派	猫头鹰	一个对行业知识和经验的升华过程
6	学习学派	猴子	一个用学习适应环境变化的过程
7	权力学派	狮子	一个组织内部权力制衡的过程
8	文化学派	孔雀	一个集体思维的过程
9	环境学派	鸵鸟	一个组织被动适应环境的过程
10	结构学派	蜥蜴	一个管理组织变革的过程

　　战略管理是企业高层管理人员为了企业长期的生存和发展,在充分分析企业外部环境和内部条件的基础上,确定和选择达到目标的有效战略,并将战略付诸实施和对战略实施过程进行控制和评价的一个动态管理过程。在当今企业环境因素越来越多、越来越复杂多变,竞争越来越激烈的时代,战略管理作为高层管理人员的活动内容,越来越显示出它在企业管理中的重要性。由其发展历程可见,现代战略理论已经取得了丰富的成果。但是,诸多理论流派的"此起彼伏",甚至相互矛盾,说明迄今为止的战略理论发展还有很大的局限性。

　　我们认为走出战略理论丛林的出路就是:以唯物辩证法为指导,研究不同学派中概念的内在联系,特别是要把握概念之间的对立统一性。注重理论的哲理基础,升华理论的丰富内涵。构建一般的战略过程模式,使战略理论的基本内核保持一定的稳定性。

本章小结

企业战略是指企业为了适应未来环境的变化而把战略的思想和理论应用到企业管理当中,寻求长期生存和稳定发展而制订的总体性和长远性的谋划。企业战略作为指导企业发展的总纲,一般具有六个方面的特点:指导性、全局性、长远性、竞争性、系统性、风险性。企业战略包括三个层次:第一层次是公司战略(又称企业总体战略),第二层次是企业竞争战略(又称基本战略或通用战略),第三层次是职能战略(又称分战略)。企业战略理论的形成和发展大致经历了产生与发展阶段,发展阶段主要有长期规划阶段、战略规划阶段和战略管理阶段。

企业战略管理是对一个企业的未来发展制定决策和实施决策的动态管理过程,包括企业使命的确定、战略分析、战略目标的确定、战略方案的选择、确定职能战略和战略的实施与控制几个环节。企业战略管理要遵循科学的原则:适应环境原则、全程管理原则、整体最优原则、全员参与原则、反馈修正原则、从外往里原则。企业战略管理要素概括为四个方面,即产品与市场领域、成长方向、竞争优势和协同作用。

对公司制企业,战略管理者通常包括企业的董事会、高层管理者、中层管理者、非正式组织的领导、战略管理部门以及公司内外专家。其中,董事会和高层管理者起关键作用。在企业战略管理的执行过程中,各层战略管理者应具备三种基本的管理技能:概念技能、技术技能和人际技能。

思考与练习

一、名词解释

企业战略　企业战略管理　战略方案　总体战略　竞争战略　职能战略　战略管理者

二、简答题

1. 什么是企业战略? 企业战略的特点是什么?
2. 企业战略层次包括哪几层? 各层战略有何联系?
3. 简述企业战略管理与一般业务管理的区别。
4. 企业战略的构成要素有哪些?
5. 企业战略管理的过程包括哪些基本环节?

三、案例分析

两种战略打开欧洲市场

对于每个中国消费品生产商来说,要想将产品打入欧洲市场,有两种战略可供借鉴。

第一种战略是:先在低端市场上建立稳固地位,然后持续地提高市场份额,同时做一些重要改变。首先,中国企业应该尝试直接而不是通过买家来经营欧洲市场,通过买家进行销售不利于他们理解和控制市场。其次,产品必须严格符合欧洲标准。最后,在欧洲设立客户服务部门,最好是在欧洲最重要的几个国家设立,以便对客户和零售商提出的问题和需求给予快速的反应。

第二种战略是:提供优质产品和品牌,定位中高端市场。首先要能够生产出符合欧洲人品位和需求的优质可靠产品,其次要有建立一个强势品牌的能力。对中国企业来说,现在就是行动起来启动欧洲市场运营的好时机。

将中国和欧洲的设计师和市场专家结合在一起组成设计和市场团队,这样的团队可以提高公司在设计符合欧洲人品位产品方面的能力。对中国企业来说,这是关键。

此外,中国的消费品生产商可以根据各自不同的定位建立强有力的产品价值创造者的形象。这正是企业建立真实价值提供者形象的一个绝好的出发点。

(资料来源:冯志强.创新战略.北京:中国市场出版社,2010)

思考:试论述中国企业进入欧洲市场的两种可能战略选择各自的成功之处。

四、实训题

每组选择一个上市公司,按要求收集资料,分析该公司的战略现状,并给出战略建议。

1. 实训目的与内容。

通过小组合作,收集、分析资料,增强学生对战略管理层次与过程的掌握程度,并提升学生运用此方法解决实际问题的能力。

2. 实训组织。

(1) 以专业班级为单位,4~8 人为一个实训小组,每组组长负责实训项目具体组织实施工作,副组长负责纪律考勤与生活安排。

(2) 每人制作 PPT,小组进行交流分享。

(3) 教师选择 4~5 人,全班重点发言交流分享。

3. 实训要求。

(1) 列出公司背景。公司背景应该包括 3~5 个有利于理解公司产生和发展的特点。这些特点是建立在公司战略发展方向之上的。

(2) 列出公司的任务。请用一段话简要描述公司的任务,并且应该包括以下内容:公司名称,公司业务范围,公司发展的方向。这些内容揭示了关于产品或服务的定义,揭示了产业和目标顾客及技术功能。描述应该是面向未来的,不应包括具体的对象。

(3) 列出补充性材料。补充性材料应该有利于了解公司的现状,并关注对公司战略发展方向有影响的各个因素。如:近几年的信息、上年度的产业调查等。请注意:补充性材料的收集时间不要超过完成案例整体事件时间的 15%。

(4) 列出公司的主要目标。这个部分应该包括对公司长期目标的描述,目标应该详细而具体,完成时间表应该列出。短期目标不应包括在内,而长期的目标应该列出:①销售增长百分比;②净利率;③市场占有率。长期目标应该是未来五年的目标。

4. 成绩评定。

(1) 流程形式占 50%,考查对战略管理层次与过程的理解和运用。

(2) 内容占 50%,考查分析实际问题的运用能力。

第二章 企业外部环境分析

> 不谋万世,不足谋一时;不谋全局,不足谋一城。
>
> ——毛泽东
>
> 打仗要弄清楚:任务,敌情,我情,时间,地形。"五行不定,输得干干净净。"
>
> ——刘伯承

学习目标

※ 了解企业战略环境的层次和结构;
※ 掌握宏观环境分析的主要内容;
※ 掌握行业结构分析中的五种力量模型;
※ 重点掌握竞争者分析的含义、内容和步骤;
※ 掌握 SWOT 分析法的概念和步骤;
※ 能恰当使用 SWOT 分析法分析企业环境。

 ## 案例导入与分析

印度的经济发展

几家跨国公司设定了目标,拓展其在印度的运营。IBM 将其在印度的投资增至 3 倍,达到 60 亿美元,这意味着公司在印度雇用的员工将和美国一样多。IBM 将关注其在软件实验室和产品开发、服务,以及测试设备方面的投资。公司希望在该国挖掘一些天资聪颖的印度工人,培养出比除美国外其他国家都多的拥有技术学位的人,这也有助于提高其运营效率。

IBM 并非唯一一家在印度寻求增长的公司。思科系统公司、英特尔公司和微软公司都承诺投入 10 亿美元用于其在印度的运营,并雇用 1000 名员工。对资源和工人的竞争来自于一些极为成功的印度软件企业。事实上,一些印度企业也将其业务拓展至传统上由西方公司支配的国家和地区。塔塔咨询服务公司(Tata)和印孚瑟斯技术公司(Infosys)在欧美进行了一些收购,从而将其触角拓展到这些市场。

迅速增长也对印度的基础设施和资源提出了更高的要求。破旧不堪的道路、海港、机场都限制了商品的流转,剥夺了贫困地区的投资和发展机会。世界市场也感受到了印度对原油等基本物资消费的日益增加,而通用电气等公司则把印度的资源状况看作巨大的机会。通用电气为其在印度的销售设定了 80 亿美元的目标,它希望为该国的医院、铁路和能源工厂提供重型设备。

(资料来源:杰弗里·S.哈里森,卡伦·H.圣约翰.战略管理精要.陈继祥,译.4 版.大连:东北财

经大学出版社,2013)

思考:印度企业的外部环境的机会和威胁是什么?

分析:我们生活在相互联系的世界。技术熟练的工人和印度的经济增长诱惑跨国公司将投资从母国转移至印度,吸引其对印度进行大量的投资。而且,印度为满足经济增长对基本物资产生的渴求给世界市场造成了压力。印度基础设施和资源的不足对一些业务的正常运营来说是一种威胁,但同时对向印度提供其短缺商品的跨国公司而言则是一种机会。

尽管单个组织不可能对其宏观环境(即社会和经济力量、技术趋势和全球政治)施加许多直接的影响,但它能够缓冲威胁并利用机会。作为组织宏观环境的一部分,基本的全球趋势在很大程度上不受任何一个公司的影响。然而公司如何应对这些态势具有重要的竞争意义。

企业是一个开放的系统,其生产经营活动受客观环境的影响。企业与外部环境之间存在物质、能量和信息的交换活动,外部环境的变化影响着企业的发展走向。在企业战略管理过程中,战略环境分析是制订企业战略的关键和重点。通过外部环境分析,企业可以识别外部环境中的机会和威胁,成功利用机会,有效规避风险,顺利实现自己的战略目标。

2.1　宏观环境分析

2.1.1　企业战略环境

当有人问松下公司的总裁松下幸之助有什么经营秘诀时,他说:"没有别的,看到下雨了,就要打伞。只不过是顺应天地自然的规律去工作而已。"言简意赅的话道出了松下的环境观。企业制订战略是为了更好地适应未来环境的变化。只有科学分析企业战略环境,才能准确把握环境中的机会,有效规避环境中的威胁,充分发挥企业自身的竞争优势,保证企业战略目标的顺利实现。

1. 企业战略环境的概念

企业战略环境是指在战略期内对企业战略活动产生影响的诸多因素和力量的总和。战略期是指从制订战略开始,到企业战略目标实现的时间期限。就具体企业而言,战略环境实际上是企业在发展过程中将要面临的未来环境。因此,在分析战略环境时,要站在预测未来环境因素变化的角度上进行。

2. 企业战略环境的结构

企业战略环境从结构层次上看,可分为三个层次:宏观环境、行业环境和企业微观环境。宏观环境和行业环境属于企业外部环境,企业微观环境分析又称为企业实力分析或企业素质分析,微观环境属于企业内部环境。企业战略环境的结构如图 2-1 所示。

战略管理区别于日常管理之处,就在于它更为关注环境变量对企业生存和发展的影响,并试图通过对环境变化的观察来把握其趋势,以发现企业发展的新机会和避免这些变化所带来的威胁。

对战略者而言,虽然与企业生存相关的一切社会因素都构成了环境的内容,但真正决定企业长期生存和发展的关键不在于企业今天所处的环境,而在于充满着不确定性的未来。

战略环境研究的重点不是当前企业系统的环境,而是未来企业系统所处的环境。能否确认未来的社会经济环境,能否把握并适应未来环境变化趋势,创造出新的市场环境,也就必然成为企业战略环境分析的核心,由此也决定了战略环境分析的自身特点。

外部环境分析重点是发现企业外部环境中的机会和威胁;内部环境分析重点是概括整理企业在管理、市场营销、财务、生产、研究开发和信息方面的优势和劣势。战略环境分析的目标,就是通过外部环境分析和内部环境分析,探析机遇、威胁、优势、劣势。这就是著名的"SWOT"分析,即通过"S""W""O""T"的分析,寻找企业生存、竞争、发展的"利基"。如图2-2所示。

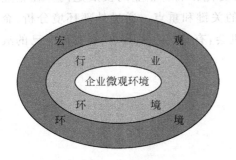

图 2-1　企业战略环境的结构

图 2-2　战略环境分析的目标

战略环境研究涉及两方面的内容:首先是战略家在混沌、不确定、无研究指向性的环境中,寻找和发现企业的生存机会,以此建立未来企业和未来环境的关系;其次是根据企业目前的现状,制订出过渡或发展到未来企业的战略,并进行相应的管理。很明显,这是在一个有研究指向性的、具有比较明确研究内容的未来环境中进行。

企业认为最重要的战略要素包括:政府行政干预与控制;通货膨胀;能源供应;国内经济气候;源自外国企业的竞争;国际政治及经济形势的稳定性。因为这些要素可以产生环境的威胁,多数管理理论认为,企业的环境威胁就是企业的生存、竞争、发展的机会。

(1)宏观环境

宏观环境是指对企业战略活动一般没有直接影响作用,却又能经常影响企业战略决策的因素和力量。宏观环境包括政治法律环境、经济环境、科技环境、社会文化环境和自然环境五个方面。宏观环境中各类因素的变化对企业而言是不可控的,如国家的财政政策、货币政策、新技术和顾客消费观念等因素的变化,企业难以改变和控制,只能调整自身的经营策略来适应环境的变化。但企业也并不只是一味地去适应宏观环境的变化,部分企业尤其是行业中的巨头或领袖企业可以通过自身的社会影响力影响宏观环境中一些因素的变化趋势。

（2）行业环境

行业环境是指对企业战略活动产生直接影响的一系列因素和相关利益者。行业环境包括供应商、购买者、竞争者和替代者等。行业环境与企业直接接触，对企业的影响是直接的，如居民对住房需求上升会刺激和拉动房地产价格攀升，从而带动房地产行业的发展。一般情况下，宏观环境的影响不直接作用于企业，而是通过改变行业环境对企业施加影响。

（3）企业微观环境

企业微观环境反映了企业在产品研发、生产经营、市场营销等方面的综合实力，是企业素质的体现。通过对企业实力的分析，可以清晰地认识到企业在行业中的优势与劣势，以便寻找差距，弥补不足。企业微观环境中的因素对企业而言是可以控制和调整的，企业可以根据外部环境的变化和企业的战略目标，调整企业的业务范围，分配企业的各种资源，突出企业的竞争优势。

2.1.2 宏观环境分析模型

PEST 分析是指宏观环境的分析。宏观环境又称一般环境，是指影响一切行业和企业的各种宏观力量。对宏观环境因素做分析，不同行业和企业根据自身特点和经营需要，分析的具体内容会有差异，但一般都应对政治（politics）、经济（economic）、技术（technology）、社会（society），这四大类影响企业的主要外部环境因素进行分析。简单而言，称之为 PEST 分析模型，如图 2-3 所示。

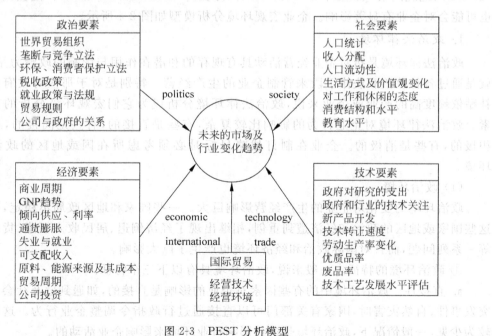

图 2-3 PEST 分析模型

宏观环境虽然比较"大"，但对企业战略的影响却是"实实在在"的，所以，我们在思想上绝不能对此有所忽视，见表 2-1。

表 2-1 典型的 PEST 分析

政治（包括法律）	经 济	社 会	技 术
环保制度	经济增长	收入分布	政府研究开支
税收政策	利率与货币政策	人口统计、人口增长率与年龄分布	产业技术关注
国际贸易章程与限制	政府开支	劳动力与社会流动性	新型发明与技术发展
合同执行法、消费者保护法	失业政策	生活方式变革	技术转让率
雇用法律	征税	职业态度、企业家精神	技术更新速度与生命周期
政府组织/态度	汇率	教育	能源利用与成本
竞争规则	通货膨胀率	潮流与风尚	信息技术变革
政治稳定性	商业周期的所处阶段	健康意识、社会福利及安全感	互联网的变革
安全规定	消费者信心	生活条件	移动技术变革

为了更好地从总体上把握宏观环境分析框架，常用的工具是 PEST 分析模型。PEST 分析的扩展变形形式，如 SLEPT 分析、STEEPLE 分析。STEEPLEGI 是以下因素英文单词的缩写，社会/人口（social/demographic）、技术（technological）、经济（economic）、环境/自然（environmental/natural）、政治（political）、法律（legal）、道德（ethical）、地理因素（geographical factor）、国际贸易（international trade）。这些因素有时也可能会对企业有显著影响。企业宏观环境分析模型如图 2-4 所示。

1. 政治法律环境

政治法律环境是指对企业经营活动具有现存的和潜在作用与影响的政治力量，政府就是通过各种政治和法律手段来管制企业的生产经营。特别是对于那些对政府合同或补贴依赖度高的产业或企业来说，政治法律环境分析成为它们宏观环境分析的首要因素。政治法律环境对企业行为的影响比较复杂，有些是直接的，有些是间接的，有些是积极的，有些是消极的。企业在制订战略目标时必须考虑所在国或地区的政治法律环境。

（1）政治环境

政治环境的变化对企业的生产经营影响巨大。一些国家和地区政局不稳定，不仅使这些国家或地区的政治和经济遭到重创，相继出现了经济倒退、居民收入下降、货币贬值等一系列问题，而且对国际政治和经济环境也产生了巨大影响。

① 政治环境的特征。一般来说，政治环境具有以下三个特征。

a. 直接性。政治环境中的有些因素对企业的影响是直接的，如遇到危及社会安全的突发事件、自然灾害时，国家有关部门可以直接通过行政指令调整企业行为。这种情况较为少见，一般情况下，政治环境是通过影响行业环境来影响企业活动的。

b. 难以预测性。对一家企业而言，预测国家政治环境的变化趋势是比较难的。

c. 不可逆转性。政治环境因素一旦发生作用，就会使企业发生显著变化，而企业不能驾驭所发生的变化。

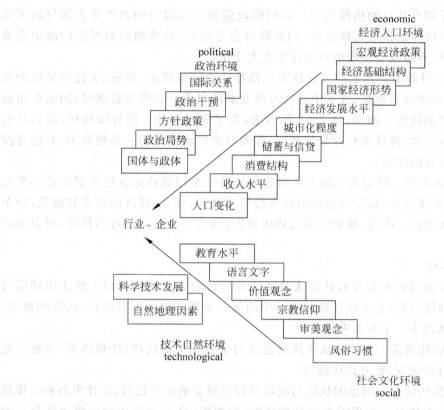

图 2-4　企业宏观环境分析模型

② 政治环境的内容。政治环境分析大致包括以下两个方面的内容。

a. 政治制度。简单地说,政治制度就是国家政权的组织与管理形式。不同国家或地区所实行的政治制度是不同的。例如,我国的政治制度是人民代表大会制等。

b. 经济体制。经济体制是一个国家或地区国民经济的管理制度及运行方式。经济体制的选择是由政治力量决定的,因此,不同的政治体制和政治制度决定着不同的经济体制。同时,由于文化的差异性,同一类型的经济体制在不同的国家或地区也存在一定的差异。目前,世界上主要有三种经济体制。

- 市场经济。采用市场经济的国家以美国为代表,强调利用市场的调节作用,政府尽量减少对经济的干预。
- 计划经济。从新中国成立到 20 世纪 90 年代初,我国实行的是计划经济。现在实行计划经济的国家不多,仅存古巴、越南和朝鲜等。计划经济强调政府的调控作用,政府是配置资源的主角。计划经济和市场经济都是调控和管理经济的方式,不存在哪种最好或哪种最差的问题,两者各有利弊。
- 混合经济。混合经济是市场经济和计划经济的结合,既强调市场的自我调节作用,又强调政府的调控职能,吸收了前两种模式的优点。

③ 政党制度及政治性团体。不同的执政党有不同的执政纲领,如美国的民主党和共和党,英国的工党、保守党和自由民主党,日本的自由民主党、民主党、公明党、共产党、社

会民主党等都分别有各自的执政纲领。我国的政党制度是以中国共产党为领导的多党合作制。政治性团体是指工人联合会、妇女联合会等组织,这些组织对国家的政治决策具有很大的影响,有时也会使政治环境发生重大变化。

④ 国家的方针政策。国家的方针政策是指导一个国家政治、经济、文化等发展的原则和规范,企业必须认真遵循,并从中寻找可供发展的机会。在经济低迷时,国家会出台一系列刺激经济的政策。例如,自 2008 年以来,为了应对全球性的经济危机,我国政府出台了鼓励家电下乡、降低银行存贷款利率、加大基础设施建设等一系列政策,对促进经济发展起到了良好的作用。

⑤ 军事国防形势。稳定安全的军事国防形势是一个国家或地区经济繁荣的必要保证。地区冲突、军事变动、战争及恐怖活动等会带来政治、社会、经济的动荡和混乱,给企业经营带来巨大风险。因此,维护国家或地区稳定,营造一个稳定的政治环境,对企业的发展至关重要。

(2)法律环境

法律环境是指与企业相关的社会法制系统及运行状态。健全而稳定的法律环境可以保障企业的健康发展,企业生产经营活动中的每一个环节都离不开法律、法规的规范。法律环境可以从以下三个方面进行分析。

① 国家的法律规范。国家的法律规范是指与企业相关的法律、法规体系,主要有宪法、基本法律、行政法规、地方性法规等。

② 国家的执法情况。国家的执法情况包括国家设立的法律监督、法律审判和法律执行部门的工作行为状况。在我国主要是指法院、检察院、公安局等各种行政执法部门的工作行为状况。对企业而言,除上面涉及的有关部门外,还要涉及工商行政、税务、物价、计量、技术监督、专利、环保和审计等部门。健全的司法机构和高素质的执法队伍是企业发展的有力支撑。

③ 企业的法律意识。企业的法律意识反映了企业的素质。成功的企业应具备较强的法律意识。只有合法经营才会得到社会的认可,获得可持续发展的动力。在法律意识方面,国外许多企业为我国企业提供了好的范例,值得企业学习。与西方发达国家企业的发展相比,我国企业起步晚、发展慢、规模小、国际市场占有率低,在参与国内、国际市场竞争时,经验不足,因法律意识淡薄或缺乏而导致企业经营受挫的情况屡见不鲜。

2. 经济环境

经济环境是指构成企业生存和发展的社会经济状况及国家经济政策,包括社会经济结构、经济体制、发展状况、宏观经济政策等要素。衡量这些因素的经济指标有国内生产总值、就业水平、物价水平、消费支出分配规模、国际收支状况,以及利率、通货供应量、政府支出、汇率等。涉及的范围包括国家、社会、市场和企业。与政治法律环境相比,经济环境对企业生产经营的影响更加直接和具体。经济环境分析主要从以下四个方面进行。

(1)经济状况

经济状况是指一个国家或地区的经济总量、发展速度与发展态势等。国内生产总值(GDP)是衡量经济总量的常用指标,它是指一个国家或地区(地理范围)在一定时期(一般为一年)内经济活动所创造的价值总量,反映了区域经济状况。GDP 总量及增长率影响着市场需求的增长。经济总量大且增长较快的地区,工业品市场和消费品市场会呈现较大幅度的增长态势;相反,经济总量偏小且增长缓慢,甚至是负增长的地区,工业品市场和消费品市场会处于疲软或低迷状态。

（2）居民收入水平

居民收入水平是决定社会消费水平的关键因素。居民收入水平越高的地区,消费水平就越高。随着经济的发展,我国居民的收入不断增长,家庭消费的档次和质量逐步提高。在满足日常生活消费以后,用于教育、旅游、休闲娱乐、汽车和住房等方面的消费正在与日俱增。即使是日常消费,一些相关需求也在不断升级,如饮食需求过去追求吃饱,现在则注重安全(绿色无公害)、营养搭配及文化品位。

（3）人口

人口因素包括人口的数量、分布、结构等。人口是构成市场的重要因素,决定了市场需求的规模。截至2008年年底,全球人口数量接近68亿,全球人口的增长幅度主要集中在近100年中。据有关研究报告,1804年全球人口为10亿,到1927年增长到20亿(123年),到1960年增长到30亿(33年),到1974年增长到40亿(14年),到1987年全球人口数达50亿(13年),而到1999年全球人口总数达到60亿(12年)。目前,中国有13亿多人,是现在全球人口最多的国家,同时也是一个巨大的潜在市场。因此,全球众多知名企业纷纷来华投资。截至2008年上半年,我国累计批准设立外商投资企业65万家,利用外资金额超过8000亿美元。全球500强企业已有480家在华设立了企业或投资机构,跨国公司在华设立研发中心1200多家,地区总部近500家。

（4）物价水平

价格是经济环境中的敏感因素。价格的升降不仅关系着国家的经济发展,还关系着千家万户的利益。例如,石油、粮食、住房和家电等产品的价格波动会给社会带来一系列反应和变化,影响企业及全社会的发展。在国际上,汇率的变化会对国际贸易产生最直接的影响。在一定时期内,本国货币升值对进口型国家有利;本国货币贬值,对出口型国家有利。物价水平适度增长对促进经济增长是可行的,但如果过快增长,就会带来通货膨胀,严重抑制消费需求的增长,导致市场供求失衡,制约企业的发展。因此,国家要科学运用调控手段,维持物价稳定,保证国民经济健康运行。

经济环境中的因素还包括交通运输、能源供应、通信设施及商业基础设施等经济基础设施建设状况和投资与储蓄状况。

3. 社会文化环境

社会文化环境是指企业所处社会的结构、社会风俗和习惯、信仰和价值观念、行为规范、生活方式、文化传统、人口规模与地理分布等因素的形成和变动。在全球范围分析社会文化环境时,主要从以下五个方面进行。

（1）价值观念

价值观念是指一个社会通行的判断事物好恶、优劣的标准。不同国家和民族在价值观念上的差异直接影响着人们的消费行为,从而影响着人们的经营活动。例如,美国人提倡个性化、创新性,时间观念、法律意识和秩序意识强,对外来文化的包容和吸收较好。中国人勤劳勇敢,吃苦耐劳,不怕牺牲,重视集体,重视家庭,有强烈的民族归属感,对环境的适应性较强,这些价值观是历史积淀的结果,代代相传,难以改变。因此,许多华人在不同的国家或地区,经过自己的奋斗,成为全球不同行业的佼佼者,这是中华文化先进性的体现。但中华文化中也存在一些因循守旧、墨守成规、排斥创新的观念,这些观念不适应今后的社会发展需要,应该予以摒弃或改良。

(2) 宗教信仰

在世界许多地区,人们的价值观和道德观念是由宗教信仰决定的,人们的消费行为也受宗教信仰的影响。

(3) 语言文字

全球不同国家或地区的语言体系差异很大,如汉语、英语、法语、德语、俄语、日语、韩语、阿拉伯语和西班牙语等。一般来说,使用一种语言的国家,其政治、经济生活易于稳定;使用多种语言的国家或地区,往往易于出现民族问题,并由此产生政治动荡。跨国经营企业要熟悉东道国的语言文字,以便于沟通与合作。

(4) 教育程度

一个国家或地区的教育状况是影响其消费观念和消费行为的重要因素。教育比较发达的地区,经济发展较好,人们的消费观念和消费行为较为时尚,较易接受新鲜事物和新产品;相反,教育比较落后的地区,经济落后,人们的消费观念和消费行为保守,难以接受新鲜事物和新产品。

(5) 生活习惯

不同国家、民族、地区有着不同的生活方式及生活习惯,表现在人们的衣、食、住、行和用等诸多方面。在日本、韩国,人们对饮食用的器具很讲究,所以精美的碗筷极受欢迎;而印度人用餐通常不使用餐具,所以碗筷这些产品在这里几乎没有市场。因此,企业要了解目标市场人们的生活习惯和需求特征,制订适销对路的产品营销策略。

4. 科学技术环境

科学技术环境是指企业所处的环境中的科技要素及与该要素直接相关的各种社会现象的集合,包括国家科技体制、科技政策、科技水平和科技发展趋势等。在科学技术迅速发展的今天,技术环境对企业的影响可能是创造性的,也可能是破坏性的,企业必须预见新的技术带来的变化,在战略上作出相应的战略决策和调整,以获得新的竞争优势。

企业科技环境分析包括以下四个方面的内容。

(1) 社会科技水平

社会科技水平是构成科技环境的首要因素。它包括科技研究成果的数量、门类分布、先进程度和推广应用几个方面。从我国目前的情况看,政府研究部门和高校研究机构的研究成果数量庞大,分布也较广,达到了一定的先进程度,但部分成果存在重研究、轻推广应用的问题,研究成果没有被真正应用到企业的生产和管理实践中去,影响了企业及社会创新能力的提高。

(2) 社会科技力量

社会科技力量是指国家或地区的科技研究与开发的能力。它包括从事科学技术研究与开发人员的数量、业务水平和素质以及用于科学技术研究的投入(R&D)等。R&D是衡量地区科技实力的重要指标,是指在统计年度内各执行单位实际用于基础研究、应用研究和试验发展的经费支出,包括实际用于科学研究与试验发展活动的人员劳务费、原材料费、固定资产购建费、管理费及其他费用支出。

（3）国家科技体制

国家科技体制是指一个国家社会科技系统的结构、运行方式及其与国民经济其他部门的关系的总称,主要包括从事科研工作的人员的地位、科技机构的设置原则和运行方式、科技管理制度、科技成果推广的转化渠道等内容。2000 年以来,我国加大科技体制改革力度,设立国家最高科学技术奖,个人奖金为 500 万元人民币,先后有十几位成绩卓越的科学家获此殊荣,极大地推动了我国科技实力的提高。

（4）国家科技政策和科技立法

国家科技政策和科技立法是指国家有关部门在管理科技事业中所制定的相关政策及法律规范等。它是科技成果的推广与转化,也是提升企业及社会竞争力的重要保障。

5. 自然环境

自然环境主要是指对企业经营产生影响的诸多自然因素的总和,包括自然资源、地理与气候、生态安全、自然变化等。自然环境的变化对企业影响巨大,会给企业带来新的市场需求或生存威胁。在 20 世纪的发展中,人类没有很好地处理与自然的关系,许多行业或企业的发展以牺牲生态环境为代价换取短期经济的增长,结果出现了严重的环境污染、生态恶化和自然灾害等一系列威胁,影响了人类的生存和发展。在 1987 年召开的第42 届联合国大会"环境与发展会议"上,世界环境与发展委员会首次提出"可持续发展"的概念。之后,可持续发展战略逐渐成为全球各个国家共同遵循的行动纲领,在环境与发展领域广泛开展全球性合作。"可持续发展"已经成为当代人类发展的主题,从理论升华到了"可持续发展"战略。

■ 2.2 行业结构分析

行业结构分析属于外部环境分析中的中观环境分析,它的内容主要是分析本行业中的企业竞争格局以及本行业和其他行业的关系。行业的结构及竞争性决定着行业的竞争原则和企业可能采取的战略,因此,行业结构分析是企业制订战略最主要的基础。行业环境包括供应商、购买商、竞争者和替代者等。

2.2.1 行业发展分析模型

1. 行业的概念

行业是一个非常宽泛的概念,不同学科对它的定义存在一定的差异性。在企业战略管理中,行业是指与企业经营活动直接相关的、诸多利益集团所构成的整个供应链,包括供应商、购买者、投资者、同类竞争者、替代产品竞争者、潜在竞争者以及国家有关部门等。不同行业的发展都有其具体特点和特殊的约束条件,对企业而言,进行行业分析就是通过分析行业的发展前景、发展规律等,探索行业长期赢利的潜力,发现影响行业吸引力的因素。

企业在取得一定市场份额前,不能以最低成本生产。单位产品成本最低时的最小最

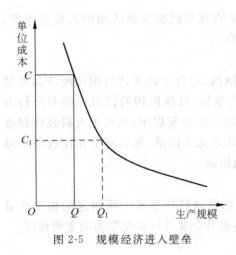

图 2-5　规模经济进入壁垒

佳规模(单位生产成本最低时的最小产量)占市场规模(产业需求量)比重很大的产业,往往集中度很高,也是垄断程度较高的产业。新企业的进入不仅需要大量的投资和较高的起始规模,而且难以站稳脚跟。

潜在进入企业和新企业若与既存企业竞争可能遇到种种不利因素。进入壁垒具有保护产业内已有企业的作用,也是潜在进入者成为现实进入者时必须首先克服的困难,如图 2-5 所示。

进入壁垒与退出壁垒的关系矩阵,也是行业分析的一个重要方面。从行业利润的角度来看,最好的情况是进入壁垒较高而退出壁垒低,在这种情况下,新进入者将受到抵制,而在本行业经营不成功的企业会离开本行业。反之,进入壁垒低而退出壁垒高是最不利的情况,在这种情况下,当某行业的吸引力较大时,众多企业纷纷进入该行业;当该行业不景气时,过剩的生产能力仍然留在该行业内,企业之间竞争激烈,相当多的企业会因竞争不利而陷入困境。

从长期来看进入壁垒对社会福利有双重效应。一方面,进入壁垒是与垄断力量相联系的。进入壁垒限制了潜在进入者进入,从而减少了产业中厂商的数目,提高了这一产业的集中度和增强了该产业内大企业的市场权力,从而易于生成垄断性的市场结构,这一结果倾向于减少社会总福利。另一方面进入壁垒的存在又具有正面作用,一定高度的进入壁垒可以提高资源的配置效率。企业进入或退出市场,其实质是资源重新配置的一种方式,在这一过程中需要增加许多额外成本。

对于规模经济显著的产业来说,由于进入壁垒的存在,可以阻止低效率的原子型小企业进入市场,提高产业集中度,使社会获得规模经济效益,如图 2-6 所示。

2. 行业生命周期分析

行业生命周期是指一种行业产生以后,经过成长、发展、成熟、衰退一直到被社会淘汰的全部时间过程。它可分为幼稚期、成长期、成熟期和衰退期四个阶段,不同阶段的发展特征是不同的。行业生命周期如图 2-7 所示。

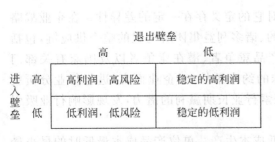

图 2-6　进入壁垒与退出壁垒的组合

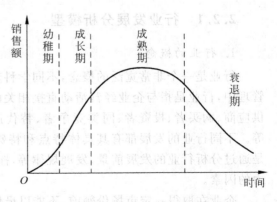

图 2-7　行业生命周期示意

（1）幼稚期

幼稚期又称引入期，是指行业刚刚开始，规模小，销售增长缓慢，产品设计不完善，竞争不激烈，但由于市场对新产品的抵触作用，会有一定风险。另外，因为该阶段行业内企业规模小，会导致产品成本高、利润低，甚至出现亏损。

（2）成长期

行业经过幼稚期后，会进入快速增长阶段。在这个阶段，顾客对产品的认知能力迅速提高，购买踊跃，销售快速增长，企业生产能力迅速提高，市场竞争逐渐形成。企业应付风险的能力增强，利润显著增加。

（3）成熟期

在成熟期，产品的生产和销售趋向最大规模，以老顾客的重复购买为主要市场特征，销售趋向饱和，增长缓慢或不增长，甚至出现小幅度的下降。但这一阶段的销售规模是最大的，产品设计已经定型，创新能力较差，生产能力过剩，竞争激烈，出现供过于求的局面，利润不再增长，甚至开始下滑。同时，这个阶段也是经历时间最长的阶段，在目前的社会中，绝大多数行业都处于成熟期。

（4）衰退期

在衰退期，行业规模不断萎缩，企业销售明显下滑，生产能力严重过剩，竞争激烈，利润大幅度下滑，甚至出现亏损。一般情况下，处于衰退期的行业很难起死回生、重新焕发生机。因此，当行业进入衰退期后，企业应考虑尽快转移和开辟新的发展方向。

3. 行业变革因素

一般情况下，行业的发展过程会符合上述四个阶段的变化，但并不是所有的行业都要经历这四个阶段，行业生命周期的阶段划分并不是绝对的，而只是大体上的理论描述。有的行业在进入衰退期后还可能再度成长，有的行业的成熟期很长，有的行业的成熟期很短，等等，情况不尽相同。

行业的发展变化受内外两方面因素的作用。驱动行业变革常见的因素主要有：行业长期增长状况，顾客需求发生变化，产品更新换代，新技术投入应用，企业营销模式和策略更新，行业中大厂商的进入与退出，专有技术的扩散，行业日益全球化，成本和效率发生变化，政府政策变化，社会潮流和生活方式的变化，不确定性和商业风险，等等。

行业变革的关键因素一般不超过四个，企业战略管理的任务就是要从中区分关键驱动因素与非关键驱动因素。

2.2.2 五种竞争力分析模型

20世纪80年代初，哈佛商学院的迈克尔·波特教授在《竞争战略》一书中，从产业组织理论的角度，提出了产业竞争结构分析的基本框架——五种竞争力分析，即现有企业之间的竞争、新竞争者的加入、替代产品的威胁、供方的议价能力、买方的议价能力五种产业结构力量。波特竞争力模型如图2-8所示。

1. 现有企业之间的竞争

行业内企业竞争的目的是为了占据更大的市场份额，获得更高的利润，迫使其他企业亏损而退出行业，保证自己的生存和获利。行业内现有企业的竞争激烈程度取决于以

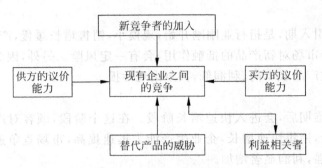

图 2-8　波特竞争力模型

下几个因素。

（1）同业企业的数量和实力差距

在同一行业中，如果同业企业的数量较多，企业间的竞争就会更加激烈，如饮料、白酒行业的竞争就十分激烈；如果同业企业的数量较少，企业间的竞争就相对缓和。同时，同业企业实力对比，如果差距较小，势均力敌，则企业间的竞争较为激烈；如果差距较大，则企业间的竞争较为缓和。根据这种情况，行业中企业可以在全面分析竞争对手的前提下，制订适合本企业的竞争策略。

（2）行业的发展速度

一种行业在不同的生命周期阶段，其发展速度是不同的，而不同的发展速度又影响着行业内企业的竞争激烈程度。一般情况下，行业的发展速度越快，企业的增长幅度越大，企业发展的机会就越多，行业中的企业会获得高额利润，企业间的竞争就较为缓和；相反，行业的发展速度缓慢，意味着企业的增长速度缓慢甚至徘徊、停滞，可供企业发展的机会就少，从而会出现"僧多粥少"的局面，企业间的竞争变得异常激烈。

（3）产品差异化程度

在同业竞争中，产品差异化程度是企业间竞争的关键因素。企业产品的差异性小、标准化程度高，如粮食、食油、化肥、水泥、钢铁等行业中，企业竞争就非常激烈，常见的竞争形式为价格竞争。企业产品的差异性大，各具特色，如服装、餐饮、旅游、咨询等行业中，企业间的竞争就较为缓和，其竞争形式多为非价格竞争。

（4）用户的转换成本

用户的转换成本是指用户因变更供应商而需要新增加的成本，包括仓储费用、运输费用、包装费用和人工费用等。生产企业是用户的供应商，用户的转换费用低就意味着用户更换供应商很容易，这样就对供应商造成了较大的压力，实际上也就加大了企业间的竞争。用户的转换成本高，则意味着用户更换供应商的难度大，大多数用户与供应商之间存在一种相互制约的关系，企业间的竞争就不太激烈。

（5）行业内生产能力剧增

如果行业内的生产能力剧增，如有大的竞争对手进入该行业，使行业的生产能力剧增，导致产能过剩，企业间的竞争就会变得激烈。

（6）退出壁垒

当一种行业的发展前景较为暗淡时，行业中的部分企业总是企图从行业内退出去，寻求新的发展领域,这时会受到行业内部一系列因素的阻碍,这种阻碍企业退出本行业的因素称为行业的退出壁垒。构成退出壁垒的常见因素有以下五种。

① 专用性资产。一家从事纺织品生产的企业,不可能转产去生产汽车或计算机,其原有的设备、技术、厂房等专用性资产,限制了企业只能在同一行业内或相近、相关行业内选择新的经营方向。

② 退出的成本。企业要从原来的行业中退出,进入一个新的行业,需要在土地、厂房、设备、技术、人员培训等方面投入更多的费用,这是一般企业做不到的。

③ 内部战略关系。一家企业在行业中经营多年,与本行业或相关行业中的部分企业存在诸如物流供应、产品研发、市场销售等方面的相互制约关系,这种关系使得企业难以退出本行业。

④ 情感因素。企业要退出原来的行业,经营新的业务,在员工的情感方面存在一定阻力。人都有一种怀旧的情感,员工对原有的厂房、设备、技术、生产线及产品等有着深厚的情感,不愿意淘汰掉。同时,对新业务持有一种拒绝或排斥的态度,这会形成企业退出行业的阻力。

⑤ 政府政策。在不同行业的发展过程中,政府要站在社会和经济平衡的角度,运用政策调控各行业的发展,保证国民经济健康、合理运行。政府要限制行业内企业的大幅度流动,避免出现大的失业、经济结构失衡等社会问题。

2. 新竞争者的加入

新进入者可能是一个新办的企业或者是一个多元化企业开展的新业务,它给行业带来了新的生产能力,并力求获得一定的市场份额。对于一个行业来说,新竞争者进入威胁的大小,取决于该行业的进入壁垒和原有企业反击的强烈程度。我们通称这两种障碍叫做"进入障碍"。决定进入障碍大小的因素有以下方面。

（1）规模经济

规模经济是指在一定时期内,单位产品的成本随着总产量的增加而降低。规模经济的产生主要是由于两方面原因:一是企业在一定时期内,用于设备、厂房及部分管理职能的费用是大体固定的,产量少单位成本就高,产量多单位成本就低;二是企业的生产规模越大,意味着生产经营越熟练,生产效率和管理效率越高,产品成本越低。规模经济的作用迫使新竞争者必须以较大的生产规模进入新的行业,这样难度很大,往往使新竞争者望而却步。在钢铁、造船、汽车制造等行业中,规模经济的壁垒作用十分明显。

（2）产品差异化程度

行业中原有企业已经有较长的经营历史,在广告宣传、用户服务、产品质量及企业信誉等方面形成了自己的风格,广大顾客也较为认可,如食品、餐饮、家电、汽车等行业。行业中的老企业拥有自身的差异化优势,产品或服务具有显著的特色,新竞争者进入后,其产品特色往往难以突出,差异化的优势更无从谈起,在培育企业特色经营方面任务艰巨。

（3）资金需求

新竞争者要进入新的行业,并在竞争中处于有利地位,不仅需要大量的资金,而且要冒失败的风险,由此会形成进入壁垒。如果一个行业需要的经营资金越多,则进入该行业的壁垒就越高。经营资金不仅包括进入行业的固定资产投资,而且还包括经营所需要的流动资金。例如,采矿、铁路建设、石油化工、汽车及家电等行业,其资金壁垒往往很高,是一般企业很难进入的行业。

(4)销售渠道

行业中的老企业拥有健全的销售渠道,与分销商的关系较为融洽,渠道的物流、信息流和资金流功能正常。而新竞争者进入行业后,要建立新的销售渠道,所涉及的问题较多,如分销商的选择、利益的分配、关系的协调等。销售渠道构建以后,渠道成员需要一段时间的配合才能更好地发挥其应有的作用。因此,销售渠道也是新竞争者的进入壁垒。

(5)技术

有些行业需要掌握复杂的技术,或者行业的竞争是以技术为中心,则说明该行业的技术壁垒高,新竞争者难以进入。只要进入行业需要的技术超过企业现有的技术水平,就会产生技术壁垒。技术壁垒主要是由专利技术、技术诀窍及配方等构成的,通常体现在关键的技术人才上。因此,高新技术企业或知识密集型企业一般都是来自高等院校和科研机构的技术人员创办的,如联想、同方、方正等企业。而国内许多由区、街道、乡镇等创办的企业大多属于技术水平较低的劳动密集型行业。

(6)资源供应

行业内的企业与资源供应商形成长期合作的关系,供求关系稳定,可以保证行业内企业的生产经营需要。而新竞争者进入该行业后,要重新选择供应商,企业的各种资源供应模式也要重新设计,可能会出现供应成本偏高和延误供应等情况,影响企业生产经营。例如,石油、煤炭、天然气、有色金属等行业的供应商,对下游企业的生产经营影响极大。

(7)专用性资产

有些行业生产经营所需要的设备专业性很强,如汽车、钢铁、石油、化工、纺织等行业,其他行业中跨度大的企业很难进入该行业中竞争。这些专用性资产成为新竞争者的进入壁垒。

(8)政府政策、法律限制

政府的政策及法律是一种最有效的进入壁垒,如银行、电信、保险、广播等行业,国家对进入这些行业的企业限制非常严格,进入的壁垒极高。国家还对一些行业实行许可证制度,如药品、食品、卫生、邮电等行业。另外,国家对高污染、高能耗、高排放工业企业的进入限制更为严格。

(9)其他方面

构成新竞争者进入壁垒的因素还有专利保护、行业内企业的产地优势、经验曲线、政府对行业内企业的保护及行业内企业的阻击作用等。其中,经验曲线是指随着企业生产经营规模的扩大,其经验水平不断提高,废品率下降,效率提高,单位产品成本水平下降,形成低成本的优势。新竞争者进入该行业后,经验水平不足,废品率高,效率低,产品单位成本高,在这方面处于劣势。

3. 替代产品的威胁

替代产品是指那些与本行业产品具有相同或者相似功能的产品,例如钢笔和圆珠笔、矿泉水和纯净水等。一般来说,新的替代产品或服务的出现,都会给行业内原有企业带来竞争压力,因为消费者会有新的选择,价格上可能也具有一定优势。替代产品出现后,一味地抵抗或排斥都是错误的,要经得起替代产品的挑战,在竞争中焕发生机和活力,最终战胜竞争对手。

替代产品或服务的威胁一般体现在以下几个方面。

① 替代品与现有产品的相对价值/价格比。

② 用户的转换成本。

③ 用户对替代品的欲望。

4. 供方的议价能力

供方是指向从事生产经营活动的企业提供各种经营资源的组织或个人。供应商对企业的压力主要有希望可以提高供应价格,减少紧俏资源的供应或降低供应品的质量等。供方对企业形成的压力主要来自以下四个方面。

(1) 供应商少而集中

当供应商少,且形成垄断供应时,会提供价格高昂的产品或服务,短期内会出现供不应求的局面,形成卖方市场,导致生产企业的成本增加。

(2) 提供的产品难以替代

当供应商提供的产品富有特色,或是具有垄断性,就会对生产企业造成较大的压力,导致生产企业的成本增加。

(3) 供应商对生产企业不重视

如果生产企业的购买批量小,供方认为不是其重要的客户时,就会利用价格、质量、服务等手段向生产企业施加压力。

(4) 供应商有实现前向一体化的可能

如果供应商实力较强,就有可能对自己销售的产品进行深加工,如出售羊毛的农场把羊毛织成毛线及各种毛线织品,这无疑会对后方的生产企业造成压力,此种形式的发展称为前向一体化。

5. 买方的议价能力

出于自身利益的考虑,购买者总是希望可以用尽量少的成本获得尽量多、物美价廉的产品并且享受到优秀的服务。他们会利用同行业企业之间的竞争来给企业施加压力,尽量压低价格。一般来说,在以下五种情况下,买方会对生产企业构成较大的压力。

(1) 集中大批量进货

如果买方集中地大批量进货,一般会尽量压低进货价格,并要求卖方提供高质量的服务,这样会对生产企业造成压力。

(2) 产品标准化程度高

产品标准化程度高,买方的选择范围就大,他们就会尽可能讨价还价,把购买价格压到最低。

(3) 所购产品价格在买方产品成本中占有较大比重

如果买方所购产品是生产其最终产品的核心部件,且占其产品的成本比重较大,如汽车发动机,则买方在购买时会对产品质量提出更高的要求,并且会尽量压低购买价格。

（4）买方实力强大，有实现后向一体化的可能

买方实力强大，有可能在自己的企业中增加生产其购买产品的新业务，这种发展形势称为后向一体化。后向一体化的形成，无疑会对前方的生产企业增加压力。

（5）买方拥有更全面的信息

买方如果掌握比卖方更多的销售信息，买卖双方信息不对称，就容易产生欺诈、强行收购等非公平交易。非公平交易会对正常市场秩序造成破坏，严重损害卖方的利益。

除了以上讨论的五种主要竞争力量以外，其他的一些利益相关者，比如政府机关、社会组织、企业内部组织等都对行业的竞争力和企业的发展起着直接或间接的作用，因此有的人也称此为六种竞争力量模型。

2.3　微观环境分析

作为产业环境分析的深化，竞争对手分析的重点集中在与企业直接竞争的每个企业身上。尽管所有的产业环境都很重要，但产业环境分析着眼于产业整体，是中观分析。所以，从个别企业的视角去观察、分析其竞争对手竞争实力的微观分析——竞争者分析就显得尤为重要。

2.3.1　竞争者分析的含义

竞争者分析的目的是为了准确判断竞争对手的战略定位和发展方向，并在此基础上预测竞争对手未来的战略，准确评价竞争对手对本组织的战略行为的反应，估计竞争对手在实现可持续竞争优势方面的能力。对竞争对手进行分析是确定组织在行业中战略地位的重要方法，如图 2-9 所示。

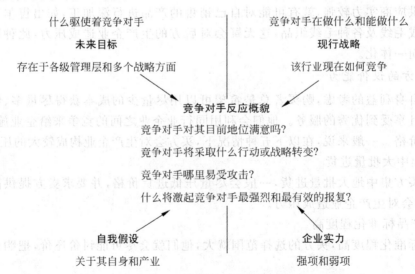

图 2-9　竞争对手分析模型

在识别了主要竞争者之后，企业经营者接着应回答的问题是：每个竞争者在市场上寻求什么？什么是竞争者行动的动力？最初经营者推测，所有的竞争者都追求利润最大

化,并以此为出发点采取各种行动。但是,这种假设过于简单。不同的企业对长期利益与短期利益各有侧重。有些竞争者更趋向于获得"满意"的利润而不是"最大"利润。尽管有时通过一些其他的战略可能使他们取得更多利润,但他们有自己的利润目标,只要达到既定目标就满足了。

竞争者虽然无一例外关心其企业的利润,但他们往往并不把利润作为唯一的或首要的目标。在利润目标的背后,竞争者的目标是一系列目标的组合,对这些目标竞争者各有侧重。所以,我们应该了解竞争者对目前赢利的可能性、市场占有率的增长、资金流动、技术领先、服务领先和其他目标所给予的重要性权数。了解了竞争者的这种加权目标组合,我们就可以了解竞争者对目前的财力状况是否满意,及其对各种类型的竞争性攻击会做出什么样的反应等。如一个追求低成本领先的竞争者对于其竞争对手因技术性突破而使成本降低所做出的反应,比对同一位竞争对手增加广告宣传所做出的反应要强烈得多。

企业必须跟踪了解竞争者进入新的产品细分市场的目标。若发现竞争者开拓了一个新的细分市场,这对企业来说可能是一个发展机遇;若企业发现竞争者开始进入本公司经营的细分市场,这意味着企业将面临新的竞争与挑战。对于这些市场竞争动态,企业若了如指掌,就可以争取主动,有备无患。竞争者分析流程如图 2-10 所示。

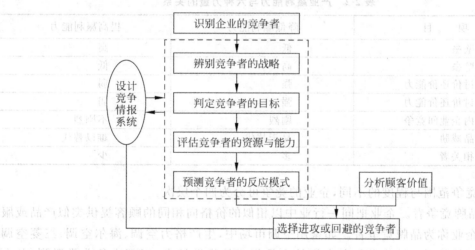

图 2-10 竞争者分析流程

2.3.2 竞争者分析的内容和步骤

竞争者分析一般包括以下五项内容和步骤。

1. 识别企业的竞争者

企业识别竞争者似乎是一项简单的工作。但是,由于企业实际的和潜在的竞争者范围很广泛,一个企业更可能被新出现的对手或新技术打败,而不是当前的竞争者。例如,柯达企业在胶卷业一直担心崛起的竞争者——日本富士企业,但真正受到的威胁却来自摄像机。由佳能与索尼销售的摄像机,既能在电视上展现画面,还可转录入硬盘,也能擦掉,因而,对柯达形成的威胁比同样从事胶卷业的富士大得多。如何识别企业的竞争者,我们用波特的竞争力模型加以说明,如图 2-11 所示。

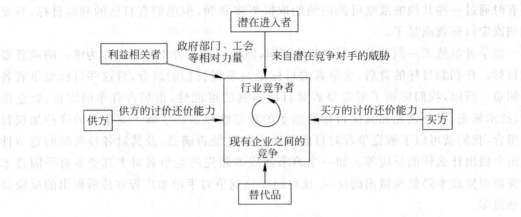

图 2-11　六种力量模型

我们对竞争者进一步分析研究,可以看到产业赢利能力与六种力量的关系,见表 2-2。

表 2-2　产业赢利能力与六种力量的关系

项　目	降低赢利能力	提高赢利能力
进入壁垒	低	高
退出壁垒	高	低
供方讨价还价能力	强	弱
买方讨价还价能力	强	弱
产业内企业间竞争	剧烈	不剧烈
替代品威胁	易于替代	难以替代
利益相关者	多	少

根据竞争范围与程度的不同,企业的竞争可分为四个层次。

(1) 品牌竞争者。企业把同一行业中以相似的价格向相同的顾客提供类似产品或服务的其他企业称为品牌竞争者。如家用空调市场中,生产格力空调、海尔空调、三菱空调等厂家之间的关系。品牌竞争者之间的产品相互替代性较高,因而竞争非常激烈,各企业均以培养顾客品牌忠诚度作为争夺顾客的重要手段。

(2) 行业竞争者。企业把提供同种或同类产品,但规格、型号、款式不同的企业称为行业竞争者。所有同行业的企业之间存在彼此争夺市场的竞争关系。如家用空调与中央空调的厂家、生产高档汽车与生产中档汽车的厂家之间的关系。

(3) 形式竞争者。企业可以更广泛地把所有制造或提供相同服务(功能)产品的企业都作为竞争者。例如,长虹可以认为自己不仅与家电制造商竞争,还与其他电子产品制造商如联想集团竞争。

(4) 一般竞争者。企业还可进一步更广泛地把所有争取同一消费者的企业都看作竞争者。例如,海尔企业可以认为自己在与所有的耐用消费品企业竞争。

2. 辨别竞争者的策略

企业必须不断地观察竞争者的战略。富有活力的竞争者将随着时间的推移而修订其策略。例如,福特是早期的赢家,它的成功在于低成本生产。通用汽车超过了福特,因为它相应满足了市场上对汽车多样化的欲望。后来,日本企业取得了领先地位,因为它们供应的汽车省油。日本人下一步的战略是生产可靠性高的汽车。当美国的汽车制造商注重质量时,日本汽车商又转移至知觉质量,即汽车及部件更好看和感觉更好。因此,企业必须警惕顾客欲望的变化和竞争者的战略变化,以满足这些新出现的欲望。

3. 判定竞争者目标

在辨别了主要竞争者及他们的战略后,企业还必须继续追问:竞争者在市场上的追求是什么? 竞争者的行为推动力是什么? 了解了竞争者的目标组合,我们便可了解竞争者是否对其目前的财务状况感到满意,对各类型的竞争性攻击会做出何种反应等。例如,一个追求低成本领先的企业对于竞争者在制造过程的技术突破所做出的反应远比同一位竞争者增加广告预算所做出的反应要强烈得多。

4. 评估竞争者的资源与能力

首先让我们了解一下,企业竞争程度与赢利能力之间的关系,如图 2-12 所示。

竞争者能否执行其战略并达到目标,取决于竞争者的资源和能力。企业对竞争者资源与能力的评估主要应包括如下几个方面的内容。

(1) 核心能力。竞争对手在各个职能领域内的潜在能力如何? 最强之处是什么? 最弱之处在哪里? 随着竞争对手的成熟,这些方面的能力是否可能发生变化? 随着时间的推移是增强还是减弱?

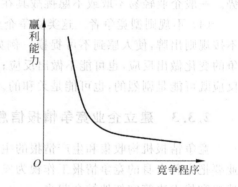

图 2-12 竞争程度与赢利能力之间的关系

(2) 增长能力。在人员、技术、市场占有率等方面是否有增长能力? 财务方面、对外筹资方面能否支持增长?

(3) 快速反应能力。竞争对手在财务、生产能力和新产品等方面是否存在着对竞争者的行为迅速作出反应和及时发动进攻的能力?

(4) 适应变化的能力。竞争对手能否适应诸如成本竞争、服务竞争、产品创新、营销升级、技术升迁、通货膨胀、经济衰退等外部环境的风云变幻? 是否有严重的退出障碍?

(5) 持久力。竞争对手维持一场长期较量的能力如何? 为维持长期较量会在多大程度上影响收益?

5. 预测竞争者的反应模式

单凭竞争者的目标、资源与能力还不足以解释其可能采取的行动和对诸如削价、加强促销或推出新产品等企业举措的反应。此外,各个竞争者都有一定的经营哲学、内在的文化和起主导作用的信念。企业需要深入了解某一竞争者的心理状态,以求预测竞争者可能做出的反应。竞争者常见的反应模式如下。

（1）迟钝型竞争者。某些竞争企业对市场竞争措施的反应不强烈,行动迟缓。例如,金山公司的 WPS 曾是国内办公软件的主流产品,当美国微软公司推出 Windows 操作系统与 Office 系列办公软件的时候,金山公司才推出其"界面友好"的 WPS 2000。这可能是因为竞争者受到自身在资金、规模、技术等方面的能力的限制,无法做出及时的反应;也可能是因为竞争者对自己的竞争力过于自信,不屑于采取反应行为;还可能是因为竞争者对市场竞争措施重视不够,未能及时捕捉到市场竞争变化的信息。

（2）选择型竞争者。某些竞争企业对不同的市场竞争措施的反应是有区别的。例如,大多数竞争企业对降价这样的价格竞争措施总是反应敏锐,倾向于做出强烈的反应,力求在第一时间采取报复措施进行反击,而对改善服务、增加广告、改进产品、强化促销等非价格竞争措施则不大在意,认为对自己构不成直接威胁。

（3）强烈反应型竞争者。竞争企业对市场竞争因素的变化十分敏感,一旦受到来自竞争者的挑战就会迅速地做出强烈的市场反应,进行激烈的报复和反击,势必将挑战自己的竞争者置于死地而后快。这种报复措施往往是全面的、致命的,甚至是不计后果的,不达目的决不罢休。这些强烈反应型竞争者通常都是市场上的领先者,具有某些竞争优势。一般企业轻易不敢或不愿挑战其在市场上的权威,尽量避免与其正面交锋。

（4）不规则型竞争者。这类竞争企业对市场竞争所做出的反应通常是随机的,往往不按规则出牌,使人感到不可捉摸。例如,不规则型竞争者在某些时候可能会对市场竞争的变化做出反应,也可能不做出反应;他们既可能迅速做出反应,也可能反应迟缓;其反应既可能是剧烈的,也可能是柔和的。这种类型的竞争者大多是小企业。

2.3.3　建立企业竞争情报信息系统

竞争情报机构收集和生产情报的主要目的,是将这些情报真正用在决策过程中。企业要把完善自身的竞争情报工作视为发展企业核心能力的一部分,将竞争情报与企业的战略和战术决策密切地结合起来。

搜集竞争信息不是随机的过程,每一个企业应该认真地设计它们的企业竞争情报信息系统,以便使得成本有效化。为了实现这一目标,有时还要建立跨部门小组,进行情报搜集工作。企业在设计情报信息系统时,一般有四个主要步骤,如图 2-13 所示。

1. 建立系统

企业必须明确哪些竞争情报最重要,识别这些情报信息的最佳来源,委派专人管理竞争情报系统及相关业务。

2. 搜集资料数据

资料数据的来源可以进行实地调查,也可以使用二手资料,如从新录用的雇员和竞争者的雇员那里获得信息,从与竞争者有业务的人中取得信息,从观察竞争者或者发现实物证据来获得信息等。数据表明,企业竞争情报 95% 是公开的,其中 80% 以上来自企业内部。存放在企业数据库中的海量数据是一种"再生资源",里面蕴含着许多有用的信息。也就是说,重要情报正是蕴藏在这些公开的、可获得的或者已获得的海量企业信息中。当然,并不是所有的企业数据都是有价值的竞争情报。竞争情报系统只有通过对有效数据进行长期跟踪、挖掘,最后运用合理的逻辑模型进行分析之后,才能够获取企业需

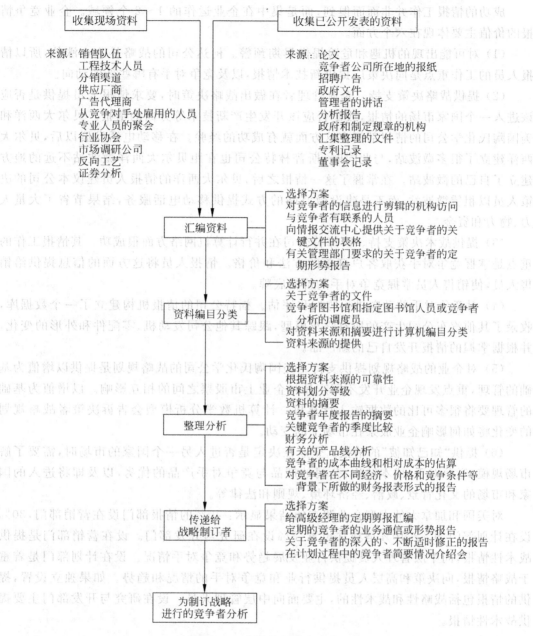

图 2-13　竞争情报信息系统

要的情报数据。

3．资料的整理分析

对搜集到的企业情报信息进行加工处理，转化成可供企业战略决策参考用的信息，确保情报信息系统的有效性和可靠性。

4．企业情报信息为战略制订者使用

企业战略管理的过程，也是企业情报信息被生产、管理、消费的过程。

成功的情报工作并非面面俱到,而是集中在企业运作的 1～2 个领域。企业竞争情报的价值主要体现在六个方面。

(1) 对可能出现的机遇和危险提供早期预警。柯达公司的战略是防止涨价,所以情报人员的工作重点是向决策层提供新技术情报,以及竞争对手有哪些新的动向。

(2) 提供战略决策支持。企业管理者在做出战略决策时,要求情报人员提供是否应该进入一个国家市场的情报,或是否应该开发生产新技术等方面的情报。贝尔大西洋和美国陶氏化学公司的情报部门在这方面就有成功的经验。在移动电话发展以后,贝尔大西洋建立了很多微波站,与此同时,斯普林特公司也在距贝尔大西洋微波站不远的地方建立了自己的微波站。在掌握了这一情报之后,贝尔大西洋的情报人员建议本公司的决策人员以租赁微波站,而不是建设微波站的方式提供移动电话服务,结果节省了大量人力、物力和资金。

(3) 提供战术决策支持。西库特公司在并行计算机网络方面很成功。其情报工作的重点是掌握竞争对手获取客户订单的方法和价格。情报人员将这方面的信息提供给销售人员,使销售人员掌握竞争对手的价格底牌。

(4) 对竞争对手的动向进行监控和评估。福特公司的情报机构建立了一个数据库,收录了其他汽车公司生产的所有汽车模型,跟踪其他公司发动机、零配件和外形的变化,并根据掌握的情报开发自己的新产品。

(5) 对企业的战略规划提供支持。美国陶氏化学公司的战略规划是提供以增值为基础的管理,重点发现企业开发不同产品与企业上市股票之间的相互影响。以增值为基础的管理要将很多可比的数据输入计算机。计算机数学分析模型会告诉决策者战略规划的变化将如何影响企业股票在市场上的变动。

(6) 提供"知己知彼"的情报。企业在决定是否进入另一个国家的市场时,需要了解市场规模、竞争对手、成本结构、公司的产品与竞争对手产品的优劣,以及即将进入的国家和市场的文化背景、政治、经济环境、规则和法律等。

对美国和加拿大的大型企业调查的结果显示:40％的情报部门设在营销部门,30％设在计划部门,9％～10％是独立设置,8％设在研究与开发部门。设在营销部门是提供战术性情报,向中层管理人员提供行业发展趋势和竞争对手情况。设在计划部门是着重于战略情报,向决策和高层人员提供行业和竞争对手的情况和趋势。如果独立设置,提供的情报包括战略性和战术性的,主要面向中层管理人员。设在研究与开发部门主要提供战术性情报。

▌ 2.4 外部环境分析方法

企业外部环境分析的方法较多,如关键要素预测法、SWOT 分析法和层次分析法等,其中应用较多的是 SWOT 分析法。

2.4.1 SWOT 分析法的概念

SWOT 分析法又称为态势分析法,是由美国旧金山大学的管理学教授海因茨·韦里克(Heinz Weihrich)于 20 世纪 80 年代初提出来的,经常被用于企业战略制订、竞争对手分析等场合。SWOT 四个英文字母分别代表优势(strength)、劣势(weakness)、机会(opportunity)和威胁(threat)。所谓 SWOT 分析,即态势分析,就是将与研究对象密切相关的内部环境中的优势与劣势、外部环境中的机会与威胁列举出来,并按矩阵形式排列,然后用系统分析的思想把各种因素匹配起来加以分析,从中得出一系列相应的结论,作为企业领导者和管理者的决策依据。利用这种方法,可以使企业扬长避短,发现存在的问题,明确以后的发展方向,分清问题的轻重缓急,找出解决办法。SWOT 分析法常被用于制订集团发展战略和分析竞争对手的情况。

SWOT 分析法是战略分析中最常用的方法之一,其主要的分析内容有以下几个方面。

1. 优势与劣势分析

优势是指企业在竞争中所表现出来的、优于竞争对手的、能支撑企业竞争力的一些环节或因素,劣势是指企业劣于竞争对手的环节或因素。优势是企业发展的基础和保证,劣势是企业发展的制约因素。在进行优势与劣势分析时,必须从企业生产经营过程中的各个环节入手,将企业与竞争对手的生产经营环节作详细的对比,如产品是否新颖,制造工艺是否复杂,销售渠道是否畅通,以及价格是否具有竞争力等。需要指出的是,衡量一个企业及其产品是否具有竞争优势,只能站在现有或潜在用户的角度上,而不能站在企业的角度上。

2. 机会与威胁分析

机会是指在企业所处的外部环境中,有利于企业发展的因素和力量等,如国家的政策、技术革新和居民收入增长等,都是促进企业发展的机会。威胁是指在企业所处的外部环境中,不利于企业发展的因素和力量等。如果不采取果断的战略措施,这种不利因素将导致企业的竞争地位受到削弱,如国家紧缩银根、经济低迷、失业、自然灾害等,都是阻碍企业发展的威胁。

SWOT 分析的基本思路,如图 2-14 所示。

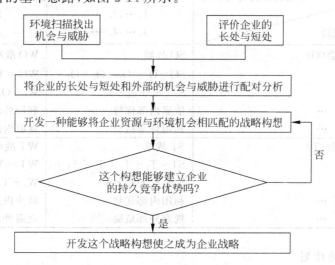

图 2-14 SWOT 分析的基本思路

2.4.2　SWOT 分析法的步骤

SWOT 分析法主要有以下几个步骤。

1. 确认企业当前的战略

企业在进行 SWOT 分析时,首先要从战略层次方面明确:企业现行的战略是什么形式,这些战略在过去和现在存在什么问题。

2. 确认企业外部环境的机会与威胁

企业应站在预测的角度,分析企业战略期内所处的外部环境中有哪些机会与威胁。机会一般包括新产品、新市场、新需求,外国市场壁垒解除,竞争对手失误等。威胁一般包括新的竞争对手的加入,替代产品增多,市场紧缩,行业政策变化,经济衰退,客户偏好改变和突发事件等。

3. 根据企业实力,确认企业的优势与劣势

优势是企业的内部因素,一般包括有利的竞争态势、充足的财政来源、良好的企业形象,技术力量、规模经济、产品质量、市场份额、成本优势和广告攻势等。劣势也是企业的内部因素,一般包括设备老化、管理混乱、缺少关键技术、研究开发落后、资金短缺、经营不善、产品积压和竞争力差等。

4. 对机会与威胁、优势与劣势进行评价、排序

对机会与威胁、优势与劣势按照通用矩阵或类似的方式打分评价,具体方法是把识别出的所有优势分成两组,分的时候以两个原则为基础:它们是与行业中潜在的机会有关,还是与潜在的威胁有关。用同样的办法把所有的劣势分成两组,一组与机会有关,另一组与威胁有关。

5. 因素定位

将上述四个方面的结果填写在 SWOT 分析表中,见表 2-3。

表 2-3　SWOT 分析表

企业内部优势与劣势 企业外部机会与威胁	内部优势(S) 1.…,2.… 3.…,4.…	内部劣势(W) 1.…,2.… 3.…,4.…
外部机会(O) 1.…,2.… 3.…,4.…	SO 战略 $SO=O_1+O_2+O_3+O_4+$ $S_1+S_2+S_3+S_4$ 依靠内部优势 利用外部机会	WO 战略 $WO=W_1+W_2+W_3+$ $W_4+O_1+O_2+O_3+O_4$ 利用外部机会 克服内部劣势
外部威胁(T) 1.…,2.… 3.…,4.…	ST 战略 $ST=T_1+T_2+T_3+T_4+$ $S_1+S_2+S_3+S_4$ 利用内部优势 规避外部威胁	WT 战略 $WT=W_1+W_2+W_3+$ $W_4+T_1+T_2+T_3+T_4$ 减少内部劣势 规避外部威胁

6. 制订行动计划

根据表 2-3 中列举的有关因素,分析各类因素的变化趋势,对这些因素进行评价,判断优劣势的大小和外部环境的好坏,最终形成一个 SWOT 分析表。确定优势与机会的最佳结合方案,提出企业规避威胁和弥补劣势的对策及方法。在此基础上,可以根据企业的得分来判定企业属于何种类型,如图 2-15 所示。

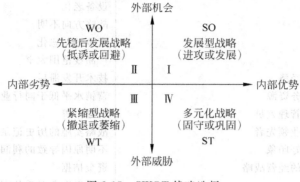

图 2-15　SWOT 战略选择

① 若企业处于第Ⅰ象限,外部有众多机会,又具有强大内部优势,宜于采用发展型战略和进攻策略;

② 若企业处于第Ⅱ象限,外部有机会,但内部条件不佳,应抵制或回避诱惑,也可采取措施扭转内部劣势,可先采用稳定后发展战略;

③ 若企业处于第Ⅲ象限,外部有威胁,内部状况又不佳,应设法避开威胁,消除劣势,可采用紧缩型战略;

④ 若企业处于第Ⅳ象限,拥有内部优势,而外部存在威胁,宜于固守原有的地位或采用多元化战略分散经营风险,寻求新的机会。

2.4.3　SWOT 分析在企业战略管理中的关键要素

在战略管理中,必须对企业的内外环境条件综合情况做深层次分析,从所列关键要素中归纳出问题的实质,研究潜在的机会与威胁、优势与劣势,见表 2-4。

表 2-4　SWTO 分析关键要素

环境	潜在外部威胁(T)	潜在外部机会(O)
外部环境	市场增长较慢 竞争压力增大 不利的政府政策 新的竞争者进入 行业替代产品销售额正在逐步上升 用户讨价还价能力增强 用户需要与爱好逐步转变 通货膨胀递增及其他	纵向一体化 市场增长迅速 可以增加互补产品 能争取到新的用户群 有进入新市场的可能性 有能力进入更好的企业集团 在同行业中竞争业绩优良 扩展产品线满足用户需要及其他
环境	潜在内部优势(S)	潜在内部劣势(W)

续表

环境	潜在外部威胁(T)	潜在外部机会(O)
内部环境	产权技术	竞争劣势
	成本优势	设备老化
	竞争优势	战略方向不明
	特殊能力	竞争地位恶化
	产品创新	产品线范围太窄
	具有规模经济	技术开发滞后
	良好的财务资源	营销水平低于同行业其他企业
	高素质的管理人员	管理不善
	公认的行业领先者	战略实施的历史记录不佳
	买主的良好印象	不明原因导致的利润率下降
	适应力强的经营战略	资金拮据
	其他	相对于竞争对手的高成本及其他

2.4.4 SWOT 模型分析

1. 分析规则

通过 SWOT 分析,可以帮助企业把资源和能力聚焦在自己的强项和有最多机会的地方,并让企业的战略变得明朗。SWOT 分析法的广泛使用是因为它的易学性与易用性。运用 SWOT 分析法的时候,要将有用的要素列入相关的表格(见表 2-3 或表 2-4)当中去,很容易操作。这个方法的基本规则是:

(1) 进行 SWOT 分析的时候,必须对公司的优势与劣势有客观的认识;

(2) 进行 SWOT 分析的时候,必须区分公司的现状与前景;

(3) 进行 SWOT 分析的时候,必须考虑全面;

(4) 进行 SWOT 分析的时候,必须与竞争对手进行比较,比如优于或是劣于竞争对手;

(5) 保持 SWOT 分析法的简洁化,避免复杂化与过度分析。

2. SWOT 分析法因人而异

优劣势分析主要是着眼于企业自身的实力及其与竞争对手的比较,而机会和威胁分析将注意力放在外部环境的变化及对企业的可能影响上。在分析时,应把所有的内部因素(即优劣势)集中在一起,然后用外部的力量来对这些因素进行评估。

在适应性分析中,企业高层管理人员应在确定内外部各种变量的基础上,采用杠杆效应(SO)、抑制性(WO)、脆弱性(ST)和问题性(WT)四个基本概念进行这一模式的分析。

优势(S)与机会(O)相互一致和适应意味着企业可以用自身内部优势撬起外部机会,使机会与优势充分结合发挥出来。然而,机会往往是稍纵即逝的,因此企业必须敏锐地捕捉机会,把握时机,以寻求更大的发展。

机会(O)与劣势(W)意味着妨碍、阻止、影响与控制。当环境提供的机会与企业内部资源优势不相适合,或者不能相互重叠时,企业的优势再大也将得不到发挥。在这种情形下,企业就需要提供和追加某种资源,以促进内部资源劣势向优势方面转化,从而迎合或适应外部机会。

优势(S)与威胁(T)意味着优势的程度或强度的降低、减少。当环境状况对公司优势构成威胁时,优势得不到充分发挥,出现优势不优的脆弱局面。在这种情形下,企业必须克服威胁,以发挥优势。

劣势(W)与威胁(T)意味着当企业内部劣势与企业外部威胁相遇时,企业就面临着严峻挑战,如果处理不当,可能直接影响到企业的生死存亡。

本章小结

企业制订战略是为了更好地适应未来环境的变化。企业战略环境是指在战略期内对企业战略活动产生影响的诸多因素和力量的总和。企业战略环境从结构层次上看,可分为三个层次:宏观环境、行业环境和企业微观环境。

宏观环境是指对企业战略活动一般没有直接影响作用,却又能经常影响企业战略决策的因素和力量。宏观环境包括政治法律环境、经济环境、社会文化环境、科技环境和自然环境五个方面。宏观环境对企业的影响是间接的,它是通过行业环境来影响企业的。

行业结构分析属于外部环境分析中的中观环境分析,它的内容主要是分析本行业中的企业竞争格局以及本行业和其他行业的关系。行业环境包括供应商、购买商、竞争者和替代者等。行业环境与企业直接接触,对企业的影响是直接的。

波特的五种竞争力模型包括:现有企业之间的竞争、新竞争者的加入、替代产品的威胁、供方的议价能力、买方的议价能力五种产业结构力量。

竞争者分析的目的是为了准确判断竞争对手的战略定位和发展方向,并在此基础上预测竞争对手未来的战略,准确评价竞争对手对本组织的战略行为的反应,估计竞争对手在实现可持续竞争优势方面的能力。竞争者分析一般包括以下五项内容和步骤:识别企业的竞争者、辨别竞争者的策略、判定竞争者目标、评估竞争者的资源与能力、预测竞争者的反应模式。

SWOT分析法是企业外部环境分析中一种常用的分析方法。SWOT分析法主要有以下几个步骤:确认企业当前的战略;确认企业外部环境的机会与威胁;根据企业实力,确认企业的优势与劣势;对机会与威胁、优势与劣势进行评价、排序;因素定位;制订行动计划。

思考与练习

一、名词解释

外部环境　行业结构　波特的五种力量竞争力模型　退出壁垒　供方的议价能力微观环境分析　判断竞争者的反应模式　五力模型

二、简答题

1. 简述企业战略环境的概念及结构。
2. 宏观环境分析、行业结构分析和微观环境分析各包括哪些内容?
3. 什么是行业生命周期?
4. 简述波特竞争力模型的内容。
5. 简述竞争者分析的内容和步骤。
6. 简述 SWOT 分析法的步骤。

三、案例分析

雀巢咖啡在中国的外部环境分析

雀巢咖啡从进入中国市场至今,已占据中国咖啡市场 80% 的份额,远高于雀巢全球 25% 的市场占有率,中国市场的上升空间是非常大的,拥有强大茶文化的中国市场充满潜力,正在成为世界最大的咖啡市场之一。

1. 自然环境

咖啡的品质取决于其所生长的环境,而小粒咖啡对环境的要求更高,适于在南北回归线附近栽种,中国北方地区种植咖啡树的可能性为零,而云南思茅地区恰恰最适合种植小粒种咖啡。2008 年,思茅市的咖啡种植面积已达 1.04 万公顷,年产咖啡豆 1.5 万吨,品级好的产品大多被跨国公司收购,雀巢每年收购 5000 吨。

2. 经济环境

中国咖啡消费年增长率为 15%,而世界咖啡消费年增长率仅为 2%,未来几年中国有望成为全球最具潜力的咖啡消费大国。

3. 政治法律环境

雀巢与思茅当地政府签订了一个长达 14 年的协议,在协议中承诺:雀巢按照美国现货市场的价格收购咖啡,作为农民利益的保障,上不封顶,而下设最低收购价格。同时雀巢提供技术人员、种苗甚至免息农具贷款,并承诺不拥有土地,不拥有固定资产。同时,云南思茅地区的咖啡农场培训了数以千计的当地农民和农业技术人员,并向他们传授水土流失控制、环保、病虫害防治以及高质优产技术。

4. 人口环境

中国是世界上人口最多的国家,占世界人口的 20%、亚洲人口的 33%,市场潜力巨大。

5. 科技环境

雀巢在北京中关村成立了雀巢研发中心,投资达 7000 万元人民币,该中心将向雀巢的生产运营公司提供确保食品最高品质和安全所需的尖端科技,它将从事新产品开发,解决中国消费者特色的营养需求。

6. 社会文化环境

中国人受生活方式的影响,已习惯于早晨喝豆浆和粥,吃油条与馄饨等作为早餐。只有很少一部分特殊人群,如外企员工、有海外生活工作经历的人或其他热爱咖啡的人士会选择早餐喝咖啡。喝咖啡还被很多人认为是提神醒脑的主要饮品。

（资料来源：杨增雄.企业战略管理——理论与方法.北京：科学出版社，2013）

思考：你认为雀巢公司的外部环境有利于公司发展吗？

四、实训题

1. 为某公司做宏观环境分析。

（1）实训目的与内容

① 能够对企业做调研。

② 能够分析、整理、归纳所收集的资料。

③ 能够根据资料得出所调研公司的外部宏观环境。

（2）实训组织

① 以学生个人为单位，或者2～3人组成一个小组完成此任务。

② 制作完成后，要求学生针对该企业外部环境进行说明，在班级内进行交流展示。

（3）实训要求

① 在本市选择一家企业，了解该企业的经营情况和销售的产品。

② 根据调研资料，从外部宏观环境每一个方面对所调研企业进行分析。

（4）成绩评定

① 流程形式占50%，考查对环境分析方法的理解和运用。

② 内容占50%，考查分析实际问题的运用能力。

2. 为某公司做行业环境与竞争对手环境分析。

（1）实训目的与内容

① 能够对企业做调研。

② 能够分析、整理、归纳所收集的资料。

③ 能够根据资料得出所调研公司的行业环境和竞争对手环境。

（2）实训组织

① 以学生个人为单位，或者2～3人组成一个小组完成此任务。

② 制作完成后，要求学生针对该企业外部行业和竞争对手环境情况进行说明，在班级内进行交流展示。

（3）实训要求

① 选择一家企业，了解该企业的经营情况和所处的行业状况以及竞争对手情况。

② 根据调研资料，从行业环境和竞争对手环境方面对所调研企业进行分析。

（4）成绩评定

① 流程形式占50%，考查对环境分析方法的理解和运用。

② 内容占50%，考查分析实际问题的能力。

第三章 企业内部环境分析

知己知彼,百战不殆;知天时地利,百战不殆。
——孙子《孙子兵法》

敬天爱人——常以光明正大、谦虚的心态对待工作,拥有一颗崇尚自然、热爱人类、热爱工作、热爱公司、热爱祖国之心。
——[日]稻盛和夫

竞争的奥秘就在于以己之强,攻敌之弱。
——[美]布鲁斯·亨德森

 学习目标

※ 理解企业内部环境的构成;

※ 掌握企业资源的概念、特征和分类;

※ 掌握企业核心能力的概念、特征和识别;

※ 掌握企业营销能力的构成;

※ 熟练掌握企业内部环境分析的方法,并可运用这些方法分析企业资源与能力、企业核心能力、企业营销能力等。

 案例导入与分析

比亚迪内部环境分析

比亚迪汽车有限公司致力于燃油汽车、电动汽车和混合动力汽车的研发与生产,以客户的需求为导向,强大的技术和资金实力为基础,企业大量吸收国际汽车制造业先进的非专利技术,实现整车制造成本的大幅降低和品质的迅速提升,遵循自主研发、自主生产、自主品牌的发展路线,打造真正质优价低的汽车,产品的设计吸取国际先进理念,又符合中国文化的特色。

在汽车行业,比亚迪独有的品牌提高了消费者的忠诚度,整车制造企业的投资、研发和产能等标准和规模都有严格要求,使得进入壁垒难以逾越。比亚迪有较强的融资能力,可以增加利益相关方的信心,企业对市场比较了解,投入大量资金并拥有专利及非专利产品技术,获得政府的补贴。比亚迪拥有较多销售点,目前仍在继续扩大,对潜在进入者来说渠道壁垒形成了对抗潜在进入者的有力武器。但是,对于汽车行业来说,消费者从一个供货商转向另一个供货商的成本较低,如果比亚迪的产品对顾客失去吸引力,消费者可能会购买其他企业的产品,此时进入壁垒较低,企业无能为力。

比亚迪实行的是垂直整合,将全部的零件纳入自己的制造体系,可以较好地锁定成本。供应商提供的产品对比亚迪的生产影响较小,企业自身具备直接生产的能力,对于供应商的议价能力较强。比亚迪的低成本优势可以抵御替代品的威胁。同时，随着社会"绿色"文化意识的增强和小型电动汽车的面世，电动汽车可能将成为下一代代步车中的新宠。但现阶段电动汽车成为替代品还为时过早，技术有待提高，这也是比亚迪正在努力的方向。

在市场增长率方面，长安的竞争实力较强，高于行业平均增长水平32%。在汽车定价方面，比亚迪、奇瑞、吉利、长安主要面向中、低端市场，产品可选择的种类较多。但是，比亚迪在技术上优势比较突出，尤其是拥有电动汽车的技术，并研发了多项专利、制造了特殊的生产设备，超越了大多数的竞争对手，而这种能力很难被模仿。企业在流程上用"人＋机器＝机器人"的模式代替全自动的机器，这种成本优势对于企业来讲是具有战略价值的。其他企业自主研发能力相对较弱，人才也相对匮乏，资金需求得不到满足。但是由于这些企业成立时间均早于比亚迪，具有一定的品牌知名度，并且在销售增长上2010年长安远胜于比亚迪，仍然值得关注。

（资料来源：冯志强.创新战略.北京：中国市场出版社，2012）

思考：

(1) 分析比亚迪拥有哪些核心能力？

(2) 利用SWOT分析法对比亚迪进行优劣势分析，并提出战略建议。

分析：对比亚迪的分析从外部环境、内部环境分析入手，得到其SWOT分析如图3-1所示。

内部环境分析 外部环境分析	S（企业优势）	W（企业劣势）
O（市场机会）	SO 战略	WO 战略
T（市场威胁）	ST 战略	WT 战略

图 3-1　SWOT 分析矩阵法

机会（O）：先进的生产设备、低成本等综合因素、技术消化与自主创新三个方面构成了比亚迪独有的核心竞争力。

威胁（T）：环境保护和新能源汽车具有巨大的市场空间，融资渠道比较单一。

优势（S）：生产设备和技术先进；良好的顾客关系；业务范围广，门类比较齐全；拥有品牌、专利等无形资产竞争力；通过集团公司委托贷款形式获取融资；具有成本控制能力；具有雄厚的人力资源；财务状况充裕。

劣势（W）：规模与世界大型汽车制造企业还有差距；比亚迪对不确定性的定位能力比较弱；营销网络不齐全；生产工艺不完善；资金状况不稳定。

战略建议：根据分析，企业针对内部的优势和劣势以及外部的机会和威胁，可采用如下战略。

积极发展型战略（SO）：企业利用自主研发能力以及成本优势，保持市场地位、建立自己的品牌形象，总体战略采用成长型战略中的密集型战略。

克服威胁型战略(ST)：为新能源汽车的研发整合上下游企业,增加融资的渠道,总体战略采用成长型战略中的一体化战略。

降低劣势型战略(WO)：引入先进的技术和人才,加大新能源汽车开发力度,总体战略采用成长型战略中的密集型战略。

防御型战略(WT)：企业加大新能源汽车的研发,并增加融资的渠道,总体战略采用成长型战略中的密集型战略或者采用企业总体战略中的收缩型战略。

企业战略目标的制订及选择不但要知彼,即客观地分析企业外部环境,而且还要知已,即对企业内部环境加以正确的估计,从而清晰地了解企业所具有的优势和劣势,以使企业的战略目标得以实现。本书主要从企业资源与能力、企业核心能力、企业营销能力、企业内部环境分析等几个方面分析企业内部环境。

3.1 企业资源与能力分析

3.1.1 企业资源的概念和特征

1. 企业资源的概念

企业资源是一个较为宽泛的概念,是指企业可以利用的、能为顾客创造价值的、能为企业生产经营提供支撑的各类要素的总和。企业资源中不仅包括企业自己所拥有的资源,还包括企业可以利用的"合作"组织的资源和公共资源。企业虽然不具备这类资源的所有权,但可以通过契约、付费或公关活动获得对其一定时期的或部分的使用权。

(1)"合作"组织的资源

"合作"组织的资源主要包括租赁资源、虚拟资源、战略联盟组织资源、客户资源、购买专利等。租赁资源表现为企业租赁其他企业的厂房、生产线、设备、仪器等;虚拟资源是指互联网中有利于企业发展的信息、资料、工具等;战略联盟组织资源是指在形成战略联盟的各成员中可以共享的资源,如技术、生产、销售渠道等;客户资源是指有关客户需求规模、特征、购买力等方面的信息资料;购买专利是指企业通过向专利所有者购买专利,来获取一定时期的专利使用权。

(2)公共资源

公共资源是指企业可以利用的公共自然资源、公共设施和公共信息资源等。公共自然资源包括土地、矿山、水、森林等资源,公共设施包括交通、能源、通信、卫生、文化等基础设施,公共信息资源是指社会公开的文化产品、科技成果、经济信息等。

2. 企业资源的特征

企业资源的特征主要有以下四个方面。

(1)广泛性

随着社会的进步和经济的发展,企业面临的环境越来越复杂,支撑企业发展的资源形式变得日益复杂,企业资源涵盖的范围越来越广泛。企业生产经营中使用的能源动力形式不断更新,企业产品结构不断更新,企业产品市场不断扩大,顾客需求日渐多元化等,这些变化促使企业资源范围不断扩大。

（2）系统性

企业资源虽然复杂多样、范围广泛，但这些资源不是杂乱无章的，而是有着严格的、清晰的、科学的走向。在企业战略的指引下，经过科学管理，这些资源能够形成一个有机的整体，各类资源相互联系、相互影响，共同服务于企业的战略目标，支撑着企业的发展。

（3）动态性

企业资源不是一成不变的。随着时间的推移和环境的变化，企业资源的内涵及形式也在发生着深刻变化，如企业的人力资源、物力资源和财力资源等都在变化。因此，对资源的开发、利用要树立动态优化的思想，使资源产生理想效益。

（4）边界模糊性

进入 21 世纪后，信息技术突飞猛进，互联网渗透到社会的各个角落，极大地改变了人们的学习、生活和工作方式，特别是伴随着虚拟企业、电子商务的出现，使得企业与外部环境的界限逐渐模糊，有些资源难以准确区分是属于企业内部资源还是外部资源。

3.1.2 企业资源的分类

企业资源可分有形资源、无形资源和人力资源三类。

1. 有形资源

有形资源是指企业的物质资产和金融资产。物质资产主要包括土地、厂房、设备、仪器仪表、原材料、半成品和产成品等具备实物形态的资产，金融资产主要包括企业自有资金、借款和债权等资产。有形资源的价值一般反映在企业的财务报表中，容易识别和评价。

2. 无形资源

无形资源是指能够为企业创造价值，但不具备实物形态的资源。无形资源一般包括专利、技术诀窍、商誉、管理经验和管理模式等。无形资源根植于企业，竞争对手难以学习、模仿和复制，因此，无形资源与企业核心能力结合起来，保证了竞争优势的持久性。

3. 人力资源

人力资源是指企业全体员工和企业可利用的企业以外有关人员的劳动能力，包括脑力和体力两方面。人力资源包括技能、知识、推理和决策能力等几个方面。人力资源不同于有形资源和无形资源，它必须依附于人的思想和行为，通过人的活动发挥作用。企业人力资源不仅包括全体企业员工的劳动能力，还包括企业以外的、可以为企业提供劳动能力的人员，如企业外聘人员、临时招募人员和社会公众人物等。随着社会的发展，人力资源成为企业至关重要的战略性资源，甚至决定着企业的兴衰成败。

3.1.3 企业能力

企业能力是指企业通过科学的组织管理，将各种资源整合起来，形成完成某项任务的素质和技能。企业的能力是多种多样的、多层次的。企业能力通常通过各职能领域得以体现，主要包括研究开发、生产运作、市场营销、人力资源、信息管理和组织管理等方面的能力。

1. 研究开发能力

研究开发能力是指企业开发新技术、新产品和新专利的能力，是企业创新能力的核心。研发强度、研发能力和技术转化三个方面，可以反映企业的研究开发能力。

（1）研发强度

研发强度是指企业的研发投入。不同行业的研发投入比例是不同的，计算机软件开发、生物工程、新材料等高新技术行业的研发投入较多，纺织、钢铁等传统行业的研发投入较少。美国、日本和西欧等发达国家和地区的企业用于研发的投入较大，我国企业用于研发的投入与发达国家相比还有很大差距。

（2）研发能力

研发能力是指企业开发新技术和新产品的能力。它是通过研发人员的水平和积极性、研发环境、研发成果等来体现的。研发能力较弱的企业可以谋求与高等院校或科研机构合作，走联合开发的路子。

（3）技术转化

技术转化反映了研发成果从实验室走向市场，新技术转化为新产品的能力。新产品投放市场要选择合适的时机、市场和策略，力争取得成功。

2. 生产运作能力

生产运作能力是企业将经营要素转化为企业最终产品的能力。生产运作能力包括生产过程、生产能力、库存、人力和质量管理五个方面。目前，企业的生产模式正发生着大的变化，以计算机集成系统、精益生产、敏捷制造、并行工程、过程再造和柔性制造系统等为代表的现代制造系统正在企业中得到推广和应用，为企业生产带来巨大变革。

3. 市场营销能力

市场营销能力是指企业在确定目标市场和制订营销策略方面的能力。市场营销能力包括市场调查、目标市场定位、营销组合决策及营销管理等方面的内容，本书主要阐述产品竞争力分析和产品结构评价两方面内容。

4. 人力资源能力

人力资源能力是指企业对人力资源进行管理的能力，包括人力资源规划、招聘计划、岗位设计与分析、员工的招聘与选择、员工职业生涯设计与开发、绩效评价、培训与开发、工资福利、劳动关系、安全与保健等内容。

5. 信息管理能力

信息管理能力是指企业对信息的辨别、获取、处理和使用的综合能力。在信息时代，速度竞争成为企业竞争的普遍规则，只有"兵贵神速"，才能获得有利的市场位置，才能取得领先的竞争优势。没有信息的作用，企业将会陷入瘫痪状态。企业的信息管理能力也是企业核心能力的重要支撑。

6. 组织管理能力

组织管理能力是指企业对整个生产经营过程进行计划、组织、领导和控制的能力。组织管理能力强的企业可以利用更多的机会，规避更多的风险，更容易获得竞争优势，顺利实现其战略目标。企业组织管理能力的提高不是一蹴而就的事情，而是长时间的教育、引导、约束、控制和激励的结果。

3.1.4 企业资源、能力与竞争优势之间的关系

企业拥有较强的资源,并不意味着就具备强大的能力和显著的竞争优势,也并不意味着企业经营成功,成功与否还要看外部环境、企业内部条件与企业战略三者之间的协调平衡情况。企业资源、能力与竞争优势的关系如图 3-2 所示。

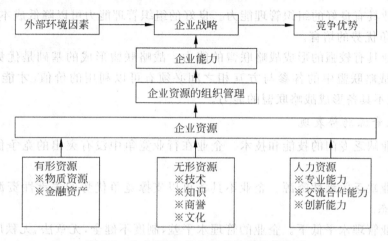

图 3-2　企业资源、能力与竞争优势的关系

1. 企业资源

企业资源是竞争优势产生的基础。企业资源并不能单独地发挥作用,一个企业拥有雄厚的资源,不一定就代表着它具有较强的生产经营能力。企业资源必须在企业战略目标的引领下,通过企业科学的组织管理,才能形成企业在某些方面的业务能力。

2. 外部环境因素

外部环境因素是竞争优势产生的条件。仅有企业资源和能力还不能形成企业的竞争优势,企业资源和能力仅仅是形成竞争优势的依据和基础(内因),竞争优势的产生还必须依赖于外部环境提供给企业的发展机会(外因)。

3. 竞争优势

竞争优势是在企业战略的引领下产生的。企业拥有的能力和外部环境机会必须在企业战略的引领下,经过有机的整合才能形成最终的竞争优势。否则,一个企业即使有较强的能力和有利的发展机会,如果没有企业战略的引导与谋划,也不可能形成竞争优势,更不可能形成企业的核心能力。

3.1.5 企业资源强势与弱势表现

1. 企业资源强势表现

(1) 企业拥有专门的技能或技术。例如,可口可乐公司拥有饮料原液的配方,竞争对手难以获得,这就是专门的技术,构成公司的核心能力。

(2) 企业拥有宝贵的有形资源。例如,贵州茅台酒的竞争优势来自其所拥有的得天

独厚的水质、空气、湿度、温度等宝贵的资源条件。

（3）企业拥有宝贵的无形资源。例如,海尔集团的海尔品牌就是一块金字招牌,它代表着形象、信誉和市场,代表着企业的竞争实力和发展前景。

（4）企业拥有高素质的员工队伍。高素质的员工队伍是企业素质与能力的保障,是企业发展的基础。同样,具有较高管理水平的企业可以通过优秀的企业文化塑造高素质的员工队伍。

（5）企业具有良好的组织管理能力。良好的组织管理能力可以降低成本,提高效益,促进企业竞争优势的培育。

（6）企业具有较强的形成战略联盟的能力。战略联盟形成的基础是优势互补、互利共赢。企业战略联盟中的各参与方互相之间必须有可以利用的价值,才能成为合作伙伴;否则,就不具备形成战略联盟的能力。

2．企业资源弱势表现

（1）企业缺乏专门的技能和技术。企业在行业竞争中没有突出的竞争优势,处于竞争劣势地位。

（2）企业缺乏关键性资源。企业不具备可以支撑竞争优势的关键性资源条件,处于资源劣势状态。

（3）企业管理水平低下。企业的管理水平差,制度不健全,无章法、无秩序,难以形成合力。

（4）企业在关键领域的竞争能力正在消失。企业过去在某些关键业务领域处于优势地位,但现在这些优势正在萎缩。

3.2 企业核心能力分析

3.2.1 企业核心能力的概念和特征

1．企业核心能力的概念

企业核心能力（Core Competence）也称核心竞争力,是美国密歇根大学商学院教授普拉哈拉德和伦敦商学院教授加里·哈默尔于 1990 年在其合著的《公司核心能力》（*The Core Competence of the Corporation*）一文中首先提出的。其对核心能力的定义是:"核心能力是在一个组织内部经过整合的知识和技能,尤其是关于怎样协调多种生产技能和整合不同技术的知识和技能。"企业核心能力的要素如图 3-3 所示。

美国麦肯锡咨询公司对企业核心能力的定义是:"核心能力是指某一组织内部一系列互补的技能和知识的结合,它具有使一项或多项业务达到竞争领域一流水平的能力。"

综合各种描述,企业核心能力是指企业在研发、设计、制造、营销和服务等少数几个环节上具有明显优势,竞争对手难以模仿,并能够满足客户价值需要的独特能力,如图 3-4 所示。

企业核心能力包含两个部分:企业技术方面的核心能力和企业管理方面的核心能力。企业技术方面的核心能力包括企业全体员工的知识和技能水平;企业的技术和科学知识、专有数据、创造性的才能等。企业管理方面的核心能力,包括企业的管理思想、管理理念、企业战略管理、企业各职能部门管理特色、企业文化等。

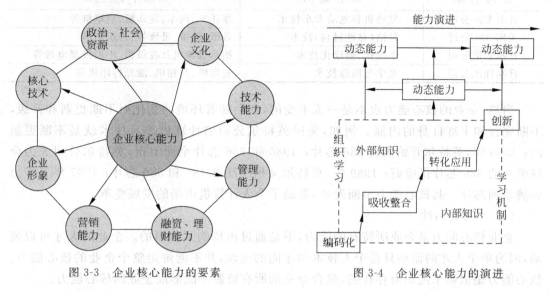

图 3-3　企业核心能力的要素　　　　　图 3-4　企业核心能力的演进

2. 企业核心能力的特征

企业的核心能力不同于企业的一般能力,它具有以下四个特征。

（1）增值性

核心能力的增值性有两层含义。一方面,核心能力在产品质量、性能和成本等方面为用户带来更加实惠的使用价值,使用户价值增值。例如,索尼的产品微型化使得其产品更加便于携带;美国联邦快递公司的核心能力是极高水准的后勤管理,给顾客带来的是高质量的即时运送服务。另一方面,核心能力促使企业降低成本,提高产品质量,提高服务效率,增加顾客的效用;同时,提高了企业的赢利能力,为企业带来更好的经济效益。

（2）难以模仿性

相对于行业中的竞争对手而言,企业的核心能力是企业长期生产经营积累的结果,是企业所特有的能力。它不像材料和机器设备那样在市场上可以购买到,而是难以转移或复制的。这种难以模仿的能力能为企业带来超额利润。例如,可口可乐公司的饮料配方决定了它的市场领导地位,保证了企业的竞争优势;参观过海尔集团的人都有共同的感触,海尔经验在海尔内部简单易行,但拿到别的企业却行不通,转化不成企业的核心能力,有些企业只能把海尔"日事日毕,日清日高"的 OEC 模式变成了简单的标语、口号写在墙上,成为企业环境的点缀,而转化不成企业的核心能力。

（3）延展性

企业的核心能力并不局限在某一种产品或服务上,而是同时可以应用于多项业务,使企业能在较大范围内满足用户的需要。例如,日本佳能公司利用其光学成像技术和微处理技术方面的核心能力,成功地进入了照相机、激光打印机、复印机、扫描仪以及传真机等 20 多个产品领域;日本本田公司的核心能力是引擎设计和制造,它支撑了摩托车、割草机、小汽车和方程式赛车的制造。公司核心能力举例,见表 3-1。

表 3-1 公司核心能力举例

公司名称	核心能力	市场/产品/经营
日本本田公司	发动机和电动火车技术	摩托车、汽车、发动机、割草机等
美国 3M 公司	黏结(黏性材料)技术	砂纸、磁带、录像带、告示贴等
日本索尼公司	小型化、袖珍化技术	袖珍录像机及收录机、小型液晶电视等
日本佳能公司	光学与图像技术	复印机、照相机、激光打印机等

当然,企业的核心能力也不是一成不变的,它会随着环境的变化而不断更新和升级,不断完善和丰富自身的内涵。例如,美国英特尔公司的计算机芯片技术就是不断更新的:1985 年,英特尔开始供应 386 芯片;1986 年 386 芯片全面上市,英特尔公司成为全球唯一的 386 芯片供应商;1989 年,英特尔又相继推出 486 和 586 芯片;1997 年又推出奔腾系列芯片。其核心能力不断发展,带动了个人计算机市场的发展变革。

(4) 不可交易性

企业核心能力是企业所特有的能力,不是通过市场购买获得的。企业的人才可以流动,因为单个人才的流动只是个人技术和才能的流动,并不能带走整个企业的核心能力。核心能力是依赖于组织而存在的,整合企业的所有资源才能形成企业的核心能力。

3.2.2 价值链分析法

1. 价值链概述

价值链(Value Chain)是由美国哈佛商学院教授迈克尔·波特于 1985 年在其所著《竞争优势》中提出来的,波特将价值链描述成一个企业用来"进行设计、生产、营销、交货及维护其产品的各种活动的集合",是一种企业用来了解自身成本地位,对经营资源与能力进行寻求、分析与确定企业竞争优势的工具。价值链分析的主要目的是优化流程、控制成本、提高效率、增强企业的竞争力。迈克尔·波特说:"一个企业的价值链和它所从事的单个活动方式,反映了其历史、战略、推进战略的途径以及这些活动本身的经济效益。"

企业要生存和发展,就必须为企业的股东和其他利益集团,包括员工、顾客、供货商以及所在地区和相关行业创造价值。我们可以把企业创造价值的过程分解为一系列互不相同但又相互关联的经济活动,或者称之为"增值活动",其总和即构成企业的"价值链"。

任何一个企业都是其产品在设计、生产、销售、交货和售后服务方面所进行的各项活动的集合体。每一项经营管理活动就是这一价值链条上的一个环节。企业的价值链及其进行单个活动的方式,反映了该企业的历史、战略、实施战略的方式以及活动自身的主要经济状况。

企业从事价值链活动,一方面创造顾客认为有价值的产品或劳务,另一方面也需要负担各种价值链活动所产生的成本。企业经营的主要目标,在于尽量增加顾客对产品或劳务所愿支付的价格与价值链活动多耗成本间的差距(即利润)。一定水平的价值链是企业在一个特定产业内的各种作业的组合,如图 3-5 所示。

企业要想在竞争中获得优势,就必须把自己的经营资源与能力通过各种活动创造为

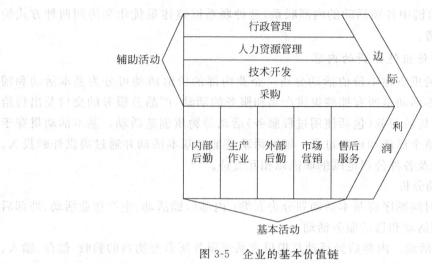

图 3-5 企业的基本价值链

顾客价值,即企业内部的各种活动都应该是创造价值的活动。由于活动在企业内部犹如一条链条,因而称为"价值链"。

价值链在经济活动中是无处不在的,企业内部的各个活动联系构成了企业的内部价值链,在企业外部还存在上下游关联的企业与企业之间的行业价值链、与竞争对手的价值链等,价值链上的每一项价值活动都会对企业最终能够实现多大的价值造成影响。

在大多数行业内,任何一个企业都是创造产品或服务的价值体系的一部分。企业所创造的价值实际上来自企业价值链上某些特定的价值活动,它们就是企业价值链的"战略环节"。例如,耐克公司只是在设计创新、营销网络等关键活动上优势突出。随着世界经济全球化过程的加快,这一特点更为突出,如图 3-6 所示。

遍布全球的跨国体系、中层参与决策的组织结构					利润
良好的文化和激励机制			跨文化管理,培训国际营销力量		
设计力量强、市场反应快					
风格各异、多种用途的跑鞋、旅游鞋、高档鞋	外包方式制造	"期货"存货控制系统,减少库存量,降低库存成本	名人效应——广告、形象促销		利润
内部后勤	设计	生产作业	发货后勤	市场营销	服务

图 3-6 耐克公司的价值链

价值链的应用:

(1) 竞争者价值链之间的差异是竞争优势的一个关键来源。

(2) 企业通过对每项价值活动的逐项分析,发现存在哪些优势、劣势。

（3）分析价值链中各项活动的内部联系,这种联系以整体最优化和协同两种方式给企业带来哪些优势。

2. 企业内部价值链分析的内容

价值链分析的重点在于价值活动分析。企业内部的价值活动可分为基本活动和辅助活动两类。基本活动是所有那些提供产品和服务的活动,产品及服务的交付及出售给用户的活动,以及售后服务(包括使用过程服务)活动等物质创造活动。基本活动贯穿于产品(或服务)的整个形成和运动过程。辅助活动是辅助基本活动并通过提供外购投入、技术、人力资源以及各种公司范围的职能以相互支持。

（1）基本活动分析

根据发生的时间顺序将基本活动划分为五类:内部后勤活动、生产作业活动、外部后勤活动、市场营销活动和售后服务活动。

① 内部后勤活动。内部后勤活动是提供产品或服务所需要物料的验收、储存、输入、分配的各种活动,如入货、仓储、存货控制、车辆调度以及向供应商退货等。内部后勤活动是从所需生产物料经采购到达企业之后,一直到投入生产为止的一系列准备过程,该过程决定了投入生产过程的物料的数量、质量、时间、地点及投入方式,直接影响到生产的连续性和效率。

② 生产作业活动。生产作业活动是将投入品转变为最终产品的各项活动。在制造性企业中,生产活动包括一系列的机械加工、包装、装配、设备维修、产品检测、生产日程安排等活动。生产作业活动决定了企业产品(或服务)的内在质量、产品种类和生产成本。

③ 外部后勤活动。外部后勤活动是产品收集、存储、散发和分销给客户的活动,即产品已生产出至到达客户手中之间的活动。包括完工产品的储存、交货运送、订货处理、分销、交货日期安排等活动。外部后勤活动的质量将影响企业的存货水平和资金回收时间,影响到产品质量的保持及企业与客户的关系。

④ 市场营销活动。市场营销活动是提供吸引客户购买产品的所有活动。包括广告、促销、推销、销售渠道选择、定价和报价等活动。

⑤ 售后服务活动。售后服务活动是提供服务以维持和增加产品价值的活动,位于确定了客户和最终结束产品使用寿命之间,是为了提高或维持产品价值而提供的活动。包括免费送货、产品的安装、调试与维护、配件供应、产品保养与维修、客户使用人员培训等。

（2）辅助活动分析

辅助活动是企业基本活动以外的其他活动。辅助活动为基本活动提供服务,构成企业竞争优势的主要来源。辅助活动包括采购活动、技术开发活动、人力资源管理活动和行政管理活动。

① 采购活动。采购活动是购买物资的全部活动,包括采购原材料、机器设备、办公设备、房屋建筑、劳务等。采购活动对企业的各项活动都提供物资支持,贯穿了企业的整个价值链。采购活动作为价值链的主要环节,其活动的好坏直接影响价值活动的质量。

分析采购活动价值的指标体系有:采购成本、库存成本、采购管理成本等成本指标;采购周期和采购的及时性等采购服务指标;采购产品的可靠性、供应质量、供应品的满意程度等质量方面的监督考核指标。

② 技术开发活动。技术开发活动贯穿于企业产品设计及价值链形成过程的各种创造及改良活动中,它普遍渗透在技术诀窍、工艺设备、生产过程、计算机程序、信息管理系统、财务分析、办公自动化、产品研究与设计促销手段、服务管理等行业之中,它对各种行业的竞争优势都是重要的。

企业任何活动都含有一定的技术,因此技术开发活动服务于企业的全部活动。分析技术开发活动价值的指标体系构成要素包括:技术创新率、研究开发效益、研究开发投资回报率、新产品率、技术推广应用程度等。

③ 人力资源管理活动。人力资源管理活动对价值链起着支持性甚至是决定性作用的因素,包括对人员的招聘、录用、培训、激励等活动。人力资源管理活动的对象为人。企业的一切活动都得与人直接发生联系,因此人力资源管理活动与企业所有的基本活动和辅助活动有关,是一个企业长期获得竞争优势最重要的战略资源。

分析人力资源活动价值的指标体系要素有:职工的工作满意度、工作表现、人员流动率、缺勤率、工作事故率、职工士气、收入水平、职工发展空间等。

④ 行政管理活动。行政管理活动是指企业的常规管理活动,如公关活动、法律活动、财务活动、战略计划活动,以及所有与其他基本活动和辅助活动分离但又贯穿于支持整个价值链的活动。行政管理活动作为一个系统,各行政管理活动既在行政职能上相互独立,又在功能和效率上相互作用;各行政管理活动既强调自身的独立性,又强调与其他活动的相互协调、配合与互动性,从而形成整体竞争优势。

3. 价值链分析步骤

(1) 把整个价值链分解为与战略相关的作业、成本、收入和资产,并把它们分配到"有价值的作业"中。

(2) 确定引起价值变动的各项作业,并根据这些作业分析形成作业成本及其差异的原因。

(3) 分析整个价值链中各节点企业之间的关系,确定核心企业与顾客和供应商之间作业的相关性。

(4) 利用分析结果,重新组合或改进价值链,以更好地控制成本动因,产生可持续的竞争优势,使价值链中各节点企业在激烈的市场竞争中获得优势。

3.2.3　企业价值链体系分析

在重视内部价值活动的基础上,有效连接上游供应商、下游销售商的价值活动,是构造价值链体系的主要内容,也是建立公司竞争优势的坚实基础。

迈克尔·波特说:"企业的价值链体现在我称之为价值系统的更广泛的一连串活动之中。获取和保持竞争优势,不仅取决于对企业价值链的理解,而且取决于对企业如何适应某个价值系统的理解。"

价值链咨询模型是在波特研究的基础上进行的改进。价值链咨询模型把企业的经营管理分为三个层次:决策层、管理层和运营层。决策层对企业的经营方向和资源配置进行决策;管理层主要包括财务管理、行政、人力资源、信息服务等职能,负责对企业的效率和成本费用进行控制;而企业的运营层则涵盖了企业从采购、生产到销售和服务的诸多环节。这个层次主要应该体现各个层次的增值性,进行收入、费用的核算和控制。如图 3-7 所示。

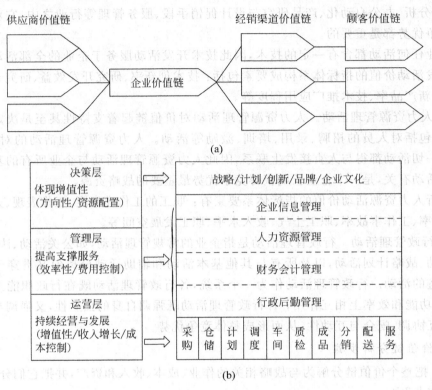

图 3-7　企业价值链体系

1. 行业价值链分析

行业价值链分析是指企业应从行业角度,从战略的高度看待自己与供应商和经销商的关系,寻求利用行业价值链降低成本的方法。

进行行业价值链分析既可使企业明了自己在行业价值链中的位置,以及与自己同处于一个行业的价值链上其他企业的整合程度对企业构成的威胁,也可使企业探索利用行业价值链达到降低成本的目的。行业的这种价值链又叫垂直联结,即代表了企业在行业价值链中与其上下游之间的关系。改善与供应商的联结关系,可以降低本企业的生产成本,通常也会使供需双方获益。如 TCL 通过并购法国汤姆逊公司的彩电业务,降低了企业在国外销售的成本,又使本企业产品在更大程度上得到了当地消费者的认可,提升了本企业产品在国际上的竞争力,这就是价值链前向整合的运用。

行业价值链分析可以从多方面揭示有关企业竞争力的成本信息,这些信息对制订战略以消除成本劣势和创造成本优势起着非常重要的作用。

2. 竞争对手价值链分析

竞争对手价值链分析是指在识别竞争者价值链和价值作业的基础上,通过对其价值链的调查、分析和模拟,可以测算竞争对手的成本,客观评价本企业的成本优势和劣势以及这种优势和劣势的成因,有的放矢地制订扬长避短的策略来战胜对手,取得成本领先优势。

竞争对手价值链分析具有如下特点。①信息搜取的间接性。竞争对手价值链分析所需要的相关数据必须从行业相关的报纸、杂志、学者研究结论、竞争对手公布的资料以及对竞争对手价值链的模拟中得到,这些信息都是间接的。②分析对象的群体性。在经济全球化的趋势下,各企业都面临着来自于全球竞争对手的激烈竞争。大多数企业处于完全竞争市场地位,它们面临的竞争对手数目众多。因此,进行竞争对手价值链分析时,价值链分析的对象不仅从传统的企业内部转向整个价值链,而且要分析数目众多的竞争对手的价值链。③分析目的的竞争性。竞争对手价值链分析的主要目的在于识别企业竞争对手整个价值链上的优势及其来源,引导企业制订有针对性的竞争策略。

3. 客户价值链分析

客户价值链是指在客户购买和使用这种产品或服务过程中,影响客户价值增加或减少的各个环节及其关系。作为企业来讲,必须不断思考采取什么措施,才能不断降低客户购买和使用过程中各个环节所支付的资金、时间、困扰。客户价值链具体包括七个费用:购买价格、使用费用、存储费用、处置费用、时间费用、学习费用、精神费用。

客户价值链表明,影响客户决策的因素是多样化的,价格很重要,但是,并不是唯一的。除了价格外,价值链的每个环节都构成影响客户决策的参量组合。因此,销售经理必须根据价值链的各个环节,向客户提供增值服务。所谓增值服务,就是针对客户价值链的每个环节,不断进行改进。通过不断地改进客户价值链的每个环节,创造企业独有的不可替代性。

4. 供应商价值链分析

供应商价值链是指为本企业提供商品物资的企业的一系列价值活动。对供应商价值链进行分析的基本步骤是:了解供应商的赢利能力;评估供应商价值链及其与企业价值链之间的联系的合理性;采取战略改进行动。这些战略改进行动包括:帮助供应商进行价值链改造;同供应商进行谈判降低采购成本;达成供应商价值链与企业价值链的合理对接;考虑更换供应商;对供应商实施兼并。

5. 企业外包

企业致力于开发具有核心竞争力的业务,其余非核心业务采取由外部企业按照规定要求提供优质服务的一种经营方式。例如,生产外包、销售外包、脑力资源外包、网络管理外包、财务管理外包、人力资源管理外包、物流管理外包。

网络时代的外包模式:委托型业务外包、横向虚拟一体化外包、利用中介服务组织的业务外包、锥体型纵向一体化外包、大公司内部的模拟外包、企业研发的外包、新项目外包的在线团队模式。而委托型业务外包包括新颖设备服务(original equipment manufacture,OEM);新颖设计服务(original design manufacture,ODM);设计制造服务(design manufacture service,DMS);工程制造服务(engineering manufacture service,EMS)。

外包带来竞争优势和风险,首先是竞争优势:①集中有限资源,建立自己的核心竞争优势,构筑所在行业的进入壁垒;②减小公司规模,精简组织,使组织更加灵活地参与竞争;③降低风险和与合作伙伴分担风险。其次才是风险:①外包会失去对一些产品或服务的控制,增加公司的不确定性;②外包所产生的收益的不确定性,会使公司承担很大的赢利风险;③外包所产生的一个比较大的潜在问题是有关员工的问题;④最重要的潜在风险是公司学习机会和核心能力培养机会可能丧失。

公司不应外包利用了自己核心能力的业务,如核心部件的生产或营销的管理;公司不能把对整个业务的顺利开展有决定性影响的业务或生产外包出去;公司不应该把有可能使公司形成新的竞争能力和竞争优势的学习机会的生产活动外包出去。

3.2.4 核心竞争力塑造

1. 核心竞争力结构

企业核心竞争力具有这样的特点:偷不去,买不来,拆不开,带不走,溜不掉。核心竞争力是企业开拓市场的"引擎"。应将企业看成一个核心竞争力的集合体,而不是产品的集合体。通过培育和发展核心竞争力,企业可以源源不断地繁衍出最终产品去创造市场、引导消费。因此,培育企业的核心竞争力是一种厚积薄发、有利于企业永续经营的战略选择。

美国麦肯锡咨询公司认为:"核心竞争力是某一组织内部一系列互补的技能和知识的结合,它具有一项或多项业务达到世界一流水平的能力。"如图 3-8 所示。

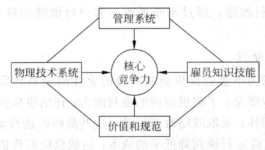

图 3-8　核心竞争力结构维度

2. 企业核心竞争力的生命周期

企业核心竞争力的生命周期可划分为以下几个阶段:无竞争力阶段、一般竞争力阶段、初级核心竞争力阶段、成熟核心竞争力阶段、核心竞争力弱化阶段、核心竞争力新生阶段。

例如,卡西欧在显示技术方面的核心能力,使得其可参与计算器、微型电视、掌中电视、监视仪等领域的生产和经营。

德国宝马公司收购英国劳斯莱斯公司,正是看中了劳斯莱斯公司在驱动力、减噪、安全性等方面的核心能力,通过收购可将其纳入自己的核心能力体系。

后勤管理是沃尔玛公司能向顾客提供选择、可得性和价值利益的核心。

摩托罗拉基于对无线通信娴熟的掌握,向顾客提供"无约束"通信的利益。

3. 多层次的核心竞争力

第一层:开发与获得构成核心竞争力的技术与技能。其竞争的目标是获取、开发构成核心能力的技术或技能,以形成一定的核心能力。第一层次的竞争主要发生在技术、人才、结盟伙伴和知识产权方面。有远见的企业会力争获取可能形成核心竞争力的单项技能或技术。

第二层:整合核心竞争力。各企业在聘用关键人才、争取独家许可、结交合作伙伴方面会短兵相接、正面交手。但在把分散的技能整合为核心竞争力方面,则是比较间接的竞争。第二层次竞争的关键是:能将各种各样分散的技能、技术融合在一起的综合型人才——通才。

第三层:核心产品市场份额之争。核心竞争力与最终产品之间的有形连接即为核心产品,它是企业一种或几种核心竞争力的实物体现。例如,英特尔的微处理器、丰田的发动机都是核心产品。

例如,松下公司尽管在空调和电冰箱产品市场上的品牌份额相当小,但在核心产品——压缩机的世界市场份额方面却占有约40%的统治地位。许多企业以原始或垄断技术、设备供应商的身份,向其他企业销售其核心产品,以取得具有辐射强度的高市场份额。

4. 核心竞争力的培育

(1) 培育核心竞争力的途径

企业核心竞争力的本质是企业特有的知识和资源,而组织学习则是培育企业核心竞争力的最佳途径,它分为显性知识学习、过程学习和隐性知识学习三种类型。加强企业家自身学习、建立学习型组织、重塑企业文化是提高组织学习效能、培育企业核心能力的对策,如图3-9和图3-10所示。

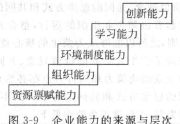

图3-9　企业能力的来源与层次

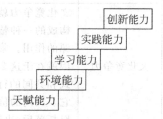

图3-10　个人能力的来源

(2) 核心竞争力的培育应做好的工作

核心竞争力是企业开拓市场的"引擎"。应将企业看成一个核心竞争力的集合体,而不是产品的集合体。通过培育和发展核心竞争力,企业可以源源不断地繁衍出最终产品去创造市场,引导消费。因此,培育企业的核心竞争力是一种厚积薄发,有利于企业永续经营的战略选择,如图3-11所示。

企业核心竞争力体现在特定的能力上。这种能力本身又可以视为多种能力的聚合,企业核心竞争力,从其具体体现形式分析,可大体分解为10项内容,见表3-2。

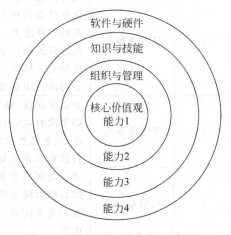

图3-11　企业核心竞争力培养结构

表 3-2　企业核心竞争力的内容

序号	分类	内容
1	决策竞争力	决策竞争力是企业辨别发展陷阱和市场机会,对环境变化做出及时有效反应的能力。不具有这一竞争力,核心竞争力就成了一具腐尸。决策竞争力与企业决策力是一种同一关系。决策频频失误的企业,肯定没有决策竞争力。没有决策竞争力的企业,也就是企业决策力薄弱
2	组织竞争力	企业市场竞争,最终得通过企业组织来实施。也只有当保证企业组织目标的实现必须完成的事务工作,事事有人做,并且知道做好的标准时,才能保证由决策竞争力所形成的优势不落空。并且,企业决策力和执行力也必须以它为基础。没有强有力的组织明确而恰当地界定企业组织成员相互之间的关系,保障决策力和执行力的活动,没有恰当的人承担并完成,企业的决策力和执行力从何而来?
3	员工竞争力	企业组织的大小事务,必须有人来承担。也只有当员工的能力充分强,做好工作的意愿充分高,并且具有耐心和牺牲精神时,才能保证事事都做到位。否则,企业的决策力和执行力也就成了无水之源的空话。保障企业决策力和执行力的活动要有效率和效益,也就是保证活动的主体——员工具备与之相适应的能力、意愿、耐心和牺牲精神
4	流程竞争力	流程就是企业组织各个机构和岗位角色个人做事方式的总和。它直接制约着企业组织运行的效率和效益。企业组织各个机构和岗位角色个人做事方式没有效率和效益,企业组织的运行也就不会有效率和效益。如果一个企业组织的做事方式没有效率,企业组织运行也就没有效率和效益,这就使企业没有执行力
5	文化竞争力	文化竞争力就是由共同的价值观念、共同的思维方式和共同的行事方式构成的一种整合力,它直接起着协调企业组织的运行,整合其内外部资源的作用。蒙牛的 25 条法则,之所以能够成为蒙牛的核心竞争力,其原因就在于这 25 条法则都变成了蒙牛人共同的价值观念、共同的思维方式和共同的行为准则,因而企业的决策力和执行力也都必然直接受制于它。共同的价值观念、共同的思维方式和共同的行事方式不统一,并且腐朽落后,决策就不免频频失误,工作就不免效率低下
6	品牌竞争力	品牌需要以质量为基础,但仅有质量却不能构成品牌。它是强势企业文化在社会公众心目中的折射体现,因而它也直接构成企业整合内外部资源的一种能力。没有品牌竞争力,企业组织内部和外部都不认同企业的做事方式和行事结果,企业也就谈不上什么竞争力,更谈不上有核心竞争力。品牌一旦形成,又直接是一种资源。因而它是构成企业核心竞争力的一项重要内容
7	渠道竞争力	企业要赚钱、赢利、发展,就必须有充分多的客户接受它的产品和服务。如果没有宽阔有效的渠道沟通企业与客户之间的关系,企业与客户隔离,也就必然会惨败无疑。因而,渠道直接是一种资源,渠道竞争力也就直接构成企业竞争力的一项内容
8	价格竞争力	便宜是客户寻求的八大价值之一,没有不关注价格的客户。在质量和品牌影响力同等的情况下,价格优势就是竞争力。没有价格优势,最终会被消费者淘汰。因而这一竞争力也直接构成企业核心竞争力的一项内容

序号	分 类	内 容
9	伙伴竞争力	人类社会发展到今天,万事不求人地包打天下的日子已成为过去,要为客户提供全面超值的服务和价值满足,必须建立广泛的战略联盟。如果一个企业失去了合作伙伴的支持,也就无法适应客户价值满足集中化的要求,也必然在残酷的市场竞争中处于不利地位。它的增强是企业核心竞争力和执行力的提升
10	创新竞争力	一招先,吃遍天,这是市场竞争中的不二法门。要"一招先"就必须有不断的创新。谁能不断地创造出这"一招先"来,谁就能在市场竞争中立于不败之地。所以,它既是企业核心竞争力的一项重要内容,又是企业执行力的一项重要内容

从整合企业资源能力的角度进行分析,这十个方面的竞争力,任何一个方面的缺乏或者降低,不仅会直接导致这种能力的下降,也会导致企业核心竞争力的降低。但这十种竞争力又各自相对独立。任何一个企业,拥有了这其中任何一种竞争力,就占领了市场竞争的一个制高点。

5. 核心竞争力的塑造

我们从三个方面塑造公司的核心竞争力:①对消费者福利贡献的能力;②市场和事业的开拓能力;③阻挡竞争者模仿的能力。

3.2.5 雷达图分析法

经营分析用的雷达图,从企业的生产性、安全性、收益性、成长性和流动性五个方面,对企业财务状态和经营现状进行直观、形象的综合分析与评价。因其图形状如雷达的放射波,而且具有指引经营"航向"的作用,故而得名。

使用雷达图分析法,需要先画出三个同心圆,并将其等分成五个扇形区,分别表示生产性、安全性、收益性、成长性和流动性。通常,最小圆圈代表本行业平均水平的1/2或最低水平;中间圆圈代表同行业平均水平,又称标准线;最大圆圈代表同行业先进水平或平均水平的1.5倍。在五个扇形区中,从圆心开始,分别以放射线形式画出5~6条主要经营指标线,并标明指标名称及标度。然后,将企业同期的相应指标值用点标在图上,以线段依次连接相邻点,形成折线闭环,构成雷达图,如图3-12所示。

图3-12的雷达图数字说明如下。

1. 收益性

①总资本利润率;②销售利润率;③成本利润率;④产值利润率;⑤资金利润率;⑥销售费用与销售额比率。

2. 成长性

⑦销售额增长率;⑧产值增长率;⑨人员增长率;⑩总资本增长率;⑪利润增长率。

3. 安全性

⑫利息负担率;⑬流动资金利用率;⑭固定资金利用率;⑮自有资金率;⑯固定资本比率。

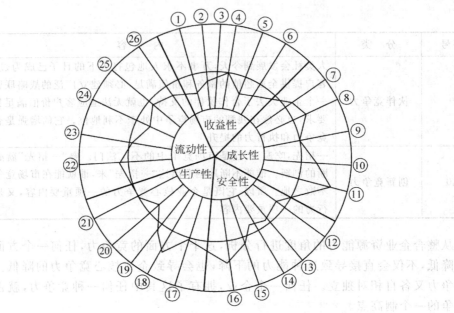

图 3-12　雷达图举例示意

4．生产性

㉒全员劳动生产率；㉓工资分配率；㉔劳动装备率；㉕人均利润；㉖人均销售收入。

就雷达图中各经营指标来看，当指标值处于标准线以内时，说明该指标低于同行业平均水平，需要加以改进；若接近最小圆或处于其内，说明该指标处于极差的状态，是企业经营的危险标志，应重点加以分析改进；若处于标准线外侧，说明该指标处于理想状态，是企业的优势，应采取措施，加以巩固和发扬。

5．流动性

㉗固定资金周转率；㉘应收账款周转率；㉙盘存资产周转率；㉚流动资金周转率；㉑总资本周转率。

■ 3.3　企业营销能力分析

3.3.1　市场营销理论的演变

市场营销理论产生于 19 世纪末 20 世纪初，距今已有一百多年的历史。在演变过程中，市场营销理论经历了不同的发展阶段，形成了不同的营销模式和理论。市场营销理论的演变过程如图 3-13 所示。

1．简单需求下的营销理论

简单需求是指营销理论形成的初期，用户的需求形式单一集中，社会上总的需求量较小，且较为稳定。企业生产的产品种类少，批量小，市场交易量小，几乎没有竞争。在这种市场背景下，企业不需要有特意的营销方式和营销理论，企业在这种稳定的环境中低速发展。

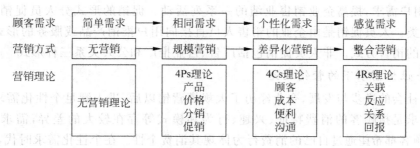

图 3-13　市场营销理论的演变

2. 相同需求下的营销理论

相同需求是指用户的消费需求差异很小，需求的类型、风格、档次和规模大体一致，对购买的产品不过分挑剔。在这种背景下，市场总需求规模大，企业生产能力强，大规模生产和营销方式较为多见，市场竞争激烈。以生产为中心、以推销为中心和以顾客为中心的营销观念较为多见；与此同时，产生了传统的 4Ps 理论和大规模营销方式。

（1）产品

在传统市场营销理论中，产品是核心因素，主要包括产品开发、品牌、包装和服务等内容。产品开发是指企业根据产品生命周期，努力实现产品的更新换代；品牌包括其设计、推广和注册等内容；包装是指根据企业产品的特点，实施满意的包装策略；服务是指向用户提供的设计、咨询、送货、维修、培训、示范和零部件供应等无形产品，是整体产品的重要组成部分。

（2）价格

产品价格是产品价值的反映，对市场的供求关系起着调节作用。一般情况下，当某种产品的价格上升时，因用户支付成本增加，会在一定程度上抑制消费，使市场总需求量下降，导致供过于求，企业会压缩生产规模，降低供应量，使市场供求趋向大致平衡；当某种产品的价格下降时，因用户支付成本减少，又会在一定程度上刺激消费，市场总需求量上升，导致供不应求，企业会扩大生产规模，提高供应量，使市场趋向供需平衡。

在行业竞争中，企业运用价格竞争的情况很多。价格竞争的背后是成本的支撑，只有低成本的优势，才能确保价格竞争优势。影响产品价格的因素主要有国家价格政策、供求关系、产品成本、竞争对手价格、销售渠道、品牌形象和销售费用等。产品的定价策略在企业竞争中也发挥着重要作用。

（3）分销

分销是指产品从出厂到用户手中，中间所涉及的环节和因素等，包括销售渠道和物流两方面。销售渠道的形式很多，有零层次渠道（直销渠道）、单一层次渠道和多层次渠道等。企业根据市场竞争、用户需求特征、分销商情况、企业实力和产品特性等因素制订渠道策略。物流是指将产品从生产企业向用户转移的一系列活动，主要内容包括运输、仓储、接收和运送、包装、订单处理等。

（4）促销

促销就是企业通过多种手段向用户推介和宣传其产品或服务，以激发用户的购买欲望,满足用户需求,提高企业销售业绩的一系列活动。促销的形式分人员促销和非人员促销两大类。人员促销是由企业的销售人员直接向用户推销产品或服务的形式,这也是一种古老的销售方式。非人员促销包括广告、营业推广和公共关系三种形式。

3. 个性化需求下的营销理论

随着社会的进步与发展,企业经历了大规模营销以后,进入满足个性化需求的阶段。个性化需求是指顾客的消费特征、兴趣、行为和模式等存在较大的差异,需求的类型很多,每位顾客都希望通过自己的消费行为体现其消费个性。在个性化需求时代,企业的营销策略和理论都发生了大的变化。营销理论在传统的 4Ps 理论基础上,又形成了 4Cs 理论。

4Cs 理论是美国营销专家罗伯特·劳特朋(Robert F. Lauterborn)教授于 1990 年提出的。该理论强调以顾客需求为导向,重新设定了市场营销组合的四个基本要素:顾客(consumer)、成本(cost)、便利(convenience)和沟通(communication)。与产品导向的 4Ps 理论相比,4Cs 理论有了很大的进步和发展,它重视顾客导向,以追求顾客满意为目标,是社会进步的要求。

(1) 顾客

4Cs 理论强调,企业应该把顾客满意放在第一位。通过深入细致的市场调研,发现顾客需求,以顾客需求为依据,设计能满足顾客需求的产品,制订生产经营计划,提供高质量的产品和服务,全面提高顾客满意度。

(2) 成本

企业要了解顾客购买产品和服务时愿意支付的成本情况。据此制订出顾客、企业双方满意的产品价格,避免不了解情况而盲目定价。同时,还要为顾客提供低成本的服务,尽量降低顾客的成本支出。

(3) 便利

企业要考虑顾客在产品购买过程和使用过程中的便利性。在设计产品时,要考虑省时、省力、简单易行,如何更便利于顾客使用。在销售产品时,要考虑如何方便顾客结算、运输、安装和维修等,努力为顾客提供高质量的服务。

(4) 沟通

企业在营销过程中,要注重与顾客之间的信息、情感沟通。一方面,企业要把有关企业及产品的相关信息传递给顾客,以更好地指导顾客的消费行为,提高企业在顾客心目中的信任度;另一方面,要及时收集顾客的需求信息和对企业及产品的建议与意见,为企业产品创新与完善提供依据;同时,还要尊重顾客,加强情感营销,注重与顾客的情感交流与沟通。

4. 感觉需求下的营销理论

在社会全面发展的同时,顾客的需求形式也在发生变化,在个性化需求的今天,也存在着感觉需求。顾客需求欲望的产生建立在顾客对企业信赖和满意的基础上,这种形式的需求称为感觉需求。20 世纪 90 年代,美国学者舒尔茨(Don E. Schultz)根据关系营销思想,提出了营销新理论——4Rs 理论。

(1) 关联

关联就是企业要与顾客建立联系。在市场竞争日益激烈的今天,顾客的转化成本较低,需求具有较强的动态性。顾客忠诚度不是一成不变的,顾客总是选择他们满意的产品和服务。关联包括两个方面:一是与顾客的关联,即全面收集有关顾客需求的信息,帮助顾客寻找解决问题的方案,最大限度地实现顾客满意;二是与产品关联,即利用网络手段,收集有关产品生产和需求的信息,扩大生产批量,以实现规模效益。因此,为了赢得长期稳定的市场,企业要通过有效的方式在业务、需求等方面与顾客和产品建立关联,形成一种互助、互求、互需的关系。

（2）反应

随着生活、工作、学习节奏的加快,顾客希望更快捷的产品和服务出现,方便快捷的营销方式大受欢迎。企业应站在顾客需求的角度,认真倾听顾客的希望和需求,并及时答复和迅速做出反应,满足顾客的需求。而不应该一味强调企业与产品信息,不顾顾客感受,对顾客的要求反应迟缓,甚至置之不理。现代企业竞争已经进入速度竞争时代,降低顾客时间成本也成为企业竞争的关键。近年来,全球快餐业的迅速发展正是迎合了这种形势。

（3）关系

在现代市场营销中,关系营销越来越重要。企业应坚持互利共赢的理念,与供应商、分销商、合作者和顾客等建立长期、稳定的关系,变交易为责任,在相互信任和共赢的前提下,实现企业的健康发展。实践证明,在企业交易中,老顾客占据的比重较大。顾客是企业的义务推销员,如果企业做得好,顾客就可以把有利于企业的产品信息向社会宣传,吸引大批新的顾客,产生更大需求;如果企业做得不好,顾客也会把不利于企业的产品信息向社会宣传,导致顾客数量锐减,需求萎缩。

（4）回报

回报是企业营销的源泉。对企业来说,市场营销的真正价值是在满足顾客需求的前提下,为企业带来短期或长期的利润。一方面,回报是企业维持市场关系的必要条件,企业只有获得利润才能继续生产,提供顾客所需要的最好产品和服务;另一方面,追求回报是企业与顾客的双赢。企业应充分考虑顾客愿意支付的成本,努力降低成本,扩大销售规模,形成规模效益,从而实现企业与顾客利益的最终融合,相互促进,达到双赢的目的。

3.3.2 企业营销能力的构成

1. 产品竞争力分析

产品竞争力分析包括以下四点内容。

（1）产品市场地位分析

企业产品在市场竞争中的地位是企业综合实力的体现。一般用市场占有率和市场覆盖率两个指标来反映。

市场占有率又称市场份额,是指在一定时期内,企业某种产品在行业同类产品销售总量中所占的比例。市场占有率是衡量企业市场地位的关键性指标。其计算公式如下:

$$市场占有率 = \frac{本企业某种产品销售量}{市场中同类产品销售总量} \times 100\% \qquad (3-1)$$

为了更准确地把握市场占有率的含义,应注意以下三点。

① 产品品种可比。市场占有率仅仅反映某种具体产品的市场情况,而不代表多种产品。因此,比较市场占有率时,一定要注意产品品种的可比性。同一品种的市场占有率才有可比性。

② 时间上可比。市场占有率的时间期限必须一致,如 2008 年全年、2009 年上半年等。同一时间期限内的市场占有率才有可比性。

③ 地域上可比。市场占有率的计算必须明确市场的地域范围,如国内市场、国际市场,因为同一地域范围内的市场占有率才有可比性。

市场覆盖率反映了企业产品与市场接触的情况。其计算公式如下:

$$市场覆盖率 = \frac{本企业产品投放地区数}{全部市场中应销售地区总数} \times 100\% \qquad (3-2)$$

在行业中,为了便于管理,可以按地域的不同把整个市场分为不同的区域市场,如东北市场、华北市场、西北市场、华东市场和西南市场等。

（2）产品收益性分析

在企业经营的产品中,不同品种的产品赢利水平不同。通过产品的收益性评价,可以有效地集中企业资源,为顾客创造更多的价值,为企业创造更好的经济效益。常用的产品收益分析方法有 ABC 分析法、边际利润分析法和量本利分析法等。

（3）产品竞争性分析

企业产品的竞争性主要是指企业在产品性能、质量、外观、包装、品牌、成本、价格、服务、渠道、促销和企业形象等方面所具有的优越性。产品竞争性可以通过评价表进行综合评价。

（4）产品成长性分析

产品成长性是指企业未来的销售增长情况。评价的指标有销售增长率、市场占有率增长率。如果企业产品的销售增长率高,市场占有率增长率高,则说明企业该种产品增长态势良好,发展前景较为乐观。

2. 产品结构分析

（1）产品结构的概念

产品结构又称产品组合,是指企业所生产经营不同产品间的结构关系,包括产品项目和产品线两方面。产品项目是指企业生产经营的不同型号、规格、尺寸和包装形式的具体产品。产品线是指在诸多产品项目中,因在结构、性能、用途和技术等方面相近而形成的产品项目集团。某汽车公司的产品结构如图 3-14 所示。

在该汽车公司产品结构中,产品项目数为 15 个,产品线为 4 条。衡量企业产品结构时,所用的指标有四个。

① 产品组合的长度。产品组合的长度是指在产品组合中,所包括的全部产品项目数。由图 3-14 可知,该汽车公司产品组合的长度为 15。

② 产品组合的广度。产品组合的广度又称宽度,是指产品组合中所包括的产品线数量。由图 3-14 可知,该汽车公司产品组合的广度值为 4。

③ 产品组合的深度。产品组合的深度是指产品线中所包括的产品项目数。因每条

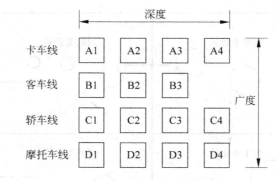

图 3-14　某汽车公司的产品结构

产品线中所含产品项目数不同,因此,在衡量产品组合深度时,多用平均深度。平均深度的计算公式为:

$$平均深度 = \frac{产品组合长度}{产品组合广度} \tag{3-3}$$

在图 3-14 中,该汽车公司产品组合的平均深度为 3.75。

④ 产品组合的关联性。产品组合的关联性是指产品组合中各条产品线之间的关联程度。关系密切,关联性高;反之,关联性低。

根据产品组合的四个评价指标,可以判断企业经营方式的复杂程度。产品组合的长度、广度、平均深度越大,关联性越低,则企业的经营方式越复杂;产品组合的长度、广度、平均深度越小,关联性越高,则企业的经营方式越简单。

(2) 产品结构评价方法

① 波士顿矩阵(BCG 矩阵)法。波士顿矩阵法是美国波士顿咨询集团在 1970 年创立并推广使用的一种评价产品组合的有效方法,又称市场成长率—相对市场份额矩阵的投资组合分析法。该方法的评价指标有三个:销售增长率、相对市场占有率、销售金额。销售增长率的计算公式如下:

$$销售增长率 = \frac{本期销售额 - 上期销售额}{上期销售额} \times 100\% \tag{3-4}$$

相对市场占有率是两种市场占有率的对比,其分界点为 1.0。如果相对市场占有率等于 1.0,则表示企业与最大的竞争对手并列第一,第一位的企业至少有两位;如果相对市场占有率小于 1.0,则说明本企业的市场占有率在行业中处于劣势地位;如果相对市场占有率大于 1.0,则说明本企业的市场占有率在行业中处于优势地位。

销售金额代表某种业务的销售收入情况,在评价图中用圆圈表示,圆圈越大,表示该类业务的销售收入越多。

根据相对市场占有率和销售增长率的高低,把企业相关业务分成明星类业务、金牛类业务、问题类业务和瘦狗类业务四类。如图 3-15 所示,不同类型的业务有不同的特征和发展策略。

在图 3-15 中,纵坐标为企业的销售增长率,用数字 0~20% 表示,并认为销售增长率超过 10% 就是高速增长。横坐标为相对市场占有率,用数字 0.1(该企业产品市场占有率是最大竞争对手市场占有率的 10%)~10(该企业产品市场占有率是最大竞争对手市

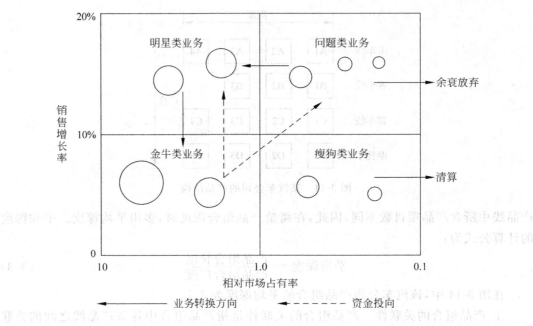

图 3-15　波士顿矩阵

场占有率的 10 倍)表示,相对市场占有率以 1.0 为分界线。需要注意的是,这些数字范围可能在运用中根据实际情况的不同进行修改。矩阵图中的九个圆圈代表公司的九类业务单位,它们的位置表示这类业务的销售增长率和相对市场占有率的高低,面积的大小表示各类业务的销售额大小。

　　明星类业务是指高销售增长率、高相对市场占有率的业务。明星类业务由问题类业务继续投资发展起来,是高速成长市场中的领导者,将成为公司未来的金牛类业务。该类业务具有高度的市场吸引力,发展态势很好,且企业具有强大的优势地位。该类业务具有较强的资金回收能力,但用于产品研发、市场开拓、生产经营、销售渠道和产品销售等环节的投入巨大,企业利润水平不一定好。虽然明星类业务不一定可以给企业带来丰厚利润,但在市场高速成长的同时,企业必须对其继续投资,加大扶持力度,以保持其与市场的同步增长,并击退竞争对手。因为明星类业务是企业的希望,企业必须明确其发展思路,确保实现其向金牛类业务的转化。

　　金牛类业务是指低销售增长率、高相对市场占有率的业务,是成熟市场中的领导者和企业现金的来源。由于市场已经成熟,企业用于市场开拓方面的费用较低;同时,作为市场中的领导者,该类业务享有规模经济和高边际利润的优势,因而能给企业带来巨大利润。金牛类业务是企业的支柱,支撑着其他业务的发展,一旦金牛类业务出现问题,就会对企业造成严重的影响。因此,企业应密切关注金牛类业务的发展,延长其成熟期,同时,还应大力扶持明星类业务的发展。如果市场环境发生变化,导致金牛类业务的市场份额下降,企业必须从其他业务单位中寻求现金支持,以维持金牛类业务的市场领导地位;否则,金牛类业务可能就会变弱,甚至沦为瘦狗类业务。

　　问题类业务是指高销售增长率、低相对市场占有率的业务。该类业务往往是企业的新业务,销售增长迅速,生产技术新颖,市场面偏小。面对快速增长的市场形势,该类业务必须加大资金投入,增加设备和人员,扩大生产规模,加大市场开拓力度,以便跟上迅速发展的市场,获得市场优势。企业要积极扶持该类业务的发展,力争尽早使其成为明星类业务。

瘦狗类业务是指低销售增长率、低相对市场占有率的业务。一般情况下,该类业务处于产品生命周期中的衰退期,常常是微利或亏损状态。瘦狗类业务通常要占用很多资源,如资金、管理部门的时间等,多数时候是得不偿失的。因此,企业要及时淘汰、剥离或终止瘦狗类业务。

利用波士顿矩阵法,可以分析一个企业的产品业务组合是否合理。如果一个企业没有金牛类业务,就说明企业缺乏当前的现金来源,不能支持新业务的发展;如果没有明星类业务,则缺乏未来的发展希望。企业要根据市场变化和自身的实际情况,不断调整和完善产品业务组合。一般情况下,较为合理的产品业务结构是:明星类业务占全部产品销售额的 30%～40%,金牛类业务占 40%～50%,问题类业务占 20%～30%,瘦狗类业务占 5%～10%。

② 行业吸引力—企业实力矩阵(GE 矩阵)法。行业吸引力—企业实力矩阵法是美国通用电气公司(GE)结合自身经验,于 20 世纪 70 年代开发的投资组合分析方法。该方法指出,企业必须结合行业的吸引力和企业自身的实力两方面对产品业务进行评估。在 GE 矩阵中,矩阵纵轴代表行业吸引力,横轴表示企业实力。

行业吸引力取决于企业的外部环境因素,包括市场规模、市场增长率、利润率、竞争强度、周期性、技术需求、社会及环境因素、发展机会等。企业实力主要包括产品市场占有率、市场占有增长率、产品质量、品牌形象、分销渠道、促销效率、生产能力、生产效率、单位成本、原材料供应、产品开发和管理能力等。

在 GE 矩阵评价中,首先,分别对行业吸引力和企业实力中所包含的具体因素进行打分,可以采取五级评分标准(1:毫无吸引力,2:没有吸引力,3:中性影响,4:有吸引力,5:极有吸引力);然后,分别赋予内部各因素一定的权重系数,再用权数乘以评价值(定值),得出每个内部因素的加权值;最后,把行业吸引力和企业实力中各因素的加权值分别相加,得出两类评价指标的综合评价值,见表 3-3。

表 3-3　GE 矩阵评价

项　　目		权数(i)	定值(M)	加权值(iM)
行业吸引力 $= \dfrac{\sum iM}{\sum i \cdot \sum M}$ $=0.1228$ $=12.28\%$	市场规模	0.11	5	0.55
	市场增长率	0.14	4	0.56
	利润率	0.12	2	0.24
	竞争强度	0.13	3	0.39
	周期性	0.11	4	0.44
	技术需求	0.13	4	0.52
	社会及环境因素	0.15	1	0.15
	发展机会	0.11	2	0.22
	小计	$\sum i = 1.0$	$\sum M = 25$	$\sum iM = 3.07$

续表

项目		权数(i)	定值(N)	加权值(iN)
企业实力 $=\frac{\sum iN}{\sum i \cdot \sum N}$ $=0.084$ $=8.4\%$	市场占有率	0.10	2	0.20
	市场占有率增长率	0.01	4	0.04
	产品质量	0.10	5	0.50
	品牌形象	0.12	3	0.36
	分销渠道	0.13	2	0.26
	促销效率	0.13	4	0.52
	生产能力	0.11	3	0.33
	生产效率	0.12	3	0.36
	单位成本	0.11	2	0.22
	原材料供应	0.02	4	0.08
	产品开发	0.02	1	0.02
	管理能力	0.03	2	0.06
	小计	$\sum i=1.0$	$\sum N=35$	$\sum iN=2.95$

企业在多元化经营时，要对所有业务的行业吸引力和企业实力两类指标进行排序，根据排序把不同业务的两类评价指标分成高、中、低三种状态，形成评价矩阵，如图 3-16 所示。

行业吸引力 \ 企业实力	高	中	低
高	领先地位 1 扩张	不断进化 2 扩张	资金源泉 3 维持
中	发展 4 扩张	密切关注 5 维持	分期撤退 6 回收
低	加速发展或放弃 7 维持	分期撤退 8 回收	不算投资 9 回收

图 3-16　行业吸引力—企业实力(GE)矩阵

按行业吸引力和企业实力指标的组合情况，可以把企业的业务分成九个区。处于不同区域的产品其业务具有不同的特征，并有不同的发展策略。

企业的不同业务按行业吸引力和企业实力的评价情况，在矩阵图中选择 1～9 区域进行定位。企业业务可以分成三大类。

位于 GE 矩阵左上角的 1、2、4 区业务是最有发展前途的产品业务，应积极发展，使其成长为企业的支柱性业务。

位于 GE 矩阵对角线的 3、5、7 区业务是处于中间状态的业务，应适度发展，采取赢利收获策略。

位于 GE 矩阵右下角的 6、8、9 区业务属于不景气业务，应采取放弃或舍弃策略。

▌ 3.4 企业内部环境分析方法

3.4.1 比较法

比较法是企业内部环境分析中常用的方法,该方法一般包括历史比较、行业比较和标杆比较三种方法。

1. 历史比较

历史比较就是将企业当前的实力和经营效果情况与历史上某一时间点的水平进行纵向比较,从而进一步认识和了解企业的战略实力,找出显著变化的因素和指标,分析其原因。做得成功的方面大力发扬,做得不好的方面寻找差距、分析原因,采取必要的完善对策与措施,以保证企业实力的提高。

这种历史比较的方法要与其他方法结合起来使用,不宜单独使用。单独使用历史比较法容易导致企业视野狭窄、夜郎自大、故步自封,降低了企业对环境变化的适应能力,降低了企业的竞争意识和能力。

2. 行业比较

行业比较就是根据一系列指标的要求,将企业的当前水平与行业中竞争对手的水平进行比较,从而确定企业的优势与劣势。在比较时,应注意行业的竞争优势差异性。例如,在实施低成本战略的石油、煤炭、化工和水泥等行业中,企业与竞争对手比较的核心应集中在影响产品成本的因素方面;在实施差异化战略的餐饮、服装和装饰等行业中,企业与竞争对手应比较差异化的形成因素及环节,不必过分关注成本水平。行业比较可以使企业增强竞争意识,提高企业的学习能力和创新能力。

3. 标杆比较

标杆比较就是以行业中的最佳企业为标杆,将企业的某项活动与行业中的标杆企业进行比较,从中找出与标杆企业不一致的地方,分析原因,采取对策,迎头赶上。这种方法可以激发企业的前进动力,能很快找到企业的不足和薄弱环节。

3.4.2 内部要素评价矩阵

内部要素评价(internal factor evaluation,IFE)矩阵是一种分析企业内部因素的方法。其原理是从优势与劣势两个方面找出影响企业发展的关键因素,并根据每个因素影响程度的不同,给予不同的权重系数,再对各关键因素进行评分,最后计算出企业总的加权分。其步骤如下。

(1) 确定关键因素。按优势与劣势两个方面确定影响企业发展的关键因素,数量不宜过多,以在优势和劣势中确定10~20个因素为宜。因素过多会干扰关键因素的作用,并增加工作量;因素过少则会遗漏关键因素。

(2) 分配权重系数。按每个因素对企业经营成败影响程度的不同,分别赋予其不同的权重系数。权重范围在0(不重要)到1.0(非常重要)之间,权重系数之和为1.0。

(3) 因素评分。对各因素进行测评打分,1分表示重要劣势,2分表示次要劣势,3分表示次要优势,4分表示重要优势。

(4)计算各关键因素的加权评价值。将每个因素的权重系数与所得评分相乘,得出加权评价值。

(5)计算企业的总加权分数。将各因素加权评价值相加,得出企业的总加权分数。

无论IFE矩阵包含多少因素,总加权分数的范围都是从最低的1.0到最高的4.0,平均分为2.5。总加权分数大大低于2.5的企业的内部状况处于弱势,而分数大大高于2.5的企业的内部状况则处于强势。IFE矩阵应包含多个关键因素,因素数不影响总加权分数的范围,因为权重总和永远等于1。

表3-4是对美国瑟克斯·瑟克斯公司(Civcus-civcus Enterprises)进行内部分析的例子。

表 3-4　瑟克斯·瑟克斯公司的 IFE 矩阵评价

内 部 优 势	权　重	评价值(分)	加权评价值
1. 美国最大的赌场公司	0.05	4	0.20
2. 拉斯维加斯的客房入住率达到95%以上	0.10	4	0.40
3. 活动现金流增加	0.05	3	0.15
4. 拥有拉斯维加斯狭长地带1英里(约1.609344千米)的地产	0.15	4	0.60
5. 强有力的管理队伍	0.05	3	0.15
6. 员工素质较高	0.05	3	0.15
7. 大多数场所都有餐厅	0.05	3	0.15
8. 长期计划	0.05	4	0.20
9. 热情待客的声誉	0.05	3	0.15
10. 财务比率	0.05	3	0.15
11. 绝大多数房产都位于拉斯维加斯	0.05	1	0.05
12. 缺乏多样性经营	0.05	2	0.10
13. 接待家庭游客,而不是赌客	0.05	2	0.10
14. 位于 Lauyhling 的房地产	0.10	1	0.10
15. 近期的合资经营亏损总计	0.10	1	0.10
总　　　计	1.00	41	2.75

值得注意的是,该公司的主要优势在于其规模、房间入住率、房产以及长期计划,正如它们所得的4分所表明的。公司的主要弱点是其位置和近期的合资经营,总加权分数2.75表明该公司的总体内部优势高于平均水平。

3.4.3　问卷调查法

问卷调查法是企业通过向企业内部员工、干部发放调查问卷调查和分析企业的内部因素的方法。调查的范围包括企业战略、组织机构、企业文化、领导工作、信息沟通、员工关系和薪酬福利等。将需要调查的问题设计成不同的调查问题,让被调查者在调查问卷上对调查问题进行评价与分析,然后汇总调查结果,形成调查结论。从中发现企业存在的问题,分析原因,采取完善对策。

3.4.4　市场机会分析法

市场机会是指在某种特定的营销环境条件下企业可以通过一定的营销活动创造利益。市场机会可以为企业赢得利益的大小表明了市场机会的价值,市场机会的价值越大,对企业利益需求的满足程度也越高。市场机会的产生来自于营销环境的变化,新市场的开发、竞争对手的失误以及新产品新工艺的采用等,都可能产生新的有待满足的需求,从而为企业提供市场机会,见表 3-5。

表 3-5　市场机会

类　型	具　体　内　容
环境机会与企业机会	随着环境的变化而客观形成的各种各样未满足的需求,就是环境机会;环境机会中符合企业战略计划的要求,有利于发挥企业优势的可以利用的市场机会,才是企业机会
表面的市场机会与潜在的市场机会	在市场上,明显的没有被满足的现实需求,就是表面的市场机会;现有的产品种类未能满足的或尚未完全为人们意识到的隐而未见的需求,就是潜在的市场机会。企业应注意发现和利用潜在的市场机会
行业性市场机会与边缘性市场机会	在企业所处的行业或经营领域中出现的市场机会,称为行业性市场机会;在不同行业之间的交叉或结合部分出现的市场机会,称为边缘性市场机会。由于自身生产经营条件的限制,企业一般都较为重视行业性市场机会并将其作为寻找和利用的重点。市场营销者促使一些企业在行业之间的交叉或结合部分寻求较为理想的市场机会。寻找和识别边缘性市场机会的难度较大,需要企业的营销人员具有丰富的想象力和较强的开拓精神
目前市场机会与未来市场机会	在目前的环境变化中市场上出现的未被满足的需求,称为目前市场机会;在目前的市场上仅仅表现为一部分人的消费意向或少数人的需求,但随着环境的变化和时间的转移,在未来的市场上将发展成为大多数人的消费倾向和大量的需求,称为未来市场机会。重视未来市场机会并不意味着可以轻视目前市场机会,否则企业将失去经营的现实基础,而对未来市场机会缺乏预见性和迎接的准备,对企业今后的发展也很不利
全面市场机会与局部市场机会	在大范围市场上出现的未满足的需要为全面市场机会;在小范围市场上出现的未满足的需要为局部市场机会。前者意味着整个市场环境变化的一种普遍趋势,后者则意味着局部市场环境的变化有别于其他市场部分的特殊发展趋势。区分这两种市场机会,对于企业具体地测定市场规模,了解需求特点,从而有针对性地开展市场营销活动是必要的
大类产品市场机会与项目产品市场机会	市场上对某一大类产品存在着的未满足需求为大类产品市场机会;市场上对某一大类产品中某些具体品种存在着的未满足需求为项目产品市场机会。大类产品市场机会显示着市场上对某一大类产品市场需求发展的一般趋势,而项目产品市场机会则表明社会上对某一大类产品市场需求的具体指向。了解前者对于企业规定任务,明确业务发展的总体方向,制订战略计划具有重要意义;了解后者对于企业明确如何行动以实现战略计划的要求,制订市场营销计划,搞好市场营销工作具有重要意义

1. 发现市场机会

① 企业的市场营销人员,可以通过阅读报刊资料、观察市场现状、召开各种类型的调查会议、征集有关方面的意见和建议、分析竞争者的产品等形式,寻找和发现市场机会。

② 企业的市场营销人员,也可以以产品或业务的战略规划中所使用的分析评价方法为工具,或以发展新业务的战略方法为思路,结合实际寻找和发现产品或业务增长与发展的机会。

③ 企业的市场营销人员还可以利用市场细分的方法发现未满足的需要与有利的市场机会。

2. 分析市场机会

波士顿咨询公司的负责人乔治·斯托克提出,能获胜的公司是取得公司内部优势的公司,而不仅仅是抓住公司的核心能力。每一公司必须管好某些基本程序。企业的新产品开发、原材料采购、对订单的销售引导、对客户订单的现金实现、顾客问题的解决时间等,每一程序都创造价值并需要内部部门协同工作。虽然每一部门都可以拥有一个核心能力,但如何管理这些优势能力开发仍是一个挑战。斯托克把它称为能力基础的竞争。

3. 分析市场机会的价值

不同的市场机会,为企业带来的利益大小并不相同,即不同市场机会的价值具有差异性。为了在千变万化的营销环境中找出价值最大的市场机会,企业需要对市场机会的价值进行更为详细具体的分析。

(1) 市场机会的价值因素

市场机会的价值大小,由市场机会的吸引力和可行性两种因素决定。

① 市场机会的吸引力。市场机会对企业的吸引力是指企业利用该市场机会可能创造的最大利益,它表明了企业在理想条件下充分利用该市场机会的最大极限。反映市场机会吸引力的指标主要有市场需求规模、利润率、发展潜力,见表 3-6。

表 3-6 市场机会吸引力指标

指标名称	指标内容
市场需求规模	市场需求规模表明市场机会当前所提供的待满足的市场需求总量的大小,通常用产品销售数量或销售金额表示
利润率	利润率是指市场机会提供的市场需求中单位需求量可以为企业带来的最大利益(这里主要是指经济利益),反映了市场机会所提供的市场需求在利益方面的特性
发展潜力	发展潜力反映市场机会为企业提供的市场需求规模、利润率的发展趋势及速度情况

② 市场机会的可行性。市场机会的可行性是指企业把握住市场机会并将其化为具体利益的可能性。从特定企业角度来讲,只有吸引力的市场机会并不一定能成为本企业实际上的发展良机,具有强大吸引力的市场机会必须同时具有高可行性,才会是企业高价值的市场机会。市场机会的可行性是由企业内部环境条件、外部环境状况两方面决定的,见表 3-7。

表 3-7   市场机会的可行性决定因素

决定因素	决定作用内容
内部环境条件	(1)市场机会只有适合企业的经营目标、经营规模与资源状况,才会具有较高的可行性; (2)市场机会必须有利于企业内部差别优势的发挥,才会具有较高的可行性,所谓企业内部差别优势,是指该企业比市场中其他企业更优越的内部条件,通常是先进的工艺技术、强大的生产力、良好的企业声誉等; (3)企业内部的协调程度也影响着市场机会可行性的大小。市场机会的把握程度是由企业的整体能力决定的。针对某一市场机会,只有企业的组织结构及所有各部门的经营能力都与之相匹配时,该市场机会对企业才会有较高的可行性
外部环境条件	企业的外部环境从客观上决定着市场机会对企业可行性的高低。外部环境中每一个宏观、微观环境要素的变化都可能使市场机会的可行性发生很大的变化

(2)市场机会的价值评估

确定了市场机会的吸引力与可行性,就可以综合这两个方面对市场机会进行评估。按吸引力大小和可行性高低组合可构成市场机会的价值评估矩阵,如图 3-17 所示。

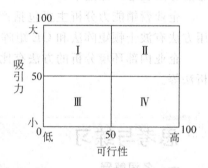

图 3-17   市场机会价值评估矩阵

区域Ⅰ为吸引力大、可行性低的市场机会。一般来说,该种市场机会的价值不会很大。除了少数喜欢冒风险的企业,一般企业不会将主要精力放在此类市场机会上。但是,企业应时刻注意决定其可行性高低的内、外环境条件的变动情况,并做好当其可行性变高进入区域Ⅱ时迅速反应的准备。

区域Ⅱ为吸引力、可行性俱佳的市场机会。该类市场机会的价值最大,却常常是既稀缺又不稳定的。企业营销人员的一个重要任务就是要及时、准确地发现有哪些市场机会进入或退出了该区域,该区域的市场机会就是企业营销活动最理想的经营内容。

区域Ⅲ为吸引力、可行性皆差的市场机会。通常企业不会去注意该类价值最低的市场机会。该类市场机会不大可能直接跃居到区域Ⅱ中,它们通常需经由区域Ⅰ和区域Ⅳ才能向区域Ⅱ转变。当然,在极特殊的情况下,该区域的市场机会的可行性、吸引力突然同时大幅度增加,企业应对这种现象的发生做好必要的准备工作。

区域Ⅳ为吸引力小、可行性高的市场机会。该类市场机会的风险低,获利能力也小,通常稳定型企业、力量薄弱的企业以该类市场机会作为其常规营销活动的主要目标。对该区域的市场机会,企业应注意其市场需求规模、发展速度、利润率等方面的变化情况,以便在该类市场机会进入区域Ⅱ时可以立即有效地予以把握。

4. 选择市场机会

企业寻找、发现、分析和评价市场机会的过程,就是通过调查研究、收集信息、分析预测等工作,结合自身条件从环境机会中选择能够与本企业的战略计划相衔接并能有效地促使其实现的企业机会的过程。

本章小结

本书主要从企业资源与能力、企业核心竞争力、企业营销能力、企业内部环境分析等几个方面分析企业内部环境。

企业资源条件是企业生产经营的前提和基础。企业资源分为有形资源、无形资源、人力资源三种形式。企业能力主要包括研究开发、生产运作、市场营销、人力资源、信息管理和组织管理等方面的能力。

企业核心竞争力是指企业在研发、设计、制造、营销和服务等少数几个环节上具有明显优势,竞争对手难以模仿,并能够满足客户价值需要的独特能力。企业核心竞争力具有增值性、难以模仿性、延展性和不可交易性等特征。企业核心竞争力体现在企业的核心业务及核心产品之中。

企业营销能力分析主要包括产品竞争力分析和产品结构分析。评价产品结构的常用方法有波士顿矩阵法和 GE 矩阵法。

企业内部环境分析的方法有比较法、内部要素评价矩阵法、问卷调查法、市场机会分析法等。

思考与练习

一、名词解释

企业内部环境　企业资源　企业价值链　企业核心竞争力　企业资源能力

二、简答题

1. 简述企业资源的概念及特征。
2. 企业能力包括哪些内容？如何理解企业资源、能力与竞争优势之间的关系？
3. 如何识别企业核心竞争力？
4. 简述 BCG 矩阵法和 GE 矩阵法的应用原理。
5. 企业内部环境分析的方法有哪几种？

三、案例分析

西格玛餐厅的故事

西格玛餐厅是一个有近四十年历史的老餐厅。然而这家历史悠久、誉满京城的老餐厅,近来被急剧地卷入了餐旅业市场的竞争旋涡之中。西格玛餐厅地处商业中心附近,曾经是本市最好的餐厅之一。餐厅一直以经营俄式西菜为主,由于管理科学,餐厅菜肴可口,标准化程度高,价格公道,气氛恬静,卫生整洁,服务周到,凡在此就餐的中外宾客,无不交口称赞。然而,近来餐厅的买卖开始被邻近新开业的一些餐厅,如中美合资经营的"肯德基"炸鸡店,经营法式西餐的"罗贝尔"等餐厅和几家饭店餐饮部抢走了,营业额日见减少。

这天,餐厅青年领班马厉走进经理办公室。马厉,二十一岁,在餐厅工作三年了。他工作踏实,好学上进,现除工作外,还就读于一所旅游学院的夜间大学。马厉一进办公室,便开门见山地向经理提出建议。他认为,餐厅生意不景气的原因,可能是经营范围太窄,因此,餐厅应该扩大经营范围,增设某些方面的服务。然而,有多年管理餐厅经验的经理则认为,西格玛餐厅一向是以提供传统的俄式佳肴和服务来吸引顾客的。

青年领班不同意经理的看法。马厉说:"很多人喜欢在吃饭前喝点酒,他们来这里,既是为了品尝菜肴,也是为了休息轻松一下。我想,如果我们在宽敞的门厅一侧增设一个酒吧间,我们的收入会提高的。在价格上,可以考虑在正餐之前一小时酒吧收费实行优惠价,这样可以吸引更多的客人,而客人在酒吧坐上半小时左右,即将到正餐营业的时间,自然不愿再上别处用餐。对于只想临时用点便餐的顾客,可配以各式西点小吃。另外,我们还可以隔日或在周末聘请一个小型乐队,为宾客助兴,甚至可以为顾客提供一个跳舞的场所。现在,人们的生活水平越来越高,需求层次也越来越高,外国客人不满意'白天看庙,晚上睡觉'的枯燥的旅游生活。国内客人,特别是年轻人,不满足于看电影、看电视、'压马路'、玩棋牌的晚间生活,这样做,我们的客源是不会成问题的。经理,让我们在这方面试试吧,看能否改变现在的局面,走出困境。"

经理听了马厉的一席话,觉得有一定道理。他沉思片刻,对马厉说:"小马啊,你对餐厅这样关心真是太可贵了。你的建议对我很有启发。针对餐厅目前的情况,我也正在考虑,我认为目前餐厅营业额滑坡的现象是暂时的。从市场竞争来看,一个本来比较平静的行业,有新进入者就会产生动荡,产生竞争。动荡与竞争之中,会以优胜劣汰达到新的平静。从顾客需求看,人们对新事物总有一种好奇感,别的餐厅刚开业,吸引一部分顾客是必然的。但是,人们对餐厅的风格、菜肴的水平和服务质量是有比较、有偏好的。我们西格玛餐厅一直是经营中高档西餐的,我想,在这几方面,我们有优势。如果增设酒吧、舞会等服务项目是不是会破坏餐厅特有的风格呢?而举办舞会,从场地的布置到公安部门的规定又都有一定麻烦,还会使我们的餐厅不伦不类。"马厉插话道:"经理,恕我直言,在这个问题上,您的观念是否有些陈旧?""别急,等我说完。"经理说,"当然,你的建议对我很有启发,你看是不是把酒吧换成咖啡厅更好一点儿?"

(资料来源:宿春礼,H. Fred. 全球顶级企业通用的9种战略管理方法. 北京:光明日报出版社,2013)

思考:

(1)分析西格玛餐厅的内部环境条件,你同意马厉关于增设酒吧、舞会等服务项目的建议吗?

(2)如果你是西格玛餐厅经理,你将如何做出决策?采取什么对策使西格玛餐厅在餐饮业的竞争中不断提高营业额。

四、实训题

1. 每个学生设计并分析自己的SWOT矩阵。

(1)实训目的与内容

通过每个学生为自己做SWOT分析考查学生对SWOT分析方法的掌握程度,并提升学生运用此方法解决实际问题的能力。

（2）实训组织

① 以专业班级为单位，3～4人为一个实训小组完成本实训任务。

② 组长负责项目的组织、实施、评价具体工作，副组长负责纪律考勤与生活，组员分工协作共同完成项目。

③ 进行本课程的认识实习，每人撰写2000字的企业认识实习报告。

（3）实训要求

① 在学习并掌握本项目SWOT分析实例的基础上，为自己做一个SWOT矩阵。

② 要求认真分析外部机遇与威胁，自身优势与劣势，特别是对自身的分析。

③ 按SWOT分析的流程步骤进行。

（4）成绩评定

① 流程形式占50％，考查对SWOT分析方法流程、规范的理解和运用。

② 内容占50％，考查分析实际问题的运用能力。

2. 每个实训小组分析一个企业的价值链，对该企业的价值链进行评价，并提出改进建议。

（1）实训目的与内容

通过每个实训小组对企业价值链的考察与分析，提升学生分析运用价值链的能力。

（2）实训组织

① 以专业班级为单位，3～4人为一个实训小组完成本实训任务。

② 组长负责项目的组织、实施、评价具体工作，副组长负责纪律考勤与生活，组员分工协作共同完成项目。

③ 进行本课程的认识实习，每人撰写2000字的企业认识实习报告。

（3）实训要求

① 学习并掌握分析价值链的内容与方法。

② 灵活运用价值链分析方法。

（4）成绩评定

① 流程形式占50％，考查学生对价值链分析法的理解和运用。

② 内容占50％，考查学生分析实际问题的运用能力。

第四章 企业使命与战略目标

未来真正出色的企业,将是能够设法使各阶层人员全心投入,并有能力不断学习的组织。 ——[美]彼得·圣吉

没有战略的企业就像一艘没有舵的船,只会在原地转圈。 ——[美]乔尔·罗斯

一个企业不是由它的名字、章程和公司条例来定义的,而是由它的任务来定义的。企业只有具备了明确的任务和目的,才能制订明确和现实的企业目标。
——[美]彼得·德鲁克

战略制订者的任务不在于看清企业目前是什么样子,而在于看清企业将来会成为什么样子。 ——[美]约翰·W.蒂兹

战略制定者要在所取信息的广度和深度之间做出某种权衡。他就像一只在捉兔子的鹰,鹰必须飞得足够高,才能以广阔的视野发现猎物,同时它又必须飞得足够低,以便看清细节,瞄准目标和进行攻击。不断地进行这种权衡正是战略制订者的任务,一种不可由他人代理的任务。 ——[美]弗雷德里克·格卢克

有什么样的战略,就应有什么样的组织结构。然而这一真理往往被人们忽视。有太多的企业试图以旧的组织结构实施新的战略。 ——[美]戴尔·麦康基

战略不是能够在会议桌旁随随便便拼凑起来的东西。 ——[美]特里·哈勒

学习目标

※ 掌握企业使命的概念和构成要素;

※ 理解企业使命、企业愿景与企业战略的关系;

※ 掌握企业战略目标的概念、作用和内容;

※ 掌握企业战略目标制订的方法和程序。

案例导入与分析

皇家飞利浦电子公司的企业使命

销售额超过 200 亿欧元的皇家飞利浦电子公司是欧洲最大的电子企业,亦为世界最大的电子企业之一。该公司的主营业务除了消费电子产品之外,还有家电、个人护理、医疗保健、照明和半导体。公司在全球几十个国家内开展生产、销售和服务运营。该公司的核心就在于使命和愿景陈述。

企业的使命:"通过及时地推出有意义的创新来提高人们的生活质量。"

企业的愿景:"当今世界,人们日常生活的各个方面都在日益复杂化,我们致力于把

'精于心简于形'带给人们。"

皇家飞利浦电子公司还开发了一套价值观,以指导横跨整个世界的组织的成员决策。其价值观的内容是:①客户至上;②不断超越;③培养人才;④团结协作。此外,该公司还坦言了自己的社会和环境责任:"在飞利浦,我们相信可持续发展是必要的,而且是正确的事情……我们要将我们的品牌传统和提升人们生活质量这一挑战结合起来。对安东·飞利浦(Anton Philips)和赫拉德·飞利浦(Gerard Philips)而言,业务和可持续业务两者是没有差别的。以人为中心在公司开展业务的方式早已根深蒂固。可持续发展已经嵌入了公司的DNA。长期以来,我们一直追求三重底线,即经济繁荣、环境质量和社会公平。"

(资料来源:刘平.企业战略管理——规划理论、流程、方法与实践.北京:清华大学出版社,2011)

思考:请你谈谈对皇家飞利浦电子公司的企业使命的看法。

分析:皇家飞利浦电子公司的企业使命是该企业生产经营的哲学定位和经营观念。企业使命为企业确立了一个经营的基本指导思想、原则、方向、经营哲学等,它不是企业具体的战略目标,或者是抽象地存在,不一定表述为文字,但影响经营者的决策和思维。这中间包含了企业经营的哲学定位、价值观凸现以及企业的形象定位:经营的指导思想是什么?如何认识事业?如何看待和评价市场、顾客、员工、伙伴和对手。皇家飞利浦电子公司的企业使命很好地回答了上述问题,为企业确立了一个经营的基本指导思想、原则、方向、经营哲学、价值观。

企业在生产经营活动中,首先要明确自己的身份、性质、业务范围和社会职能,即明确企业使命。明确了企业使命,就为制订企业愿景、企业战略目标和战略方案确定了总纲和总的基调。企业使命的核心是回报社会,推动社会发展。企业使命与企业愿景、企业战略目标相比是相对抽象的,企业使命是企业愿景和战略目标的高度概括和提炼,企业愿景与企业战略目标是企业使命的反映和展示,是较为直观具体的。一个不明确自己使命的企业,就不会取得好的经营业绩,更谈不上健康发展。

■ 4.1 企业使命与愿景

4.1.1 企业使命

美国管理学家彼得·德鲁克认为,为了从战略角度明确企业使命,应系统地回答下列问题:

(1) 我们的事业是什么?

(2) 我们的顾客是谁?

(3) 顾客的需要是什么?

(4) 我们用什么特殊的能力满足顾客的需求?

(5) 如何看待股东、客户、员工社会的利益?

彼得·德鲁克说:"使企业遭受挫折的唯一最重要的原因,恐怕就是人们很少充分地思考企业的使命是什么。"

1. 企业使命的概念

企业使命(Mission)是对企业的经营范围、市场目标等的概括描述,它比企业的愿景更具体地表明了企业的性质和发展方向。它回答这样的问题:我们到底是什么样的企业? 我们想成为什么样的企业? 谁是我们的客户? 我们应该经营什么?

企业使命可以从三方面理解:一是企业通过向社会输出产品和服务满足社会需求;二是通过上缴税金、科技创新成果和环境保护为社会发展作贡献;三是企业在发展过程中,实现企业与员工的共同发展,保证员工的文化素质、专业技能等不断提高。

企业战略管理就是确定企业使命,根据企业外部环境和内部条件设定其战略目标,为保证目标的正确落实和实现进行谋划,并依靠企业内部能力将这种谋划和决策付诸实施,以及在实施过程中进行控制的一个动态过程。决定企业使命的因素,如图 4-1 所示。

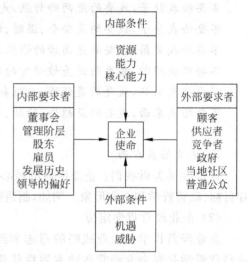

图 4-1 决定企业使命的因素

企业使命是企业生产经营的哲学定位,也就是经营观念。企业的使命为企业确立了一个经营的基本指导思想、原则、方向、经营哲学等,它不是企业具体的战略目标,或者是抽象的存在,不一定表述为文字,但影响经营者的决策和思维。这中间包含了企业经营的哲学定位、价值观凸显以及企业的形象定位:经营的指导思想是什么? 如何认识的事业? 如何看待和评价市场、顾客、员工、伙伴和对手?

企业使命是企业存在的目的和理由。明确企业的使命,就是要确定企业实现远景目标必须承担的责任或义务。

2. 企业使命在战略管理中的重要性

企业使命是企业存在的目的和理由。任何企业在制订战略时,都必须在分析研究企业及其环境的基础上进一步明确自己的使命,因为这不仅关系到企业能否生存发展,而且在整个企业的战略制订、实施和控制中起着很重要的作用。因此,对于企业使命在战略管理中的重要性,可以归纳如下。

(1) 为企业发展指明了方向和明确了核心业务,保持整个企业经营目的的统一性。

(2) 使命是企业战略制订的前提,是企业战略的行动基础。

(3) 为配置企业资源提供基础或标准。

(4) 可以建立统一的企业氛围和环境,协调内外部各种矛盾。

(5) 企业使命表明企业的社会政策,树立用户导向的思想。

(6) 同时也有助于企业共同愿景的建立,使企业员工产生共同的使命感和方向感,更好地激励每一位员工。

3. 企业使命定位三要素

作为企业战略的一个重要组成部分,具体而言,企业使命的定位主要由生存目的、企业哲学和企业形象三个方面的要素来体现。

（1）生存目的定位

每一位伟大的企业创始人都各有一套有关本企业的明确观念和理论，从而引导其行动和决策。必须回答：我们的企业是什么？它应该是什么？——彼得·德鲁克

一首歌谣这样唱道：

不要给我东西。

不要给我衣服，我要的是迷人的外表。

不要给我鞋子，我要的是两脚舒服，走路轻松。

不要给我房子，我要的是安全、温暖、洁净和欢乐。

不要给我书籍，我要的是阅读的愉悦与知识的满足。

不要给我磁带，我要的是美妙动听的乐曲。

不要给我家具，我要的是舒适、美观和方便。

不要给我东西，我要的是想法、情绪、气氛、感觉和收益。

……

请，不要给我东西。

这首歌谣告诉我们：企业使命的核心是一种企业价值反映，是观念与理论，是企业生存目标、经营哲学和企业形象。例如，制造药品的默克公司的使命是"帮助人类战胜疾病"。

（2）企业经营哲学定位

企业经营哲学是企业战略的意志和经营"真谛"，是企业持久、显著的发展动因。企业经营哲学是对企业经营活动本质性认识的高度概括，是包括企业的核心价值观、行为准则及企业共同的信仰等在内的管理哲学。它超越了产品或市场的生命周期、技术突破、管理时尚和个人领袖，是组织"遗传密码"的一部分，也是"规范准则"。

企业经营哲学的重点是核心价值观，经营哲学是通过企业对外部环境和内部关系的认识体现出来的。

影响企业经营哲学的主要因素有以下四个。

① 民族文化传统。企业经营哲学体现着民族文化传统的影响。不同国家和地区的企业因其所处的文化环境不同，而形成了不同文化内涵的企业经营哲学。

② 国家形势。企业的经营哲学还受国家形势的影响，如在第二次世界大战期间，美国的许多企业服务于前方战场，提供盟军所需的军用物资，在国家需要之际，给予无偿支援。

③ 企业文化。企业文化与企业使命关系密切。企业的经营哲学决定了企业文化的内涵和模式，同样，企业文化的发展与更新又影响了企业经营哲学的进步与发展。经营哲学与企业文化相比，更具有战略性。

④ 市场需求。在不同市场需求的形势下，企业经营哲学中企业的行为准则略有不同。在需求增长较快时，企业的行为准则要适应快速增长的需求形势，以高质量的产品和服务满足顾客的需求，突出质量、服务、形象和特色等；在需求低迷时，企业的行为准则要突出创新、竞争、质量和服务等。市场需求虽然对企业的经营哲学有影响，但经营哲学中的核心内容不会发生大的变化，不同的需求形势只是强化和突出了某些因素。

经典案例

一些著名企业的经营哲学

长安汽车集团的经营哲学：岗位永远有创造的余地，长安人永远有更高的追求。

日立制作所的经营哲学：和、诚、开拓精神。

惠普公司的经营哲学：你就是公司。

IBM 公司的经营哲学：尊重个人，服务顾客，精益求精。

GE 公司的经营哲学：进步是我们最主要的产品。

松下电器的经营哲学：工业报国，光明正大，团结一致，奋斗向上，礼节谦让，适应形势，感谢报恩。

海尔集团的经营哲学：追求卓越，真诚到永远。

长虹集团的经营哲学：长虹以产业报国，以民族昌盛为己任。

在以上企业的经营哲学中，IBM 公司、GE 公司和惠普公司的经营哲学突出了个性、竞争和创新的理念；海尔集团、长虹集团和长安汽车集团的经营哲学中更加注重国家和民族的利益，注重诚信和责任；松下电器和日立制作所的经营哲学中既包含西方文化中创新、竞争的理念，也包含东方文化中诚信、谦让、报恩的理念。

（3）企业形象定位

理念识别，行为识别，视觉识别。为什么要建立企业使命？使企业经营有方向，引导战略管理过程；对资源分配产生影响；使企业员工产生共同的使命感和方向感；使企业形象更加具有吸引力，赢得各利益相关者的支持。

经典案例

一些著名公司的企业使命

IBM 的企业使命：无论是一小步，还是一大步，都要带动人类的进步。

麦肯锡的企业使命：帮助杰出的公司和政府取得更大的成功。

沃尔玛的企业使命：给普通老百姓提供机会，使他们能与富人买到同样的东西。

松下电器的企业使命：人们要像使用自来水一样使用到优质产品。

苹果公司的企业使命：借推广公平的资料使用惯例，建立用户对互联网之信任和信心。

红塔集团的企业使命：创造财富、创造和谐、创造绿色、创造满意、创造平台。

华侨城集团的企业使命：华侨城集团致力于人们生活质量的改善、提升和创新，以及高品位生活氛围的营造，致力于将自身的发展融入中国现代化事业推进的历史过程中。

耐克公司的企业使命：把一种积极创新的精神带给全世界所有的人（不只是专业的运动员，而是所有喜欢运动的人）。

上海电信的企业使命：享受与世界同步的世界文明。

金地集团的企业使命：创造生活新空间。

TCL 的企业使命：创新科技，共享生活。

4.1.2　企业宗旨

企业宗旨是关于企业存在目的、性质及经营范围的陈述。美国战略管理大师彼得·德鲁克提出："企业宗旨的唯一定义就是创造顾客。"

无论何类企业,在确定企业宗旨时都要明确两个问题:一是企业的业务范围、经营原则及现有顾客的情况;二是企业发展方向及潜在顾客的情况。企业宗旨的陈述应该包括以下三点基本内容。

(1) 企业形成和存在的基本目的。企业形成和存在的基本目的反映了企业的价值观念和社会责任,体现了企业对社会的贡献。

(2) 企业的经营范围。经营范围决定了企业在战略期的产品与市场范围,强化了企业发展过程中"共同经营主线"的作用。

(3) 企业的基本行为规则和原则。基本行为规则和原则反映了企业的经营思想,明确了企业的行为规范,有利于塑造与竞争对手不同的企业形象,体现企业的文化个性,培育企业的竞争优势。

确定企业宗旨应避免以下两种情况。

(1) 将企业宗旨确定得过于狭隘,如一个生产洗衣机的企业如果将其宗旨只定义在清洗衣物上,则不可能去开发其他相关联的家电产品。表 4-1 表述了狭隘的和合适的企业宗旨的定义。

表 4-1　狭隘的和合适的企业宗旨定义的比较

企　业	狭隘的宗旨	合适的宗旨
化妆品公司	我们生产化妆品	我们出售希望和美丽
复印机公司	我们生产复印机	我们帮助改进办公效率
化肥厂	我们出售化肥	我们帮助提高农业生产力
石油公司	我们出售石油	我们提供能源
电影厂	我们生产电影	我们经营娱乐
空调厂	我们生产空调	我们为家庭和工作地点提供舒适的气候
旅行社	我们提供旅游服务	我们丰富休闲生活

(2) 将企业经营宗旨确定得过于空乏,如一个出版商将自己的宗旨定为亚洲语言交流公司的话,则对企业发展方向的决策没有什么实际意义。

目光远大(高瞻远瞩)的公司是一个组织——一个机构。不论哪一位领导人,不管他有多高的才能、多长远的眼光,他终有去世的那一天;也不论企业有多么优秀的产品和服务,终有过时的时候。然而,目光远大的公司却能做到经历了一代又一代领导人和一代又一代产品仍长盛不衰、持续发展。

目光远大(高瞻远瞩)的公司是首屈一指的公司,受到消费者的普遍敬佩的公司,给世人留下不可磨灭的印记的公司,有 50 年以上的发展历史的公司,经历过了多任总裁的公司,有多种产品和服务体系的公司。

目光远大(高瞻远瞩)的公司制造时机,而不是找对时机,它们获得利润之上的追求,它们保持核心,刺激进步,它们有胆大包天的目标,它们有教派般的文化,它们择强汰弱地进化,它们有自家长成的经理人,它们永不满足。

4.1.3　企业使命的确定

企业使命明确了企业的发展方向、特征和性质,提供了一个企业存在的目的及其活动范围等方面的信息。一个企业的寿命长短与其深层次的使命感有密切的关系。

1. 好的企业使命应具备的作用

根据美国管理学学者的研究,一个好的企业使命:

(1) 应该明确企业生存的目的;

(2) 应该既宽泛以允许企业创造性的发展,又对企业的一些冒险行动有所限制;

(3) 应该使本企业区别于其他同类企业;

(4) 应该作为评价企业现在和未来活动的框架;

(5) 应该清楚明白,易于被整个企业所理解。

2. 企业使命陈述的要求

企业使命陈述是公司制订战略和目标的基础环节,并贯穿战略规划与执行的各个环节。它要明确企业存在的目的、活动的范围、所要服务的客户,以及所要提供的产品和服务,这样就能确保企业上下、部门之间对企业的目的有着一致的理解。企业使命陈述的具体要求有以下几点。

(1) 使命陈述要体现企业深层价值,具有指导性。

(2) 使命陈述要表达清楚、准确、简洁,有一定想象力、感召力,能够鼓舞员工士气。

(3) 使命陈述要具有相对的稳定性,保证企业的可持续发展。

(4) 使命陈述要有合理性和针对性,能协调与企业主要利益相关者(股东、员工、客户、社会等)的矛盾,有效地满足其不同需求。

(5) 使命陈述要真诚,它不是为了装饰而写给客户、员工、社会看的,是一种自觉的意识,发自组织内心的,激发起员工内心深处的责任感,为员工提供了企业发展的方向。

3. 企业使命陈述的构成要素

著名战略研究专家弗雷德·R.戴维认为,企业使命陈述由九个方面要素构成。在实践中,可以用这九个要素作为参考来分析企业的使命陈述是否充分。

(1) 客户:企业的客户是谁?

(2) 产品或服务:企业的主要产品或服务项目是什么?

(3) 市场:企业在哪些领域参与竞争?

(4) 技术:企业的基本技术和优势是什么?

(5) 增长与赢利:企业是否努力实现业务的增长和良好的财务状况?

(6) 经营哲学:企业的基本价值观、信念和道德倾向是什么?

(7) 自我认知:企业最独特的能力或最主要的竞争优势是什么?

(8) 对公众形象的关切:企业是否对社会、社区和环境负责?

(9) 对雇员的关心:企业是否视员工为宝贵的资产?

4. 企业使命的陈述方法

企业使命不是一成不变的。在企业生存发展的关键阶段,必须通过制订企业战略,对企业使命进行研究并重新定位。无论在企业发展的哪一个阶段对企业使命的定位或再定位都应该包括以上三个基本构成因素。

表述范围既不能太宽也不能太窄,最好的办法是,在企业目前产品需求的基础上提高1~2档的抽象水平进行措辞,这样做既有利于企业进一步发展,又不致失去具体的业务方向。

表述应是"需求导向"而不是"产品导向","需求导向"与"产品导向"陈述比较示例,如表4-2所示。

表 4-2　产品陈述比较

公　司	"需求导向"陈述	"产品导向"陈述
玛丽化妆品公司	创造魅力和美丽	生产女士化妆品
美国电话电报公司	提供信息沟通工具	生产电话设备
埃克森公司	提供能源	出售石油和天然气
迪斯尼公司	组织娱乐休闲活动,给千百万人带来欢乐	提供娱乐场所

5. 撰写使命报告书

撰写使命报告书的步骤如下。

第一步,研究其他公司的使命陈述。

第二步,深入了解企业的背景和性质。

第三步,高管召集企业各部门的负责人召开头脑风暴会议,共同讨论企业使命的话题,最后整理头脑风暴的成果。

第四步,访谈企业高层核心领导人,尤其是企业创建者,把使命的陈述建立在企业发展史的基础上,凸显深厚的企业文化底蕴。

第五步,撰写、修订使命陈述,形成企业使命报告书,并组建专家讨论小组讨论和修订。

需要强调的是,企业使命是一个历史的范畴、动态的概念,它要根据企业发展与时俱进,当经营环境和客户需求等发生变化时,企业就应该重新审视自己的企业使命。如惠普公司对企业使命的调整:2013年前的企业使命是,设计、制造、销售和支持高精密度电子产品和系统,以收集、计算、分析资料,提供信息作为决策的依据,帮助全球的用户提高其个人和企业的效能;2013年后的企业使命是,创造信息产品以加速人类知识的进步,并且从本质上改善个人及组织的效能。企业使命调整之后,公司的经营领域扩大了,自我意识发生了变化,激励性提高了,对员工更加重视了。

经典案例

德尔塔航空公司的使命报告书

德尔塔航空公司的首席执行官罗纳尔德·W.阿兰这样表述公司的使命:我们想让德尔塔公司成为全球最好的航空公司。我们不仅是,而且想要成为一个革新的、积极进取的、有伦理道德的、成功的市场竞争者,以最高的顾客服务标准,为顾客提供去往全球的机会。我们将继续寻求机会,通过进入新的航线,创建新的战略联盟,扩大我们的业务范围。因为我们想进入我们最了解的业务——航空运输及相关服务。我们绝不会离开我们的根。我们深信,航空业有着长期的前途,有利润,有增长,我们将继续在这个业务环境中集中我们的时间、精力和投资。我们极其看重顾客的忠诚度、职员的忠诚度,以及投资者的忠诚度。对于旅行者和货物托运者,我们将不断地提供最好的服务和价值。对于我们的员工,我们将继续提供更富挑战性、高报酬和以工作成绩为导向的工作环境认可并感谢他们的贡献。对于我们的股东,我们将获取一个稳定的、超群的回报率。

(资料来源:智客网.www.smartstndy.com,企业战略管理案例集)

4.1.4 企业愿景

1. 企业愿景的概念

企业愿景是指企业根据企业使命,在集合企业广大员工对企业的共同期望的前提下,所形成的企业长期愿望及发展蓝图,体现企业未来发展的基本框架。

企业愿景可以展示企业未来的发展方向和结果,鼓舞员工的斗志,激发员工的强大动力,从而形成企业强大的合力,为企业战略目标的实现奠定基础。

经典案例

一些著名企业的企业愿景

苹果公司:让每人拥有一台计算机。

腾讯公司:成为最受尊敬的互联网企业。

索尼公司:成为最知名的企业,改变日本产品在世界上的劣质形象。为股东、顾客、员工和商业伙伴提供创造和实现他们美好梦想的机会。

毕博公司:为顾客创造真实持久的价值、为员工创造发展机会、为投资者创造长期的价值,成为全球最具影响力、最受尊敬的商业咨询和系统集成公司。

AT&T公司:建立全球电话服务公司。

华为公司:丰富人们的沟通和生活。

迪斯尼公司:成为全球性超级娱乐公司。

戴尔公司:在市场份额、股东回报和客户满意度三个方面成为世界领先的基于开放标准的计算机公司。

联想公司:未来的联想应该是高科技的联想、服务的联想、国际化的联想。

英特尔公司:成为全球计算机行业最重要的供应商。

福特公司:尽力了解人们内心需求,用最好的材料,由最好的员工,为大众制造人人都买得起的好车。

红塔集团:百年红塔,世界领先。作为中国烟草行业的优秀代表,红塔集团胸怀世界级的抱负,不仅要成为中式卷烟的优秀代表,更要跻身世界领先品牌,成为受尊重的企业公民。

万科集团:成为中国房地产行业领跑者。

华侨城集团：是企业家创新的舞台，是明星企业的孵化器，是创业者梦想成真的家园，是具有高成长性和鲜明文化个性的国际化企业。

耐克公司：坐拥中国，辐射亚洲。

麦当劳公司：控制全球食品服务业。

柯达公司：只要是图片都是我们的业务。

2. 企业使命、企业愿景与企业战略的关系

企业使命、企业愿景、企业战略三者一脉相承，既有区别，又有联系。企业使命是企业愿景和企业战略的指导思想，它统领企业愿景和企业战略，决定企业愿景和企业战略的性质和内涵。

一个企业不必刻意追求一个伟大的、正确的理念，而要切合自身实际，确立一套能凝聚和激励员工的理念，并贯穿渗透下去，形成全体员工的共识，使它成为能在竞争中取胜的"利器"。

为了准确地把握企业使命，我们从分辨企业愿景、使命和战略目标开始。企业的愿景、使命、战略目标、计划是四个不同层次的概念，它们的关系如图 4-2 所示。

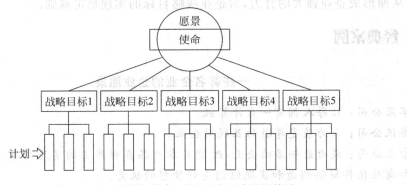

图 4-2　企业愿景、使命、战略目标、计划的关系

企业愿景（vision）是企业战略家对企业的前景和发展方向一个高度概括的描述，这种描述在情感上能激起员工的热情。愿景是一个组织的领导用以统一组织成员的思想和行动的有力武器。

企业愿景由核心理念和未来展望两部分组成，如图 4-3 所示。核心理念是企业存在的根本原因，是企业的灵魂，是企业的精神，是企业的凝聚力，是激励员工永远进取的永恒的东西。未来展望代表企业追求和努力争取的东西，它随着企业经营环境的改变而改变。核心理念和未来展望就像是八卦图的阴、阳两极，两者对立统一，构成企业发展的内在驱动力。

愿景驱动型管理强调：①一个好的公司愿景包括两个部分：核心价值观和未来前景；②核心价值观规定了组织的耐久性，它如同把组织黏结起来穿越时间的"黏合剂"；③未来前景的作用是激发变革与进步；④不仅要求建立一个符合要求的愿景，而且要求创造各种有形的机制，配合核心价值观的保持和激发实现未来前景的各种变革。

马克·利普顿在《愿景引领企业成长》一书中指出：愿景的风格特征——简洁、清楚、抽象、具挑战性、关注未来、稳定、期望得到的。

如图 4-3 所示，核心理念由核心价值观和核心目的构成。核心价值观是企业最根本的价值观和原则。比如，迪斯尼的核心价值观是崇尚想象力和乐趣，宝洁公司的核心价值观是追求一流产品，惠普公司的核心价值观是尊重人。核心目的是企业存在的根本原因。比如，沃尔玛的核心目的是"给普通人提供和富人一样的购物机会"，迪斯尼的核心目的是"给人们带来快乐"，美国联邦房屋抵押协会的核心目的是"使住房民主化，造福社会"。

图 4-3 愿景的构成要素

未来展望由未来 10～30 年的远大目标和对目标的生动描述构成。远大目标是激励员工的有力工具，它能统一人们的认识和激发人们的团队精神和创造力。沃尔玛在 1990 年制订的远大目标是在 2000 年成为销售额达到 1250 亿美元的公司，花旗银行在 1950 年制订的远大目标是成为世界上服务最好和最大的世界性金融机构，波音公司在 1950 年制订的远大目标是成为最大的商用飞机制造商并把世界带到喷气机时代。远大目标只有用生动形象的语言加以描述，才能激起员工的热情和激情，才能得到员工的认同，才能使员工完全地投入。比如，福特把它"让汽车的拥有民主化"的远大目标，描述成"我要为大众造一种汽车，它的低价格将使所有挣得相当工资的人都能够买得起，都能和他的家人享受上帝赐予我们的广阔大地。牛马将从道路上消失，拥有汽车将会被认为理所当然"。

企业使命（mission）是对企业的经营范围、市场目标等的概括描述，它比企业的愿景更具体地表明了企业的性质和发展方向。它回答这样的问题：我们到底是什么样的企业？我们想成为什么样的企业？谁是我们的客户？我们应该经营什么？企业只有非常明白自己的经营领域和客户群才能把握住发展的大方向，才不致误入自己不熟悉的领域，才能避免脱离自己的客户群。

战略目标（goals）是企业使命的具体化，是企业追求的较大目标，如市场份额、利润率、客户服务、创新、生产率等。具体目标（objectives）是战略目标的具体化，是对战略目标从数量上进行界定。例如，市场份额要达到 20%，资产收益率要达到 5% 等。

企业使命重点回答的是企业的性质、责任及存在的理由等，其内容较为抽象；企业愿景描述的是企业的发展前景和蓝图，比企业使命要细化一些，但比企业战略要粗；企业战略则是企业发展的方向及策略，与前两者相比，企业战略较为具体、直观。企业使命决定了企业愿景，而企业愿景又决定了企业战略，即先有使命，后有愿景，再有战略。

3. 企业愿景的确定

20 世纪七八十年代：企业使命或宗旨的制订是战略管理的重要组成部分（德鲁克等）。到 20 世纪 90 年代后：愿景（vision）驱动型管理（彼得·圣吉、詹姆斯·C.考林斯、杰瑞·I.波拉斯、哈梅尔、帕拉哈尔德等）成为战略管理的新"卖点"。

一个好的公司愿景包括两个部分：核心价值观和未来前景；核心价值观规定了组织的耐久性，它如同把组织黏结起来穿越时间的"黏合剂"；未来前景的作用是激发变革与进步。愿景驱动型管理不仅要求建立一个符合要求的愿景，而且要求创造各种有形的机制，保持和激发实现未来前景的各种变革。

愿景的风格特征：简洁、清楚、抽象、具挑战性、关注未来、稳定、期望得到、有目标性。

（1）确定企业愿景陈述的要求

企业确定企业愿景时要体现以下几个方面。

① 简洁、易懂，容易记忆。

② 是企业对未来的期望，有吸引力、充满激情和具有挑战性。

③ 有助于建立一整套的标准，具有独特性，能吸引员工、顾客和股东。

④ 具有可操作性。

⑤ 具有一定的稳定性。

（2）创建企业愿景过程

① 企业愿景是企业未来的目标，它回答的是企业未来的发展是什么样子的问题。创建企业愿景过程如下。

第一步，各部门描绘企业整体及本部门未来目标。

第二步，各部门提出自己认可的愿景。

第三步，共同决定企业愿景。

第四步，评估愿景。

第五步，取得各部门对愿景的承诺。

② 企业愿景的创建流程，如图 4-4 所示。

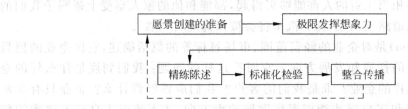

图 4-4　企业愿景的创建流程

企业愿景要点的写作经常使用的工具表如表 4-3 所示。

表 4-3　企业愿景的要点的写作

要素	要点	描述愿景的关键字
未来展望	对未来的期望	远大目标关键字是什么？（A）
	挑战性	生动描述关键字是什么？（B）
核心理念	吸引员工、顾客和股东	核心价值观关键字是什么？（C）
	容易记忆	核心目的关键字是什么？（D）
企业愿景⇒（A＋B＋C＋D）⇒概念能力应用⇒（A′＋B′＋C′＋D′）		

（3）企业愿景的表达方式

一般来说，企业愿景通常有以下四种表达方式。

① 使整个人类社会受惠受益。如 GE 公司的愿景：使世界更光明；松下电器的两个愿景：实现星罗棋布的网络社会和与地球环境共存；迪斯尼公司的愿景：成为全球的超级娱乐公司。

② 实现企业的繁荣昌盛。如波音公司的愿景：在民用飞机领域中成为举足轻重的角色，把世界带入喷气式时代。

③ 员工能够敬业乐业。如索尼公司的愿景：为股东、顾客、员工和商业伙伴提供创造和实现他们美好梦想的机会。

④ 使客户心满意足。如利乐软体包装企业的愿景：我们致力于确保安全的食品随处可得。

▪ 4.2　企业战略目标

4.2.1　企业战略目标的概念

企业战略目标是指企业在战略期内所要达到的预期成果，它是企业使命与愿景的具体化和直观化，是对企业战略的准确贯彻和解读。战略目标不同于一般性的发展目标，它具有高度综合性和长远性，从时间跨度上看，企业战略目标应在三年以上，如图 4-5 所示。

如果企业使命与愿景不能细化为具体可行的战略目标，就仅仅是一些华丽的辞藻，只会起装点作用，根本不能发挥其应有的作用。企业战略目标的确立，可以规范企业的经营活动，统一企业的资源配置，统一企业员工的工作理念，确保企业获取理想的经营业绩，如图 4-6 所示。

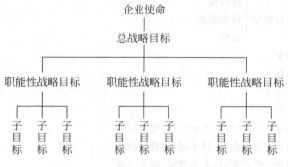

图 4-5　企业战略目标树

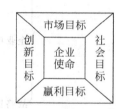

图 4-6　企业战略目标的核心结构

4.2.2　企业战略目标的作用

企业战略目标的作用主要有以下四点。

1. 协调外部环境、内部条件和企业目标的统一

在企业战略目标的引领下，企业可以更好地进行环境分析，认清企业发展所面临的形势，识别和把握环境中的机会，成功规避环境中的威胁，科学评价企业自身的实力，审视企业发展中的优势与劣势，从而保证企业减少损失，少走弯路，健康发展。

2. 使企业使命具体化，便于落实

企业使命是高度概括和抽象的，只有细化为具体直观的战略目标才能确保企业经营活动与企业使命的一致性，实现企业的使命与愿景。如果企业使命与愿景仅以口号或标语的形式存在，不能细化为战略目标，再好的使命与愿景也只能成为空中楼阁。因此，只有将使命与愿景细化为战略目标,才能有利于企业制订近期的经营计划和战略方案,从而保证企业使命的落实与实现。

3. 为战略方案的决策和实施提供评价标准

企业战略目标确定后,企业要设计实现战略目标的可行方案。根据战略目标的要求,对每一个方案进行综合评价,从中选出最优方案。在企业战略方案实施的过程中,由于环境的变化,难免会出现企业战略活动与战略目标不一致的情况,这时可以通过战略目标与企业战略活动的比较,发现存在的误差,及时采取措施,保证战略活动与战略目标的协调统一。

4. 激发员工的积极性、主动性和创造性

企业战略目标描绘了企业的发展前景,能够使企业员工充分认识和理解企业的发展方向,使得员工个人的发展目标与企业战略目标融为一体,激发出员工工作的潜能和热情,充分调动和发挥企业员工的积极性、主动性和创造性,从而形成强大的合力,推动企业快速发展。企业员工对企业战略目标的认识和理解必须建立在对企业文化认同的基础上。

企业使命、功能、战略目标的关系,如图 4-7 所示。

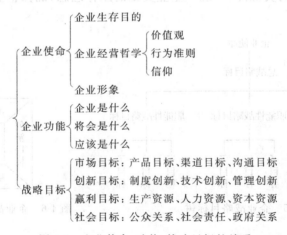

图 4-7　企业使命、功能、战略目标的关系

4.2.3　企业战略目标的内容

企业战略目标包括的内容很多,既有营利性目标也有非营利性目标,同时,企业战略目标的内容和形式是不断变化的,一般应包括以下几个方面的内容。

1. 赢利目标

赢利目标是企业战略目标中的基本目标,是企业发展和壮大的基础支撑。赢利目标主要有利润额、资本利润率、销售利润率、投资利润率、投资收益率、每股平均收益率等。例如,某企业制订的赢利目标为:在未来 5 年内,资本利润率由目前的 10%提高到 15%,企业利润总额翻一番,达到 1000 万元。

2．产品目标

产品是企业生存和发展的具体依赖，产品的性能、档次、质量和形象等反映了企业的实力。没有好的产品，再好的战略目标也不能实现。产品目标主要包括产量、质量、品种、规格、产品销售额、产品赢利能力、产品技术含量和新产品开发周期等。

3．市场竞争目标

市场竞争目标是衡量一个企业竞争地位和竞争实力的关键性目标，尤其对大型企业而言，市场竞争目标是企业战略目标中的核心目标。只有企业占据了有利的市场地位，具有显著的竞争优势，才能确保赢利目标、产品目标等其他目标的实现。常见的市场竞争目标有销售总额、市场占有率、市场覆盖率、竞争位次、企业技术水平、市场开拓、市场渗透、产品形象和企业形象等。

4．发展目标

发展目标是指反映企业发展情况的指标，主要包括企业的规模、知名度、资产总量、技术创新、劳动生产率、产品结构调整等。例如，某企业的发展目标为：在未来五年中，发展成为全国同行业中的排头兵，积极开拓海外市场，力争成为国际知名企业。

5．职工发展目标

职工发展目标主要是指企业在员工成长与福利待遇方面所制订的目标。企业的发展离不开员工的努力，只有高素质的员工才能保证高质量的产品和服务。职工发展目标主要包括职工成长和教育情况，职工文化素质与专业技能的提高，职工的工资、福利、住房条件、业余文化生活的改善和提高等。

6．社会责任目标

一个企业的存在，绝对不能仅仅以赚钱为唯一目标。除了赚钱之外，企业还应该服务社会、创造文化、提供就业机会、把高质量的产品和服务以最低的价格提供给消费者。这些都是企业应该具有的目标，也可以说是企业的使命。一个企业如果从管理层到普通员工都能形成这样的责任感，那么这个企业最终一定会有大的发展。仔细研究那些世界著名企业，我们会发现，任何一家企业都不是以赢利为自己的最高使命，它们大多以服务社会、造福人类、改变生活之类的崇高使命作为自己企业文化的核心。

责任感并不仅仅是企业的事情，企业的所有事情最终都要落实到每个员工身上。使命感是员工前进的永恒动力。工作绝对不仅仅是一种谋生的工具，即使是一份非常普通的工作，也是社会运转所不能缺少的一环。

一个团队的伟大并不是由于团队某些成员的伟大，而是他们作为一个集体的伟大。当这个团队所取得的成就让人产生敬佩之心时，团队的每一个成员都会在心中形成荣誉感，以团队为荣，以自己是这个团队的一员而自豪。同时，这种荣誉感又形成了强烈的责任感，促使团队的成员用实际行动去维护团队的荣誉和尊严。

中国有句古话："天下兴亡，匹夫有责。"讲的就是每个人都应该对国家和社会有一种责任感。作为社会的一员，所有的行为都要对社会和国家负责，这是做人最起码的准则。同时，一个人还要对自己负责，对家庭负责，对工作负责，对企业负责，对社会负责，最终企业也要对社会负责，从而形成企业的社会责任感。

个人英雄主义在当今社会已行不通了,21 世纪靠的是团队。一个优秀的团队,才能取得成功;每项工作必须要有组织、有计划、明确分工、互相协调。个人只是团队中的一员,个人要想取得大的成就,必须依靠团队的力量。当一个员工把自己的人生目标和企业团队联系在一起时,企业团队才能超越个人的局限,发挥集体的协同作用,进而产生 1+1>2 的效果。这就是员工的责任感,它能唤起企业员工的工作热情和团队精神,以达到企业的既定目标,实现企业的社会责任感。企业社会责任对战略管理过程的影响如图 4-8 所示。

履行社会责任是企业为了满足利益相关者利益、实现委托代理责任的有效选择之一。企业的社会责任是分层次的。随着企业危机事件的不断曝光,企业社会责任问题引起人们的重点关注。现代公司作为市场经济的主体,其治理能力对企业自身发展乃至整个社会经济实体的运行具有重要意义。环境污染、劳动条件恶化、产品和服务质量低劣、农民工问题反映强烈,虽然这是经济社会发展的阶段性产物,但也与部分企业缺乏社会责任有直接或间接的关系。

企业社会责任是指企业在创造利润、对股东利益负责的同时,还要承担对员工、消费者、社区和环境等的社会责任。企业履行社会责任的动因更多的是基于企业自身利益的权衡考虑。因此,加强企业社会责任履行的监督管理具有现实紧迫性。企业社会责任的层次性如图 4-9 所示。

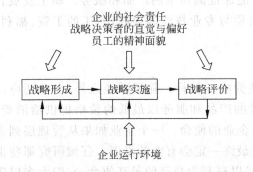

图 4-8　企业社会责任对战略管理过程的影响

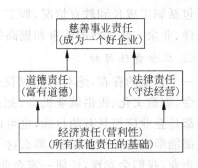

图 4-9　企业社会责任的层次性

企业存在于社会之中,就必须履行其社会责任,为社会作贡献。企业的社会责任目标属于非营利性目标,主要包括合理利用资源、保护生态环境、支持社会公益事业、推动社会进步与和谐等,如可持续发展、绿色发展等。

4.2.4　企业战略目标的特征

企业战略目标的特征主要有以下六个方面。

1. 科学性

企业战略目标的制订必须有科学的依据。企业战略目标必须具备严肃性和科学性,企业的战略目标绝不是企业领导人的主观臆断或纸上谈兵,而必须是在认真分析企业内外部环境的基础上,根据企业的发展实际所确定的发展目标。企业战略目标的形成是一个上下结合、集思广益的过程,是企业集体智慧的体现。

2. 具体性

企业战略目标一定要简单、明确、直观、具体。在企业战略目标的描述中不能出现一些过于笼统、模棱两可的词汇。企业战略目标要尽量具体化和定量化,使决策者、管理者和执行者有一致的认识和理解,避免产生误解或误差;同时也便于衡量和评价,便于战略方案的贯彻和执行。并且,企业战略目标要规定完成的期限,以便于检查和控制。例如,某企业的战略目标中有"努力增加销售额"的描述,这种描述就较为模糊;如果改为"在今后5年内,销售额每年递增15%"就直观、具体了。

3. 挑战性与可行性

企业的战略目标不同于企业的一般目标,它必须体现一定的高度。彼得·德鲁克曾指出:企业的战略目标应该定得高一些,使其具有挑战性和刺激性,这样才能激发人类本性中所存在的竞争本能。

具有挑战性的目标能很好地鼓舞企业员工的士气和斗志,有利于激发员工的工作热情和积极性,有利于企业全面整合各种资源,形成强大合力。但在强调挑战性的同时,又要防止好高骛远。因此,企业战略目标既要具有挑战性,又要具备可行性。

4. 系统性

企业战略目标的构成是多元化的,但多个方面的目标并不是独立的,而是相互联系、相互制约、相互依存的目标体系。该目标体系是一个全方位、多层次的目标体系。从层次上看,企业战略目标有企业总目标、经营单位目标和职能部门目标;从时间上看,有长期目标(5~10年)、中期目标(2~5年)和短期目标(1年以内);从性质上看,有定性目标和定量目标;从内容上看,有生产目标、市场目标、营销目标和利润目标等。

5. 关键性

企业一般性目标内容复杂、涉及面广,因此,在众多目标中一定要分清各目标的轻重缓急。企业战略目标是关键性目标,应集中企业实力,确保关键性目标的实现。在企业发展的过程中,关键性目标不是一成不变的,随着环境的变化,关键性目标会发生变化。例如,企业不同发展时期的关键性目标是不同的,成长期企业的关键性目标是开拓市场、加大促销力度;成熟期企业的关键性目标是营造显著的竞争优势,以保证其在行业竞争中取得好的业绩。

6. 稳定性与动态性

企业战略目标一旦确定后,不应经常变动或修改,应保持必要的刚性和稳定性。因为企业战略目标的形成有严格的程序和科学的方法作指导,有较强的权威性,不能因为领导的更替和人员变动而擅自更改战略目标。但是,企业的战略目标也不是一成不变的,当环境出现重大变化,对企业发展影响重大时,企业可以调整其战略目标。因此,企业战略目标在保持稳定性的同时,也应保持适当的动态性。

4.3 企业战略目标的制订

4.3.1 影响企业战略目标制订的因素

1. 企业使命

企业战略目标是企业使命的具体化和直观反映。企业使命决定了企业的经营性质,因此,企业战略目标反映了企业的经营性质;一个注重社会责任的企业在制订战略目标时,会把社会责任目标放在重要位置上;一个技术领先的行业巨头会把技术创新目标放在核心位置上。

2. 外部环境

制订企业战略目标时,要分析企业所处的外部环境状况。当外部环境中的机会较少,风险和威胁较大时,企业的战略目标应定得保守一些,以避免大的损失;当外部环境中的机会较多,风险和威胁较小时,企业可以把战略目标定得高一些,以充分发挥企业的潜力,实现更高的发展目标。外部环境中有些因素的变化有一定的规律性,但相当一部分因素的变化往往没有规律可循,难以把握,这就增加了企业制订战略目标的难度。因此,企业战略目标应保持适当的灵活性。

3. 内部环境

企业战略目标的制订要分析企业的内部环境,即企业自身的实力状况。当企业的实力较强,且外部环境机会较多时,企业可以把战略目标定得高一些;当企业实力一般,且外部环境中机会较少时,企业就应该把战略目标定得低一些。

4. 企业组织结构

企业组织结构对企业战略目标的制订影响较大。企业组织结构主要包括领导层的决策风格、组织机构的形式等。企业领导层的决策风格受决策者个人价值观的影响,而个人价值观则受决策者成长环境的影响,如教育程度、职业生涯和个人经历等。例如,有的领导者善于挑战风险,有的领导善于规避风险,有的领导善于公关,有的领导善于理财,等等。

有的企业的组织机构过于传统,管理层次多,效率低下,缺乏合作与学习精神,创新能力差,这样会导致企业的潜力难以发挥,制订的战略目标挑战性差。相反,现代企业组织机构的管理层次少,便于合作与学习,效率高,创新能力强,可以充分挖掘和发挥组织内部的潜力,制订出具有挑战性的战略目标。

4.3.2 企业战略目标制订的原则

企业战略目标制订的原则有以下几个方面。

1. 关键性原则

关键性原则要求企业确定的战略目标必须突出有关企业经营成败的关键问题、有关企业的全局的问题,切不可把次要的战略目标作为企业的战略目标,以免滥用企业资源而因小失大。

2．平衡性原则

在制订战略目标时,需要进行三种平衡。①不同利益之间的平衡。扩大市场和销售额的目标与提高投资利润率的目标往往是有矛盾的,即因扩大销售而牺牲了利润,或因提高了利润而影响了销路,必须把两者摆在适当位置,以求得平衡。②近期需要和远期需要之间的平衡。只顾近期需要,不顾长远需要,企业难以在未来继续生存;相反,只顾远期需要而不兼顾近期需要,企业也难以为继。因此,战略目标的制订必须兼顾企业的长短期利益。③总体战略目标与职能战略目标之间的平衡。总体战略目标与职能战略目标是相辅相成的关系,实现职能战略目标是为完成总体战略目标而服务的,职能战略目标支撑着总体战略目标,它们之间应平衡发展。

3．权变性原则

由于客观环境变化的不确定性、预测的不准确性,因此在制订战略目标时,应制订多种方案。一般情况下,可制订在宏观经济繁荣、稳定、萧条三种情况下的企业战略目标,分析其可行性及利弊得失,从而选择一种而将另外两种作为备用,或者制订一些特殊的应急措施,如在原材料价格猛涨的情况下对战略目标进行适应性调整。例如,一个快速发展的食品公司的发展目标是在四年内扩建六个商店,相应的权变方案是:如果情况比预料的要好的话,新扩建的商店就可达到十个;如果经济萧条的话,公司不但无法扩展,而且有可能关闭四个到十个商店。

4.3.3 企业战略目标的制订过程

企业战略目标的设定,同时也是企业宗旨的展开和具体化,是企业宗旨中确认的企业经营目的、社会使命的进一步阐明和界定,也是企业在既定的战略经营领域展开战略经营活动所要达到的水平的具体规定。

（1）企业战略目标是由多个目标项目组成的,在数量上和内容上没有固定的模式。企业应当根据本企业的发展方向和经营重点,设计出符合自身实际情况的目标体系。

（2）企业战略目标体系一般是由公司层战略目标和职能层战略目标所组成。

在企业使命和企业功能定位的基础上制订公司层战略目标,为保证总目标的实现,必须将其层层分解,规定保证性职能战略目标。

公司层战略目标是主目标,职能层战略目标是保证性的目标。

（3）战略目标的形式有如下七种。

① 赢利能力:用利润、投资收益率、每股平均收益、销售利润率等来表示。

② 竞争地位:用市场占有率、销售额或销售量来表示。

③ 生产能力:用工作面积、固定费用或生产量等表示。

④ 技术领先:研究与开发:用花费的货币量或完成的项目来表示。

⑤ 组织:用将实行的变革或承担的项目来表示。

⑥ 职工素质培养:人力资源:用缺勤率、人员流动率、培训人数或将实施的培训计划数来表示。

⑦ 社会责任:用活动的类型、服务天数或财政资助来表示。

（4）战略目标的类型有如下五种。

① 以市场占有率为重点的战略目标。

② 以赢利为重点的战略目标。

③ 以创新为重点的战略目标。

④ 以低成本为重点的战略目标。

⑤ 以企业形象为重点的战略目标。

（5）衡量长期目标质量的标准：适合性、可度量性、合意性、易懂性、激励性、灵活性。如果企业经营多种业务，那么在制订战略目标时，不仅要制订全企业的长期战略目标和短期战术目标，而且在此之后，各个战略业务单位或职能部门也必须确立自己的目标。

（6）企业战略目标制订过程，包括如下几个步骤，如图 4-10 所示。

① 企业最高管理层宣布企业使命起即开始战略目标制订过程；

② 确定达到企业使命的长期战略目标；

③ 把长期战略目标分解，建立整个企业的短期执行性战术目标；

④ 不同战略业务单位、事业部或经营单位建立自己的长期目标或短期目标；

⑤ 每个战略业务单位或主要事业部内的职能部门（如市场营销、财务、生产、研究开发等）制订自己的长期目标和短期目标；

⑥ 战略目标的制订过程是通过组织结构层次由上至下层层进行的，由企业整体直至个人。

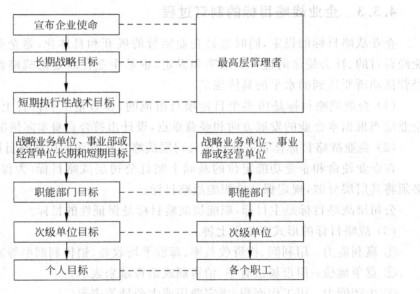

图 4-10　企业战略目标制订过程

企业制订战略目标时应组织全体员工参与，吸收很多员工的意见。整个过程先是企业决策层提出一个构思，然后组织大家讨论、修改，最后成为大家都比较熟悉和认同的企业行为规则。企业的战略要成为全体员工的集体意志，这就像红军、八路军、解放军的思想政治工作是首先教会战士知道"为什么打仗？""为谁打仗"一样，可以形成上下同心、共同战斗、共同胜利的"做事"氛围。

在战略构思的基础上,根据已经确定的企业社会责任、社会定位、市场定位、目标客户群定位,确定企业要做的事业和需要实现的目的,规定组织完成其规划任务需要达到的状况和实现的目标,这就是企业的战略目标。企业战略应该量化或者定性为具体的目标,制订企业战略目标时,应注意:

（1）制订企业经营目标时应考虑系统的配套性。

（2）制订经营战略时应遵循"自上而下,再自下而上"原则。

（3）制订经营战略应该强调"全员参与"原则。

（4）制订企业经营战略应该言简意赅。

（5）制订企业经营战略时应该明确员工在目标实现后的利益。

4.3.4 企业战略目标的制订方法

1. 时间序列分析法

时间序列分析法把过去和未来的某一目标值都看成一个时间函数,时间序列是由互相配对的两个数列构成的,一个是反映时间顺序变化的数列;另一个是反映各个时间目标值变化的数列。编制时间序列是动态分析的基础,主要目的在于了解过去的活动过程,评价当前的经营状况,从而制订战略目标。这一方法一般使用于环境较为稳定情况下对未来的预测。我国某炼钢企业钢产量时间序列及产量见表 4-4、图 4-11。

表 4-4　某炼钢企业钢产量时间序列

年份	2000	2003	2004	2005	2006	2007	2008
产量（万吨）	0	1000	3000	4000	5000	7500	9500

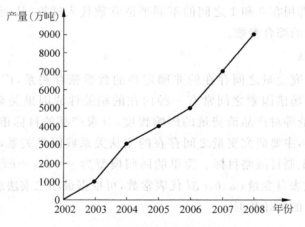

图 4-11　某炼钢企业钢产量

图 4-11 中的黑点表示每一时期的有关产量变数。虽然比较离散,但仍可对未来的产量做大略的估计。如果要制订 2009 年的钢产量目标,可以把坐标图上的直线外延出去,从而得出 2009 年的产量目标,大致定于 10000 万～12000 万吨。

以上只是较为简单的模型。对于时间序列所反映的指标变化,都是由众多复杂因素共同作用的结果。经典的时间序列模型将众多影响因素分解为如下四种变动因素:趋势变动、循环变动、季节变动、偶发事件。以某企业一电冰箱产品过去销售的时间序列为例来阐述这一方法。假设 2010 年某企业某电冰箱的销量为 1200 万台。

(1) 销量的趋势变动是人口、资本构成和技术状况基本发展的结果。通过对销量的分析，可以发现它是一条直线，假设每年增长 5% 的销量，预计第 5 年的目标销量是 1532 万台 $[1200 \times (1 + 0.05)^5 = 1531.5]$。

(2) 销量的循环变动是指经济活动波动的影响，这一波动带有某种周期性的特征，即估计第 5 年营业活动会繁荣，并且能获得长期预测销量的 120%。因此，2014 年的销量可能是 1838 万台 $[1200 \times (1 + 0.05)^5 \times 120\% = 1837.8]$。

(3) 销量的季节变动是指 1 年中销售活动的固定形态，这一形态可能与天气、假期等因素有关。如果各月的销量相等，则每月销售数为 154 万台 $[1200 \times (1 + 0.05)^5 \times 120\% \div 12 = 153.2]$，但是 12 月份的季节指标为 0.90，因此 2014 年 12 月份的销量可能为 1038 万台 $[1200 \times (1 + 0.05)^5 \times 120\% \div 12 \times 0.9 = 1037.8]$。

(4) 偶发事件包括罢工、风暴、火灾、战乱等突发事件对销售造成的干扰，这些偶发事件是无法预言的。为了有利于观察较正常的销售行为，应该把它从过去数据中分离出去。在这一例子中，假设没有偶发事件，则第 5 年 12 月份最理想的销售战略目标的估计数是 1038 万台 $[1200 \times (1 + 0.05)^5 \times 120\% \div 12 \times 0.9 = 1037.8]$。

对四种变动的分析测算此处不再赘述，如长期趋势的测定，可以采用移动平均法、最小二乘法等。

另外，一种有效而又简单的目标制订方法是指数平滑法，仍以上例来说明。指数平滑法是最简单模型，只需三种数据：本期实际销售量 Q_t、本期平滑销售额 Q 和一个平滑常数 a。由这些数据得到下一期的销量预测：$Q_{t+2} = aQ_t + (1-a)Q_{t+1}$。平滑常数 a 可用反复实验法获得，即用在 0 和 1 之间的不同平滑常数代入试算，从而找出能反映季节变动和趋势变动因素的综合参数。

2. 相关分析法

相关分析法研究变量之间存在的非确定性的数量依存关系，广泛地应用于经济分析。社会经济与市场诸因素之间常有一种内在的相关性或因果关系，如研究消费者收入、年龄、性别、职业等对产品消费量的影响程度，寻求产品的目标市场。因果分析法是相关分析法的一种，主要研究变量之间存在的主从关系或因果关系，从而判断变量的发展趋势，在此基础上制订战略目标。简单的回归模型为 $y = ax_1 + bx_2 + cx_3 + d$。$y$ 是因变量；x_1、x_2、x_2 代表自变量；a、b、c、d 代表常数，可根据最小二乘法求出。表 4-5 是某轻工公司所属材料厂的统计数据。

表 4-5　新增生产性固定资产与产量增加值　　　　　　　单位：万元

新增生产性固定资产 x	18	22	25	30	36	40	47	50
产量增加值 y	54	62	70	104	130	160	170	200

企业产量增加值与新增生产性固定资产的相关分析，如图 4-12 所示。

从表 4-5 可以看出，企业产量与企业生产性固定资产直接相联系，固定资产投入愈大,企业产值愈高,但不是完全成比例。如果进行回归分析,可求得 $a=-36.82,b=4.63$,故回归直线方程为 $y=4.63x-36.82$。根据回归方程,在产值目标确定的基础上,可以求得固定资产增加的目标。

当然,还可通过估计标准误差来衡量 y 的实际值和估计值离差的一般水平。

3. 盈亏平衡分析法

盈亏平衡分析法是企业制订战略目标常用的一种有效方法,是根据产品的销售量、成本和利润三者之间的关系,分析各种方案对企业盈亏的影响,并从中选择出最佳的战略目标。盈亏平衡分析图解,如图 4-13 所示。

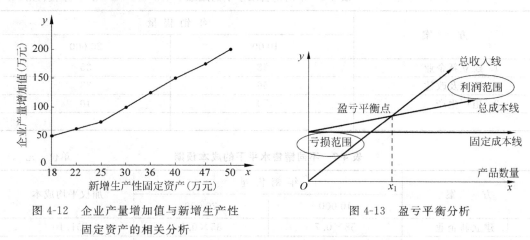

图 4-12   企业产量增加值与新增生产性
        固定资产的相关分析

图 4-13   盈亏平衡分析

y 轴表示收入或费用(元),x 轴表示产品数量,只要单位产品销售价格大于单位总成本,则总收入线必能与总成本线相交于某一点,相交点就是盈亏平衡点。从图 4-13 中可看出,当产品销量(或产量)低于盈亏平衡点时,企业必然亏损,只有当产品销量(或产量)大于盈亏平衡点时,企业才有赢利。

设 BEP 为盈亏平衡点,TFC 为总固定成本,P 为每件产品的价格,VC 为每件产品的变动成本,则:

$$BEP = \frac{TFC}{P - VC} \tag{4-1}$$

例如,如果计划生产一种香水,每瓶香水的市场销售价格为 20 元,而生产每瓶香水的变动成本为 15 元,每年的固定成本为 400000 元,试问每年必须生产多少瓶香水才能达到盈亏平衡?根据式(4-1)可以算出:$BEP=80000$(瓶),即要达到盈亏平衡的话,就必须生产销售 80000 瓶香水。如果香水价格上升为每瓶 25 元的话,则生产 40000 瓶就可以了。

4. 决策矩阵法

决策矩阵法是以矩阵为基础,分别计算出各备择方案在不同条件下的可能结果,然后按客观概率的大小,计算出各备择方案的期望值,进行比较,从中选择优化的战略目标。采用这一方法一般必须具备以下几个条件:

(1) 要具有明确的目标(如获取最大的利润);

（2）要有两个以上的备择方案；

（3）存在各种可能状态，并能估计其发生的客观概率以及可能的结果。

例如，某公司决定扩大企业营运以求发展，希望进入一个新的地区市场，有三种方法可以选择：一是建立新的生产企业；二是购买及改建现成的企业；三是租一厂家进行生产。假定由于主要销售合同的签约风险，导致在新市场上需求水平的不确定性，如果顺利签约，需求很可能达到20000元，否则只有10000元的预期。表4-6和表4-7是对各种不同战略选择的成本分析。

表 4-6　不同销售水平下的成本　　　　　　　　　单位：元

方　案	年 销 售 量	
	10 000	20 000
1.　建立新企业	58	35
2.　购买及改建	56	33
3.　租厂生产	50	40

表 4-7　不同销售水平下的成本预期　　　　　　　单位：元

方　案	年 销 售 量		加权平均成本
	10 000	20 000	
1.　建立新企业	58×0.7	35×0.3	51.10
2.　购买及改建	56×0.7	33×0.3	49.10
3.　租厂生产	50×0.7	40×0.3	47.00

这一案例说明，出现较高需求的可能性为30%，可以看出，租入方案由于其加权平均成本最低，因而为最优方案。虽然决策矩阵在分析战略方案时非常有用，但是这一简单的分析方法也忽视了间接因素。在上例中，租入一现有企业的分析忽略了主要的竞争者迅速在该市场建立的机会。

5．决策树法

风险决策常采用决策树法。其基本原理是以收益矩阵决策为基础，进行最佳选择决策。所不同的是，决策树是一种图解方式，对分析复杂的问题更为适用。决策树能清楚、形象地表明各备选方案可能发生的事件和带来的结果，使人们易于领会做出决策的推理过程。如果问题极为复杂，还可借助于计算机进行运算。决策树法不仅能帮助人们进行有条理的思考，而且有助于开展集体讨论，统一认识。20世纪50年代以来，许多企业都利用决策树制订企业目标，并取得了明显的成效。例如，某公司开发新产品，欲在 R&D 方面进行投资，计划产品开发期为6年，有下列投资方法：一次性投入500万元；或仅投入200万元；或先投入200万元，2年后追加投资到500万元；或先投资500万元，2年后紧缩。此投资案例的决策树分析如图4-14所示。

如图4-14所示，表示四种不同的投资方案在不同经济景气程度下所引起的净现值的变化（B1～B16）。E1～E10为净现值的期望值，D1～D5为决策，假定在第1～2年经济繁

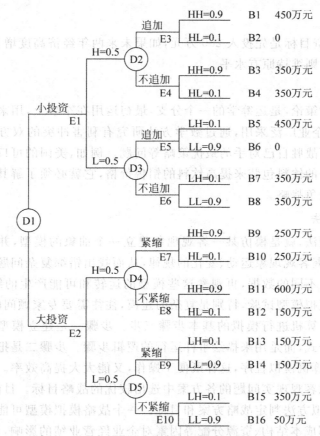

图 4-14 投资案例的决策树分析

荣的概率为 H＝0.5 时,第 3～6 年繁荣与萧条的概率各为 HH＝0.9 与 HL＝0.1;而第 1～2 年经济萧条的概率为 L＝0.5 时,第 3～6 年繁荣与萧条的概率各为 LH＝0.1 与 LL＝0.9。由此求得:

$$E3＝B1×HH＋B2×HL＝405$$

$$E4＝B3×HH＋B4×HL＝3.5$$

则比较 E3 与 E4,得到决策为追加投资,记为 D2(E3),又

$$E5＝B5×LH＋B6×LL＝0.45$$

$$E6＝B7×LH＋B8×LL＝3.5$$

则得到 D3(E6)。

同理求得

$$E7＝2.5, E8＝5.55$$

故 D4(E8)。

$$E9＝1.5, E10＝0.95$$

故 D5(E9)。

所以

$$E1＝E3×H＋E6×L＝3.775$$

$$E2＝E8×H＋E9×L＝3.525$$

故得 D1(E1)。

也就是说,投资目标是先投入 200 万元,如果未来两年经济高度增长的话,则追加投资,如果经济衰退,则维持原有水平。

6. 博弈论法

博弈论又称对策论,是运筹学的一个分支,最初运用在军事上,用来研究战胜对方的最佳策略,后来被企业广泛采用,通过数学方法研究有利害冲突的双方在竞争性的环境中如何找出并制订战胜自己对手的最优策略等问题。例如,美国的可口可乐饮料公司如果想通过改变原来的饮料包装来提高饮料的销售价格,它就必须了解其他竞争对手是否也会采取相应的竞争战略。

7. 模拟模型法

所谓模拟模型法,就是模仿某一客观现象建立一个抽象的模型,并对模型进行分析试验,以观察并掌握客观现象运动、变化的规律,从而找出错综复杂问题的解决方案。通过给各种模型输入不同的数据,再观察这些模型的运转和可能产生的结果,从而制订合适的战略目标。模拟模型试验,特别是复杂的建模,往往需要专家顾问的帮助,也要有计算机的帮助。用计算机进行模拟的基本步骤三步。步骤一是建立模型。这种模型往往不是简单的数字公式,而是用来描绘事件运行的逻辑步骤。步骤二是把这些逻辑模型输入计算机,编成计算机模拟程序,这样既便于操作,又能大大提高效率。步骤三是进行设计和实验。在模拟客观现实问题的各方案中选出较优的战略目标。目前,美国许多的大公司、企业都用模拟方法判定战略方案和目标。一个战略模拟模型可能包括所有相关的环境因素以及内部成本结构、资源分配等因素对企业经营业绩的影响,也就是说,战略模拟模型试图将本章各种不同的分析技术所涉及的因素,纳入一个数量模拟模型加以分析研究,使战略目标的制订更完整、更系统化。

4.3.5　企业战略目标的制订程序

传统的企业战略目标制订的方法是以企业高层领导为主,把企业战略目标看成未来结果,强调环境的可预测性。企业未来经营结果是由经营过程中各个阶段的成果积累和延续决定的。但在企业的实际经营中,环境变幻莫测,有规律性的因素对企业影响相对较小,不可预测的突发事件对企业影响巨大。因此,过早地制订战略目标不仅会造成目标与环境的不适应,而且会束缚管理者的灵活性和组织的创新能力。通过以下三个环节的衔接,可以避免上述弊端,使企业的战略目标更趋合理。

1. 自上而下

企业的领导根据企业使命的要求及决策层的意见,提出较为笼统或概念性的导向性目标。这一环节的关键是让下属和基层了解决策意图和发展方向,并向其传达企业面临的形势、外部环境中的机会与威胁状况,以及明确企业的优势与劣势情况。

2. 展开讨论

导向性目标传达后,企业的各基层单位要组织员工进行充分讨论,对照总目标制订出各部门的分目标,并明确所处部门的优势与劣势。例如,生产部门制订出相应的生产目标,营销部门制订出相应的营销目标,研发部门制订出相应的研发目标等。在这一环节,要注意使总目标层层分解,层层落实,以利于操作。

3. 自下而上

各级部门形成自己的分目标以后,管理部门要把这些分目标进行汇总、整合,形成企业总的战略目标,注意要尽量直观化、具体化和定量化。这样形成的战略目标既具有较强的可行性,又具有适度的挑战性。

本章小结

企业使命是对企业的经营范围、市场目标等概括的描述,它比企业的愿景更具体地表明了企业的性质和发展方向。企业使命主要包括经营哲学、企业宗旨、企业形象 3 个方面的内容。影响经营哲学的因素主要有民族文化传统、国家形势、企业文化、市场需求。企业宗旨是关于企业存在目的、性质及经营范围的陈述,有时也被称为企业使命。

企业愿景是指企业根据企业使命,在集合企业广大员工对企业的共同期望的前提下,所形成的企业的长期愿望及发展蓝图,体现企业未来发展的基本框架。企业使命、企业愿景与企业战略三者一脉相承,既有区别,又有联系。企业因所处的竞争环境和自身状况的不同,企业使命与愿景的陈述也不尽相同,不同企业间存在较大的差异。

企业战略目标是指企业在战略期内所要达到的预期成果,它是企业使命与愿景的具体化和直观化。企业战略目标包括赢利目标、产品目标、市场竞争目标、发展目标、职工发展目标和社会责任目标等。企业战略目标具有科学性、具体性、挑战性与可行性、系统性、关键性、稳定性与动态性等特征。影响企业战略目标制订的因素有企业使命、内外部环境和企业组织机构。企业战略目标制订的方法主要有时间序列分析法、相关分析法、盈亏平衡分析法、决策矩阵法、决策树法、博弈论法、模拟模型法。

思考与练习

一、名词解释

企业使命　企业宗旨　企业愿景　企业战略目标

二、简答题

1. 简述企业使命的构成要素。

2. 简述经营哲学和企业宗旨的含义。

3. 如何理解企业使命、企业愿景与企业战略之间的关系?

4. 企业战略目标包括哪些内容? 如何看待这些目标的地位和作用?

5. 影响企业战略目标制订的因素有哪些?

6. 简述企业战略目标制订的方法。

三、案例分析

案例一

信守承诺，打造中国保险企业金字招牌

"人无信不立，业无信不旺"。六十多年来，中国人民保险集团股份有限公司（简称中国人保）始终坚守"人民保险，服务人民"的保险承诺，坚持"诚信立业"。通过不断创新与探索，中国人保在诠释和弘扬保险诚信文化中，构筑了独特深厚的人民保险品牌内涵。

一、践诺守信，勇担社会责任

应赔尽赔，决不拖赔，最大限度地履行保险承诺，充分体现对人民、对社会、对国家高度负责的态度，这是中国人保面对每次保险事故所坚守的原则，也是中国人保六十多年的行动写照。

2007年6月3日，云南省普洱市宁洱县发生了里氏6.4级地震。地震发生后，中国人保救援理赔人员第一时间赶到了地震灾区，与当地政府一道展开抢险救灾和查勘理赔工作。震后仅3小时，中国人保的工作人员就把第一笔保险赔款送到了保户手中。

2008年5月12日，四川省汶川县发生了里氏8级巨大地震。得到消息后，中国人保迅速组织了大批查勘定损人员，冒着余震的危险，克服重重困难，走村入户，开展震后理赔工作。"5·12大地震"发生的第二天，中国人保就率先向意外伤亡学生的家长支付了首笔赔款。

对在地震中损坏的农房，特别是近20年前承保的长效还本农房保险，中国人保要求其分支机构忠实履行保险合同，主动寻找保户，核实受损情况。如果保户无法提供保单，中国人保就按照数据系统信息进行赔付。就这样，一笔笔保险赔款迅速送到了灾区保户手中。

二、拓展农村保险市场

改革开放后，随着国内保险业务的恢复，中国人保在1982年重新开办了农村保险。经过几十年的探索和努力，在党和国家一系列强农、惠农政策的支持下，中国人保充分利用保险机制，切实发挥我国支农、惠农财政投入的放大效应，在农村种植养殖业、农房、新型农村合作医疗等领域开展政策性保险业务。中国人保政策性种植业保险已扩展到26个省（自治区），占全国耕地面积近1/5；累计承担种、养两业风险责任的市场份额超过了60%。

中国人保已经走出了一条符合中国国情的政策性农村保险发展路子，即充分利用品牌、网络和技术优势，加强与地方政府和相关部门的合作互动，把农村市场作为战略性市场来培育和开拓，推进"产品、服务、人员"三下乡，通过创新农险发展模式、拓宽农险服务领域、加强农村网络建设等方式，推动农村保险快速发展。

三、引领行业诚信风尚

在影响和制约保险业发展的诸多因素中，诚信是最为重要的因素之一。保险业的诚信问题是关系到中国保险业生存与发展的关键。中国人保作为中国保险业的领军企业，积极承担起了行业诚信引领者的职责。

中国人保围绕企业文化中的"诚信"主题，通过建立有效的诚信教育机制，在全系统员工中持续深入地开展了"诚信教育"活动,旨在树立每个员工的规范意识和责任意识,为中国人保的诚信建设找到扎实的落脚点。同时,中国人保通过向社会公开承诺服务、接受社会监督等有力措施,将公司的诚信建设真正引向深入。郑重向社会做出承诺:严格遵守国家法律法规,弘扬"诚信为本、一诺千金、真诚相待、共建和谐"的行业新风;开发更多贴近市场、贴近客户的保险产品;诚实、稳健地做好对外宣传工作,对客户如实告知;提供多渠道咨询、报案索赔方式;100%受理客户投诉,对客户投诉实行首问责任制,并在三个工作日内给予合理的答复和处理。

中国人保通过与一线员工签订诚信责任书,将惩戒失信行为制度化,对未按规定兑现承诺者给予重罚,切实规范了中国人保的服务秩序。中国人保还制订出台了自查自纠工作方案,要求系统分支机构严格规范辖内的经营行为,在依法合规经营问题上必须为全行业做出表率,坚决杜绝违法违规现象的发生。

"诚信立业、稳健经营、创造卓越、回报社会"是中国人保的核心价值观;"求实、诚信、拼搏、创新"是中国人保的企业文化理念。在六十多年的风风雨雨中,中国人保积淀了深厚的企业文化底蕴,形成了独具特色的诚信文化内涵。

四、诚信铸就闪光品牌

中国人保与北京奥组委签订协议,成为北京奥运会保险合作伙伴,承担起了为北京2008年奥运会提供完美保险保障的责任。中国人保与上海世博会事务协调局签署协议,成为上海世博会全球保险合作伙伴。在全世界面前充分展现了公司的品牌与实力。中国人保的发展壮大,得益于改革开放三十多年来中国经济的腾飞,更得益于中国人保践诺守信换来的国家和人民的长久信赖与知心托付。

(资料来源:人民日报,2009-07-08)

思考:

(1)中国人保成功的秘诀是什么?

(2)中国人保的企业使命包括哪些内容?

(3)中国人保的成功对我国服务型企业的发展有何启示?

案例二

某汽车加油站五年发展规划分析

某汽车加油站地处北京南二环的主路边上。因是交通要道,因此这个加油站每天不管是白天还是夜晚总是能见到排队等待加油的车队。据这家加油站的工作人员介绍,每天有1500多辆汽车到这里来加油,主要是附近的各大机关、宾馆、写字楼的车辆,另外有近30%的过路车辆,这些过路车辆又以出租车为主。这个加油站有在职正式员工15人,临时工20人,3个自动加油机。另外这个加油站还有一个小型自选市场,方便前来加油的顾客选购商品。这个加油站是一家隶属中石化的国有企业,每年可上缴利润2000多万元。

这家公司制订了一个未来五年的发展规划,争取在五年当中销售收入在现有的基础上增加30%,达到1.4亿元的收入,争创行业的楷模。按目前3台加油机的工作量,每辆车平均用时3分钟,平均每天可加油1500辆车,按每辆车平均收加油费200元来计算,一天的流水大约 30 万元,年收入 1.08 亿元。如果增加 1 台加油机,对外招聘临时工 3 人左右,在其他条件都不变的情况下,销售收入提高 30% 是非常可行的经营目标,同时要努力降低企业经营成本,开辟新的营销模式。客户是企业赖以生存的第一资源,实践证明,谁拥有较多和较稳定的客户资源,谁就有效益,就有生存和发展的空间。为此,首先深入市场调查,掌握市场容量,掌握竞争对手,掌握客户需求,掌握单位和个人用油的各种信息,然后对广大的客户群体实行分类管理,对待不同消费群体采取不同的经营手段。把客户群体大致分为四类:第一类是大型宾馆、招待所等单位;第二类是市内洗浴业、餐饮业等;第三类是一些用油个体户和厂矿企业用油量少的单位,一般一次用油在 1~2 吨的单位;第四类是一些过路客户,他们用油量随意性很大,可以采取"以量定价、量价互动"的经营原则,适时推出老客户优惠卡,条件成熟时,可根据用油量大小,分别采取对策,使这些不固定的客户变为固定用户,以此扩大终端销售比重。同时充分利用现有的小型自选市场,增加经营品种,从日用品、食品到与顾客相关的一切商品,做到让顾客在这里加油的同时还可以解决生活中其他的不时之需,让加油站成为各位司机心目中真正的"加油站"。

总之,利用现有加油站的经营体制,发挥主观能动性,盘活加油站,增加销量,拓宽市场,是加油站站长重要的工作任务,也是衡量站长合不合格的主要指标。

思考:

(1) 根据案例材料客观地进行评价,指出该加油站经营的成功之处和不足之处,并提出你的发展战略目标。

(2) 为了实现以上战略目标,你能提出哪些可行的战略措施?

四、实训题

1. 组织学习,参考其相关学校企业使命和愿景,制订本学校的使命和愿景。

(1) 实训目的与内容

① 学会在网络搜索同行业中其他学校的企业使命和企业愿景。

② 小组讨论并确定本学院的企业使命和企业愿景。

(2) 实训组织

① 以小组为单位,6~8 人一组。

② 要求制作 PPT,各小组之间相互讨论和分享。

③ 老师对各小组进行简单点评。

(3) 实训要求

① 确定学院的行业属性。

② 搜索同行业中其他学院的企业使命和企业愿景。

③ 小组讨论学院的企业使命和企业愿景的初步方案。

④ 小组确定本学院的企业使命和企业愿景。

(4) 成绩评定

① 结果占 50%,考查对公司使命、愿景的制订、理解和执行。

② 分析占 50%,考查分析实际问题的运用能力。

2. 组建一家模拟服装公司,通过服装行业分析和市场调研,制订服装公司的企业战略目标。

(1) 实训目的与内容

① 搜索并学习服装行业中其他公司的企业战略目标。

② 小组讨论并确定模拟服装公司的企业战略目标

(2) 实训组织

① 以小组为单位,6~8人一组。

② 要求制作 PPT,各小组之间相互讨论和分享。

③ 老师对各小组进行简单点评。

(3) 实训要求

① 组建模拟服装公司,确定公司的企业使命、企业愿景。

② 搜索并学习服装行业中的其他公司的企业战略目标。

③ 小组讨论模拟服装公司的企业战略目标的制订方案。

④ 小组修订并确定模拟服装公司的企业战略目标。

(4) 成绩评定

① 结果占50%,考查对公司战略的制订、理解和执行。

② 分析占50%,考查分析实际问题的运用能力。

第五章 企业总体战略

人无远虑，必有近忧。
　　　　　　　　　　　　　　　　　　　　　　　　　　　　——孔子

明天总会到来，又总会与今天不同。如果不着眼于未来，最强有力的公司也会遇到麻烦。
　　　　　　　　　　　　　　　　　　　　　　　　　　——[美]杜拉克

战略不仅在于知道做什么，更重要的是，要知道停下什么。——[美]乔·图斯

学习目标

※ 了解总体战略的地位和作用；
※ 掌握稳定型战略的概念、特点和基本类型；
※ 了解稳定型战略的适用条件及其优缺点；
※ 掌握发展型战略的概念、特点和基本类型；
※ 掌握紧缩型战略的概念、特点和基本类型；
※ 能够理论联系实际，分析不同规模企业的发展战略；
※ 了解企业并购与战略联盟的含义。

案例导入与分析

本田汽车公司的企业总体战略

本田汽车公司（以下简称本田）是世界上领先的汽车制造商和最大的摩托车制造商。本田充分发挥自己在高效内燃机方面的优势，研究和制造产品，实行多元化战略。在公司所从事的各个业务领域都强调速度、效率、灵活性和创新。尽管本田是个日本企业，但它在纽约证券交易市场上市已经超过 30 年了，在全球都有业务。它的全球业务被划分为 5 个地区：日本、北美洲、拉丁美洲、欧洲和中东、亚洲和大洋洲。在过去的 10 年中尽管汽车产业发生了许多并购行为，本田仍然保持绝对的独立性。

本田为目标市场提供了大量各式各样的适合当地使用的汽车。在北美，本田雅阁的销售量是最大的，但是本田也生产一些极富创意的车型，如运动型多功能车 Pilot、双座敞篷跑车 S2000、Elemtnt（尚未发布该车型相关信息）、豪华轿车 Acura。在日本，Step Wagon 和 Stream 小型货车非常畅销。本田的摩托车业务包括所有地面车辆和个人水运工具。在中国上市的廉价的 M-Living 摩托车和泰国上市的相似的 Wave125 摩托车等新产品，使公司在亚洲的销售额大幅上升。除了汽车和摩托车业务，本田还生产一些动力产品，比如吹雪机、舵柄、除草机和轮船发动机，并为其他业务的拓展提供财务支持。

（资料来源：科利斯，蒙哥马利.公司战略：一种以资源为基础的方法.2 版.大连：东北财经大学出版社，2011）

思考：本田汽车公司的总体战略是什么？

分析：由于中国市场对于新能源汽车市场的重视，本田必然要利用自己在混合动力方面的优势，将混合动力产品引入中国市场。面对中国政府对于普通式混合动力的态度，本田会采取发展插电式混合动力技术上的研发来适应中国政策的导向。中国汽车市场已经进入一个低速增长的通道，本田未来的战略重点应该放在有更大突破的新能源汽车市场，将传统汽车市场置于稳中有升的市场策略之下。这是本田中期战略的一个主导思想。

在企业战略体系中，总体战略处于最高地位，起着统领全局的作用。它规定了企业的发展思路与方向，明确了企业当前及未来业务的增长方式，是企业战略成功的关键。企业总体战略指导企业战略期内的总体发展，是企业制订竞争战略和职能战略的依据和基础。一般情况下，企业总体战略由包括企业董事会成员、总经理、关键业务单元的负责人和其他高级管理人员组成的战略层共同制订，需经企业最高管理层或董事会评审同意后，方可实施。

对于具有多种经营业务的公司来说，战略存在于不同的管理层次。公司总体战略所要解决的问题是确定企业的整个经营范围和公司资源在不同经营单位之间的分配事项。这些任务只能由企业的最高管理层完成，并且这些决策的影响具有较长的时限。经营单位战略集中于在某一给定的经营业务内确定如何竞争的问题。它的影响范围要较公司总体战略窄，且适用于单一经营单位或战略经营单位。而职能战略涉及各职能部门的活动，其活动范围较经营战略更窄。

对于一个大型的公司来讲，有多种战略供选择。一般来说，企业总体战略体系如图 5-1 所示。

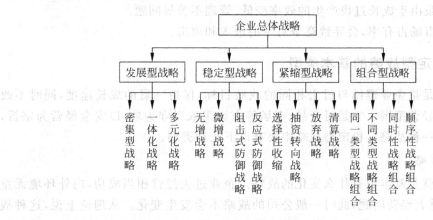

图 5-1　企业总体战略体系

5.1　稳定型战略

5.1.1　稳定型战略的概念和特点

1. 稳定型战略的概念

稳定型战略是指限于经营环境和内部条件，企业在战略期所期望达到的经营状况基本保持在战略起点的范围和水平上的战略。所谓战略起点,就是制订战略时,战略关键变量当时所处的水平。企业经过快速发展后,需要一段时间的稳定,以解决发展中出现的问题,为下一轮的发展奠定基础。

2. 稳定型战略的特点

稳定型战略的特点体现在以下几个方面。

(1) 保存实力,为将来的发展做准备。企业通过实施稳定型战略,可以积蓄实力,为将来的快速发展做好充分准备。

(2) 满足于过去的经济效益。企业在实施稳定型战略期间,企业的发展速度很慢,总体来看,企业的收入、利润等指标基本上没有大的变化。

(3) 产品和市场不变。在稳定发展时期,企业的产品结构、市场地位基本保持不变。

(4) 具有过渡性。稳定型战略是在经过长期的发展以后所实施的调整型战略,承上启下,具有过渡性。长期的稳定意味着企业要丧失许多好的发展机会,对企业发展不利,所以稳定型战略是短期的。

3. 企业采用稳定型战略的原因

一般来讲,企业采用稳定型战略的原因主要有以下几个方面。

(1) 企业目前的经营状况良好。

(2) 采用稳定型战略,风险比较低,而开发新市场和新产品风险较大,管理层认为不一定值得去冒风险。

(3) 采用稳定型战略,操作简便,也不费力。

(4) 为了克服由于成长过快产生的效率变低、管理不善等问题。

(5) 过高的市场占有率,会导致竞争对手的进入和攻击。

5.1.2 稳定型战略的基本类型

稳定型战略是指企业遵循与过去相同的战略目标,保持一贯的成长速度,同时不改变基本的产品或经营范围。它是对产品、市场等方面采取以守为攻,以安全经营为宗旨,不冒较大风险的一种战略。稳定型战略主要有以下几种类型。

1. 无变化战略

无变化战略就是基本没有什么变化的战略。企业过去经营相当成功,内外环境无重大变化,不存在重大经营问题,此时一般公司的战略不会发生变化。从理论上说,这种战略有一定道理,但在实际竞争中,市场环境瞬息万变,机会稍纵即逝,任何退缩和徘徊都有可能带来严重的后果。因此,要掌握好企业的发展时机,采取灵活机动的发展对策,实现企业的科学发展。

2. 近利战略

近利战略就是企业急功近利,追求眼前利益的最大化,甚至牺牲长远利益,以确保近期利益,属典型的"杀鸡取卵"式行为。在这种情况下,企业往往压缩研发费用、设备维修费用、促销费用等来提高当前的利润水平。企业采取近利战略往往属于无奈之举,着眼长远发展没有希望,长时间的低效益、高成本运转又严重制约企业发展,所以不得不缩短经营期限,追求当前利益的最大化。

3. 暂停战略

一般情况下,企业经过一段时间的快速发展后,需要进行休整,以解决发展中的问题,这时企业通常实施暂停战略。在这一过程中,企业会主动放慢发展速度,甚至以零增长为主,但这种状态只是短期的,等企业休整好以后,又会阔步向前,向更高一级的目标前进。通过暂停战略的实施,企业领导层可以静心回顾和检查以前发展中出现的问题,如供应与生产的衔接、产品销售与服务、市场开拓与促销管理等问题。确定问题之后要进行分析,并采取合理完善的对策,以进一步理顺企业的生产经营活动。

4. 慎进战略

采用慎进战略的前提是外部环境发生了大的变化,但企业对环境变化难以把握,贸然出击会带来大的风险。在这种情况下,企业应采用慎进战略,虽然有前进,但幅度较小,即使遇到风险,企业也能应对。例如,宏观经济的快速发展会为许多行业带来更多更好的发展机会,但对于某一具体企业而言,要进行具体分析,从本企业实际出发。在情况不明、思路不清的情况下,应谨慎行事。

稳定型战略是短期的、暂时的,长期采用稳定型战略对企业的发展是不利的。稳定型战略实施的前提条件是:必须在成功的发展型战略之后采取稳定型战略。

5.1.3 稳定型战略适用的条件

1. 外部环境

(1) 经济技术环境中机会少

当国家宏观经济低速发展时,居民收入增长较为缓慢,市场需求低迷,产品销售徘徊不前或下降。另外,如果技术环境中可供企业发展的机会较少,新产品、新技术出现的频率低,行业中没有出现强有力的替代产品,行业中技术水平保持稳定,企业应以低速发展为主。

(2) 行业环境适宜稳定发展

某些行业有其自身的技术经济特点,如需求变化没有明显增长,技术革新频率低,行业进入壁垒高,行业环境稳定等。这些行业一般产品品种或类型较少,产品变化较小,需求量增幅不大,比较适合采用稳定型战略。

(3) 行业处于特定的生命周期阶段

当行业发展到成熟期时,社会总需求基本达到饱和,企业的生产规模基本保持稳定,行业发展以稳定发展为主。尽管增长率较低,但行业的总体规模达到最大化,部分企业可以获得规模效益。

2. 内部环境

(1) 企业处于产品调整期

对实行多元化经营的企业而言,企业的产品业务经过一段时间的发展以后,有些业务会逐渐走向衰落,顾客会选择新的产品。在产品转型期,这些业务以稳定发展为主,自然过渡到被淘汰产品的系列。

（2）领导满足现状

当企业领导满足于企业的现状时，往往会把发展的速度降下来，保持企业的低速稳定发展。这种情况一般适合于中小型企业，如实施集中化战略的企业，企业的实力一般，生产规模不大，市场需求稳定，企业领导满足于这种较为平稳的发展形势。在这种情况下，适宜采用稳定型战略。

（3）企业难以发现更好的发展机会

当企业在外部环境中难以发现更好的机会时，不妨暂时先以稳定为主，低速发展，等待或寻找合适的机会。如果一味盲目发展，就会浪费大量资源，甚至会导致企业走向失败。

5.1.4 稳定型战略的优缺点

1. 稳定型战略的优点

稳定型战略的优点体现在以下几个方面。

（1）企业基本维持原有的产品领域或市场领域。

（2）不需改革资源的分配模式，从而可以大大减少资源重新组合所必然造成的巨大浪费和时间上的损失。

（3）可以保持人员安排上的相对稳定，充分利用已有的各方面人才。

（4）稳定发展的战略比较容易保持企业经营规模和经营资源、能力的平衡协调，有助于防止过快、过急而导致的重大损失。

2. 稳定型战略的缺点

虽然稳定型战略的风险较小，但它也蕴含着一定的风险。

（1）稳定型战略是以在假设战略期内外部环境不会发生大的动荡下实施的，如果假设不成立，就会打破战略目标、外部环境、企业实力三者之间的平衡，使企业陷入困境。

（2）经营资源减少、竞争地位弱的企业，一般采取以局部特定细分市场为目标的稳定型战略，实际上是一种重点战略。

（3）稳定型战略往往容易使企业大大降低对风险的敏感性、适应性和抗拒风险的勇气，从而也增大了以上所述风险的危害性、严重性。

5.2 发展型战略

5.2.1 发展型战略的概念和特点

1. 发展型战略的概念

发展型战略是一种使企业在现有的战略基础上向更高一级目标前进的战略。发展型战略以发展为核心，引领企业整合各种资源，利用各种机会不断进行技术创新，更新生产和管理模式，积极开拓新的市场，扩大销售规模，提高企业的竞争实力，实现企业的健康发展。成功的发展型战略能够使一个企业由小到大、由弱到强，实现跨越式和超常规发展。

2. 发展型战略的特点

发展型战略的特点主要体现在以下几点。

（1）投入大

发展型战略涉及的业务范围较广，需要大量的资金及资源投入做保障。企业的快速发展必须以先进的技术、生产、管理和大规模的生产与销售、大幅度的市场开拓与促销等为基础。所有这些活动的开展都必须有强有力的资源及资金投入。

（2）创造消费

成功的发展型战略，尤其对大型企业而言，不仅可以更好地适应环境的变化，利用环境中更多的机会，而且可以通过企业的发展，引导社会需求的发展，开辟新的市场空间，挖掘潜在需求，创造新的消费，提升消费者生活质量，推动社会进步。

（3）经营效果显著

企业通过成功的发展型战略，可以快速扩大企业经营规模，提升企业实力，增加企业销售业绩，提高企业利润水平，使企业获得显著的经营效果。

（4）竞争优势明显

企业通过发展型战略，在提升企业总体实力的同时，还可以在技术、成本、服务和品牌等方面形成企业的竞争优势，全面提升企业的竞争实力。

（5）形象良好

企业成功地发展，可以为行业树立一个好的榜样，为其他企业提供一个学习的标杆，在行业及社会中树立良好的企业形象，从而提高企业的信誉，壮大企业的实力。

3. 企业采用发展型战略的原因

一般来讲，企业采用发展型战略的原因主要有以下几个方面。

（1）追求成功，实现发展

从本性上看，任何一个企业都想发展壮大，走在行业的前列，只是迫于环境条件和企业资源的限制，有些企业发展得成功，有些企业却发展失败或徘徊不前。

（2）环境的影响

随着社会的发展，企业所面临的环境将越来越复杂，环境中蕴含着更多的机会和威胁，企业间的竞争日趋激烈。在这种复杂的环境中，企业只有提高综合实力，才能实现发展目标，跻身行业前列。因此，对任何一个企业而言，只有成功地发展才能具备挑战未来竞争的能力。

（3）企业家的价值观

一个企业能否实现成功的发展，除了外部环境的限制外，还取决于企业家的价值观。如果是一位开拓进取、敢于挑战的企业家，那么，他的企业就富于挑战性，发展的欲望和动力就十分强大；相反，如果是一位保守型的企业领导，不求有功，但求无过，则会抑制企业的发展。

5.2.2　发展型战略的基本类型

发展型战略的基本类型包括集中型发展战略、一体化发展战略和多元化发展战略。

1. 集中型发展战略

(1) 集中型发展战略的概念

集中型发展战略是指企业集中人力、物力、财力等,以快于过去的速度增加某种产品的销售额或市场占有率的战略。集中型发展战略通常应用于企业的发展初期或起步阶段,企业需要通过一种或少数几种产品的迅速壮大来奠定基础。只有基础牢固以后,企业才会适当考虑增加新的业务或产品。例如,海尔集团的电冰箱、长虹集团的彩电、格力集团的空调等,都是集中发展的结果。

(2) 集中型发展战略的实现形式

集中型发展战略的实现形式有市场渗透、产品开发和市场开拓三种。

产品—市场战略是最基本的发展战略。产品(现有产品、未来产品)与市场(现有市场、未来市场)的不同组合形成了不同的发展战略,见表5-1。

表 5-1　产品—市场战略组合

产品 市场	现 有 产 品	未 来 产 品
现有市场	市场渗透战略	产品开发战略
未来市场	市场开发战略	全方位创新战略

① 市场渗透战略。市场渗透战略是通过目前的产品在目前的市场上提高市场份额达到企业成长的目的。企业应该系统地考虑市场、产品及营销组合的策略以促进市场渗透,从而在现有市场上赢得更多的顾客。企业可采取下述措施来扩大销售量。

扩大产品购买者的数量。如努力发掘潜在的顾客,把竞争者的顾客吸引过来,使之购买本企业的产品等。

扩大产品购买者的使用频率。如增加使用次数,增加使用量,增加产品的新用途等。

改进产品特征,使其能吸引新用户和增加原有用户的使用量。常用的方法有:提高产品质量,增加产品的特点,改进产品的式样和包装等。

此外,在销售价格、销售渠道、促销手段、销售服务等营销组合方面,也应加以改进,以扩大现有产品的销售量。

② 产品开发战略。这种战略是指企业针对现有市场,通过新技术的运用,不断开发适销对路的新产品,以满足客户不断增长的需要,从而保持企业成长的态势。这是企业成长发展的重要途径。

③ 市场开发战略。这种战略是指企业采用种种措施,把原有产品投放到新市场上去,以扩大销售。它是通过发展现有产品的新顾客层或开拓新的地域市场,从而扩大产品销售量的战略。比如,将产品投放到其他城市,或将产品(如家电、化妆品等)由大城市向中小城市、乡镇、农村等推广。

④ 全方位创新战略。这种战略是市场开发战略和产品开发战略的组合,指企业向一个新兴市场推出别的企业从没生产过的全新产品。运用这一战略时,有的企业的战略属于技术推动型,有的企业的战略属于市场推动型,实际上应该将两种类型结合起来而成为机会推动型发展战略。美国3M公司就曾成功地运用了这一战略,其成功主要有两方

面的原因：第一,3M 公司将技术开发导向与市场未来发展方向紧密联系起来；第二,3M公司拥有若干代处于生命周期不同阶段的新技术,因此不必将最新技术产品直接投放市场,而是等待新产品进入市场最佳时间的到来。

2. 集中型发展战略的特点

集中型发展战略的优点有以下两点。

① 经营目标集中,管理简单方便。集中型发展战略往往是单一品种,大规模生产,管理幅度和管理层次较小,便于控制,效率高。

② 大规模专业化生产,产品高质量、低成本,企业可以获得规模效益。

集中型发展战略的缺点主要是对环境的适应性差,经营风险大。集中型发展战略一方面集中了利润,充分体现企业的规模优势,另一方面也集中了风险。长时间实行单一产品经营,一旦该产品市场出现问题,就会对企业造成致命的打击,甚至"全军覆没"。另外,单一品种经营也不利于充分利用市场机会和企业内部资源。因此,大多数企业经过集中发展奠定基础后,都要寻求多元化的发展方式。多元化发展可以有效弥补集中发展的不足。

5.2.3 一体化发展战略

一体化发展战略是指企业充分利用自己在产品、技术、市场上的优势,根据物资流动的方向,使企业不断地向深度和广度发展的一种战略。一体化增长战略是研究企业如何确定其经营范围,主要解决与企业当前活动有关的竞争性、上下游生产活动的问题。其主要分为纵向一体化、横向一体化、混合一体化三种类型,如图 5-2 所示。

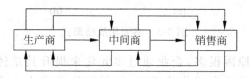

图 5-2　企业一体化发展示意

1. 纵向一体化

纵向一体化也称为垂直一体化,是指生产或经营过程相互衔接、紧密联系的企业之间实现一体化。按物质流动的方向又可以划分为前向一体化和后向一体化。前向一体化是指企业与用户企业之间的联合；后向一体化是指企业与供应企业之间的联合。

2. 横向一体化

横向一体化也称为水平一体化,是指与处于相同行业、生产同类产品或工艺相近的企业实现联合,实质是资本在同一产业和部门内的集中,目的是实现扩大规模、降低产品成本、巩固市场地位。

3. 混合一体化

混合一体化是指处于不同产业部门、不同市场且相互之间没有特别的生产技术联系的企业之间的联合,包括三种形态：产品扩张型,即与生产和经营相关产品的企业联合；市场扩张型,即一个企业为了扩大竞争地盘而与其他地区生产同类产品的企业进行联合；毫无关联型，即生产和经营彼此之间毫无联系的产品或服务的若干企业之间的联合。

5.2.4 多元化发展战略

1. 多元化发展战略的概念

多元化战略又称多角化战略、多样化战略（我国又称为多种经营），是指一个企业同时在两个以上行业从事经营活动，提供两种或两种以上用途不同的产品或业务的战略。从企业发展的历程来看，大多数企业采取了多元化的发展形势。

例如，具有相关业务的公司，如图 5-3（b）、图 5-3（c）所示。以吉列公司为例，其产品包括刀片和剃刀、梳妆品、皮肤护理产品、牙刷和牙齿护理产品、书写设备和文具、电动剃须刀、吹风机、电动牙刷。

例如，具有相关业务的公司，如图 5-3（d）所示。以强生公司为例，其产品包括婴儿产品、绷带和伤口护理产品、女性卫生产品、非医疗药物、手术和医院用产品、牙科用产品、隐形眼镜、皮肤护理品。

例如，具有不相关业务的公司，如图 5-3（e）所示。以沃特迪斯尼公司为例，其产品包括主题公园、电影制作、儿童服饰、玩具和填充动物、电视广播（ABC 网和迪斯尼频道）。

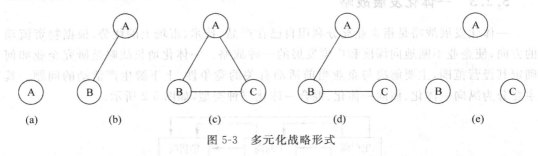

图 5-3 多元化战略形式

企业采取多元化的原因很多，企业通过多元化来提升其总体价值是最主要的原因。在企业实施相关或非相关的多元化战略时，如果该战略能为企业增加价值或降低成本，它就创造了价值。经营层面相关性和公司层面相关性是多元化战略创造企业价值的两个途径，我们用图 5-4 来说明两者之间的关系。

图 5-4 经营层面相关性和公司层面相关性的关系

例如，某制药厂利用其设备和技术，在生产药品的同时还生产保健品、化妆品和人工合成食品等。这种战略的好处是新产品利用了企业原有的设备和技术。

例如，长虹集团的业务范围包括电视、空调、冰箱、电子产品、IT 和能源等多种产品。

例如，农技服务公司经营的产品有农药、农用机械、地膜、化肥等多种产品，这些产品都服务于农民这类顾客。

2．多元化发展战略的优缺点

（1）多元化发展战略在企业中被广泛采用，其优点体现在以下几点。

① 协同效应。同心多元化战略可以实现不同业务在生产、技术和销售等方面的协同效应。

② 分散风险。分散风险是多元化战略最大的好处，企业的业务种类增加以后，可以保证企业"东方不亮西方亮"，即使有些业务不景气，企业也可以健康稳定地发展。

③ 提高企业竞争力。企业业务增加以后，增加了企业与市场的接触面，企业会以更广的角度关注市场需求的变化，在多个领域培育竞争优势，提高了企业的竞争力。

④ 易获得市场内部化的优势。在企业内部的多种业务间存在着物力资源、人力资源和资本等生产要素间的内部交易行为，这种内部交易成本低、效率高，与企业外部市场交易比，具有明显的优势。

⑤ 有助于挖掘企业潜力。在单一产品生产时，企业内的有些资源会被闲置，长期以潜力形式存在；实行多元化战略会挖掘企业各方面的潜力，配置于不同业务，从而提高了资源的利用率。

（2）多元化发展战略的缺点体现在以下几点。

① 导致机构庞大，加大了管理难度。企业的业务种类增加以后，往往会增加管理难度和管理层次，易导致低效率和业务间管理冲突。

② 新业务处于劣势。多元化过程中最容易出现的问题是新增加的业务在行业中处于劣势地位，这种尴尬的境地很容易导致新业务失败。美国通用电气公司前 CEO 杰克·韦尔奇曾经说过，多元化中的新业务在行业中要么处于第一，要么处于第二；否则，就不要去经营它。

③ 过分追求多元化会分散实力。多元化的前提是企业经过集中发展后，其主业牢固，才可以适当考虑增加新业务；否则，如果主业不稳，盲目追求多元化，就会分散企业的实力。

④ 对管理者的素质要求高。多元化发展要求管理者具备良好的统筹驾驭能力，要时刻保持清醒头脑，分清众多业务的轻重缓急。

⑤ 对分散风险的作用难以估计。多元化战略虽然从理论上说可以分散风险，但在实际上，分散风险的程度与效果难以衡量。

5.3　紧缩型战略

5.3.1　紧缩型战略的概念和特点

1．紧缩型战略的概念

紧缩型战略是指企业从当前的战略经营领域和基础水平上收缩和撤退，且偏离战略起点较大的一种战略。从战略态势上看,发展型战略相当于进攻,稳定型战略相当于防御,紧缩型战略相当于撤退。

2. 紧缩型战略的特点

紧缩型战略的特点体现在以下几个方面。

(1) 经营领域缩小

紧缩型战略的突出特点是企业经营领域的收缩,这主要是因为经营环境恶化,社会总需求低迷。在这种情况下,企业要削减一些非核心的业务或产品,以保障其核心业务的发展。

(2) 生产规模降低

由于市场上出现供过于求的局面,导致产品的市场需求下降,迫使企业降低生产规模,以避免产品滞销和资源浪费。

(3) 削减各项开支

在实施紧缩型战略期间,企业面临着严峻的形势,为了保持赢利水平,企业会想方设法降低各种成本,削减各项开支,一切从简。

(4) 具有过渡性

紧缩型战略与稳定型战略一样,都是短期的、暂时的。紧缩不是目的,只是手段或过程,紧缩的目的是为将来更好地发展。

(5) 锻炼企业的应变能力

企业通过实施紧缩型战略,可以锻炼自己应对环境变化的能力,提升企业素质。例如,全球金融危机爆发以后,许多企业订单减少,需求下降,生产规模收缩。这对于企业而言,无疑是一次严冬,能在严冬中生存下来,就是一次新的升华和飞跃,会大大提高企业抵御严寒的能力。

(6) 优化产业结构

企业通过实施紧缩型战略,可以淘汰落后的产品或业务,保留受市场欢迎的好产品或业务。同时,企业还会开发更新更好的产品,这样会使产业结构不断优化,社会不断进步。

(7) 员工士气低落

企业实施紧缩型战略期间,往往会通过减员、降低收入、削减生产任务等缓解压力,这些措施往往会引起员工的不安和士气低落。因此,在紧缩期间,企业要妥善安排员工的工作、学习及生活,尽量防止出现人心涣散、混乱无序的局面。有鉴于此,聪明的企业领导应在紧缩期间积极开展员工培训,为今后的发展做准备。

5.3.2 企业采用紧缩型战略的原因

一般来讲,企业采用紧缩型战略的原因主要有以下几个方面。

1. 战略环境的影响

企业采取紧缩型战略的主要原因是环境的恶化。当环境中的机会很少,威胁很多,企业的发展目标难以如期实现时,企业就会采取紧缩型战略。例如,从事跨国经营的企业所投资的国家或地区爆发了战争,导致经营风险增大,不及时撤退就会有更大危险。在这种情况下,企业可以采取紧缩型战略,从东道国撤离。

2. 企业决策失误

企业采取紧缩型战略的另一种原因是企业领导者决策失误，把企业引向了歧途。一旦发现方向不对，企业要及时从错误的方向撤退，回归到原来的位置，再谋求新的发展。

3. 企业产品结构调整

当企业产品结构处于调整时期时，企业对瘦狗类产品或业务要及时进行压缩和清理，以集中资源，保证健康业务的发展。这时也需要采用紧缩型战略。

5.3.3 紧缩型战略的基本类型

1. 转变战略

转变战略的实施对象是陷入危机境地而又值得挽救的企业，改变这种企业现状的措施有三种。

（1）修订现行战略。在实施战略的过程中，企业所处的环境与制订战略时的预测存在较大的差距时，需要修订现行战略。比如起初预测的需求很好，结果当前需求远远不及预期水平。在这种情况下，企业可以对现行的战略目标进行修订，调低原来的目标。

（2）提高收入。企业为了增加或突出现金流量，往往要提高当期收入。其具体做法包括产品降价销售、改进促销手段、催收应收账款、出售闲置资产等。

（3）降低成本。企业在紧缩期间，要尽量压缩各种日常开支，减少研发、促销、培训等费用。有的企业则采取压缩编制、降低管理费用、加强库存控制等办法降低成本。

2. 撤退战略

（1）放弃战略。当企业遇到的风险足够大，且预计难以通过修订战略和转变战略的方式渡过难关时，就可以采用放弃战略。企业实施放弃战略时，可以通过停止业务投资、停止设备维修、终止广告和研发费用、减少产品的规格和种类、压缩产品配送渠道等途径，逐渐从要放弃的经营领域中抽出资源，以支持发展前景较为乐观的业务。

（2）分离战略。分离战略是指企业将处于困境的业务与其他业务分开，以减轻其对健康业务的干扰和影响。分离的形式有两种：一是将不利的业务单位从企业中分离出去，使其在财务和管理上独立；二是寻找合适的买方，将不利的业务卖掉。企业在发展过程中会遇到许多机会和挑战，要时刻审视自己的业务范围，淘汰不利业务，以保证主营业务蓬勃发展。

3. 清理战略

清理战略又称清算战略，是指在企业无力清偿债务的情况下，通过出售或转让企业的全部资产以偿还债务或停止全部经营业务，而结束企业生命的一种紧缩型战略。清理的目的是尽快结束企业及员工的痛苦和煎熬，避免出现更大的浪费。清理分自动清理和强制清理两种形式。自动清理一般由股东组织清理，强制清理则由法院部门实施。清理战略是企业和员工都不愿看到的一幕，但如果企业经营确实回转无望，就只能宣告破产。因此，及时地实施清理战略是对企业、股东和员工的一种解脱。

5.3.4 紧缩型战略实现的途径

紧缩型战略的实现途径很多，一般可以通过以下六个方面实现。

（1）减员。在实施紧缩型战略期间，企业最常用的办法就是裁减员工。通过减员可以减少产品成本及管理费用的支出，在一定程度上降低成本。

（2）压缩物资消耗。企业在紧缩期间，应压缩各种物资的采购及消耗，严格规定物资消耗定额。

（3）加大现金回流力度，压缩各种支出。企业应加大应收账款的回收力度，增大现金回流幅度，并严格控制各种费用支出。

（4）降低技术研发投资。企业可以减少或中止对技术研发的投入，以保证必需业务的发展资金需求。

（5）精简组织机构。企业应精简组织结构，整合相关管理职能，提高管理效率，降低管理费用。

（6）压缩业务范围。企业对发展不利的业务要及时压缩，以保证健康业务的发展。

5.4 不同规模企业的发展战略

企业规模是指劳动者、劳动手段、劳动对象等生产要素和产品在企业集中的程度。按企业规模的不同，可以把企业大致分为大型企业与中小型企业。但划分的标准是动态的，在不同时期划分的标准也不相同。大型企业虽然规模大、实力强、竞争优势明显，在行业中处于领先地位，但中小型企业也有其灵活、应变性强的优势。在行业中，不同规模的企业实力差距很大，大型企业与中小型企业各有自己的优势与劣势，有着不同的发展战略与思路。

5.4.1 大型企业发展战略

1. 大型企业的概念和特点

（1）大型企业的概念

大型企业是指劳动者、劳动手段、劳动对象和产品等在企业集中的程度高、资产数额巨大的企业。

行业不同，企业规模划分的具体标准也不同。在劳动密集型行业，如纺织、机械加工、服装加工等行业，划分企业规模主要依据的是企业员工人数；在资金和技术密集型行业，如电子、通信、计算机、高新技术和飞机制造等行业，划分企业规模的主要依据是固定资产和经营规模（收入和利润总额）；在服务行业，如金融、旅游、餐饮和大型商业连锁等行业，划分企业规模的主要依据是营业收入。

（2）大型企业的特点

大型企业的特点体现在以下几个方面。

① 设备大、规模大、实力强

大型企业与中小型企业的突出差别就是大型企业的生产设备大型化，技术水平高，产销量大，经营实力强。例如，煤炭、钢铁、石油、化工、建材、汽车等行业的这些特征尤为突出。

② 在行业中处于优势地位

大型企业是行业发展的主力军和国民经济的支柱,在行业中处于优势地位,影响力强,备受社会和国家重视。例如,在我国能源、电力、煤炭、钢铁、汽车、远洋运输和金融等行业,集中了一批国有大型企业,其优势地位和领航作用十分明显。大型企业的竞争优势主要集中在规模、技术、研发、生产、营销、服务,以及资源、品牌、形象等多方面。

③ 辐射力强

大型企业虽然数量少,但其作用很大。一般大型企业经营范围广,合作伙伴众多,对原材料、技术、生产、销售和服务影响大,带动着一批企业的发展。例如,一家大型汽车制造企业的发展可以带动钢铁、能源、电力、橡胶、化工、机械加工,以及许多服务性企业的发展。大型企业的市场面广,产品覆盖国内外,有些大型跨国企业在国际上具有重要影响。因此,大型企业是国家投资的重点,肩负着壮大国民经济的重担,国家十分重视大型企业的发展状况,积极支持大型企业的发展。

④ 市场开拓能力强

大型企业因其经营实力强、产品质量好、服务上乘、企业形象好等,而赢得了消费者的广泛信赖和拥护。企业有条件壮大营销队伍,扩大营销网络,进行市场开拓,并通过广告宣传和公关活动,在全社会树立良好的企业形象。

⑤ 多元化经营

大型企业绝大多数进行多元化经营,产品涉及众多行业。多元化经营不仅可以分散企业的经营风险,还可以利用更多的市场资源扩大企业规模,增加社会就业,为社会创造更多价值。值得注意的是,大型企业的多元化经营要避免落入“多元化陷阱”中。

⑥ 组织机构复杂

大型企业组织机构复杂,管理层次多,管理幅度大,管理队伍庞大,机构臃肿,容易带来低效率、行政化、官僚化、盲目自大和反应迟钝等一系列弊病。

2. 大型企业发展战略的类型

(1)规模化战略

规模化战略是指企业通过扩大规模实现产品的低成本,以获取规模经济效益的发展战略。大型企业的规模化战略有两种实现形式:一种是单厂战略,即通过单个企业(单一法人)规模的扩大来实现发展目标;另一种是多厂战略,即通过多个企业(多法人)规模的扩大来实现企业的发展目标。多厂战略一般就是企业集团的发展形势。

当企业的规模较小时,产品成本较高。随着生产批量的增加,产品成本逐渐下降,其原因是厂房、设备、生产线等这些固定成本在产品成本中的分摊比例逐渐减小的缘故。这就是经济学中的规模经济的内涵。需要指出的是,产品成本并不随规模扩大而一直降低,当超过某一规模时,产品的成本水平又会上升,出现规模不经济现象。其原因是:当生产批量达到一定程度时,原有的固定资产投资不能满足当前的生产需要,必须再度追加固定资产投资,这样又会导致产品成本中固定成本比例的增大,引起产品成本上升。因此,大型企业应努力掌握最佳规模,获得最佳效益。例如,国际上小轿车的规模经济范围是年产30万~100万辆,年产50万辆的生产能力是理想规模。

（2）多元化战略

大型企业大多选择多元化战略。因为多元化战略需要投入大量的资金和资源，实力小的企业根本做不到。企业的业务范围扩大以后，可以分散企业风险，充分挖掘企业的资源潜力，更好地利用市场机会，更好地满足消费者的需求，保证企业的稳定发展。多元化的形式有很多种，企业应根据自身实力选择合适的形式。

另外，大型企业科、工、贸一体化的经营模式，为实施多元化战略提供了很好的支持。所谓"科"是指企业的研发能力，"工"是指加工制造能力，"贸"是指产品的销售环节。传统的企业经营模式往往仅涉及产品的生产，而对产品开发与市场销售很少顾及，但根据现代社会的发展及竞争的需要，企业要在多个方面具备自己的竞争优势与核心能力。因此，"科"与"贸"这两个环节正在成为企业核心能力培育的关键点。

（3）集团化战略

集团化战略是大型企业本着优势互补、互利共赢、协同发展的原则，通过组建企业集团的方式实现更高、更大目标的发展战略。通过集团化战略，企业可以全面整合资源，培育核心竞争力，进而实现扩大企业经营规模，获得规模效益，提升企业形象，扩大企业社会影响力的目标。实践证明，集团化是大型企业发展过程中的重要选择。

（4）国际化战略

国际化战略是指企业以满足国际市场为主的发展形势，是大型企业选择的一种重要发展战略。国际化战略的形式有商品出口、境外投资和跨国经营等方式。大型企业实力雄厚，影响力大，在满足国内市场的同时，要适时进入国际市场，根据各个国家和地区需求的差异性，采取差异化竞争战略，努力把企业产品推向国际市场。当企业的国际化经营达到一定规模时，应考虑在全球范围内实现企业资源的优化配置。

目前，从事国际化经营的中国企业从规模和实力上看，与欧美发达国家和地区的企业还有相当大的差距，但这些中国企业正在努力学习和认真实践，正在把"海尔"、"海信"、"长虹"、"同仁堂"等中国的名牌向世界积极推广。正如海尔集团提出的"国门之内无名牌"，中国企业的品牌只有真正成为世界的名牌，才算真正强大起来。

（5）主导产业投资战略

大型企业是国民经济的支柱和命脉，对社会经济起着重要的支撑作用。大型企业是行业发展的稳定器和航标，引领着行业的发展方向，在环境保护、企业创新、守法纳税、保障职工权益等方面起着标杆作用。因此，大型企业要选择与国家发展战略密切相关的主导产业投资，这样才能实现企业的价值，履行企业的使命。

主导产业一般应具备以下特征：一是该行业反映科技的进步，如高新技术、环保技术等行业；二是该行业的发展可以带动许多行业的发展，如汽车、钢铁、能源、信息等行业；三是市场需求巨大，发展前景好，如节能、环保等行业；四是在国民经济中占有较大比重。

3. 大型企业战略决策时应考虑的因素

（1）国家发展战略

大型企业的发展必须关注国家发展战略，国家发展战略是一定时期内国民经济发展的航标。国家发展战略中蕴含着巨大的发展机遇，为大型企业的发展提供了很好的机会。自1999年以来,我国先后提出了西部大开发战略、振兴东北老工业基地战略、中部地区崛起战略、加快沿海地区开放战略等一系列重大举措,许多大型企业充分利用其中的重大机会,实现了较好的发展。

（2）市场需求的发展趋势

大型企业的发展不仅考虑近期需求,更重要的是要把握未来市场需求的发展和变化。随着社会的快速发展,市场需求更新和变化的步伐日益加快。大型企业要密切关注市场需求的发展动态和趋势,充分发挥大企业的优势,创造市场,引领消费,促进社会的全面进步。

（3）产业发展趋势

大型企业应科学分析所处行业的发展特点,准确把握行业发展趋势,在行业发展中寻找企业的发展机会。同时,要分析行业的发展阶段和国家的行业发展政策,科学制定企业发展战略。

（4）高新技术发展动向

当今世界,科学技术日新月异,技术变革与更新的步伐越来越快,高新技术不断涌现,为企业发展提供了很好的机会。高新技术作为国家的主导产业,具有投资大、效益高、技术优势突出、社会影响大等特点,大型企业应积极选择高新技术投资,利用高新技术对传统产业进行改造和升级,并积极开展与科研机构、高校的合作,把其研发优势转化为企业的竞争优势。

（5）资源状况

大型企业的发展需要大量的资源作保障。资源不仅包括原材料、能源、动力、设备、场地等有形资源,还包括人力资源和资金。资源较为充裕时,企业发展就较为容易;资源紧张甚至短缺时,企业发展的代价就会增大。因此,大型企业做出战略决策时,不仅要考虑外部环境的机会,还要考虑企业可支配或利用的资源情况。

（6）企业实力

大型企业做战略决策时,除考虑以上诸多因素外,还要考虑企业的实力状况。认真分析企业的优势与劣势,并积极弥补不足和差距,使企业的实力能保证企业的正常发展。企业实力强,就有较多的机会可以利用;企业实力差,再好的机会也难以利用。

5.4.2　中小型企业发展战略

1. 中小型企业的概念和特点

（1）中小型企业的概念

中小型企业是指劳动者、劳动手段、劳动对象和产品等在企业集中的程度为中等或偏低,资产数额较小的企业。

中小型企业数量多,分布广,是国民经济的重要支撑。自20世纪50年代以来,中小企业在世界范围内迅猛发展,在世界经济中发挥着日益重要的作用。欧美等发达国家和地区十分重视发展中小企业,采取各种措施鼓励中小企业的发展,以限制大企业的垄断。

经过多年的改革开放,我国中小企业发展迅速,取得了十分辉煌的成绩,成为我国经济社会发展中的重要力量。据统计,全国中小企业数量占全部企业总数的99%,在全国工业产值和实现利税中分别占 60% 和 40% 左右，为全社会提供了大约 75% 的就业机会。中小型企业在技术创新、扩大就业、对外开放和推动区域经济发展方面发挥着重要作用。

（2）中小型企业的特点

① 适应能力强。中小型企业虽然规模小、实力弱，但它们有自己独特的优势。所谓"船小好掉头"，说的正是中小型企业对环境变化反应敏捷、决策果敢、行动迅速的特点。在现代社会"快鱼吃慢鱼"的竞争规则下，快速反应是中小型企业战胜对手的法宝。

② 管理简单。中小型企业规模小，组织结构简单，管理层次少，便于控制。尤其是处于刚刚起步阶段的小企业，更是业务集中，管理简单。

③ 易获得市场优势。中小型企业处于行业的底层，竞争实力较差。因此，中小企业更能体会到顾客的实际需求，它们对顾客态度更好，注重长期合作，容易得到顾客的认可和青睐。

④ 资金困难。资金困难是中小型企业普遍面临的问题。中小型企业实力弱，社会信誉差，融资渠道少，融资能力小，所以易出现资金困难。目前，许多国家为解决中小型企业融资困难的问题，都积极出台了一些鼓励性政策和措施，如成立中小企业发展银行、制定减免税负的优惠政策、协调中小企业间的合作等，以推动中小型企业的发展。

⑤ 经营风险大。中小型企业虽然适应性强，但因其自身实力薄弱，抵抗风险的能力差，容易出现"船小易翻船"的现象和局面。例如，2007 年下半年全球性金融危机爆发，对我国的中小型企业影响很大，尤其是对珠江三角洲地区和长江三角洲地区的涉外企业打击很大，相当数量的中小型企业遭遇生存危机或停工破产。

⑥ 成本高。中小型企业因为生产规模小、技术落后、效率低等，产品成本往往较高。因此，中小型企业在行业竞争中一定要避开成本竞争，可以从其他方面培育竞争优势。

2．中小型企业发展战略的类型

（1）专业化战略

专业化战略是指企业通过提高某一方面或少数几方面业务的专业经营能力，以集中突出企业的竞争优势，从而实现其战略目标的发展战略。中小型企业因实力所限，经营范围不宜过多，应坚持"小而专"和"中而专"的发展原则，提高企业的专业化程度，把少数几种产品或业务做强做精，并且同一行业中的中小型企业的目标市场尽量不要相同，避免过度竞争。

（2）规模化战略

规模化战略是指企业通过扩大经营规模实现更大目标的发展战略。任何一个大企业都是由小到大发展而成的，中小型企业在发展过程中要坚持规模扩大化战略。在市场需求旺盛、产品前景看好、企业资源充足的情况下，应考虑把企业由"小而专"做到"中而专"和"大而专"，力争实现规模经济。

（3）联合经营战略

联合经营战略即由两个或两个以上的中小企业或其他组织按照自愿、平等、互利的原则组织起来，形成联合舰队模式，共同应对大型企业的竞争。在行业竞争中，单个中小型企业难以与大型企业抗衡，可以通过实施联合经营战略，实现与大企业的竞争。在联合经营中要注意以下四点。

①选择好联合对象。中小型企业要本着协同互利、共同发展的原则寻求合作伙伴。合作方可以是企业、科研机构、高等院校等不同的组织。

②要明确联合的内容。企业要根据自己的具体情况和外部环境状况,选择在原材料开发和资金、人才、技术、设备、厂房的利用方面进行联合,或者选择在供应、生产、销售和服务等方面进行纵向的联合。

③选择好联合的方式。联合形式有以资产为纽带的紧密型联合方式、以契约为纽带的松散型联合方式和两者兼而有之的半紧密半松散型联合方式。

④要明确联合的基本原则。中小型企业间的联合应坚持自愿、平等、互利的原则,联合的目标是优势互补、互利共赢、加强优势、共同发展。

（4）特色经营战略

中小型企业应选择与大企业不同且具有特色的目标市场,提供与众不同的产品或服务,积极实施特色经营战略。中小型企业的特色可以体现在"新、奇、特、廉"等方面。特色经营的实现形式有很多,或满足特殊顾客群的需求,或产品功能特殊,或企业生产技术独特,或企业拥有独特的资源,或企业的经营模式独特,等等。中小型企业要坚持"人无我有,人有我优,人优我转"及"奇货可居,以特取胜"的经营思想,大胆创新,努力开发企业特色。

（5）补缺经营战略

补缺经营也称缝隙经营,即从众多细分市场中发现一些被大企业所忽视或放弃的小市场,并以此作为经营目标,实现企业的发展。这些缝隙市场尽管空间小,但竞争不激烈,比较适合于中小型企业。例如,20世纪80年代初,我国苏州电梯厂的实力远不及上海、天津和北京的几家大电梯厂。经过调查,发现那几家大电梯厂只生产标准电梯,而不生产非标准电梯,于是,苏州电梯厂就委托某高等院校开发出了适合特殊用户需要的非标准电梯,受到了用户欢迎,企业也因此获得了丰厚的利润。

中小型企业要扬长避短,发挥自身优势,选择大企业不愿意经营的边缘性市场作为目标市场,并通过科学的市场细分,发现尚未满足的空缺市场并及时填补,以达到拾市场之遗、补市场之缺的效果。

3. 中小型企业战略决策时应考虑的因素

（1）企业成长阶段

中小型企业在选择发展战略时,应考虑自身的成长阶段和实力状况。如果企业处于成长期,则应实施积极的发展型战略,多方筹措资金,不断扩大规模,加大市场开拓的力度,注重品牌塑造,争取使企业成为行业中的佼佼者;如果企业处于成熟期,则应以稳定发展为主;如果企业处于衰退期,就应该考虑采取收缩、撤退、终止和淘汰策略。

（2）市场需求状况

中小型企业的发展决策应充分考虑市场需求的变化及发展趋势。随着社会的发展,需求个性化的趋势日益显著,传统的大批量生产、规模化营销的方式将逐渐减少,多品种、小批量甚至是单件生产的经营模式正在逐渐成为主流。这样的需求发展趋势非常有利于中小型企业的发展。

（3）竞争对手的情况

对中小型企业而言，其竞争对手就是大型企业。中小型企业在做战略决策时，要认真分析行业中大型企业的竞争态势，努力避开与大企业的竞争，以降低竞争风险，保证企业稳定发展。

（4）与之协作配套的整机厂情况

中小型企业往往是为大型企业提供零配件，满足整机厂的组装和生产需求。中小型企业的发展命运与整机厂的发展休戚与共，整机厂效益好，合作配套的中小企业也就经营红火，效益可观；整机厂的产品需求低迷，合作配套的中小企业也会处于经营困境。两者形成了一个利益共同体，因此，中小型企业的发展一定要考虑与其协作配套的整机厂的情况。例如，一个为汽车厂提供轮胎的小型企业，其发展前景就受汽车厂产品需求的影响。

（5）国家对中小型企业的发展政策

因中小型企业数量多、覆盖面广、对社会就业贡献大，所以许多国家都出台了支持中小型企业发展的政策；同时，成立相应的机构（中小企业局、中小企业银行等）予以支持。我国政府也在税收、融资、技术服务、科技创新等方面向中小型企业提供了许多优惠政策。

5.4.3　总体（公司）战略的选择方法

1. 波士顿（BCG）矩阵法

（1）波士顿矩阵的基本结构

波士顿矩阵法把一个公司各种战略业务单元所处的地位，画在一张具有四个区域的坐标图上，如图 5-5 所示。

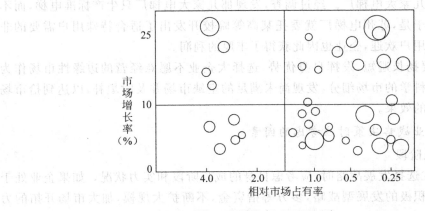

图 5-5　波士顿（BCG）矩阵

图 5-5 中横坐标表示某项业务的相对市场占有率，代表公司在该项业务上拥有的实力；纵坐标表示该项业务的市场需求增长率，代表该项业务的市场吸引力；每个圆圈面积的大小表明了该项业务销售收入的多少。

其中的市场增长率是根据历史资料计算的，即

$$市场增长率＝[（本期总销售额－上期总销售额）/上期总销售额]×100\%$$

在比较前后两期的销售额时,应消除价格变动因素。高增长和低增长的分界线,可根据具体情况相机选择。

相对市场占有率代表了企业某项业务的实力,是以倍数而不是以百分数表示的。

在波士顿矩阵中的第三个参数是各项业务的销售收入。它以圆圈的面积来表示,说明该业务在公司所有业务中的相对地位和对公司的贡献。可以用来说明各项业务对公司贡献的指标不只是销售额,其他指标如利润额等也可以起类似的作用。

(2) 波士顿(BCG)矩阵的战略建议

根据资金流向的不同,波士顿矩阵把公司从事的多项业务分为问题业务、明星业务、瘦狗业务和金牛业务四类,如图 5-6 所示。

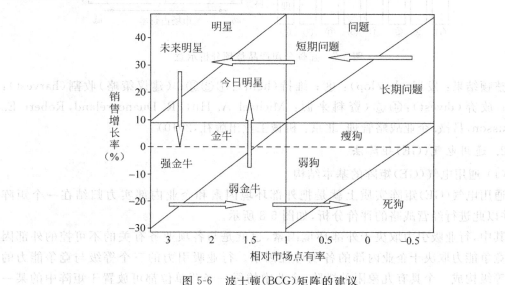

图 5-6　波士顿(BCG)矩阵的建议

上述四类业务,从市场占有率的角度出发可以有四种战略方针:

① 扩大市场占有率,保持市场占有率;
② 挖潜利用,允许市场占有率下降;
③ 耗用现有实力,务求短期内回收资金;
④ 转让退出。

香港嘉顿公司产品整顿案

嘉顿公司创立于 1926 年。八十多年以来,嘉顿经历了时代的动荡,社会的变迁和科技的演进。时至今日,嘉顿依然坚持品质至上、积极创新、与时俱进。现时数以千计的嘉顿食品之中,不少曾荣获国际及地区性美食奖项,质素不言而喻。嘉顿公司是现时全港最大、最具规模及设备最先进的食品企业之一,在生产技术、品质、产量和市场发展方面,早已达至国际水平。

嘉顿一直坚持以品质为本,致力提供营养卫生的食品,并为快餐连锁店、酒店,及餐厅等用家市场提供优质的糕饼用料。嘉顿已在世界各地竖立了鲜明的品牌形象,深受顾客及用家的支持和拥戴。

嘉顿公司的业务范围,如图5-7所示。

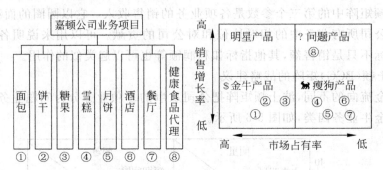

图5-7　嘉顿公司产品整顿分析示意

整顿结果:发展(develop):⑧;维持(hold):①②③;(建议策略)收割(harvest):⑥⑦;放弃(divest):④⑤(资料来源:Michael A. Hitt, R. Duane reland, Robert E. Hoskisson,吕薇.企业战略管理.北京:机械工业出版社,2010)。

2. 通用电气(GE)矩阵法

(1) 通用电气(GE)矩阵的基本结构

通用电气(GE)矩阵实质上就是把外部环境因素和企业内部实力归结在一个矩阵内,并以此进行经营战略的评价分析,如图5-8所示。

其中,行业吸引力取决于外部环境因素,也就是与各项业务有关的不可控的外部因素。竞争能力取决于企业内部的各项可控因素。行业吸引力的三个等级与竞争能力的三个等级构成一个具有九象限的矩阵,企业中的每一经营单位都可放置于矩阵中的某一位置。

但总体来说,企业内所有经营单位可归结为三类,而对不同类型的经营单位应采取不同的战略:①扩张类,②维持类,③回收类。

(2) 通用电气(GE)矩阵的应用步骤

通用电气(GE)矩阵的应用步骤,如图5-9所示。

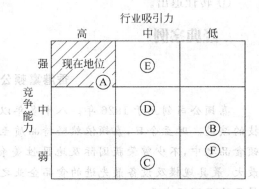

图5-8　通用电气(GE)矩阵　　　图5-9　通用电气(GE)矩阵的应用

① 确定对每个因素的度量方法;
② 计算行业吸引力与竞争能力的等级值;
③ 确定各个经营单位的位置;
④ 确定各个经营单位的战略。

经典案例

荷兰皇家—壳牌石油公司的政策指导矩阵

荷兰皇家—壳牌石油公司的政策指导矩阵与通用电气(GE)矩阵的结构大体相同,只不过它以"产业前景"代替了"行业吸引力",但其实质内容差不多,如图 5-10 所示。

3. 生命周期分析法

(1) 行业生命周期—企业竞争地位矩阵

生命周期分析法以行业生命周期和企业竞争地位两个参数确定公司中各个经营单位所处的位置,如图 5-11 所示。

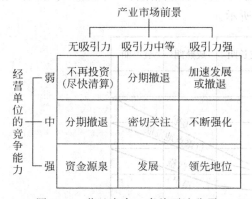

图 5-10 荷兰皇家—壳牌石油公司
的政策指导矩阵

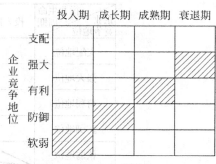

图 5-11 行业生命周期—企业
竞争地位(ADL)矩阵

(2) 行业生命周期

生命周期理论认为,任何行业的发展都要经历投入、成长、成熟、衰退四个阶段。每一阶段行业呈现不同特点,根据这些特点可对所在行业的阶段做出判断,如图 5-12 所示。

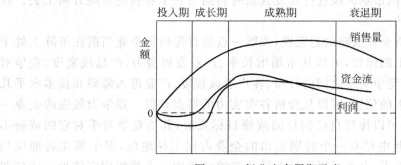

图 5-12 行业生命周期示意

（3）企业竞争地位

一般来说，企业在一个行业中的竞争地位有以下五种。

① 支配地位：处于支配地位的企业能够控制竞争者的行为，其战略的制订不受竞争者的影响。

② 强大地位：处于强大地位的企业能够遵循自己所选择的战略而不必过多关注竞争对手的行为。

③ 有利地位：处于有利地位的企业虽不处于主导地位，但这些企业都居于良好的竞争地位及拥有各自的竞争优势。

④ 防御地位：处于防御地位的企业具有较好的业绩，能与主要的竞争对手相抗衡，有能够维持其地位的机会。

⑤ 软弱地位：处于软弱地位的企业竞争地位弱，优势少，很难长久地与竞争者相抗衡。

（4）生命周期分析法的战略建议

以行业生命周期为横坐标，企业竞争地位为纵坐标，就组成一个具有 20 个单元的生命周期矩阵。按照亚瑟·科特尔咨询公司的建议，有四种战略选择，即发展战略、有重点地发展战略、调整战略与退出战略，如图 5-13 所示。

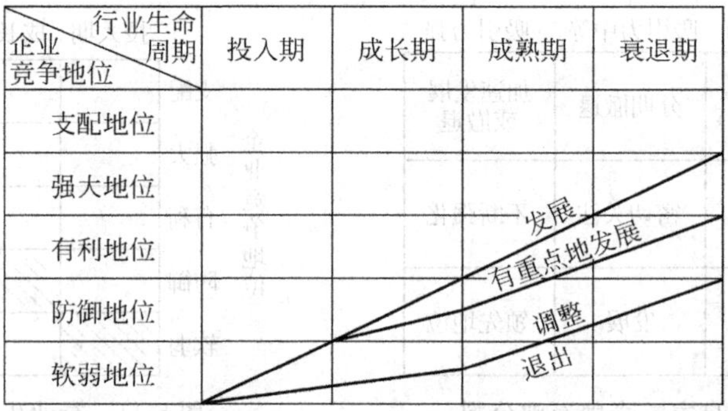

图 5-13　亚瑟·科特尔咨询公司战略选择模型（生命周期矩阵）

根据行业生命周期—企业竞争地位矩阵，当企业和市场条件不同时，相同的战略可以有不同的形式，如一个占支配地位的企业可以主动引导消费，刺激需求量增加，从而达到市场发展的战略目标。而在一个成熟的市场上实力弱小的企业没有能力使市场需求扩大，只能瞄准一个新的市场区段进行开发或及时转向另一个有利的发展方向上去。这样才能达到发展的目的。

利用这种方法分析企业战略的适宜性，关键一点是首先确定企业当前在矩阵上处于什么位置。确定横轴上的位置，可以从市场增长率、产业发展潜力、产品线宽度、竞争对手数量、市场份额在各竞争对手之间的分布、客户忠诚程度、产业进入障碍和技术水平几方面考虑。确定纵轴上的位置，可以从分析各类实力的特点获得。竞争力较强的企业一般具有市场领先地位，可以按照自己制订的战略目标发展，其他竞争对手对它的威胁不大。有利地位是指行业中没有一个特别突出的企业占据主导地位，多个领先者地位均等。在尚可维持的状态下，企业可以通过差异化战略或集中一点战略固守阵地。而较弱的企业由于缺乏实力,很难长期独立地生存下去。一般来讲,在市场增长的情况下,实力较强的企业可以遵循正常发展的道路,即可以通过各种不同的途径实现发展的目的。具有统治地位的企业在行业的整个生命周期过程中,都可以保持很强的竞争实力,关键要看这个企业能否适时调整其战略方向。与此相反,实力弱小的企业如果不能找到一个避风港,即开发出一块自己的市场空间,将难以生存下去。

5.5 企业并购

企业并购是指一个企业通过购买另一个企业全部或部分的资产或产权,从而控制、影响被并购的企业,以增强企业竞争优势、实现企业经营目标的行为。近年来,随着我国经济体制改革和现代企业制度的推行,这一方式越来越受到我国企业界的重视。

经典案例

IBM 和 Lotus 两家公司 1995 年的并购案例,是一个非常值得回味的经典成功之作。两家公司合并以来,双双获得了很好的收获。Lotus 借助 IBM 强大的市场能力把 Notes 的销售量扩大到 10 倍;而 IBM 则借 Lotus 填补了产品空白,促进了它向软件巨人的转变进程。

为了应付来自因特网和 Web 内部网日益激烈竞争的威胁,Lotus 急需扩大其市场份额。在 1995 年 12 月 Lotus 宣布了降价行动,同时公布了新的 Notes 战略。IBM 派了 600 人加入到 Lotus 的销售队伍中,并承担这次不同寻常的促销活动的费用。良好的促销让销售额开始迅速攀升。这次活动使 Domino 成为 IBM 因特网战略的法宝,同时 Domino 也成为最受认可的 Web 品牌之一。

(资料来源:刘宝宏.企业战略管理.大连:东北财经大学出版社,2012)

分析:

IBM 与 Lotus 的合并结果是 IBM 巩固了 Lotus 的软件生产能力,而 Lotus 则拥有 IBM 所缺乏的运营效率。市场对 IBM 的认识发生了巨变,IBM 的股票从合并之初的"抛锚"状态一路攀升。Lotus 的员工从 IBM 的分红计划中获得了丰厚的回报,同时 IBM 的形象也彻底得到了改变。

5.5.1 企业并购的类型

企业并购的类型一段有合并与收购,如图 5-14 所示。

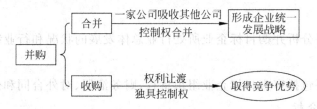

图 5-14 企业发展战略实施并购方式

1. 按并购行业情况分类

按并购行业情况的不同,可以把企业并购分为横向并购、纵向并购和混合并购三种方式。

(1) 横向并购。横向并购是指在同一行业中产品类似、存在竞争关系的企业间的并购行为。这种方式的并购可以减少竞争者的数量,提高行业集中度,有利于同类企业整合资源,取得规模效益。

(2) 纵向并购。纵向并购是指按产品价值链的环节进行的并购行为,其目的是实现纵向一体化。这种形式的并购又可分为前向并购、后向并购和前后双向并购三种形式。

(3) 混合并购。混合并购是指并购的对象是在产品生产和市场方面与收购企业没有直接关系的企业的并购行为。这种收购方式的目的是实现企业的多元化战略。

2. 按并购动机分类

按并购动机的不同,可以把企业并购分为善意并购和恶意并购两种方式。

(1) 善意并购。善意并购是指并购双方在自愿、合作、公开的前提下所实施的并购活动。在善意并购条件下,双方高层管理者认同并购条件、价格、方式等。因此,这种并购方式成功率较高。

(2) 恶意并购。恶意并购是指在被收购企业不同意收购条件或不知情的情况下,由收购企业通过证券市场强行收购的行为。在恶意并购中,并购双方往往会展开激烈的斗争。

3. 按融资方式分类

按融资方式的不同,可以把企业并购分为杠杆收购和管理层收购两种方式。

(1) 杠杆收购(leveraged buy out,LBO)。杠杆收购是指收购方以被收购企业资产做抵押,通过大规模的融资借款来实施对被收购企业的收购。收购企业通过发行高利、高风险的债券筹集收购资金,收购成功后,收购方再用被收购企业的收益或出售其资产偿还债券本息。

(2) 管理层收购(management buy out,MBO)。管理层收购是指企业管理者与经理层利用所融资本对公司股份进行的购买行为。管理层收购在激励内部人员积极性、降低代理成本、改善企业经营状况等方面起着积极作用。

5.5.2 并购目标企业的选择

收购企业在实施并购之前,要对被并购企业进行全面分析,要结合环境条件和企业自身状况做出选择,确定并购目标企业。

1. 行业分析

行业分析主要分析并购目标企业所处行业总体发展的状况和行业结构情况。

2. 法律分析

法律分析主要包括审查目标企业组织章程、财务清册、对外合同和公司债务等。

3. 经营状况分析

经营状况分析主要分析目标企业近几年的经营状况及产品竞争力、市场营销、人力资源和组织结构等。

4．财务分析

财务分析主要分析目标企业财务报表中的信息是否真实可靠。

5.5.3 并购资金的来源

1．内部筹资

内部筹资主要是企业通过自有资金及发行内部债券的形式来筹集资金。

2．借款

借款指企业向银行或非银行金融机构借款。

3．发行债券

发行债券指企业向社会发行债券，以募集社会资金。

4．发行股票

发行股票指企业通过证券市场发行股票来筹集资金。只有企业成为上市公司后才可发行股票。

5.5.4 并购企业的整合

企业在完成并购以后，并不意味着下面的工作就一帆风顺，接下来要对被并购的企业进行统一整合。整合的内容主要包括以下六个方面。

1．战略整合

战略整合就是经营方向和战略目标的整合。并购以后，企业需要用新的战略思想和战略目标统一规范被并购企业，使之与并购企业战略形成一个相互配合、紧密关联的战略体系，充分发挥协同作用，促使企业快速发展。

2．业务整合

企业实施并购以后，要对被并购企业的有形资源、无形资源进行整合，对其原有的业务重新调整，规划出新的业务方向，以适应企业发展的需要。

3．制度整合

企业实施并购以后，要对被并购企业的管理制度进行整合。如果被并购企业在采购、生产技术、销售服务以及财务、人事和分配等企业管理制度方面，与并购企业存在较大差异，就不利于企业的协调发展。当被并购企业的管理制度比较先进时，可以不对其进行大幅度的调整，仍利用原来的制度，甚至可以把其中先进的制度推广到并购企业中；当被并购企业的管理制度比较落后时，就需要将并购企业中优良的管理制度引入到被并购企业中去。

4．组织整合

企业并购以后，要按照企业战略的要求，对被并购企业的组织机构进行整合，该合并的部门要合并，该加强的部门要加强，该撤销的部门要撤销。在整合过程中，要注意组织设计与人员匹配的科学性，保证组织机构高效运行，保证企业战略目标顺利实现。

5. 人力资源整合

组织机构整合好以后，下一步就是人力资源的整合。在人力资源整合中，企业高层领导一定要站在企业发展全局的角度考虑和设计人力资源的配置，要抛开个人情感因素，坚持公平、公正、公开的原则，充分利用企业内外的人力资源系统，把最优秀的人才安置到最适合的岗位上。

6. 企业文化整合

企业并购以后，企业文化的整合是一项难度较大的工作。因为并购企业与被并购企业在历史、人员构成、企业领导人的风格、企业制度等方面存在较大的差异，从而导致了两者在企业精神、价值观念、经营方针等企业文化方面的差异性。因此，在并购以后，应本着求同存异、相互学习、相互融合的原则，构建一种适合新型企业的企业文化。

企业战略类型的定义及举例，见表5-2。

表5-2　企业战略类型的定义及举例

战略类型	定　义	举　例
市场开发战略	将现有产品或服务打入新的地区市场	沃尔特·迪斯尼公司在中国香港投资建设一个主题公园
产品开发战略	通过改造现有产品或服务，或开发新产品或服务开发市场份额	"方太"的崛起证明了飞翔集团二次创业的成功
市场渗透战略	通过更大的营销努力提高现有产品或服务的市场份额	网上证券交易经纪公司将广告开支增加为原来的3倍
相关多元化战略	增加同组织现有产品或劳务相类似的新产品或新劳务	吉利：刀片、梳妆台、皮肤护理品、牙刷和牙齿护理品、电动剃须刀、咖啡机、吹风机、电动牙刷
非相关多元化战略	增加同组织现有产品或劳务大不相同的新产品或新劳务	菲利普·莫里斯公司先后收购了米勒酒业、通用食品、纳斯贝克饼干公司等
前向一体化战略	获得分销商或零售商的所有权或对其加强控制	沃尔玛、SharperImage等传统的零售商都正在通过商店及网络的多渠道促销而回击纯网上商店的进攻
后向一体化战略	获得供方公司的所有权或对其加强控制	在沃尔玛商店销售出一盒帮宝适纸尿裤时，商店款台的扫描器会立即向宝洁公司发出订货指令
横向一体化战略	获得竞争者的所有权或对其加强控制	国内最大的两家汽车公司一汽和二汽，已先后在全国各省市并购了数十家汽车厂，组成集团
收缩战略	通过减少成本与资产或重组企业，以扭转销售和赢利的下降	2013年雅芳公司计划裁员400人并退出爱尔兰市场
剥离战略	出售企业的分部、分公司或任何一部分	亚信科技将其子公司汉普管理咨询公司出售给汉普的管理层，将包含电子政务的资产转移给长天科技集团有限公司

续表

战略类型	定　义	举　例
清算战略	为实现其有形资产价值而将公司全部资产分离出售	Ribol 公司售出其全部资产并停业
联盟战略	两个或两个以上的经济实体为了实现特定的战略目标,在保持自身独立性的同时通过股份和非股份的方式建立较为稳固的合作关系	联想集团与可口可乐公司再度携手,推出联想天逸 F20 可口可乐全球限量珍藏版笔记本电脑
合资战略	两家或更多的发起公司为合作目的组成独立的企业	为了进入日本市场,施乐和富士公司建立了一家合资企业即富士-施乐,施乐交出它的静电印刷技术
抽资战略	企业暂时维持现状,不再追加投资以求发展,而将企业的利润和现金流量储存起来,等待机会再把资金投入新的领域	万科著名的"减法理论",及对非核心企业关、停、并、转,力主"以房地产为核心业务"
成本领先战略	通过设计一整套行动以最低的成本生产并提供给顾客产品或服务	格兰仕先后卖掉羽绒厂和毛纺厂,资金全部集中到微波炉业务上
差异化战略	集成企业一系列的行动,以向顾客提供其认为是重要并且与众不同的产品或服务,与众不同处可以是产品的质量、性能、品牌、外观形象等	海尔在顾客服务方面实行了一系列创新性的做法,在消费者心中建立起了"海尔服务"的优良口碑
聚焦战略	把战略的重点放在一个特定目标市场上,为特定的地区或购买者集团提供特殊的产品或服务	可口可乐、沃尔玛成为全球饮料、零售业的"巨无霸"
最优成本供应商战略	低成本和超越最低限度可接受的质量、服务、特色与性能等	丰田的 Lexus 产品在美国的推广

（资料来源：迈克乐·A.希特,R.杜安·爱尔兰,罗伯特·E.霍斯基森.战略管理——竞争与全球化.吕巍,等,译.北京：机械工业出版社,2012）

本章小结

　　在企业战略体系中,总体战略处于最高地位,起着统领全局的作用。它规定了企业的发展思路与方向,明确了企业当前及未来业务的增长方式,是企业战略成功的关键。

　　稳定型战略是指限于经营环境和内部条件,企业在战略期所期望达到的经营状况基本保持在战略起点的范围和水平上的战略。稳定型战略基本类型有无变化战略、近利战略、暂停战略、慎进战略。

　　发展型战略是一种使企业在现有的战略基础上向更高一级目标前进的战略。发展型战略以发展为核心,引领企业整合各种资源,利用各种机会不断进行技术创新,更新生产和管理模式,积极开拓新的市场,扩大销售规模,提高企业的竞争实力,实现企业的健康发展。发展型战略的基本类型有集中型发展战略、一体化发展战略、多元化发展战略。

　　紧缩型战略是指企业从当前的战略经营领域和基础水平上收缩和撤退,且偏离战略起点较大的一种战略。从战略态势上看,发展型战略相当于进攻,稳定型战略相当于防御,紧缩型战略相当于撤退。紧缩型战略的基本类型有转变战略、撤退战略和清理战略。

不同规模企业的发展战略是不同的。大型企业的发展要依靠其规模、研发、生产、营销、品牌和形象等优势,积极实施规模化战略、多元化战略、集团化战略、国际化战略和主导产业投资战略。中小型企业应发挥其灵活善变、管理简单的优势,实施专业化战略、规模化战略、联合经营战略、特色经营战略和补缺经营战略等。

企业并购是指一个企业通过购买另一个企业全部或部分的资产或产权,从而控制、影响被并购的企业,以增强企业竞争优势、实现企业经营目标的行为。

思考与练习

一、名词解释

公司战略　战略的衡量标准　战略的构成要素　纵向一体化市场发展战略
发展型战略　紧缩型战略多　　多元化战略

二、简答题

1. 简述稳定型战略、紧缩型战略的特点。
2. 发展型战略有几种类型?
3. 简述紧缩型战略实现的途径。
4. 简述大型企业发展战略的类型。
5. 简述企业并购的含义和形式。
6. 简述企业战略联盟的概念和形式。

三、案例分析

案例一

沃尔玛的增长型战略

在沃尔玛创业初期,大型公司多在大中城市从事零售业,而对小城镇置之不理。山姆·沃尔顿却盯住这一市场空白,选定美国小镇为其服务的细分市场,采取了"农村包围城市"的战略,逐渐做大。沃尔玛的具体策略是以州为单位,一个镇一个镇地设店,直到整个州市场饱和,再向另一个州扩展。由一个镇到一个州,由一个州到一个地区,再由一个地区到全美国,再从美国扩展到全世界,沃尔玛逐渐做大。这家企业定位准确,成功地利用了小城镇这个被他人所遗忘的细分市场。待其他零售商发觉时,沃尔玛的连锁店已经占据了一大块市场份额,在美国站稳了脚跟。

(资料来源:杰梅沃特.战略管理.何润宇,译.北京:北京大学出版社,2013)

思考:

(1) 沃尔玛为什么采用增长型战略?

(2) 沃尔玛在美国的企业战略是什么?

案例二

吉利的低成本战略

在讲究品牌、名声的汽车市场，出身草根的浙江吉利控股集团（以下简称吉利），非常善于利用自己的强项，"不能造出比别人好的车，就造比人家便宜许多的车"。因此，低成本战略被吉利用到极致。在造车路径上，在对资源的掌控上或者对生态环境的搭建上，吉利都"花小钱办大事，不花钱也办事"。而这些成本控制的市场结果，就是吉利以一半甚至更低的价格卖"吉利的夏利""吉利的思域""吉利的威驰""吉利的花冠"……

在吉利的生命力中，"低成本"和"模仿借鉴水平"是两个关键要素。

吉利的造车路径与日本、韩国没有多少差别，都是从模仿开始。1997年，吉利造车的家底就是20万辆摩托车的产销规模。而且开始造车时，吉利内部也只有3个来自湖南汽车制造厂的"专业"人士。缺少资金和经验的吉利并没有像当年华晨造中华那样买来产品平台，而是走了一条最低成本的造车路径：利用现有车型分拆并模仿学习，吉利自己称之为"描红"。

吉利认为被迫去采用"描红"手段，其实也有好处，那就是远比"嫁接"更能长自己的本事，而且这种本事与生俱来地带着低成本基因。例如，模仿夏利的豪情，是吉利模仿的第四款车，因此，在这款车的车身上，吉利已经开始加入自己的元素，而在底盘上，吉利也从依赖夏利的配套体系转变成自己更低成本的配套体系。

1998年第一辆吉利豪情在浙江省临海市下线，标志着吉利控股董事长李书福的汽车梦变为现实。15年时间，李书福通过不断的兼并扩张，在中国汽车行业杀出了一条血路，成为中国民营汽车"第一人"。2013年，吉利汽车完成销量60万辆，同比增长达14%，总营业收入245.5亿美元。

（资料来源：朱琼.吉利：低成本战略的生命力.瞧这网，2014）

思考：

（1）什么是低成本领先战略？

（2）吉利的低成本领先战略是什么？

案例三

法国电信的横向一体化战略

法国电信是横向一体化战略的典范，不断通过兼并和控股等方式开拓和扩大市场。其中最引人注目的是斥资432亿欧元收购了英国第三大移动运营商Orange公司的全部股票，并把自己原来的移动电话业务归并于Orange品牌下，成为仅次于英国Vodafone公司的欧洲第二大移动通信公司。

法国电信收购Orange看重的就是其品牌，它不仅在其拓展全球移动通信业务时使用了Orange这一商标品牌，而且其国内移动运营公司Itineris也继续采用Orange这一品牌，尽管当时Itineris公司在法国国内移动通信市场已经占有48%的份额，远远领先其竞争对手。实践证明法国电信的举措是成功的，Orange目前在世界各个主要市场都占据着很强的竞争位置。

除此之外,法国电信购买了西班牙互联网接入提供商 CTVJet,参股当地的 CATV 公司 MSC(Madrid Sistemde Cable),并占有其中的 10%;收购了西班牙电信运营商 Catalana;以 38 亿美元收购 Global One;以 35 亿美元购买美国 Equant 公司 54% 的股份。

(资料来源:威廉·P.安东尼,K.米歇尔·卡克马尔,帕梅拉·L.佩雷威.人力资源管理:战略方法.赵玮,等,译.北京:中信出版社,2012)

思考:

(1) 什么是横向一体化战略?

(2) 法国电信横向一体化战略的要点是什么?

四、实训题

1. 抓住机会。

(1) 实训目的与内容

通过小组合作,收集、分析资料,制订战略,增强学生对公司战略掌握程度,并提升学生解决实际问题的能力。

(2) 实训内容

① 将学生分成数量相等的小组,准备若干不同颜色的乒乓球。

② 每个学生估计一只手能抓起多少只乒乓球,并做好统计。

③ 学生抓乒乓球(不同颜色的球代表的分值不同),累计分值最高的小组获胜。

④ 讨论该游戏对企业战略制定与选择的启示。

(3) 实训要求

① 在学习并掌握本项目内容的基础上,灵活选择和应用公司的战略。

② 学会为企业制订各项措施。

③ 学会公司战略从总体考虑问题的视角。

(4) 成绩评定

① 结果占 50%,考查对公司总体战略的选择、理解和执行。

② 分析占 50%,考查分析实际问题的运用能力。

启示:不同的乒乓球代表企业的不同战略目标,乒乓球上有分数,代表战略目标的利润。我们在抓乒乓球时,不同的选择会有不同的结果,代表公司战略选择时的追求。有时为了追求利润最高,我们可以只抓分值大的乒乓球;有时为了平衡发展我们需要选择抓取;有时因为条件限制,只能抓取分值小的,但分值小如果抓的乒乓球个数多,最后总分也不见得就少。

2. 躲起来的正方形。

(1) 实训目的与内容

通过小组合作,收集、分析资料,根据公司具体实际和战略的特征,制订合适的战略,增强学生对公司战略把握程度,并提升学生解决实际问题的能力。

① 请学生们观察图 5-15,正方形游戏图,并迅速数出所看到的正方形的数量,并报出这个数字。

② 学生考虑是什么因素导致不容易得出正确答案?

③ 这个任务和企业经常面临的战略制订中的问题有哪些相似之处? 从这个例子中

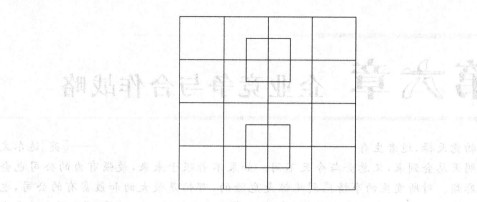

图 5-15　正方形游戏

可以学到哪些可应用的知识？

（2）实训组织

① 以个人为单位，3～4 人为一个小组，共同完成实训任务。

② 每组设一名组长，负责实训具体实施。

（3）实训要求

① 在学习并掌握本项目的基础上，灵活选择和应用公司的战略。

② 学会为企业制订各项措施。

③ 学会公司战略从总体考虑问题的视角。

（4）成绩评定

① 结果占 50%，考查对公司战略的制订、理解和执行。

② 分析占 50%，考查分析实际问题的运用能力。

启示：我们在做公司战略，或在看待公司战略时，是否只分析到可见的影响因素，对不可见的因素考虑不到，甚至对更隐秘的影响因素根本意识不到？就像图中的正方形，最初一看只看见小的正方形，再一看看得见四个小正方形可以组成一个正方形，可是你看到了最大的正方形吗？看到了处于最中心的正方形吗？等等。这些是需要我们进一步深入分析才能看得到的结果。

第六章 企业竞争与合作战略

> 物竞天择,适者生存。
>
> ——[英]达尔文
>
> 明天总会到来,又总会与今天不同。如果不着眼于未来,最强有力的公司也会遇到麻烦。对所发生的事情感到吃惊是危险的,哪怕是最大的和最富有的公司,也难以承受这种危险,即便是最小的企业也应警惕这种危险。 ——[美]彼得·德鲁克

 ## 学习目标

※ 了解企业竞争战略的性质和类型;

※ 理解成本领先战略、差异化战略和集中化战略的概念及优缺点;

※ 掌握低成本优势、差异化优势的实现途径;

※ 了解分散行业的企业竞争战略特点;

※ 了解不同行业阶段的战略选择。

 ## 案例导入与分析

农夫山泉差异化战略

农夫山泉股份有限公司(以下简称农夫山泉)原名浙江千岛湖养生堂饮用水有限公司,在开拓市场之初,农夫山泉遇到的最大挑战就是同行业内的竞争。从农夫山泉成立以来,先后出现了青岛崂山矿泉水、娃哈哈纯净水、乐百氏纯净水、康师傅纯净水等大量竞争对手。但农夫山泉看准了对手的软肋,把产品质量的差异化作为战胜对手的法宝。作为天然水,水源是农夫山泉一直宣扬的主题。其广告词"农夫山泉,有点儿甜"就是要告诉大家千岛湖是农夫山泉的源头活水,其水资源是独一无二的。在产品包装上,农夫山泉在国内首先推出了4升包装的农夫山泉饮用水。在消费者心目中留下了农夫山泉比一般饮用水高档的印象。随后公司又推出运动型包装的农夫山泉,瓶盖的设计摆脱了以往的旋转开启方式,改用运动盖直接拉起的开瓶法。在价格上,为了显示自己的身价,农夫山泉从进入市场以来,一直定位于高质高价。

(资料来源:魏江.企业战略管理——理念、方法与案例.杭州:浙江大学出版社,2013)

思考:

(1)利用所学知识分析农夫山泉的竞争战略。

(2)分析农夫山泉若继续采用以前竞争战略的风险以及所应采取的相关措施与建议。

分析:

(1)农夫山泉的竞争战略是差异化战略。

(2)农夫山泉继续实施差异化战略的风险:①来自竞争者的模仿,主要表现为来自

青岛崂山矿泉水、娃哈哈纯净水、乐百氏纯净水、康师傅纯净水等大量竞争对手；②可能会出现过分差异化，过分差异化会导致农夫山泉成本过高，大多数购买者难以承受其价格，企业也会因此而难以赢利。

合理化建议：①农夫山泉应利用自己水源的优势——泉水，严把产品质量关，做足做好产品质量差异化。②农夫山泉今后应结合自身实际走差异化战略与成本领先战略相结合之路，避免由过分差异化而导致其成本过高。

企业竞争战略又称基本战略或通用战略，是指导企业不同类型业务实现理想竞争效果的战略。企业竞争战略是针对企业内部业务单元来讲的，而不是指导企业成长的总体战略。在多元化经营的企业中，不同类型的业务单元存在较大的差异，每项业务单元都要根据实际制订具体的竞争战略。即使是同一类业务，针对不同的竞争形势，所采取的竞争战略也有所不同。

6.1 企业竞争战略理论

竞争战略是指无论什么产业或什么企业都可以采用通用性竞争战略。竞争战略的观念是，竞争优势是一切战略的核心，如图 6-1 所示。

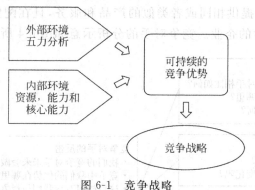

图 6-1 竞争战略

按照企业战略管理之父哈佛大学迈克尔·波特教授的提法，企业竞争战略包括成本领先战略、差异化战略和重点集中战略三种类型，每一类型战略都包含着通向竞争优势的一条迥然不同的途径，如图 6-2 所示。

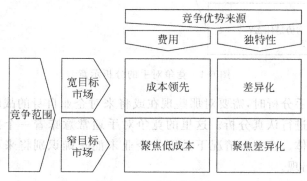

图 6-2 企业竞争战略

成本领先战略和差异化战略是在广泛的产业部门范围内谋求竞争优势,而重点集中战略则着眼于在狭窄的范围内取得成本优势或差异化。

三种企业竞争战略之间的关系,如图 6-3 所示。

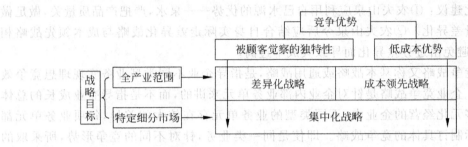

图 6-3　三种企业竞争战略之间的关系

从图 6-3 可以看到,在三种企业竞争战略中成本领先战略和差异化战略是企业竞争战略的基础,它们是一对"对偶"的战略,而集中化战略不过是将这两种战略运用在一个特定的细分市场而已。

掌握三种企业竞争战略的基本内容,首先要分析竞争对手的情况,在进行竞争对手分析之前,首先要确定竞争对手范围。那么竞争对手的定义是什么呢? 企业竞争对手是指:在市场上和本企业提供相同或者类似的产品和服务,且在配置和使用市场资源的过程中与本企业有竞争性的企业。竞争对手的分析示意如图 6-4 所示。

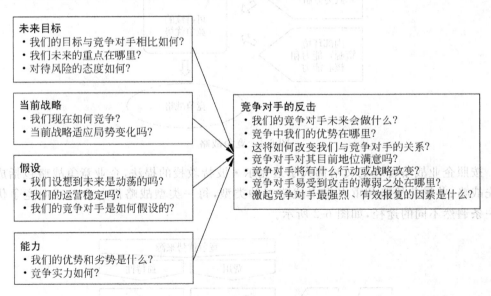

图 6-4　竞争对手的分析示意

在进行竞争对手分析时,需要对那些现在或将来对企业自身的战略可能产生重大影响的主要竞争对手进行认真分析。这里的竞争对手通常意味着一个比现有直接竞争对手更广泛的组织群体。在很多情况下是因为企业未能正确识别将来可能出现的竞争对手,才导致了盲点出现。

应该密切关注主要的直接竞争对手,尤其是那些与自己同速增长或比自己增长快的竞争对手,必须注意发现任何竞争优势的来源。一些竞争对手可能不是在每个细分市场都出现,而是出现在某特定的市场中。因此不同竞争对手需要进行不同深度水平的分析,对那些已经或有能力对企业的核心业务产生重要影响的竞争对手尤其要密切注意。

现有直接竞争对手可能会因打破现有市场结构而损失惨重,因此主要的竞争威胁不一定来自它们,而可能来于新的潜在的竞争对手。新的竞争对手包括以下几种:进入壁垒低的企业;有明显经验效应或协同性收益的企业;前向一体化或后向一体化企业;非相关产品收购者,进入将给其带来财务上的协同效应;具有潜在技术竞争优势的企业。

6.1.1 成本领先战略

1. 成本领先战略的概念

成本领先战略,又称低成本战略,是指企业通过有效途径降低成本,使企业的全部成本低于竞争对手的成本,甚至是同行业中最低的成本,从而获得竞争优势的一种战略。

例如,某种产品的市场价格为 15 元/件,行业平均成本为 10 元/件,甲企业的产品成本水平为 8 元/件,则成本领先的甲企业产品利润为 $15-8=7$ 元/件。其利润的构成包括:行业平均利润 $15-10=5$ 元/件和低成本优势带来的利润 $10-8=2$ 元/件两部分。因此,甲企业产品就能获得双份利润。成本领先战略适合于产品差异性小、同质化程度高、以价格竞争为主的行业,如钢铁、汽车、化肥、水泥、化工等行业。

(1)获得成本领先优势的方法

获得成本领先优势的方法,我们用价值链分析,如图 6-5 所示。

图 6-5 获得成本领先优势的方法

① 降低输入成本；
② 接近原材料、零配件、人力、市场；
③ 采用先进的工艺；
④ 通过价格策略扩大规模，从而获得低成本地位；
⑤ 通过战略设计获得低成本地位；
⑥ 西方跨国公司在巴西、菲律宾、中国、印度组装；
⑦ 根据市场价格逆向确定生产规模。
（2）成本领先战略的风险
① 技术迅速变化风险；
② 需求变化风险；
③ 动态环境下的大规模投资风险；
④ 竞争对手可以模仿标杆企业的价值链，学会如何降低成本；
⑤ 过分关注效率会导致成本领先者忽视顾客的喜好。
（3）成本领先战略的适用条件
① 卖方竞争厂商之间的价格竞争非常激烈；
② 行业的产品基本上是标准化的产品或是一种商品化的产品；
③ 获得对购买者有价值的差别化的途径不多；
④ 绝大多数购买者使用产品的方式都是一样的；
⑤ 消费者具有较强的降价谈判能力。

经典案例

成本领先战略——奶牛场价值链重构

奶牛场成本领先战略——价值链重构，如图 6-6 所示。

图 6-6　奶牛场成本领先战略——价值链重构

2. 成本领先战略的优缺点
成本领先战略的优缺点，见表 6-1。

表 6-1 成本领先战略的优缺点

优 点	缺 点
(1) 价格优势 (2) 承受原材料的涨价 (3) 降低采购成本 (4) 进入壁垒高 (5) 高利润	(1) 投资大,退出障碍大 (2) 受新技术冲击大 (3) 过分关注成本,易忽视市场变化 (4) 竞争对手容易模仿

3. 成本领先优势的实现途径

企业降低成本,实现成本领先优势的途径很多,常见的有四种。

(1) 规模经济

企业降低成本的有效途径,是根据规模经济的原理把企业的生产规模控制在最佳规模的范围,从而实现产品成本的领先优势。企业可以通过自身的发展扩大规模,也可以通过横向一体化的形式扩大规模。

(2) 生产技术创新

企业应在产品设计、生产、销售和服务等方面采取先进的工艺或技术,提高工作效率,节约人力、物力和财力,降低产品成本。通过生产过程、零部件、产品的标准化、专业化和自动化,可以大幅度提高生产效率,特别是企业采用计算机集成制造、ERP、精益生产等先进的生产技术和生产方式,能极大地提高生产效率,显著地降低产品成本。另外,优化生产过程设计也能达到降低成本的目的。例如,在 20 世纪初,福特汽车公司发明的流水生产线把 T 形轿车的组装时间从 106 小时降到了 6 小时,取得了显著效果。

(3) 资源共享

企业内部不同业务单元之间应发挥协同作用,实现生产经营中的诸多环节间的资源共享。例如,构建企业信息平台,统一采集、处理信息,提供给相关部门和业务单元,这样就避免了多头出击和重复劳动,降低了管理成本;组建生产过程平台(或中心),可以共享生产资源,降低生产成本;构建销售平台,统一销售产品,可以降低销售费用;构建统一的企业研发中心,集中管理新产品开发业务,可以降低产品开发的费用。

(4) 关注关键成本

在企业产品的成本构成中,要找出其关键成本,即比例最大的成本项目。通过降低关键项目的成本,可以有效地降低产品的成本。例如,在汽车成本中,关键成本是发动机的成本,通过降低发动机的成本,可以最直接地降低汽车成本;计算机的中央处理器(CPU)、电冰箱的压缩机等都是构成其产品成本的关键部分。

6.1.2 差异化战略

1. 差异化战略的概念

所谓差异化战略,是指企业向顾客提供的产品或服务与其他竞争者相比独具特色、别具一格,从而使企业建立起独特竞争优势的一种战略。

成本领先战略的核心是价格竞争,在一定程度上和一定范围内,采取价格竞争较为有效,但其竞争过于集中。而差异化战略的核心是特色经营。差异化战略通过营造多种竞争优势,拓宽了竞争的范围,避免了企业间的过度竞争。产品的差异化可以通过资源、产品、品牌和服务等多种形式实现。差异化战略比较适合的行业有餐饮、食品、服装、旅游和咨询等。获得差异化战略的方法,我们用企业价值链进行分析如图6-7所示。

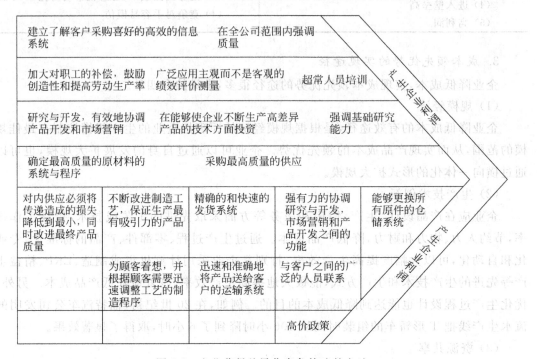

图 6-7　企业获得差异化竞争战略的方法

塞尔西奥·齐曼说过:品牌是唯一使公司产品和服务有别于竞争对手的标志,是开辟市场最有效的武器,优秀的品牌可以在相同的条件下让你的产品脱颖而出。只有制定营销战略,产品销售与利润才有可能长期地增长。

差异化竞争战略的关键指标:通过提供独特性能和差异性获取价值;产品高价;高端的顾客服务;上乘的质量特性;威望获得排他性;快速的变革。

差异化竞争战略的要求:发展完善新的系统流程;通过广告塑造形象;聚集质量;提高R&D能力;通过激励和低流失率来最大化人力资源的贡献。

企业实施差异化战略的前提条件包括以下三点。

(1) 企业研发能力强。实施差异化战略的前提之一是企业的研发能力强,能开发出受顾客欢迎的、具有特色的产品或服务。

(2) 产品形象好。只有在性能、品质、设计和包装等方面具有突出的差异化优势,产品才能在同行业中具有较高的知名度和美誉度。

(3) 市场营销能力强。差异化战略要求企业在开拓市场、销售渠道和促销宣传等方面具有较强的营销能力,能把产品销售到更广的市场范围。

2．差异化战略的优缺点

差异化战略的优缺点如表 6-2 所示

表 6-2　差异化战略的优缺点

优　点	缺　点
(1) 特色经营，避开了竞争，有利于企业的稳定发展	(1) 成本高
(2) 产品可以高价销售	(2) 生产规模小，市场占有率低
(3) 增强了企业对供应商的议价能力	(3) 高价格有一定限度
(4) 产品难以替代，可以获取高价格、高利润	(4) 对生产资料的作用不大
	(5) 产品不可替代，顾客选择范围小

3．差异化优势的实现途径

实施差异化战略的企业可以从多个方面、多条途径实现产品或服务的差异化。差异化的途径包括内在因素的差异化、外在因素的差异化和服务的差异化。

（1）内在因素的差异化

产品内在因素的差异化是指在技术性能、质量、功能和质地等方面使产品富有差异化的特色优势，其令企业能在行业竞争中处于有利的竞争地位。产品内在因素的差异化要通过一定的监测或使用手段才能做出判断，如高性能的机器设备、高质量的药品和功能先进的仪器仪表等必须经过使用或监测才能确定其差异化优势。产品内在因素的差异化投入大、时间长、难度大，但一旦成功就会形成竞争者难以模仿的、较为稳固的竞争优势。

（2）外在因素的差异化

产品外在因素的差异化是指在产品形象、定价、商标、包装、销售渠道和促销手段等方面使产品具有差异化优势。产品外在因素的差异化是可视的，顾客能直接发现，如与众不同的促销手段可以吸引更多顾客的注意，有利于开拓市场。在日常生活中，有些产品往往采用差异化的定价策略，如中秋节月饼每盒定价 299 元，鲜花每束定价 168 元，手表每只定价 888 元等。一般情况下，外在因素的差异化较容易实现，因此，企业应多采用外在因素的差异化来获得产品的特色优势。

（3）服务的差异化

① 高质量服务。从事服务性工作的企业，可以通过提高服务的质量实现服务的差异化，如餐饮、住宿、商业等服务性行业，应严格服务标准，为顾客提供高质量的服务，以提高顾客满意度。

② 个性化服务。企业提供服务时，除坚持服务标准外，还应根据顾客的实际需求提供具有差异化特色的个性化服务，如饭店、宾馆、商场等服务场所可以为残疾人、老年人、婴幼儿等特殊人群提供必要的服务设施及服务业务。

③ 超值服务。企业提供服务时，除需要完成基本的服务项目以外，还要向顾客提供一定的超值服务。例如，汽车修理站完成汽车维修后，再提供汽车美容服务；汽车加油站完成加油服务后，再赠送汽车清洁服务；饭店为顾客提供免费送餐服务；等等。超值服务会使顾客在性价比上感觉到更高的效用，从而提高顾客购买的积极性。

④ 全面服务。企业提供服务时,可以根据顾客的要求,提供全天候、全方位、全过程的服务,使顾客能享受到无处不在、无时不在的服务。例如,家电、汽车等产品可以在全面服务方面培育差异化优势。

⑤ 网络服务。根据现代社会发展的特点,企业可以利用计算机网络技术及资源,为顾客提供档次更高、形式更多、内容更丰富的网络服务。例如,咨询、医疗、旅游、餐饮和家政等行业可以充分利用网络为顾客提供更好的服务。

美国西南航空公司实施的成本领先/差异化集成战略就是非常好的案例,如图 6-8 所示。

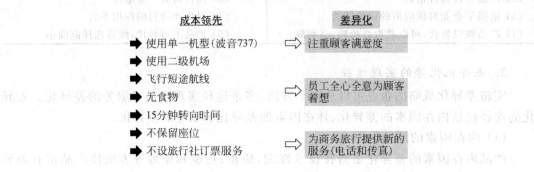

图 6-8 美国西南航空公司成本领先/差异化集成战略

6.1.3 集中化战略

1.集中化战略的概念

所谓集中化战略,是指将企业的经营活动集中于某一特定的购买群体、产品线的某一部分或某一地域性市场,通过为这个小市场的购买者提供比竞争对手更好、更有效率的服务以建立竞争优势的一种战略。

实施集中化战略的企业必须把握两方面的特殊性:一是顾客特殊;二是产品特殊。例如,某清真食品厂所采取的竞争战略就是集化中战略,其服务的顾客在食品消费理念和行为上具有特殊性,其产品也是与众不同的清真食品。这种战略适合以稳定发展为主的中小型企业,这些企业无力与行业中的大企业抗衡,所以选择市场中一块具有特殊性的市场来经营,可以实现稳定发展。

(1) 集中化战略收益的表现

集中化战略使企业在本产业中获得高于一般水平的收益,主要表现在以下三个方面。

① 集中化战略便于集中使用整个企业的力量和资源,更好地服务于某一特定的目标。

② 将目标集中于特定的部分市场,企业可以更好地调查研究与产品有关的技术、市场、顾客以及竞争对手等各方面的情况,做到"知彼"。

③ 战略目标集中、明确,经济效果易于评价,战略管理过程也容易控制,从而带来管理上的简便。

(2) 实施集中化战略的条件

企业实施集中化战略的条件包括以下四个。

① 企业实力弱。实施集中化战略的目标市场容量小,大企业一般不会青睐这样的市场,所以行业中实力一般或弱小的中小型企业可以选择这样的特殊市场作为目标市场。

② 必须有特殊的顾客存在。实施集中化战略的前提是必须有特殊的顾客存在,这部分顾客具有与众不同的消费特征,是一个细分市场。

③ 没有竞争对手。集中化战略的目标市场规模小、利润水平低,一般不会存在激烈的竞争。如果没有竞争对手,则对企业最有利。在没有竞争对手的情况下,企业独占该特殊市场也可以获得可观的经济效益。

④ 目标市场稳定。集中化战略的目标市场规模基本稳定,没有明显的增长或萎缩态势,企业与顾客之间形成了较为稳定的关系。

(3) 集中化战略风险

集中化战略也有相当大的风险,主要表现在以下三个方面。

① 由于企业全部力量和资源都投入了一种产品(服务)或一个特定的市场,当顾客偏好发生变化,技术出现创新或有新的替代品出现时,就会出现这部分市场对产品(服务)需求下降的情况,企业就会受到很大的冲击。

② 竞争者打入了企业选定的目标市场,并且采取了优于企业的更重点集中的战略。

③ 产品销量可能变小,产品要求不断更新,造成生产费用的增加,使得采取重点集中化战略的企业成本优势被削弱。

2. 集中化战略的优缺点

集中化战略的优缺点见表 6-3。

表 6-3　差异化战略的优缺点

优　　点	缺　　点
(1) 目标集中,便于管理 (2) 熟悉顾客,易获得市场优势 (3) 高效益	(1) 对环境的适应性差 (2) 成本高 (3) 竞争加剧 (4) 替代产品影响大

■ 6.2　不同产业结构下的竞争战略

6.2.1　分散型产业中的企业竞争战略

分散型产业是一种重要的结构环境。在这种产业环境中有许多企业在进行竞争,没有任何一个企业占有显著的市场份额,也没有任何一个企业能对整个产业的结果具有重大的影响,即不存在能左右整个产业活动的市场领袖。一般来讲,分散型产业由很多中小型企业构成,存在于经济活动的许多领域中,如服务业、零售业、分销业、农产品等。

1. 形成分散型产业的经济原因

一般来说,造成一个产业分散的经济原因包括如下一些因素。

(1) 产业进入障碍较低或障碍不多,许多小公司涌入该产业,成为产业中竞争的主导力量。

(2)多样化的市场需求。市场需求多样化导致产品高度差异化。在某些产业中,顾客的需求是零散的,每一个顾客希望产品或服务有不同的式样,不愿意接受更标准化的产品,也愿意为这种要求付出代价。这种需求的多样性在大众日常消费中表现得非常明显。例如,消费者对餐馆、洗衣店、理发店、女性时装店等提供的产品与服务,都有各自不同的要求。另外,这种需求的零散性还表现为消费者消费地点的零散。对一些产品或服务,消费者总是希望能够就近获取,如快餐、超市、农贸市场等。由于顾客需求的零散,导致该产业产品高度差别化,有效地限制了企业的规模,使效率不同的小企业得以生存发展。

(3)不存在规模经济或难以达到经济规模是造成产业分散的重要原因。例如,一些产业需要投入的固定资产较少,而专门技能是该产业中竞争优势的主要来源,由于专门技能的复制不是件轻而易举的事情,因而这些产业很难达到经济规模。又如,市场需求的快速变化与多样性,要求企业迅速反应和多种功能紧密合作,大企业难以发挥规模优势。再如,消费者对消费地点要求的差异性使高度集中的大企业无法满足消费者要求。此外,有些产业虽然在生产过程中可能存在规模经济,但由于高运输成本、高库存成本或不稳定的销售而难以达到规模经济所需要的经济规模。

以上三个方面的原因是从产业本身的经济特性角度归纳的。除此之外,导致行业分散还有非经济原因:一是现有企业缺乏资源或技能;二是现有企业眼光短浅或自我满足;三是未被其他外部企业注意。

2. 分散型产业中的企业竞争战略选择

(1)克服分散,集中分散型行业

分散型产业的特点就是分散,企业无规模经济优势。但是,如果某一个企业能够克服分散,那么它的战略回报将会是很高的,其原因在于按分散产业的定义,进入这一产业的成本低,竞争者都较弱小,它们进行报复的威胁不大。根据造成产业分散的原因,可以通过以下几种途径来克服分散。

① 创造规模经济。

② 产品标准化与多样化结合。

③ 特许经营或连锁经营。

④ 尽早发现行业趋势。

⑤ 横向合并。企业在经营层次上合并一些产业中的中小企业,以形成大企业。

(2)适应环境,建立竞争优势

分散型产业需求多样化的特点,为企业实施重点集中化战略提供了基础条件。在分散产业中可以考虑以下几种战略。

① 产品专门化。

② 顾客类型专门化。

③ 地理区域专门化。

(3)增加附加价值

许多分散型产业的产品或服务是一般性的商品,所以就产品或服务本身来说提供差异化程度的潜力已经不大。在这种情况下,一种有效的战略是给商品增加附加价值。具有典型意义的是已进入工业化国家之列的意大利发达的产业群,其产业结构仍然停留在传统的纺织、皮鞋、家具、机械、食品、首饰等领域,但是他们将传统产业中融入了大量文化创意的内涵,大大提升了这些传统产业产品的附加价值。

3. 分散型产业中的企业应避免潜在战略陷阱

对于分散型产业中的企业,在战略的使用过程中应该注意以下几点。

(1) 避免全面出击。在分散型行业中,企业要面对所有的顾客生产经营各种产品和提供各种服务是困难的,很难获得成功,反而会削弱企业的竞争力。

(2) 避免随机性。企业在战略实施过程中,不要总调整以往的资源配置。在长期的发展中,战略执行过于随机的话,会破坏自身的资源,削弱自身的竞争力。

(3) 避免过于集权化。在分散的行业中,企业竞争的关键是在生产经营上对需求的变化做出反应。因此,在组织结构上,企业应当做出适当的选择。

(4) 避免对新产品做出过度的反应。在分散型行业中,新产品会不断出现,企业如果不考虑自身的实力,做出过度的反应,结果会削弱自身的竞争力。

6.2.2 新兴产业中的企业竞争战略

新兴产业是新形成的或重新形成的产业,其形成的原因是技术的发明、相对成本关系的变化、新的消费需求的出现,或经济和社会的变化将某种新产品或新的服务提高到一种现实的发展机会。新兴产业在任何时候总是被不断地创造出来,如20世纪70年代以来在世界范围内形成新兴产业:个人计算机、电子通信、生物制药、新材料、新能源等。

1. 新兴产业的特征

新兴产业主要有以下四个特征。

(1) 技术的不确定性。新兴行业的技术是崭新的技术,行业技术的评价标准尚不成熟,尤其在起步的幼稚期,行业内企业的数量少、规模小,因为技术的不足而导致企业产品在性能方面存在一些不足或瑕疵。这些问题在行业发展的过程中,可通过学习与交流来解决。

(2) 战略上的不确定性。从经营思路和方向上看,新兴行业在制订战略时,没有可以参考的"正确战略"。行业中企业的战略设计是史无前例的开拓性工作,是在探索和实践战略方案中的方法、策略和措施。因此,增加了战略实施的不确定性和风险程度。

(3) 初始成本高,但随后会急剧下降。新兴行业因为初始规模小,技术研发投入大,导致产品成本高,企业甚至出现亏损的状况。但当新兴行业进入成长期后,规模会迅速扩大,产品成本会急剧下降,企业赢利水平会显著提高。到成长期的后期时,行业会达到较大规模,企业可以获得规模效益。

(4) 风险性大。新兴行业中的企业因为在技术、管理和战略方面不成熟,再加上对环境的适应能力差,存在失败的危险。例如,美国高新技术企业完全失败的比例为20%~30%,经过挫折后获得一定成功的企业比例为60%~70%,获得完全成功的企业约占5%,多半企业在成长过程中会遭遇失败。

2. 新兴产业中的企业竞争战略选择

（1）抢先进入市场

处于新兴行业的企业在产品市场尚未形成规模之前，要率先进入市场，选择好合适的市场切入点，及时占领市场有利位置。新兴行业产品进入市场时，要充分考虑目标市场的顾客对新产品的态度及市场发展趋势，努力实现新兴行业向成熟行业的转变。新兴行业产品如果进入市场的时机、策略和地点选择不好，就可能会夭折。

（2）努力提高产品的功能和质量

对新兴行业而言，要在产品功能及质量上下工夫，尽早改善产品的不足与缺陷，从顾客的角度出发，做到精益求精，为争创行业名牌打好基础。

（3）增加产品组合

在新兴行业的发展中，企业应不断丰富和完善产品组合，适时增加一些适合企业发展的新的产品项目，以培育更多的增长点。

（4）开拓市场

新兴行业中的企业应利用"新行业"的形象优势和技术优势，大力开拓市场，提高市场占有率和产品的知名度。

（5）做好促销工作，争创名牌产品

在新兴行业阶段，企业在积极开拓市场的同时，还要做好促销工作，巩固好市场阵地，并努力提高产品形象，争创行业名牌。

（6）行业中技术领先

新兴行业要加大创新力度，完善创新管理，在产品设计、生产、销售和服务中体现技术优势，把技术领先的优势保持下去。

（7）运用需求价格弹性，薄利多销

新兴行业发展到成长期后期，行业已出现大规模、低成本、激烈竞争的状况，企业应适当运用需求价格弹性，实施薄利多销策略，以提高市场占有率和增加企业收益。

6.2.3 成熟产业中的企业竞争战略

作为产业生命周期的一个重要阶段，一个产业必然要经历从高速发展的成长期进入到有节制发展的成熟期。在这个时期中，企业的竞争环境经常发生根本性的变化，要求企业在战略上做出相应的反应。

1. 成熟产业的特征

成熟产业有以下七个特征。

（1）行业增长速度放慢，竞争日益激烈。新兴行业经过快速发展后，会出现规模大、成本低、利润高、增速变缓、竞争激烈的局面。这一阶段以老顾客为主，市场需求趋向规模最大，顾客消费日渐成熟，市场竞争的焦点由原来的技术、形象转向了成本、服务。企业应以让利于顾客的实惠策略来赢得顾客的信赖。

（2）供过于求。成熟行业的突出特点是供过于求，行业产能过剩，出现产品积压或滞销。通过市场竞争，落后的产品逐渐被淘汰，从而推动了行业产品结构的升级与完善。

（3）生产、营销、分配与销售处于变化中。在成熟行业中，竞争的需要使得企业的生产、营销、分配与销售处于变化中。

（4）新产品获得困难。在成熟阶段，行业中的企业都忙于竞争，用于产品研发的投入不够，新产品出现的频率较低。

（5）行业利润下降。成熟行业中企业多以价格竞争为主，导致行业利润下降。

（6）国际竞争加剧。由于现代信息技术的发展，企业掌握的信息越来越全面、准确、方便和快捷，导致不仅成熟期的国内市场竞争激烈，国际市场也同样面临激烈的竞争。

（7）经销商对企业施加压力。在成熟期后期，由于产品利润下降，经销商销售企业产品的积极性不高，甚至出现抵触情绪和拒绝现象。因此，在进货时经销商会对生产企业提出一些较为苛刻的条件，如降低价格、提高服务等，增加了企业的压力。

2．成熟产业中的企业竞争战略选择

成熟产业中的企业竞争战略选择，如图 6-9 所示。

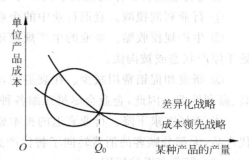

图 6-9　成熟产业中的企业竞争战略选择

（1）成本领先战略

成熟行业最常用的就是成本领先战略。企业通过成本优势，可以更好地应对价格竞争，获得高收益。

（2）完善产品组合

在成熟期，企业要适时对所经营的产品业务做出科学评价，及时淘汰不利业务，确保增长态势好的业务健康发展，并根据市场需求变化和企业实力情况，积极开发新产品。

（3）工艺创新

在成熟阶段，企业通过工艺创新可以提高生产效率、降低生产消耗、优化生产过程，从而达到降低成本、提高质量的目的。

（4）扩大采购范围

在成熟期，企业为了降低采购成本，可以扩大采购范围，增加采购选择的余地，以更好地保证采购质量，降低采购成本。

（5）资产改良、包装、出售

在成熟期的后期，激烈的竞争会导致行业中部分企业面临被淘汰或濒临破产的局面，此时，实力强的企业可以趁机对这些经营不善的企业实施低价收购，经过调整、完善和改良后，再以较高的价格择机出售。

（6）国际化经营战略

企业在面临成熟期的激烈竞争时，可以探索向国际市场发展，把企业产品打入竞争不太激烈的国家和地区，以避开国内市场的竞争。

3．成熟产业中企业应注意的问题

成熟产业中企业应注意避免进入"夹在中间"的状态，如图 6-10 所示。

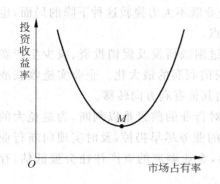

图 6-10　避免进入"夹在中间"的状态

（1）对企业自身的形象和产业状况存在错误的假设。

（2）防止盲目投资。

（3）为了短期利益而轻易地放弃市场份额。

（4）对产业实践中的变化做出不合理的反应。

（5）避免过于强调开发新产品，而不是改进和进取性地推销现存产品。

（6）避免过多地使用过剩生产能力。

4. 衰退产业中的竞争战略

衰退产业是指在相当长的一段时间内，产业中产品的销售量持续下降的产业。

（1）衰退行业的特征

衰退行业的特征体现在以下四个方面。

① 行业利润锐减。衰退行业中的企业赢利水平下降，行业整体利润锐减。

② 生产规模收缩。企业的生产规模迅速萎缩，产品生产批量减少；同时，有些产品处于停产状态或被淘汰。

③ 研发和促销费用减少。在衰退期，产品的销售范围越来越小，供过于求，产品成本高、赢利性差。因此，企业会尽量压缩各种费用支出。

④ 市场需求下降。行业衰退的根本原因是市场需求的下降，市场上出现了更好的替代产品，大部分顾客的消费转向了替代产品。

（2）行业衰退的原因

衰退行业产品萎缩的主要原因有以下三个方面。

① 替代产品出现。当市场上出现由新技术带来的新产品之后，顾客就能享受到更低的成本、更高的产品质量和更好的服务，而原有的落后技术将逐渐被淘汰。

② 顾客规模缩小。由于社会问题或其他原因，顾客的需求或爱好发生了变化，导致需求下降。例如，在建筑方面，由于人们逐渐喜欢上了塑钢门窗，那么，他们对原来的金属门窗或木质门窗的需求就会减少。

③ 政府政策发生变化。政府政策的变化可能会使行业的规模萎缩。例如，由于政府出台了限制白色污染的措施和政策，消费者对不可降解的塑料包装制品的需求就会下降。

（3）衰退产业中的企业竞争战略选择

① 稳定战略。稳定战略就是处于衰退行业的企业既不大力挽救这种下降的局面，也不迅速淘汰现有业务，而是顺其自然地发展，直至终点。

② 收获战略。收获战略又称榨取战略，是指通过削减研发及促销投资、减少生产费用、压缩各种开支、加速回收应收账款等方式，实现眼前利润的最大化。企业实施收获战略的意图是想尽早结束这种不利的经营局面，以便向其他有利方向转移。

③ 放弃战略。在行业刚刚处于衰退期时，由于对行业的前景难以判断，为避免大的损失，有些企业会采取果断的淘汰决策，把出现衰退的业务尽早扔掉，及时实现向新行业或新业务的转产。因为在衰退的趋势较为明朗以后，企业剥离的资产往往会被低估，存在一定的风险。

5．不同产业结构下的企业竞争战略的方法选择

如何考虑产品质量、价格、差异化与竞争的关系？在产品差异理论中，有两个重要的线索。首先，产品差异在市场过程的运行和价格的决定方面起着中心作用。其次，产品差异现在已被厂商视作一种主要的战略变量，借此尽量弱化由激烈的价格竞争所导致的不稳定和破坏效应。只有不断推进业务创新和注重客户需求，企业才能生产出具有独特竞争优势的产品，如宝洁、IBM等。例如，对于我国电信企业来说，创造差异化的产品竞争优势是面临激烈的市场竞争和实现企业可持续发展的必然选择。

战略钟模型（SCM）是由克利夫•鲍曼（Cliff Bowman）提出的，"战略钟"是分析企业竞争战略选择的一种工具，这种模型为企业的管理人员和咨询顾问提供了思考竞争战略和取得竞争优势的方法，如图6-11所示。

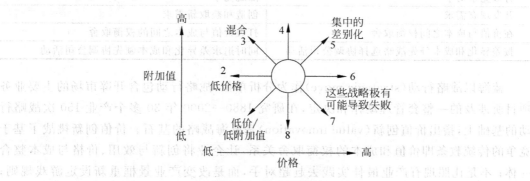

图 6-11　战略钟模型

战略1：低价格、低附加值。比如便民店与大卖场之间的竞争。

战略2：低价格、等附加值。容易遭到竞争对手模仿而导致价格战。

战略3：低价格、高附加值。日本混合战略给了我们启示；从欧美公司产品链条的"大厦"上寻找松动的"砖"。

战略4：等价格、高附加值。企业增加的产品高附加值必须是顾客认可的，实现混合战略的条件是把竞争对手夹在中间。成本因素取决于市场份额而非设计等技术因素。

战略5：高价格、高附加值。劳斯莱斯、宝马与国酒茅台的战略。

战略6：高价格、等附加值。适用垄断行业。

战略7：高价格、低附加值。这是失败的战略，但对企业危害不大，因为容易识别。

战略8：等价格、低附加值。此战略最危险，但不易被企业察觉。

6.3　蓝海竞争战略

让我们来想象这样一个市场天地，它由两种海洋组成：红色海洋（红海）和蓝色海洋（蓝海），红海代表已知的市场空间，蓝海代表未知的市场空间。在红海，产业界限与竞争规则已被固化，企业试图击败对手获得更大市场份额；蓝海是无人争抢的新市场空间，意味着高利润增长。

6.3.1 蓝海战略

蓝海战略认为,聚焦于红海等于接受了商战的限制性因素,即在有限的土地上求胜,却否认了商业世界开创新市场的可能。运用蓝海战略,视线将超越竞争对手移向买方需求,跨越现有竞争边界,将不同市场的买方价值元素筛选并重新排序,从给定结构下的定位选择向改变市场结构本身转变,见表 6-4。

表 6-4　红海战略与蓝海战略的区别

红海战略	蓝海战略
竞争于已有的市场空间	开创无人争抢的市场空间
打败竞争对手	摆脱竞争
开发现有需求	创造和获取新需求
在价值与成本之间权衡取舍	打破价值与成本之间的权衡取舍
按差异化和成本领先战略选择协调公司活动	同时追求差异化和成本领先协调公司活动

蓝海以战略行动(strategic move)作为分析单位,战略行动包含开辟市场的主要业务项目所涉及的一整套管理动作和决定,在研究 1880—2000 年 30 多个产业 150 次战略行动的基础上,指出价值创新(value innovation)是蓝海战略的基石。价值创新挑战了基于竞争的传统教条即价值和成本的权衡取舍关系,让企业将创新与效用、价格与成本整合一体;不是比照现有产业最佳实践去赶超对手,而是改变产业景框重新设定游戏规则;不是瞄准现有市场"高端"或"低端"顾客,而是面向潜在需求的买方大众;不是一味细分市场满足顾客偏好,而是合并细分市场整合需求。

一个典型的蓝海战略例子是太阳马戏团。在受制于"动物保护"、"马戏明星供方砍价"和"家庭娱乐竞争买方砍价"而萎缩的马戏业中,太阳马戏团将顾客从传统马戏的儿童观众转向成年人和商界人士,以马戏的形式来表达戏剧的情节,吸引人们以高于传统马戏数倍的门票来享受这项前所未见的娱乐。

6.3.2 如何构思蓝海战略

构思蓝海的战略布局需要回答四个问题。

(1) 哪些被产业认定为理所当然的元素需要剔除? 这个问题剔除产业中企业竞争攀比的元素,这些元素经常被认为理所当然,虽然他们不再具有价值。

(2) 哪些元素的含量应该被减少到产业标准之下? 这个问题促使企业做出决定,看看现有产品或服务是否在功能上设计过头,只为竞比和打败竞争对手,企业所给超过顾客所需并徒然增加成本。

(3) 哪些元素的含量应该被增加到产业标准之上? 这个问题促使企业去发掘产业中消费者不得不做出的妥协。

(4) 哪些产业从未有过的元素需要创造? 这个问题帮助企业发现买方价值的全新源泉,以创造新需求改变产业战略定价标准。

一个成功的蓝海战略必须具备三个特点,见表 6-5。

表 6-5　蓝海战略的三个特点

特　　点	解　　释	以美国西南航空蓝海战略为例
重点突出	伟大的战略都有其重点	友好的服务、速度、频繁的点对点直航
另辟蹊径	为追赶对手而制订战略将失去独特性	将按照枢纽辐射航线的传统结构改变为中型城市之间的直飞
主题令人信服	清晰传达战略信息	飞机的速度，驾车旅行的价格

6.3.3　蓝海战略六项原则

蓝海战略共提出六项原则，包括四项战略制订原则：重建市场边界、注重全局而非数字、超越现有需求、遵循合理的战略顺序，以及两项战略执行原则：克服关键组织障碍、将战略执行建成战略的一部分。

1. 蓝海战略原则之一：重建市场边界

从硬碰硬的竞争到开创蓝海，六条路径可以重建市场边界。

（1）产业：跨越他择产业看市场

红海思维：人云亦云为产业定界，并一心成为其中最优。

蓝海观点：一家企业不仅与自身产业对手竞争，而且与他择（alternatives）产品或服务的产业对手竞争。

实例：日本电信运营商 NTT DoCoMo 于 1999 年推出 i-mode 手机一键上网，将只使用语音服务的顾客变为使用语音和数据服务（音乐、图片、资讯）的顾客。

（2）战略集团：跨越产业内不同的战略集团看市场

红海思维：受制广为接受的战略集团概念（例如豪华车、经济型车、家庭车），并努力在集团中技压群雄。

蓝海观点：突破狭窄视野，搞清楚什么因素决定顾客选择，例如高档和低档消费品的选择。

实例：曲线美健身俱乐部专为女性服务，剔除奢华设施，布点小型化社区，会员依次使用一组器械，每周三次，每次半小时完成，每月只需 30 美元。

（3）买方群体：重新界定产业的买方群体

红海思维：只关注单一买方，不关注最终用户。

蓝海观点：买方是由购买者、使用者和施加影响者共同组成的买方链条。

实例：诺和诺德公司是一家胰岛素厂商，将胰岛素和注射笔整合创造出 NovoLet 注射装置，便于病人随身携带使用。

（4）产品或服务范围：跨越互补性产品和服务看市场

红海思维：雷同方式为产品服务的范围定界。

蓝海观点：互补性产品或服务蕴含着未经发掘的需求，简单方法是分析顾客在使用产品之前、之中、之后都有哪些需要。

实例：北客公司发现市政府并非关注公交车本身价格而是维护费用，通过使用玻璃纤维车身，提高车价却降低维护成本，创造了与市政府的双赢。

（5）功能情感导向：跨越针对卖方的产业功能与情感导向

红海思维：接受现有产业固化的功能与情感导向。

蓝海观点：市场调查反馈的往往是产业教育的结果，企业挑战现有功能与情感导向能发现新空间。如果在情感层竞争，可否去除哪些元素使之功能化，反之亦然。

实例：快美发屋针对男性，取消按摩、饮料等情感元素，以"气洗"替代"水洗"，专注剪发，使理发时间减到10分钟，费用从3000日元降到1000日元。

（6）时间：跨越时间参与塑造外部潮流

红海思维：制订战略只关注现阶段的竞争威胁。

蓝海观点：从商业角度洞悉技术与政策潮流如何改变顾客获取的价值，如何影响商业模式。

实例：苹果公司通过iPod和iTunes提供正版音乐下载服务，提高海量音乐库、高音质、单曲下载及低费用（0.99美元/首）。

2. 蓝海战略原则之二：注重全局而非数字

一个企业永远不应将其眼睛外包给别人，伟大的战略洞察力是走入基层、挑战竞争边界的结果。蓝海战略建议以绘制战略布局图的方式将一家企业在市场中现有战略定位以视觉形式表现出来，用以开启企业组织各类人员的创造性，把视线引向蓝海。战略视觉化四步骤见表6-6。

表6-6　战略视觉化四步骤

视觉唤醒	视觉探索	视觉战略展览会	视觉沟通
绘制现时战略图，将业务项目与对手比较；看看战略需要哪些改变	走入基层，实地探索；观察他择产品和服务的优势；需要剔除、创造和改变哪些元素	绘制新的战略布局图；听取顾客（包含对手的顾客）和非顾客的反馈；吸取反馈并修改	将战略转变前后的轮廓印于同一张纸分发给员工；支持那些实现新战略的项目和措施

3. 蓝海战略原则之三：超越现有需求

通常，企业为增加自己的市场份额努力保留和拓展现有顾客，常常导致更精微的市场细分，然而，为使蓝海规模最大化，企业需要反其道而行，不应只把视线集中于顾客，还需要关注非顾客。不要一味通过个性化和细分市场来满足顾客差异，应寻找买方共同点，将非顾客置于顾客之前，将共同点置于差异点之前，将合并细分市场置于多层次细分市场之前。

非顾客可以分为以下三个层次。

（1）第一层次：徘徊在企业的市场边界，随时准备"换船而走"的"准非顾客"。

"准非顾客"在找到更好的选择前，只是最低限度地使用现有产品和服务，一旦有更好选择就会"换船而走"。例如针对上班族无所适从的午餐，英国Prêt A Manger快餐厅关注上班族午餐的共同需求：快速、新鲜、健康，进而提供新鲜美味的成品三明治，免除餐位，将购买行为缩短为90秒，每年在英国得以售出2500万只三明治。

（2）第二层次：有意回避市场的"拒绝型非顾客"。

"拒绝型非顾客"因为市场现有产品或服务不可接受或者超过他们的经济承受能力而不使用。1964年德高广告创造了"街道家具（Street Furniture）"概念，此前户外广告为公路广告牌和运输工具广告，广告呈现时间很短，德高广告意识到缺乏市中心固定广告放置点是产业不受欢迎的原因，为此，德高广告通过向市政府免费提供街道家具及其维修保养，出售广告空间获得高达40%的利润率。

（3）第三层次：远离市场的"未探知型非顾客"。

产业内的企业通常从未把"未探知型非顾客"定为目标顾客，这些人的需求常常被想当然认为属于其他市场，如果企业知道他们丢弃的此类顾客数量之大肯定大吃一惊。例如牙齿增白从来被认为是牙医的事儿，当口腔护理厂商着眼于这种需求时，市场随之爆炸般膨胀。

4. 蓝海战略原则之四：遵循合理的战略顺序

遵循合理的战略顺序，建立强劲的商业模式，确保将蓝海创意变为战略执行，从而获得蓝海利润，合理的战略顺序可分为买方效用、价格、成本、接受四个步骤，见表 6-7。

表 6-7　蓝海战略的四个步骤

买方效用	问题	产品和服务是否具有杰出的效用，是否有令人信服的理由促使买方购买
	方法	测试买方体验周期的六个阶段：购买、陪送、使用、补充、维护、处置，评估六阶段中顾客、生产率、简单性、方便性、风险性、趣味和形象，环保性七个效用杠杆指标
	实例	福特 T 型车为大众而非富人建造，用于日常生活而非周末郊游，它坚固耐用且全天候轻松行驶
价格	问题	价格是否能够为买方大众轻松承受
	方法	列出他择性产品或服务找出大众价格走廊，在价格走廊内考虑法律、资源保护、模仿程度确定价格走廊的上中下三段定价
	实例	美国西南航空不需专利申请，不需独家资产，其定价于价格走廊的下限，与驾车旅行价格不相上下，以吸引客户
成本	问题	成本结构能满足目标成本吗
	方法	简化运营、寻找合作伙伴和改变产业定价模式
	实例	Swatch 手表突出时尚，大幅减少了内部机械成本；IKEA 与全球 1500 家制造商建立伙伴关系；Blockbuster 将录像带出售改为出租
接受	问题	创意付诸实施会遇到哪些接受上的障碍？是否从一开始就解决了这些障碍
	方法	教育雇员、商业伙伴和广大公众，开诚布公地讨论为什么采用蓝海创意是必要的
	实例	摩根斯坦利与雇员公开讨论企业面对互联网挑战所应采取的策略；孟山都（Monsanto）的转基因食品因没有及时教育公众，导致环保组织攻击，致使欧洲消费者质疑

5. 蓝海战略原则之五：克服关键组织障碍

企业经理们证明执行蓝海战略的挑战是严峻的，他们面对四重障碍：一是认知障碍，沉迷于现状的组织；二是有限的资源，执行战略需要大量资源；三是动力障碍，缺乏有干劲的员工；四是组织政治障碍，来自强大既得利益者的反对，"在公司中还没有站起来就被人掠倒了"。

蓝海战略根据威廉·布拉顿领导的纽约警察局 20 世纪 90 年代变革，提出了引爆点领导法（Tipping Point Leadership），其理论是在任何组织中，当数量达到临界规模的人们以信心和能量感染了整个组织而行动起来去实现一个创意时，根本性变化就会发生。与组织变革理论转变大众为基点不同，引爆点领导法认为转变大众就要把力量集中于极端,也就是对组织业绩有超凡影响力的人、行为和活动之上,见表6-8。

表6-8 蓝海战略关键点方法

关键点	方 法	以纽约警察局变革为例
冲破认知障碍	依靠视觉而非数字去体验严酷现实,用负面刺激改变态度和行为	布拉顿让警察局高中级官员搭乘地铁上下班以感受几乎无政府状态的地铁系统
跨越资源障碍	热点:资源投入少却有效提高业绩; 冷点:资源投入高对业绩影响甚微; 互通有无:将两个领域的剩余资源互换	一个警察平均花16个小时把嫌犯带到市中心法院办理手续,布拉顿设置改装成微型的警局拘捕车,缩短时间为1小时,使警察拥有更多的巡逻时间
冲破动力障碍	保龄球中央瓶:把努力集中于关键影响力的人物; 鱼缸管理:将中央瓶人物置于聚光灯之下; 任务微型化:让人们相信执行战略是力所能及的	布拉顿将76位指挥官作为关键人物,在公平过程条件下每两周组织一次遏制犯罪评估会,形成强烈的业绩表现文化
推倒政治障碍	借助你的天使让魔鬼闭嘴。谁是蓝海战略的损失者和受益者?	布拉顿联盟媒体和市长,说服法院受理貌似鸡毛蒜皮的犯罪案例,确保治安环境好转

6．蓝海战略原则之六：将战略执行建成战略的一部分

执行蓝海战略,企业最终需要求助于最根本的行动基础,即组织基层员工的态度和行为,必须创造一种充满信任和忠诚的文化来鼓舞人们认同战略。当人们被要求走出习惯范围改变工作方式时,恐慌情绪便会增长,他们会猜测这种变化背后真正理由是什么。

员工距离高层越远就越不容易参与战略创建,也就越惴惴不安,因此不考虑基层思想和感受,将新战略硬塞就会引起反感情绪。要想在基层建立信任与忠诚,鼓舞资源合作,企业需要将战略执行建成战略的一部分,需要借助"公平过程"来制订和执行战略。

"公平过程"来源于社会科学家对心理学的研究,他们研究确认,人们不仅在意结果本身,也在意产生结果的过程的公正性,当程序公正得以实施,人们对结果的满意度和支持度就上升,见表6-9。

表6-9 公平过程如何影响人们的态度和行为

战略制订	邀请参与—解释原委—明确期望
态度	信任与忠诚:"我觉得自己的想法有人听、起作用"
行为	自愿合作——超越本职工作的贡献
战略执行	超出期望、自愿执行

有三个因素为公平过程定义,这就是三E原则:邀请参与(Engagement)、解释原委(Explanation)和明确期望(Clarity of Expectation)。"邀请参与"表达的意思是了允许发表意见和反驳,表达了管理层的尊重;"解释原委"让所有的相关人等了解最终的战略决

策为何如此制订；"明确期望"是清晰讲述新的游戏规则，如何评价业绩和惩罚不佳。

实现公平过程的关键不在于新的目标、期望和责任，而在于人们是否清楚地理解了它们。围绕公平过程的原则组织蓝海战略的制订，一开始就将战略执行建成战略创建的一部分，就能够将政治游说和偏袒减少到最低，使人们集中精力执行战略。

蓝海战略提醒人们不要局限于现有的游戏规则考量问题，而应首要思考游戏规则是否可以被改变，或者在一个新的角度此游戏规则是否仍然有效，蓝海战略鼓励人们建立全新的市场空间以自建游戏规则。其实这种思想不仅仅可运用于企业战略，对团队管理甚至个人职业发展都是原理相通的。

▌ 6.4　企业合作战略

企业的合作战略是指企业双方或多方为了自身的生存、发展和未来而进行的整体性、长远性、基本性的谋划，并在合作期间实现共赢的一种合作方式。合作的价值来源于三个方面：重复与浪费的减少、借助彼此的核心竞争力、创造就业机会。

6.4.1　合作营销

合作营销是指两个或两个以上的企业为达到资源的优势互补，增强市场开拓、渗透与竞争能力的目标而联合起来共同开发和利用市场机会的行为。合作营销的理论渊源可以追溯到 1966 年，艾德勒（Adler）在《哈佛商业评论》上发表的题为《共生营销》的文章中提出了"共生营销"的概念。所谓共生营销，是由两个或两个以上的企业联合开发一个营销机会。这就是合作营销理论的雏形。随着市场竞争形势的变化，合作营销得到越来越多企业的青睐，如图 6-12 所示。

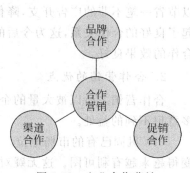

图 6-12　企业合作营销

1. 合作营销的类型

在诸多市场营销实践过程中，许多企业演绎了一幕幕从品牌合作到渠道合作、从渠道合作到促销合作的精彩案例，而我们通过学习和研究这些案例，有助于对合作营销的类型有较为全面的认识。

（1）品牌合作

2004 年国内生产食用油知名企业嘉里粮油公司和制造炊具的著名企业苏泊尔公司正式开展两大知名品牌金龙鱼—苏泊尔的联合推广活动，食用油和炊具两大领导品牌的联合促销使 2004 年春季的食用油营销大战升温。此次联合品牌营销的主题是"好锅好油健康美食"，两家公司投入费用达 2000 多万元，双方在市场和品牌推广、销售渠道共用、媒体投放等方面开展深度的合作。两家公司的全线产品都贴上金龙鱼—苏泊尔品牌并在全国数千家商场和超市销售。在嘉里粮油公司看来，能够与中国炊具第一品牌——苏泊尔合作，金龙鱼可在推广时节省成本，实现双方品牌资源利用的最大化，因为双方拥有类似的目标消费群，可以借助于品牌的合作在销售渠道实现互补。

（2）渠道合作

格兰仕与10家不同行业领域的企业在广州签署了营销合作协议，双方在宣传和经营渠道上达成了共享原则，合作各方希望通过销售渠道的共享节约经营成本和扩大产品的销售规模。而在此之前，美国联邦快递公司在广州宣布，将与柯达公司建立合作性伙伴关系，通过柯达公司的在中国的数千个营业网点，联邦快递成为首家通过零售网点设立投递服务的国际快递公司。

（3）促销合作

新产品上市后如何在最短的时间内为消费者熟悉和接受是企业非常关注的事情。此时，进行成功的促销活动是关键。传统的做法不外做广告或进行人员促销。一些企业与媒体的关系已经不再是单纯的买卖关系，而是一种利益共存、休戚与共的合作竞争关系。例如，广东金芦荟贸易有限公司2004年推出了一种保健食品"双清"咽喉含片，在进入湖北市场时与在湖北省颇有影响力的报纸媒体《楚天都市报》签订了合作协议。《楚天都市报》拿出一定的报纸版面刊登保健食品"双清"咽喉含片的广告但不收取广告费用，而是按保健食品"双清"咽喉含片的销售额进行比例提成。对于《楚天都市报》而言，这样做的目的是着力培养潜在的广告客户和尽力使报纸的广告版面得到充分的利用，从而在报业竞争激烈的武汉市场上确立自己的竞争优势，而对于"双清"咽喉含片来讲，不但可以节省一笔不菲的广告开支，降低新产品推广的财务风险，而且与当地的强势媒体建立起了良好的合作关系，这为今后的产品推广奠定了良好的基础。此次合作营销活动双方合作的效果良好。

2．合作营销的优点

合作营销之所以被大量的企业所采用，关键是它能给企业在国际营销活动中带来很多意想不到的益处。

（1）巩固已有的市场地位。目前，国际市场的需求细分正向纵深发展，缝隙市场也就变得越来越有利可图。这无疑对规模庞大、机构臃肿的大企业来说是一种挑战。面对挑战，通过合作营销增加企业对市场的敏感性和适应性是一着妙棋。美国三大汽车公司就通过与日本及韩国企业的合作来提高市场占有率。三大汽车公司分别以定牌生产的方式，购进日本和韩国的小型汽车，在国内市场销售，以满足一部分消费者的需求。

（2）进入新市场。企业要进入国际新市场，不仅需要巨额的投资，还有很多意想不到的非关税壁垒的限制。通过与所在国企业的合作就可以开辟出一条进入新市场的捷径。2000年以前，韩国的家电产品进入日本市场还是一个天方夜谭，但是2010年，通过与日本厂商的合作，成批的集装箱装载着录像带、录像机、电视机与电冰箱源源不断地到达日本的港口，送到各个零售商的柜台。这些产品大部分使用的是日本厂家的牌号，价格都比当地生产的产品要便宜得多，也就容易为苛刻的日本消费者所接受。

（3）有助于多元化战略的展开。多元化战略要求企业向新的领域进军，但是新的领域对企业来说是一个陌生的领域，要承担很大的市场风险。合作营销能减少这样的市场风险。20世纪80年代初，汽车制造业对于韩国的企业还是一个新领域。韩国的三大企业集团在实施多元化战略的同时，通过与美国、日本的世界著名企业合作营销，取得了明显的效果。现代与三菱、克莱斯勒，大宇与通用汽车、铃木和五十铃，福特与马自达分别建立了多种形式的合作营销,使韩国在短短的十年间,从一无所有一跃成为世界上主要汽车生产和出口国。

(4) 减少无益的竞争。同一行业的企业在激烈的竞争中往往会产生负效应,从而增加企业的生产成本。为此,进行某种形式的合作营销就可以避免这种情况的发生。合作营销的趋势在航空运输业最为明显。例如,新加坡航空公司、瑞士航空公司和美国三角洲航空公司合作统筹时刻表,制订共同的订票系统、维护系统,建立统一的行李运送等地勤服务,大大降低了企业的成本,提高了工作效率。

(5) 增强企业的竞争实力。任何一个企业都有其长处,也有其短处,取长补短永远是增强企业竞争实力的有效法宝。合作营销为取长补短的成功提供了有效的帮助。德国的戴姆勒—奔驰集团与日本的三菱集团都是世界的超级产业巨子,但是双方都有其短处,在世界飞机市场上始终无所建树。为了扬长避短,双方的董事长在新加坡秘密会晤,利用对方具有的优势进行合作营销,以期与美国的飞机制造厂商相抗衡。

3. 合作营销的特征

(1) 合作营销的核心是建设性的伙伴关系

传统营销是营销—竞争导向观念,它既考虑满足顾客需要,又考虑竞争者的经营战略,将市场导向和竞争导向相统一。而合作营销则是营销—合作导向观念,通过与经销商、供应商甚至竞争者的合作来更好地满足顾客需要,企业之间的关系是既有合作又有竞争。由此可见,合作营销的核心是建设性的伙伴关系,而这种伙伴关系的建立是以双方核心能力的差异性或互补性为基础的。这种互补性使双方的合作产生协同效应,创造"1+1＞2"的效果,从而实现合作双方的"双赢"。

(2) 在合作过程中,合作双方保持各自实体上的独立性

合作营销过程中的合作并不是指合作各方在企业整体层面的共同运作,仅限于成员企业部分职能(如新产品开发、仓储、市场等)的跨组织合作,合作各方保持各自实体上的独立性。因此,与合资、兼并和收购相比合作营销仅是企业间较为松散的一种合作形式。

(3) 合作营销范围广泛

一个企业可以根据实际的需要同产业链甚至产业链以外的多家企业建立合作营销关系,以涉及不同的行业和地域,范围相当广泛。

4. 合作营销对制造商、零售商的要求

合作营销为企业开辟了一条新的营销思路,但若想收到相应的效果,制造商与零售商都必须符合一些基本要求。

(1) 对制造商的要求

对制造商来说,合作营销是为了更有效地利用零售商的销售渠道销售自己的产品,其能否取得预期效果,则取决于两者的合作程度。应更为有效地利用零售商的销售渠道。

(2) 对零售商的要求

对于零售商而言,合作营销的根本要求是加强沟通,增进了解,建立彼此信任关系,尽可能为制造商提供更优质的服务,并在销售中尽力维护厂家的利益。

合作营销产生于消费品营销领域,但同时也为非消费品营销提供了更好的经营方

式。随着我国企业对其认识的加深,合作营销必将在我国得到广泛的传播和应用,也必将给我国企业带来更多的利益。

6.4.2　虚拟经营

1. 虚拟经营

虚拟经营是 1991 年由美国著名学者罗杰·内格尔首先提出的,是指企业在组织上突破有形的界限,虽然本企业具有设计、生产、财务、营销等功能,但企业本身却不必设置执行这些功能的具体的组织实体,而又能照样完成各种功能任务。也就是说,企业以优势的、有限的、关键的资源,将其他功能虚拟化,通过各种方式,借助外力进行整体弥补,仍能实现各项功能的一种经营形式。

在国内,虚拟经营的理念也逐渐深入人心,为越来越多的企业所重视和采用。浙江温州的美斯特·邦威公司,是目前国内成功运用虚拟经营的典型之一。这家公司创立于1994 年,是以生产休闲系列服饰为主的企业,目前已拥有 800 多个品种,年产量达 300 万件。这样一个颇具规模的企业,走的却是外包的路子,即所有的产品均不是自己生产的,而是外包给广东、江苏等地 20 多家企业加工制造,仅此一项就节约 2 亿多元的生产基地投资和设备购置费用。

2. 虚拟经营的类型

虚拟经营的企业运用核心能力、外部优势条件,创造出了高弹性的运作方式。虚拟经营在实际操作中一般有以下几种方式。

(1) 虚拟生产。企业通过协议、委托、租赁等方式将生产车间外化,不仅减少了大量的制造费用和资金占用,还能充分利用他人的要素投入,降低自身风险。当初 TCL 准备进入彩电生产领域时,从规模与实力上看只能算是一个正在成长的中小企业。但它瞄准了大屏幕彩电这一切入点,并相信自己专业、灵活的管理技巧及广泛的市场网络能够创立 TCL 强大的品牌知名度和市场占有率。由于没有资金购买厂房、生产线,他们果断地将产品委托给长城电子公司生产。TCL 在产品设计中灵活运用价值工程原理,大胆取消了彩电中的国内无用的国际线路设计和一些不必要的功能,大幅度降低了成本,将国内实用性强的线路设计、造型款式、全功能遥控等技术作为主攻方向,同时精耕细作销售网络和品牌经营。如今,TCL 已经成为知名的家电企业。

(2) 虚拟营销。虚拟营销是指公司总部借用独立的销售公司的广泛联系和分销渠道,销售自己的产品。这样,公司不但可以节省一大笔管理成本和市场开拓费用,而且使本公司能专心致力于新产品开发和技术革新,从而保持公司的核心竞争优势。比如,青岛啤酒公司在美国的销售就完全借助一家美国本土的知名经销商,利用对方的销售网络打出了企业及品牌的知名度。

(3) 战略联盟。战略联盟是指几家公司拥有不同的关键资源,而彼此的市场有某种程度的间隔,为了彼此的利益,交换彼此的资源,以创造竞争优势。微软公司将它的“视窗”与 IBM 公司进行战略联盟。“视窗”是优秀的面向用户的友好操作界面,IBM 则是久负盛名的 PC 商,双方在联盟中创造了双赢。

(4) 虚拟研发。虚拟研发是指企业以项目委托、联合开发等形式,借助高等院校、科研机构的研发优势,完成技术创新、技术改造、新产品开发等工作,以弥补自身研发能力之不足。国内知名的 IT 企业清华同方和北大方正的成功是与倚靠清华大学和北京大学这样的研发环境优势分不开的。

不管采取哪一种方式,虚拟经营的企业必须控制关键性的资源,如专利、品牌、营销网络或研发能力,不能完全借助于外部环境,以免受制于人。

3. 虚拟经营模式的要求与缺陷

(1) 对企业之间无缝沟通和管理合作要求更高。虚拟企业联盟比传统企业在无缝沟通和管理合作方面的要求更高,因为作为虚拟企业联盟中的各个企业本身,仍然是具有法人地位的独立实体,虚拟企业的内核和外界联盟单元的关系不是传统的母子企业关系,要在这样的组织结构中实现快捷的货物与信息流通,一方面需要信息技术的支撑;另一方面核心企业应担负起更大的责任,对渠道的管理和信息化建设势必支付更高的成本。

(2) 对灵活性的追求容易丧失忠诚乃至企业文化。虚拟企业的内核是由少数掌握企业核心能力的固定员工构成,其余则都是临时企业、临时工、合同工,大家只是通过市场契约与各自利益相互联系在一起,正如查尔斯·汉笛(C. Handy)所说:"工人通常是在许多不同的办公地点工作,或者以不同的身份工作,并且没有必要为一个组织贡献自己的全部忠诚。组织越来越像个契约盒,而不再像是员工的全部生活。"虚拟企业的临时性特点,虽然能带来灵活性的优势,但同时势必伤害到员工对组织的忠诚,很难构建起统一持久的企业文化,所谓的团队也势必各自为政,单纯以各自的利益为中心,很少顾及企业整体的发展与进步。

(3) 目标短期化影响战略未来的构建。如果虚拟企业采取以机动团队活动项目课题组的形式运作,专项合同一经完成立即解散,则弹性解雇、教育培训、再就业等也将随之成为企业面临的新问题。目标的短期化一方面实现了组织结构的扁平化,减少了企业对顾客需求的反应时间,另一方面也势必影响企业未来战略的构建,各个独立的实体与核心企业之间的利益博弈将消耗企业的部分资源。同时,如何防止各个实体竭泽而渔、杀鸡取卵式的短期行为,如何有效地组织和管理整个企业,将是虚拟企业面临的来自内部的挑战。

(4) 增加对联盟企业选择的风险。尽管当今信息技术发达,但市场信息仍然是不完善的,企业虽然选择联盟但企业仍然是有限理性行为,个人机会主义倾向会使加盟者隐瞒和扭曲市场信息,从而带来核心企业与联盟企业间的信息不对称,如何防止这种机会主义倾向,保证企业的健康发展仍然是虚拟企业面临的重要课题。

4. 虚拟经营的运作

(1) 准确界定虚拟经营的战略环节

对于一个企业来说,生产经营活动的各个环节,哪些可以虚拟,哪些不可以虚拟,这是一个十分重要的问题,因为如果企业将自己的战略环节进行虚拟经营,不仅达不到企业扩张的目的,甚至会使整个企业"虚脱"。所谓战略环节,是指在企业的价值链上所存在的一个或几个能形成企业核心竞争优势的特定环节。只有抓住这些特定的环节,才能形成独立的竞争优势,确保在虚拟经营中不被协作者左右或影响。因此,企业的战略环节要牢牢控制在企业内部,不能进行虚拟经营,企业价值链上除战略环节以外的其他环节,即非战略环节,则可以进行虚拟经营。最终战略环节的确定要考虑以下几个因素。

① 行业特征。不同行业由其自身的特点决定了其战略环节自然不同。如时装行业重在产品设计与营销,煤炭行业重在资源的勘探,化工行业重在生产制造,饮食行业重在营销。耐克运动鞋的战略环节是产品设计与营销,因为制鞋业料重工轻,生产的规模效益不明显,而产品设计与营销既有规模效益,又是占领市场的关键环节,所以对生产制造这个非战略环节进行了虚拟的耐克公司得到了迅猛发展。

② 竞争形势与主要对手的情况。企业为了形成独特的优势,避免与竞争对手进行无差异的残酷竞争,企业战略环节的确定与建立,也应充分考虑竞争形势和竞争对手的情况。可口可乐公司战略环节是其已经具有的永不改变的配方和品牌优势,所以"非常可乐"的生产厂商娃哈哈集团则选择了规模生产和开发中国人自己的口味,并以此作为战略环节。

③ 企业自身的条件与优势。企业在发展过程中已经形成的竞争优势环节,是企业确定战略环节的重点。IBM 公司已经形成的全球性的销售组织、维修服务体系及高信誉是其优势,因而该企业以此为战略环节,对个人计算机的生产技术开发与零配件的生产则进行了虚拟,同样在竞争中赢得了市场。

④ 企业的竞争战略。企业战略环节的确定必须要考虑其竞争战略的选择,如果企业竞争战略选择的是成本领先战略,那就应该把战略环节确立在影响产品成本的关键环节;如果企业竞争战略选择的是产品差异战略,则应该把战略环节确立在影响产品差异的关键环节。例如,远兴天然碱股份公司的竞争战略是成本领先战略,天然碱与人工碱相比成本约低 50%,可见天然碱资源是保证其低成本战略优势的关键环节,于是该公司的战略环节就定位在对原料的控制环节。近几年来,该公司南下北上大量兼并天然碱矿,垄断了中国 90% 以上的天然碱资源。

当企业的战略环节已经明确的情况下,也并不是其他所有的非战略环节都要虚拟,具体虚拟哪一环节,还受企业的赢利目标、战略方针、管理条件、目标市场的进入壁垒、协作成本、协作对象、企业扩张方式与速度等因素的影响。

(2) 要建立并不断增强自身的核心竞争优势

索尼的产品小型化、美国联邦快递的邮件跟踪体系和卫星定位系统以及沃尔玛的全球性网络等,作为各自特有的核心竞争力,在这些企业的虚拟经营中都发挥了基础性作用。企业在实施虚拟经营策略时,一定先要明确自己的核心竞争优势到底是什么,将自己的多种虚拟经营方式建立在自身的核心竞争优势之上,从而以本身的核心竞争优势为依托,通过虚拟经营获取外界力量、资源,以达到优势互补的目的。

(3) 要搞准企业的虚拟方向定位,找准合适的"虚拟"联盟对象

无论实施何种方式的虚拟经营,都不能漫无目的地胡乱"虚拟",要详细分析自身所处的内外环境,弄清楚自己的优势及外界资源现状,特别要注意将企业内部经营劣势作为优先考虑的虚拟方向,并将外部环境中那些技术领先、生产规范、较为稳定的成熟企业,作为优先联盟的虚拟对象。

（4）要调查了解虚拟对象的真实需求，选择恰当的虚拟运作方式

由于虚拟经营的方式多种多样，只有当自己的虚拟方式适合企业本身虚拟对象的现实需求时，虚拟策略才能实现多赢的目标。为此，企业要通过广泛调研，掌握虚拟对象的真实需求和预期目标，做到"知己知彼"，在此基础上选择恰当的虚拟方式，才能"百战不殆"。

（5）要重塑企业文化基础，消除企业内部对外来文化的消极抵触情绪

虚拟经营在引进外部资源时，不可避免地要引入外来文化，由此产生企业内部对外来文化的消极抵触。鉴于此，企业在实施虚拟经营过程中，要根据多种文化汇聚的现实情况，积极做好外来文化的批判吸收工作，通过重塑企业文化，减少多种文化摩擦所造成的企业虚拟经营障碍，为企业虚拟经营的顺利开展提供文化保障。

5. 虚拟经营应注意的问题

（1）看到参与各方利益目标的差异性。各企业在虚拟经营合作中，尽管有着共同的利益，尤其是虚拟化程度较高的合作方式，相互间有相同的战略目标，建立了互补型的合作关系，但在实际过程中仍不可避免地会发生经济利益上的冲突，这种现象会削弱虚拟化经营方式的生命力。在这个方面参与虚拟经营的企业必须有足够的重视。

（2）要防止核心技术优势的流失。参与虚拟经营的各方之间总有一定的对于对方来讲处于相对优势地位的能力，特别是技术方面的优势。但随着时间的推移，技术优势在合作中推广运用乃至扩散，当技术处于劣势的一方完全熟悉了生产工艺，掌握了技术诀窍后，就可能出现这一企业脱离合作群体的"单飞"情况。

（3）要尽力避免企业文化的冲突。企业文化是企业长期积淀的能体现企业风格、特征的经营思想、理念、管理技术、价值观念等，具有鲜明的个性。企业间物质性资源的合作相对好处理，而像企业文化这类软资源的合作就很困难，有时会出现不同价值观和经营理念的冲突，最后往往由于文化上的不和谐而导致合作失败。

（4）要摒弃"大而全"、"小而全"的企业组织结构和地区经济结构。现在我国一些企业专业化协作水平低，同类产品生产厂家多等问题仍然较为突出。而且，还有一些地区由于热衷于"填补空白"项目，把建立健全自己的生产体系作为发展的重要目标，因而缺乏重要的分工，盲目发展、重复建设现象时有发生，使得地区部门结构有很强的趋同性。这些都是与虚拟经营要求相悖的。

（5）要注重人才的使用和培养。实施虚拟经营的企业，其上下游的合作者大都不是依靠产权关系来维系，而是靠无形资产来整合。企业如果没有很强的统帅能力和协调能力，就很难保证产品和服务的质量以及合作与协调的高效率。因此，虚拟经营一定要由高素质的管理人员来实施，这样才能取得成效。

6.4.3　战略联盟

1. 战略联盟

企业战略联盟的概念最早由美国 DEC 公司总裁简·霍普兰德（J. HoPland）和管理学家罗杰·奈杰尔（R. Nigel）于 20 世纪 80 年代提出，随后就成为国际上流行的一种新兴的战略管理思想。

战略联盟的概念提出后，并没有在理论上形成严格的定义。在目前的研究领域，除

使用战略联盟这一概念外,不同国家对其还有不同称谓,如美国、西欧称为"战略伙伴"日本称为"战略提携"或"虚拟企业",中国称为"强强联合"等。

战略联盟是指两个或两个以上的大型企业为了实现资源共享、风险和成本共担、优势互补等特定战略目标,在保持自身独立性的同时,以股权参与或契约联结的方式,所建立的较为稳定的合作伙伴关系,并保持某些领域协作行动,从而取得双赢或多赢。

战略联盟具有以下几种主要形式。

(1) 合资。由两家或两家以上的企业共同出资、共担风险、共享收益而组成的企业。这种方式目前十分普遍,尤其是在发展中国家。通过合资方式,合作各方可以以各自的优势资源投入到合资企业中,从而使其取得单独一家企业所不能取得的效益。

(2) 研究与开发协议。为了研究开发某种新产品或新技术,合作各方可以签订一个联合开发协议,联盟各方分别以资金、设备、技术、人才投入联合开发,开发成果按协议各方共享。这种方式由于汇集了各方的优势,因此大大提高了成功的可能性,加快了开发速度。另外,各方共担开发费用,降低了各方开发费用与风险。

(3) 定牌生产。如果一方具有知名品牌,且生产能力不足,另一方有剩余生产能力,则有生产能力一方可为有知名品牌一方生产,然后对方冠以知名的品牌销售。这样,生产能力不足一方不但可以迅速获得一定生产能力,增加产品销售,扩大品牌影响,还可以降低投资或并购所产生的风险,而另一方可以充分利用闲置生产能力,谋取一定收益。

(4) 特许经营。特许方利用自己的品牌、专利或专有技术,通过签署特许协议,转让特许权,让受许方利用这些无形资产从事经营活动,从而形成一种战略联盟。特许方对受许方,既拥有一定的控制权,如规定经营方式、指导和检查经营,保证质量统一、形象统一,同时又始终尊重对方的自主性。这样,特许方可以通过特许权获取收益,并可利用规模优势加强无形资产的维护,而受许方则可利用该无形资产扩大销售,提高收益。

(5) 相互持股。相互持股是指联盟各方为加强相互联系而持有对方一定数量的股份,形成你中有我,我中有你,但双方资产、人员并不进行合并的状态。这种战略联盟中各方的关系相对更加紧密,各方可以进行更为长久、密切的合作。日本企业常运用这一联盟方式。

2. 战略联盟的特征

战略联盟形式虽然各有特色,但作为现代企业组织制度的一种创新形式,相对于企业组织而言,又有其共同的特征,即战略联盟是一种边界模糊、关系松散、灵活机动、运作高效的网络式组织,具体表现在以下四个方面。

(1) 边界模糊。传统企业作为组织社会资源的最基本单位,具有明确的层级和边界。而战略联盟一般是由具有共同利益关系的企业之间以一定的契约或资产联结起来的战略共同体。这种联盟可能是供应者、生产者、分销商之间形成的联盟,甚至可能是竞争者之间形成的联盟。所以,战略联盟这种你中有我、我中有你的局面已使企业边界非常模糊。

(2) 关系松散。战略联盟由于主要是以契约形式联结起来的,因此合作各方之间的关系十分松散,不像传统企业组织主要通过行政方式进行协调管理。另外,战略联盟不是由纯粹的市场机制进行协调,而是兼具了市场机制与行政管理的特点,合作各方主要通过协商的方式解决各种问题。在时间上，战略联盟存在期限一般较短，在联盟形成之时，一般有存续时间的协议，或者规定一个固定的时期，或者规定在完成一定任务之后解散。

（3）机动灵活。由于战略联盟主要以契约方式组成，因此，相对并购或内部投资新建来说扩展所需时间较短，组建过程也比较简单，同时也不需大量投资。这样，如果外部出现发展机会，战略联盟可以迅速组成并发挥作用。另外，由于合作者之间关系十分松散，战略联盟存续时间又较短，解散十分方便，因此当外界条件发生变化，战略联盟不适应于变化的环境时，又可迅速将其解散。

（4）运作高效。由于战略联盟在组建时，合作各方都是自己以最核心的资源加入联盟，联盟的各个方面都是世界一流的，在目前分工日益深化的状况下，战略联盟的实力是单个企业很难达到的。在这种条件下，联盟可以高效运作，完成单个企业很难完成的任务。

3. 战略联盟的组建动因

战略联盟的组建动因，如图 6-13 所示。

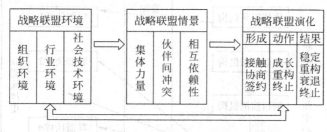

图 6-13　战略联盟的组建动因

（1）增强自身实力。随着经济和社会的发展，企业之间的竞争越来越激烈，在这个激烈竞争的环境之中，企业要想获取持久的竞争优势，在市场上立于不败之地，必须善于利用各方面的力量，以提高竞争能力。企业通过与自己有共同利益的企业建立战略联盟，彼此之间可以通过加强合作而发挥整体优势。对于竞争者，战略联盟理论与传统管理理论有着不同的看法。传统管理理论认为企业与竞争对手处于势不两立的位置，是一种"不是你死就是我活"的关系，双方都想采取一切可能的手段将竞争对手挤出市场，而战略联盟理论认为，竞争对手也可能通过彼此的合作，共同把市场这个"蛋糕"做大，最终达到"双赢"的效果。

（2）扩大市场份额。有的企业通过建立战略联盟扩大市场份额，联盟双方可以利用彼此的网络进入新的地区市场，加强产品的销售，或者共同举行促销活动扩大影响。例如，我国的小天鹅洗衣机与碧浪洗衣粉因为产品互相关联的特点共同进行促销活动。

（3）迅速获取新技术。目前，技术创新和推广的速度越来越快，一个企业如果不能紧跟技术前进的步伐就很可能被市场所淘汰。而技术创新则需要企业有很强的能力和充分的信息，但单个企业往往"力不从心"，这就要求具备各种专长的企业相互配合、共同发展，战略联盟正好能够满足这一要求。

（4）进入国外市场。竞争全球化是企业竞争的一个大趋势，这已成为越来越多企业的共识。仅靠传统的产品出口方式占领国际市场存在着很大的局限性，现在许多企业都试图在国外生产、国外销售,但这一方式也存在着很大问题。国外的经营环境与国内有很大差别,且由于各国政府法规的限制,对企业境外生产与销售有着极大的制约。通过与进入国企业建立战略联盟,利用合资、合作、特许经营等方式可以有效解决这一问题。

(5)降低风险。现代市场竞争千变万化、瞬息万变,因此,企业经营存在着巨大风险,而通过战略联盟的方式则可以分担风险、降低风险。例如在科技投入方面,由于研究开发费用很多,而成功率却很低,即使开发成功,很可能迅速地被更先进的技术所取代,因此研究开发存在很大风险,而通过几个企业建立战略联盟共同开发,不仅可以提高成功的可能性,而且可以使费用得到分摊,迅速回收,大大降低了这方面的风险。

4. 战略联盟的类型

战略联盟的类型,如图 6-14 所示。

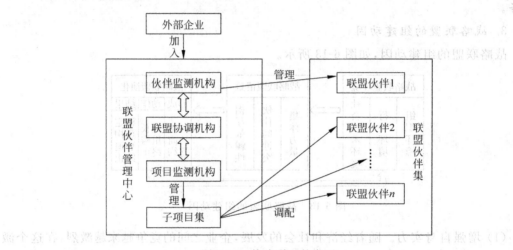

图 6-14 战略联盟的类型

(1)股权式战略联盟

股权式战略联盟包括两种情况:一是对等占有型战略联盟,即在战略联盟中两家企业各占 50%的股权;二是相互持股型战略联盟,即各联盟成员为了寻求长期合作,而相互持有对方少量的股份。

(2)契约式战略联盟

契约式战略联盟是指联盟各方通过契约的方式结成的战略联盟。契约式战略联盟的常见形式有以下几种。

① 技术交流协议。技术交流协议的表现形式是成员间进行技术信息与知识的交流和学习,共同增强企业竞争优势。

② 合作研究协议。合作研究协议的表现形式是各成员在技术创新、新产品研发等方面的合作。

③ 生产营销协议。生产营销协议的表现形式是各成员在产品生产和销售环节的合作。

④ 产业协调协议。产业协调协议的表现形式是联盟成员建立全面协作与分工的产

业联盟体系,多见于高科技企业。

5. 战略联盟的作用

(1) 促进科技创新

目前,科学技术正在朝着综合化、集成化、边缘化的方向发展。要完成一个重大的技术研发项目,不仅需要支付巨额的费用,而且需要众多企业、众多学科、众多专家及工程师的集体配合和共同努力。因此,单靠某一家企业难以承担这种艰巨的任务,必须发挥集体优势,走联合开发之路。

(2) 避免经营风险

随着环境的日益复杂,企业的经营风险越来越大,单一企业难以应对这种复杂的形势。企业形成战略联盟以后,可以共同抗击外部环境中的巨大风险和威胁,增强企业抵御风险的能力,实现利益共享、风险共担。

(3) 避免过度竞争

激烈的市场竞争意味着竞争各方都要投入大量的资源来维持竞争,不论是胜利者还是失败者,都将付出巨大的代价。通过战略联盟的方式,行业中的竞争者变成了合作者,进而避免了企业间的过度竞争,也避免了资源浪费。但是,在企业战略联盟内部,各个企业间既有合作关系,也有竞争关系。

(4) 实现优势互补

通过战略联盟的方式,可以实现企业的优势互补,弥补企业的不足与缺陷,达到资源共享的效果。例如,联想集团有资金、技术优势,香港导远电脑公司有市场优势,两者通过战略联盟的方式结合起来,很快就成功地提高了双方开拓海外市场的能力。

(5) 开拓新市场

建立战略联盟是迅速开拓新市场的捷径,可以大大降低市场风险。例如日本丰田公司与美国通用汽车公司合作后,就顺利避开了美国对日本汽车的进口限制,成功地开拓了美国市场。

6. 战略联盟伙伴选择的原则

并不是所有的企业都可以形成战略联盟关系,企业战略联盟的形成是有基础和前提条件的。一般情况下,战略联盟内部合作伙伴的选择要坚持3C原则。

(1) 兼容性原则

兼容性(compatibility)原则是指联盟内部合作伙伴必须有较强的包容性和适应性,既要看到伙伴的优势,也要正视其不足与劣势,在统一的战略目标下,做到求同存异,相互理解,相互支持,共同发展。

(2) 能力原则

能力(capability)原则是指联盟合作的各方必须有可以利用的能力及优势,合作才有价值。如果一个企业没有可以利用的能力,完全处于劣势地位,则不可能实现成功的联盟。

(3) 投入原则

投入(commitment)原则是针对联盟各方合作的诚意和意识而言的。如果企业投入的意识比较强烈,就会拿出企业的核心能力、核心资源和关键业务等来合作,合作的积极性较高,合作就很容易成功;相反,如果企业合作的诚意不大,只会拿出无关紧要的业务来合作,那么,就很难取得预期的效果。

7. 战略联盟应注意的问题

战略联盟是一种新的组织模式,与企业并购相比具有反应迅速、机动灵活的优点,但也正是由于这些优点产生了许多不足。在具体操作中,应该注意以下问题。

(1) 慎重选择合作伙伴。由于战略联盟中合作各方关系十分松散,其内部存在着市场和行政的双重机制,而不像并购中主要靠行政方式来管理,因此合作各方能否真诚合作对于战略联盟的成败有决定性影响,所以,在组建联盟时必须选择真正有合作诚意的伙伴。另外,合作各方核心能力是否能够互补也很重要,因为战略联盟的核心思想就是通过联盟这一方式发挥核心优势互补效应,因此合作之前必须很好地进行权衡。

(2) 建立合理的组织关系。战略联盟是一种网络式组织结构,不同于传统企业层级式模式,因此对其管理与传统组织有着不同要求。在战略联盟设立之初应该针对合作的具体情况,确定合理的组织关系,对合作各方的责、权、利进行明确的界定,防止由于组织不合理而影响战略联盟正常运作。

(3) 加强沟通。战略联盟各方由于相对独立,因此彼此之间组织结构、企业文化、管理风格有着很大不同,尤其是跨国界的战略联盟在这一方面表现得更为突出。这对双方的沟通、合作造成了一定的困难,而在战略联盟中,合作各方良好的沟通与协作对于联盟的成败有着重要影响,很多战略联盟的失败都是由于各方缺乏沟通所致,因此,各方应有意识加强沟通。

8. 战略联盟成功的关键——信任

(1) 战略联盟成功的原则

战略联盟成功的原则有三条:一是平等相待,即合作伙伴地位平等,利益共享;二是主管领导支持,战略联盟的形成往往是行业领导甚至是地方领导支持与协调的结果;三是求同存异,避免对抗,因为合作则两利,对抗则两败。

(2) 创造信任

在战略联盟形成的过程中,创造信任应注意以下五点。

① 交流。只有坚持正常的交流与沟通,才能增进了解,产生信任。

② 减少伙伴的数量。战略联盟内部合作伙伴的数量减少后,可以减少产生冲突和矛盾的机会。

③ 公平。战略联盟在运行中要注意程序、制度、结果的公平。只有公平,才能产生更好的信任。

④ 长期合作。保持长期合作有助于信任的发展。

⑤ 灵活性与非正式性。信任能使关系充满灵活性和非正式性。只要有信任,就可以不需要刚性强的合同或契约维持关系,甚至没有合同都可以维持合作关系。因此,在环境日益复杂的情况下,合同不可能订得很严密,一定的灵活性和非正式性可以使双方产生信任。

6.4.4　企业集群化

企业集群化是产业呈现区域集聚发展的态势。所谓企业集群,是指在某个特定产业中相互关联的、在地理位置上相对集中的若干企业和机构的集合。企业集群的崛起是产业发展适应经济全球化和竞争日益激烈的新趋势,是为创造竞争优势而形成的一种产业空间组织形式,它具有的群体竞争优势和集聚发展的规模效益是其他形式无法比拟的。在经济全球化的今天,企业集群化发展已成为全球性的经济发展潮流,企业集群构成了当今世界经济的基本空间构架。

1. 企业集群的类型

(1) 共生型企业集群。共生系统有利于个体和群体的共同发展。共生型企业是指两个或两个以上成员企业通过互利共存、优势互补,组成利益共同体。其优势在于企业间组织结构、经营方式、方向、规模和技术水平相互适应,可以实现资源和信息的共享,成员企业间的利益关系可加强联盟的稳定性。企业间的资源利用和利益关系由竞争转向互补、协同、合作,通过共同的利益和目标形成经营企业单元,并进一步建立起经营企业单元共适应网络系统。

(2) 寄生型企业集群。在寄生型企业集群中,小企业类似寄生者,寄居于主干大企业所处地域或系统内,依靠大企业外包业务获取利益。寄生型企业的发展会促进寄主大企业的发展,使其实力增强。同时,寄生型企业具备很强的生长与发展能力,在无主条件下,也能生存和发展。寄生型企业集群不仅能带动很多相关小企业,也改善了寄主大企业生存发展环境,企业间实现"双赢",提高了整个区域的社会经济效益。

(3) 混合型企业集群。混合型企业集群可以在不同地区和经济模式下出现,尤其适合于国有、集体、民营、外资企业并存的条件下。将经营方向、规模相似的企业群落建在不同地区,以便于充分利用资源,加速发展。同一地区企业的经营方向尽可能减少趋同性,避免激烈竞争。随着网络经济的发展,企业竞争已由单一个体竞争演化成群体型竞争,所以在组建和重组企业集群时,应尽可能将不同性质的经营单元或成员企业作为责任中心和利润中心的虚拟单元,系统分析单元间的各类关系,以此构建企业间网络关系图。当某经营单元之间不相适应,利益关系和合作性质变化时,可进行新的企业重组。

2. 企业集群与虚拟企业组织的比较

(1) 从特征上看,传统的中小企业集群是利用空间集聚方式共享基础设施、企业内外部资源和技术创新网络的企业间组织形式,而虚拟企业组织则是利用信息技术动员各种优势资源临时聚集成为网络共同体,实现以更快的速度,提供更具竞争力的产品或服务,其本质是以实现机遇为目标的合作竞争型的生产组织形式,具有可重构、可重用、可扩充能力。

(2) 从组建方式上比较,传统的中小企业集群的组建方式有:由大企业改造或分拆而成(如克罗地亚大型造船厂的改造);以中介服务机构为主体组织(如中国台湾地区民间标会对中小企业的资金融通);以大的制造企业为核心,通过分级下包制度形成(如日本的家电 EC);大学、科研机构与企业间协同作用形成(如美国的硅谷);以家族关系和共同的文化背景为基础而形成(如温州模式);由跨国公司对外投资形成(如美国电子通讯公司在新加坡投资)。其目的是实现分工协作,发挥集群效应,提高企业竞争力。虚拟企业组织的组建方式主要有供应链式、合资经营式、转包/外包式以及虚拟合作式等。

(3) 从竞争优势上比较,传统的中小企业集群的主要竞争优势在于:集聚经济优势,通过产业结构升级培育企业长期竞争优势,协同创新优势,专业分工优势,网络协同互动优势,易于得到政府政策的倾斜和扶持。虚拟企业组织的竞争优势包括:低组建成本,高组织柔性,高组织敏捷性,高核心能力协同性。

3. 企业集群化的实施

(1) 加强政府的引导和协调。从日韩等国家的产业发展过程不难看出,政府即使不是产业国际竞争中最重要的条件,至少也是必要的考虑条件。在产业创造竞争优势的过程中,政府的角色可以是正面的,也可以是反面的,关键是看它能否很好地平衡干预和放任的关系。就政府和企业的关系来说,在企业的日常经营管理和市场交易方面,政府应该实行放任政策,而在企业制订直接与集群发展相关的战略时,政府则应适当地干预。产业所在地政府应通过适当的产业政策如补贴、融资、税收政策等,引导企业朝期望的方向发展。

此外,政府还必须加强基础设施特别是信息基础设施的建设,以尽可能地减少集群中信息不对称的现象,避免因此而产生的少数企业的损公肥私的战略冒险行为。必要时,政府相关机构可直接出面协调有关企业的战略。但必须注意的是,所有的政府干预行动要尽可能使用经济的手段而不是行政的手段,同时一定要符合市场经济的规律,否则效果可能适得其反。

(2) 加强企业之间的战略协同。企业之间的战略协同,能产生一种协同效应,即由于相互协作作为集群内的某个企业比作为一个单独运作的企业所取得的更高的赢利能力。现代企业之间的竞争,已逐渐朝着区域与区域、集群与集群之间的竞争演化。在这种竞争形式下,任何一个企业若想取得成功,必须依存于整个集群的竞争力,必须在制订战略时就开始加强协同。而要做到这一点,有赖于企业协会或集群内核心企业的协调,以及企业领导人之间的非正式关系和默契。因此,成功的集群必须为企业之间的战略协同创造条件,建立和完善集群内企业和机构之间各种沟通和联系机制。

(3) 建立基于互信的集群文化。现有的研究认为,文化因子在集群的形成和发展进程中具有无可替代的影响力,在有形的结构化网络背后深藏着一张"无形的人文之网"。集群文化建立在企业共同的文化——区域文化和产业文化的基础上,并在企业长期的交易、合作和其他互动关系过程中形成。集群文化一旦成形,对群内企业的价值观、经营模型、行为方式等都会产生巨大的影响,对公司的战略制订同样会产生影响。如果这种文化建立在互信的基础上,并具有"记忆"的功能,则可以解除企业制订战略时的戒备心理,促使企业对集群的发展和集群竞争力的提高做出更大的承诺和贡献。因此,集群内的各种构成主体,在日常的交易和交往中,必须注意以互利、互信、互助和诚实信用等商业伦理为基础的集群文化的培育,为集群竞争力的提升创造一个有利的文化软环境。

本章小结

企业竞争战略又称基本战略或通用战略,是指导企业不同类型业务实现理想竞争效果的战略,可分为成本领先战略、差异化战略和集中化战略三种。

成本领先战略,又称低成本战略,是指企业通过有效途径降低成本,使企业的全部成本低于竞争对手的成本,甚至是同行业中最低的成本,从而获得竞争优势的一种战略。

成本领域优势常见的实现途径有规模经济、生产技术创新、资源共享、关注关键成本。

差异化战略是指企业向顾客提供的产品或服务与其他竞争者相比独具特色、别具一格，从而使企业建立起独特竞争优势的一种战略。差异化优势的实现途径包括内在因素的差异化、外在因素的差异化和服务的差异化。

集中化战略是指将企业的经营活动集中于某一特定的购买群体、产品线的某一部分或某一地域性市场，通过为这个小市场的购买者提供比竞争对手更好、更有效率的服务来建立竞争优势的一种战略。

各类企业的竞争战略不同。分散型产业的企业竞争战略选择包括：克服分散，集中分散型行业；适应环境，建立竞争优势；增加附加价值。新兴产业的企业竞争战略选择包括：抢先进入市场；努力提高产品的功能和质量；增加产品组合；开拓市场；做好促销工作，争创名牌产品；行业中技术领先；运用需求价格弹性，薄利多销。成熟产业的企业企业竞争战略选择包括：成本领先战略；完善产品组合；工艺创新；扩大采购范围；资产改良、包装、出售；国际化经营战略。衰退产业企业竞争战略选择包括：稳定战略；收获战略；放弃战略。

蓝海战略认为，聚集于红海等于接受了商战的限制性因素，即在有限的土地上求胜，却否认了商业世界开创新市场的可能。运用蓝海战略、视线将超越竞争对手移向买方需求，跨越现有的竞争边界，将不同市场的买方价值元素筛选并重新排序，从给定结构下的定位选择向改变市场结构本身转变。在实施蓝海战略时应遵循的原则是：重建市场边界；注重全局而非数字；超越现有需求；遵循合理的战略顺序；克服关键组织障碍；将战略执行建成战略的一部分。

企业合作战略是一种有目的、有计划、具有全球视野的合作思想与行为。可以使企业的竞争力增加，外部交易的内部化，使交易成本降低，降低获取信息的成本，提高生产经营和分配的效率，对资源配置和生产结构的调整起到积极的作用。合作战略已经成为一种新的战略手段来获得战略竞争力。

思考与练习

一、名词解释
成本领先战略　差异化战略　集中化战略　新兴产业　成熟产业　衰退产业　蓝海竞争　合作营销　虚拟经营　战略联盟　企业集群化

二、简答题
1. 简述成本领先战略、差异化战略和集中化战略的概念。
2. 简述成本领先战略的优缺点。
3. 差异化优势的实现途径有哪些？
4. 简述企业实施集中化战略的条件。
5. 分散型产业中企业选择竞争战略时应注意哪些问题？
6. 简述新兴产业、成熟产业、衰退产业中的企业竞争战略。
7. 企业为什么要制订合作战略？

8. 合作营销、虚拟经营、战略联盟、企业集群化各需要注意什么问题?

三、案例分析

案例一

山居小栈的经营策略

山居小栈位于一个著名的风景区边缘,旁边是国道,每年有大批旅游者经这条国道来到这个风景名胜区游览。

罗生两年前买下山居小栈时是充满信心的,作为一个经验丰富的旅游者,他认为游客真正需要的是朴实但方便的房间——舒适的床,标准的盥洗设备以及免费有线电视。像公共游泳池等没有收益的花哨设施是不必要的。而且他认为重要的不是提供的服务,而是管理。但是在不断接到顾客抱怨后,他还是增设了简单的免费早餐。

然而经营情况比他预料的要糟,两年来的入住率都维持在 55% 左右,而当地的旅游局统计数字表明这一带旅店的平均入住率是 68%。毋庸置疑,竞争很激烈,除了许多高档的饭店宾馆外,还有很多家庭式的小旅社参与竞争。

其实,罗生对这些情况并非一无所知,但是他觉得高档宾馆太昂贵,而家庭式旅社则很不正规,像山居小栈这样既具有规范化服务特点又价格低廉的旅店应该很有市场。但是他现在感觉到事情并不是他想象得这么简单。最近又传来旅游局决定在本地兴建更多大型宾馆的风声,罗生越来越发觉处境不利,甚至决定退出市场。

这时他得到一大笔亲属赠予的遗产,这笔资金使他犹豫起来。也许这是个让山居小栈起死回生的机会,他开始认真研究所处的市场环境。

从一开始罗生就避免与提供全套服务的度假酒店直接竞争,他采取的方式就是削减"不必要的服务项目",这使得山居小栈的房价比它们要低 40%,住过的客人都觉得物有所值,但还是有很多游客来这里转转然后去别家投宿了。

罗生对近期旅游局发布对当地游客的调查结果很感兴趣:

(1) 68% 的游客是不带孩子的年轻或年老夫妇;

(2) 40% 的游客两个月前就预订好了房间和旅行计划;

(3) 66% 的游客在当地停留超过三天,并且住同一旅店;

(4) 78% 的游客认为旅馆的休闲娱乐设施对他们的选择很重要;

(5) 38% 的游客是第一次来此地游览。

得到上述资料后,罗生反复思量,到底要不要退出市场,拿这笔钱来养老,或者继续经营? 如果继续经营的话,是一如既往,还是改变山居小栈的经营策略?

思考:

(1) 导致山居小栈经营不理想的主要原因是什么?

(2) 你认为山居小栈的发展前景如何?

(3) 如何改变山居小栈现在的不利局面? 山居小栈的经营策略应该是什么?

案例二

汤普森公司的经营策略

汤普森公司经营旅游市场业务,通过在假期为客户提供全套的旅游服务来营利。这个公司最主要的竞争武器是信息技术,他们建立了一个与全国十几个景点联网的信息系统。这个系统能够让所有的旅游景点机构和顾客迅速了解到与休假相关的景点、旅馆、交通等信息,快速接受旅游项目的预订,同时,这个系统还负责汤普森公司的收据、报表、住宿清单等管理业务。

这一系统的应用节省了大量的管理费用,使得汤普森公司有降低价格的空间,而降价激发了大量的新需求(当然,系统能够处理这么多新的需求)。汤普森公司的市场份额在两年间从20％上升到了30％,一些系统不太有效的竞争者也在努力迎合这一潮流。

汤普森公司注意不断地改进它的信息系统,提高了系统的可靠性,并且逐渐增加了新的功能。这些措施使得汤普森公司保持和提高了竞争优势,在主要竞争者当中没有任何人有办法与这些既降低费用又节省劳动量的改进措施竞争。

思考:

(1) 汤普森公司的目标客户和核心业务是什么?

(2) 汤普森公司的特点在哪里? 这一特点带给它的核心竞争力是什么?

案例三

"老牌"企业的竞争

20世纪30年代的美国街头,到处都设有饮料自动销售机,顾客只需扔下5美分,就可马上得到一个包装精美独特、内盛约192毫升(6.5盎司)可口可乐的"魔瓶",一享口福。新奇、方便的销售方式及遍布各地的销售网络,使创业于1892年素以"配方古老,口味独特"著称的可口可乐公司如虎添翼,独霸美国的软饮料市场。但谁能想到,它的潜在竞争对手——百事可乐公司,正是从饮料瓶上看到自己的机会,向可口可乐发起了销售攻击。1939年,这个尚未显露锋芒的后起之秀,推出了一种5美分约355毫升(12盎司)的百事可乐,辅以"一样代价,双重享受"的广告,向可口可乐发起挑战。此举正是钻了一个市场空隙:可口可乐的口味,虽老少咸宜,但瓶子的容量太小,刚够中老年人一次饮用;青年人饮量大,喝起来不过瘾,不如一瓶百事可乐痛快,何况价钱还便宜得多。这样,占消费总数1/3的青年,逐渐被百事可乐所吸引。到1960年,百事可乐的销售额上升了20％,与此同时,可口可乐则下降了33％。

思考:

(1) 在与可口可乐的竞争中百事可乐采取了何种战略?

(2) 百事可乐在哪些方面取得了战略优势?

四、实训题

1. 每个组选择一个所熟悉的企业,分析其实施的差异化竞争战略。分析内容包括该竞争战略给企业带来哪些效益以及存在的问题,并给出战略建议。

(1) 实训目的与内容

通过小组合作,收集、整理资料,具体分析某企业在实践中实施的具体差异化战略,加强学生对差异化战略的掌握程度,并提升学生运用此方法解决实际问题的能力。

(2) 实训组织

① 以专业班级为单位,4～5人为实训小组完成实训课业。

② 每组成员进行具体分工,完成考察、调查、资料分析、实证分析、理论准备任务。

③ 进行本课程的认识性实习,每人撰写 3000 字的本课程认识实习报告。

④ 教师评价选择优秀实习报告,学生在班级发言。

(3) 实训要求

① 在学习并掌握本项目差异化战略的基础上,能收集被分析企业的有用资料。

② 认真分析资料,并为企业的后续战略制订对策。

③ 按差异化战略分析的流程步骤进行。

(4) 成绩评定

① 流程形式占 50%,考查对差异化战略分析方法流程、规范的理解与运用。

② 内容占 50%,考查分析实际问题的运用能力。

2. 每个组选择一个所熟悉的领导型企业,分析其实施的竞争战略。分析内容包括该竞争战略给企业带来哪些效益以及存在的潜在风险,并给出战略建议。

(1) 实训目的与内容

通过小组合作,收集、整理资料,具体分析某领导型企业在实践中实施的具体竞争战略,加强学生对领导型企业竞争战略的掌握程度,并提升学生运用此方法解决实际问题的能力。

(2) 实训组织

① 以专业班级为单位,4~5 人为实训小组完成实训课业。

② 每组成员进行具体分工,完成考察、调查、资料分析、实证分析、理论准备任务。

③ 进行本课程的认识性实习,每人撰写 3000 字的本课程认识实习报告。

④ 教师评价选择优秀实习报告,学生在班级发言。

(3) 实训要求

① 在学习并掌握本项目领导型企业竞争战略的基础上,能收集被分析企业的有用资料。

② 认真分析资料,并为企业的后续战略制订对策。

③ 按领导型企业竞争战略分析的流程步骤进行。

(4) 成绩评定

① 流程形式占 50%,考查对领导型企业竞争战略分析方法流程、规范的理解与运用。

② 内容占 50%,考查分析实际问题的运用能力。

第七章 企业职能战略

有什么样的战略,就应有什么样的组织结构。然而这一真理往往被人们忽视。有太多的企业试图以旧的组织结构实施新的战略。
——[美]戴尔·麦康基

企业所采用的战略应能够打破正常的产业发展进程并创造不利于竞争者的新的产业条件。
——[美]伊恩·C.麦克米伦

在任何场合,企业的资源都不足以利用它所面对的所有机会或回避它所受到的所有威胁。因此,战略基本上就是一个资源配置的问题。成功的战略必须将主要的资源用于利用最有决定性的机会。
——[美]威廉·科恩

没有一家企业可以做所有的事,即使是有足够的钱,它也永远不会有足够的人才。它必须分清轻重缓急,最糟糕的是什么事都做,但都只做一点点,这必将一事无成。
——[美]彼得·德鲁克

 ## 学习目标

※ 了解企业职能战略的类型;
※ 理解市场营销战略、生产战略、研究与开发战略的含义;
※ 掌握市场营销战略、生产战略、研究与开发战略、财务战略、人力资源战略和企业形象与文化战略的核心内容;
※ 掌握市场营销战略、生产战略、研究与开发战略、财务战略、人力资源战略和企业形象与文化战略的使用条件。

 ## 案例导入与分析

韩国汽车进入美国市场原因分析

美国是世界上最大的小轿车市场,而且也是世界利润最高的轿车市场。据分析,日本汽车制造商的利润大部分来自北美市场。不难想象,各国汽车制造商都想进入美国市场。但在 2010 年之前的几年中,进入美国的汽车商中韩国的现代汽车取得显著的成功。分析现代汽车成功的原因有三个。

(1) 时机有利。当前世界贸易保护主义盛行,但由于国与国之间的经济发展不平衡,对一个国家的贸易壁垒可能成为其他国家进入市场的绝好机会。由于日本对美国的汽车出口受到所谓"自愿配额"的限制,出口数量停留在每年 230 万辆上,因此日本汽车商采取了向高档车转移的方针,逐步提高售价。而美国的三大汽车商出于最优利润的考虑,采取了保持销量、提高售价的做法。这就使低档小型经济车的市场出现了缺口。这给韩国汽车提供了进入美国市场的机会。

(2) 币值有利。由于韩元对美元是稳定的,比价基本不变。因美元对日元大幅度贬值,韩元对日元也就相对贬值,这就使韩国汽车的美元成本大大低于日本汽车的美元成本。

(3) 员工素质有利。美国汽车工业趋向于"夕阳",三大美国汽车商相继关闭多条生产线、解雇工人,新一代有才华的青年都不愿去汽车业谋职,使得工人年龄相对上升,素质相对下降。而韩国的汽车工业正处于上升时期,汽车工人社会地位很高,汽车厂可毫不费力地招到最优秀、最能干的工人,而其工资只是美国汽车工人的 1/10。现在韩国汽车工人的平均年龄只有 27 岁,比日本的 34 岁还要年轻 7 岁。

在自己的产品上,现代汽车采用的并不是当代最先进的汽车技术,而是 20 世纪 80 年代初日本三菱汽车公司的技术,这一技术在美国市场上已有 5 年历史,产品可靠、耐用、标准度高,维修非常方便。与之对照的日本铃木汽车,采用的是当代最新技术生产的马达,油耗量是轿车问世以来最低的,但其维修难度相应上升,产品成本也相应偏高,而其可靠性和耐久性还是一个问号。

在产品的价格上,现代汽车采用了快速渗透定价策略,比同等级的日本车定价约低 1000 美元,被美国汽车界评为"日本技术,韩国价格"。

现代汽车采取了在产品的开发与生产过程中联合,但在销售环节上独立,保证 100% 销售控制的市场运作方法。

在渠道上,现代汽车选择了先出口加拿大,后进入美国的迂回路线。加拿大市场与美国市场极为相似,世界主要厂商均在加拿大销售汽车。由于加拿大市场比美国市场小得多,有问题易于发现,也易于及时解决,代价也小得多。现代汽车采取了"少而精"的网点策略,在全美只建立了 200 个经销点,使每个经销点都有较高的销售量,保证了经销商有厚利可图。

现代汽车充分考虑了政治因素,把零部件的采购纳入整个经营战略中统一考虑,尽可能地采用美国零部件,以保证其产品有较高的"美国成分"。而在加拿大,现代汽车中的"加拿大成分"也是进口国中最高的。现代汽车集团总经理说,我们必须考虑双向贸易。

(资料来源:杨增雄.企业战略管理——理论与方法.北京:科学出版社,2013)

思考:

(1) 韩国汽车成功进入美国市场的原因是什么?

(2) 韩国汽车成功进入美国市场应用了什么职能战略?

分析:

(1) 韩国的汽车工业正处于上升时期,汽车工人社会地位很高,最优秀、最能干的工人,其工资只是美国汽车工人的 1/10。韩国汽车的美元成本大大低于竞争对手日本汽车的美元成本,韩国抓住了美国低档小型经济车市场出现的缺口机会。

（2）产品性能上：产品可靠、耐用、标准度高，维修非常方便；产品的价格上，采用了快速渗透定价策略；在渠道上，选择了先出口加拿大，后进入美国的迂回路线；经销方式上，采取了在产品的开发与生产过程中联合，销售环节上独立，保证100％销售控制的市场运作方法；采购上充分考虑了政治因素，把零部件的采购纳入到整个经营战略中统一考虑，采用美国零部件，以保证其产品有较高的"美国成分"。

职能层战略也称之为支持性战略，是为了贯彻和实施公司战略或业务层的战略而对职能活动制订的战略。与公司层战略和业务层战略比较起来，职能层战略更为详细、具体，它是公司层战略或业务层战略的具体落实。本章主要介绍市场营销战略、生产战略、研究与开发战略、财务战略、人力资源战略、企业形象与企业文化战略。

7.1 市场营销战略

市场营销战略是企业战略实施中的重要职能战略。它是企业生产经营活动的出发点，是企业赖以生存和发展的土壤，是实施其他职能战略的基础，是企业竞争战略中的直接营销决策。如图7-1所示。

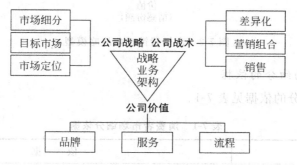

图 7-1 市场营销战略

营销人员最关键的责任是跨越组织的边界，与现有的和潜在的消费者相互作用。科特勒提出的战略业务三角模型由三个维度构成：公司战略、公司战术和公司价值。这三个维度又可细分为九个要素，分别是市场细分、目标市场、市场定位、差异化、营销组合、销售、品牌、服务、流程。公司战略是为了赢得"心智份智"，即顾客心智中占据的位置，核心是定位；公司战术是为了赢得"市场份额"，即吸引顾客，核心是差异化；公司价值观是为了赢得"心理份额"，即顾客内心接受，核心是品牌。三角战略模型的意义在于：在经营环境不确定时，企业可依此更加系统化和整合化地开展业务活动。市场能提供基本的关于消费者的新的需求，将来的需求计划，竞争者行为和新业务机会的信息。市场营销三角战略如图7-2所示。

7.1.1 市场细分战略

市场细分是根据顾客需求的差异性，将整个产品划分为若干个不同需求特征的子市场。产品市场不进行细分，其规模就会非常庞大，这不利于企业选择适合自身优势的理想的目标市场。

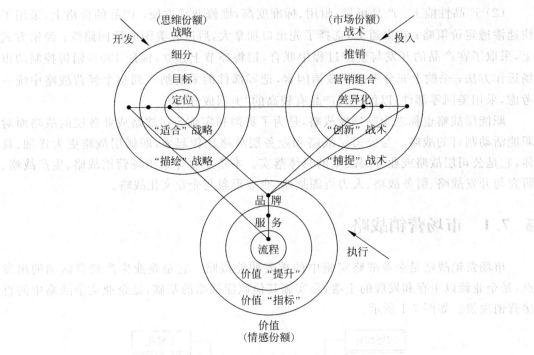

图 7-2 市场营销三角战略模型

1. 消费者市场细分的依据

消费者市场细分的依据见表 7-1。

表 7-1 消费者市场细分依据

类　型	依　据
地理细分	地形、气候、交通、地区、行政区划
心理细分	偏好、动机、生活方式、个性、生理
行为细分	时机、利益、使用者状况、品牌忠诚度、使用率态度
人口细分	年龄性别、家庭人口、收入水平、教育程度、社会阶层、宗教信仰、种族、职业

2. 生产者市场细分依据

生产者市场细分依据见表 7-2。

表 7-2 生产者市场的细分依据

类　型	依　据
购买者地理位置	国家、地区工业区、商业区
购买者的实力	用户规模、大、中、小
产品的预定用途	生产资料、商业流通
采购决策者的决策风格	集中性、分散性、周期性

3．市场细分的程序

①识别细分市场；②收集研究信息；③拟定综合评价标准；④确定营销因素；⑤估计市场潜力；⑥分析市场营销机会；⑦提出市场营销策略。

4．市场营销机会分析

市场营销机会分析，如图 7-3 所示。

一个企业要根据市场细分结果来决定市场营销战略。市场开发战略分析矩阵，如图 7-4 所示。

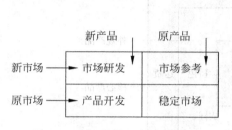

图 7-3　市场营销机会分析矩阵

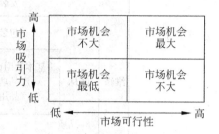

图 7-4　市场开发战略分析矩阵

市场细分分析后有两种情况。

（1）如果分析市场细分后，发现市场情况不理想，企业可能放弃这一细分市场。

（2）如果市场营销机会多，对需求和潜在利润量满意，企业可根据细分结果提出不同的目标市场营销战略。

7.1.2　目标市场定位战略

1．对抗式定位战略

对抗式定位战略又称针锋相对式定位战略，是指企业把目标市场定位在与竞争对手相同的位置上。这种定位战略的前提是市场需求大，企业实力强，在激烈的竞争中获胜的把握较大，能占据有利的市场位置。如果企业的实力比竞争对手差，就要调整目标市场定位，避开与其竞争。

2．空当式定位战略

空当式定位战略是指企业选择空白市场作为自己的目标市场，以达到填补市场空缺的目的。这种定位战略选择的目标市场竞争者少，甚至是独占市场，企业可以从中获得可观的效益。20 世纪 80 年代，我国大陆衬衣市场中主要以中、低档衬衣为主，高档衬衣市场几乎为空白，结果香港金利来集团及时抓住了这一市场机会，填补了高档衬衣市场的空白，取得了很好的经营效果。

3．特色定位战略

特色定位战略是指企业利用独特的资源、技术和生产能力等，开发出具有鲜明特色的产品或服务，以满足特定顾客的需求。实施这种定位战略的企业几乎没有竞争对手，其目标市场属于垄断性市场，竞争对手难以进入，企业产品的竞争优势明显，易取得较好效益。

7.1.3 产品战略

1. 产品的概念

产品的概念有狭义和广义之分。狭义的产品是指具备实物形态的有形产品；广义产品又称整体产品，包括有形产品和无形产品（服务）两个方面。整体产品包括三个层次：核心产品、外观产品和附加产品，如图7-5所示。

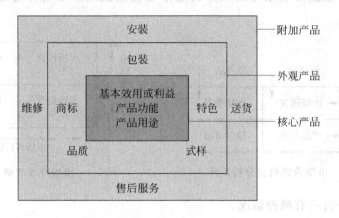

图 7-5 产品的概念

2. 产品生命周期战略

产品生命周期（product life cycle，PLC）是指一种新产品自投放市场起，经过成长、成熟、衰退，直至被市场淘汰的全部时间过程。具体可分为投入期、成长期、成熟期和衰退期四个阶段，如图7-6所示。

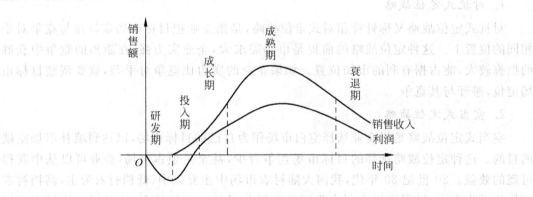

图 7-6 产品生命周期

（1）投入期

投入期可采用的策略有以下四种。

① 高格调策略。高格调策略是指新产品以高价位、高推销力度的方式投放市场。这种策略适用于质量好、形象好，顾客不惜高价购买的产品。一旦成功，企业就可以迅速回收资金，获得丰厚的利润。化妆品、高档白酒和特色食品等都适合采用该策略。

② 选择性策略。选择性策略是指新产品以高价位、低推销力度的方式投放市场。这种策略适用于专用性产品或具有垄断经营性质的产品。技术特性强的专业设备、特色明显而又不可替代的产品等,比较适合采用该策略。

③ 密集性策略。密集性策略是指新产品以低价位、高推销力度的方式投放市场。这种策略适用于需求价格弹性较大、购买频率高、购买量大、容易被替代的产品。新产品开始要以廉取胜,以让利换市场,然后再实现赢利。肥皂、洗衣粉等生活日用品都适宜采用该策略。

④ 低格调策略。低格调策略是指新产品以低价位、低推销力度的方式投放市场。这种策略适用于需求价格弹性大,但推销弹性小的产品。例如,顾客对字典、词典等工具书的降价的反应较为敏感,但对推销力度的大小却不太在意。

（2）成长期

成长期可采用的策略有以下四种。

① 完善产品。在成长期,企业应该在产品设计、质量、功能、包装和外形等方面进一步完善和提高,努力做到精益求精,为争创名牌奠定基础。

② 开拓市场。利用产品快速发展的大好形势,积极开拓新市场,提高产品的市场覆盖率和市场占有率。

③ 加大促销力度。在成长期,企业应在人员推销、广告、公共关系等方面加大促销力度,提高产品知名度和美誉度。

④ 培育竞争优势。在成长期,企业应着力培育产品的成本优势或差异化优势,以应对成熟期激烈的竞争。

（3）成熟期

成熟期可采用的策略有以下四种。

① 转移市场。针对成熟期激烈竞争的局面,企业可以开发相近的新产品,开辟新的市场,寻找新的发展空间。

② 更新产品。对产品进行改良和更新,完善已有功能,增加新的功能,使老产品焕发新的生机。

③ 改变营销组合策略。为了竞争的需要,企业在产品、价格、分销、促销等方面应进行调整和变革,以形成新的竞争优势。

④ 撤退。进入成熟后期后,企业如果认为产品的市场前景不太乐观,也可以先于其他企业退出该市场,尽早寻找新的发展方向。

（4）衰退期

衰退期可采用的策略有以下三种。

① 维持策略。企业对处于衰退期的产品持顺其自然的态度,让产品自然"死亡"。

② 集中策略。在衰退期,企业压缩和集中业务范围,精简产品结构。

③ 舍弃策略。企业通过对处于衰退期的产品进行出售、剥离、淘汰、终止等,以减少损失,节约成本。

7.1.4 新产品开发战略

1. 新产品发展方向

新产品的发展是多元化的,没有固定的方向。一般来说,其发展方向有以下九个。

(1) 高能化与多能化。高能化是指提高产品的功能效率,包括性能、精度、速度、可靠性、寿命等。多能化是指一种产品多种功能,如计算机、家电、汽车等都具有多种功能。

(2) 节能化。节能化就是在产品设计时要考虑节约能源。一方面,在新产品生产过程中,要降低对原材料的耗费;另一方面,新产品在设计时,要考虑产品使用过程中的节能性,如洗衣机设计时要考虑省水、省电和省时,汽车设计时要考虑降低油耗等。

(3) 标准化。标准化是指减少产品的种类、形式和结构。标准化适用于中间零部件产品的生产。生产、技术标准统一后,可以实现专业化的生产,提高产品质量,降低产品成本。

(4) 多样化。多样化是指产品种类、规格、形式的多元化。多样化在消费品中体现得最为突出,如服装、饮食、家电、化妆品等产品多样化的趋势越来越明显。随着社会的进步,企业为满足日益显著的个性化需求,在开发新产品时必须走多样化的道路。

(5) 趋极化。趋极化是指新产品的外观、体积和形式等向大、小两个方向发展。一个方向是朝大的方向发展,如彩电的屏幕变大,住房面积变大等;另一个方向是朝小的方向发展,如手机、计算机和相机等外形变得越来越小。

(6) 艺术化。艺术化是指在新产品设计中融入美学元素,使得产品的视觉效果更好。例如,在对汽车的设计中,艺术化的元素就很明显。过去的汽车从外形、颜色和结构上看,都十分呆板,缺乏艺术美感,而现在的汽车设计已大不相同:在美学理念的引领下,亮丽的色彩与流线型、圆弧角的车型融合在一起,成为吸引人们眼球的一大亮点。

(7) 智能化。智能化是指在新产品设计中融入信息技术,增加产品的科技含量。例如,数控机床、全自动洗衣机等就是智能化产品。智能化是新产品设计中一个重要的发展方向。

(8) 安全化。安全化的含义有两个方面:一方面,新产品在使用过程中危险性越来越小,安全性越来越高;另一方面,新产品对环境不会构成危害,绿色化程度高。

(9) 时尚化。时尚化是指新产品的设计要符合时代的要求,满足现代社会的需求。例如,青年人服装的多样化、新潮化、休闲化就满足了现代青年追求个性时尚消费的心理需求。

2. 新产品开发的常用战略

新产品开发的常用战略有以下几种。

(1) 抢先战略。抢先战略是指企业先于竞争对手开发产品,并将其投入市场,以求使企业的产品在市场上获得领先地位的战略。这种战略利用技术领先优势先发制人,易于占据有利的市场位置。新产品可以高价出售,以获得更高的利润。但实施这种战略的难度较大,除非企业有较强的研发和生产能力,同时,企业还要有足够的人力、物力和财力支持。

(2) 追随战略。追随战略是指行业中实力居第三位、第四位的企业在新产品开发方面紧紧跟随处于第一位的企业的战略,如在产品设计、技术特性和产品包装等方面效仿第一位企业。实施这类战略的企业一般没有显著的竞争优势。

（3）仿制战略。仿制战略是指企业通过模仿竞争力强和技术领先的产品，以较低的成本进入市场的战略。实施仿制战略的产品一般是在被仿制产品处于成长期的后期时投放市场，产品成本低、销售量大，可以获得规模效益。例如，服装、手机和家具等产品就比较适合采用仿制战略。

（4）技术领先战略。技术领先战略是指企业在新产品开发中，充分利用技术优势，确保产品在成本、性能、质量和功能等方面处于行业技术领先地位的战略。

（5）特色化战略。特色化战略是指企业利用独特的资源和技术，开发具有显著特色的新产品的战略。

7.1.5 品牌战略

品牌战略有以下几种。

1. 统一品牌战略

统一品牌战略又称单一品牌战略，是指企业生产的所有产品都同时使用一个品牌的战略。统一品牌战略的优点是企业可以利用其品牌资源的协同性，集中力量塑造一个品牌形象，增强企业品牌的集中度，有利于更好地凸显良好的企业形象。统一品牌战略虽有"一荣俱荣"的优势，但也有"一损俱损"的风险。如果某一品牌名下的某种商品出现了问题，那么，其他商品难免会受到不良影响，这种影响甚至会涉及企业的所有产品。

2. 多品牌战略

多品牌战略是指一个企业同时经营两个或两个以上相互独立、彼此没有联系的品牌的战略。多品牌战略的优点是品牌的种类增多以后，为每一个品牌各自营造了一个独立的成长空间，可以避免出现品牌集中的风险，有利于提高企业的市场占有率，更好地满足顾客需求。其缺点是品牌宣传与管理成本高，多个品牌之间可能存在竞争，也容易让消费者产生混淆。例如：美国宝洁公司旗下约300个品牌，宝洁公司无疑通过品牌战略创造了一个奇迹。

3. 主、副品牌战略

主、副品牌战略是指企业以一个成功品牌作为主品牌，涵盖企业的系列产品；同时，又给不同的产品起一个富有魅力的名字作为副品牌，以突出产品的个性形象的战略。例如，在海尔的产品系列中海尔集团，将"海尔"作为主品牌覆盖所有产品，但在其下按类别的不同，又对各种产品冠以不同的副品牌，如变频冰箱产品包括变频对开门的"领航系列"；变频冰箱的"白马王子系列"、"彩晶系列"；机械冰箱产品包括"超节能系列"、"金统帅系列"等；计算机冰箱产品包括"数码王子系列"和"太空王子系列"；等等。主、副品牌战略有效地区分了不同产品的功能和特点，彰显了产品的特色，使得产品品牌既丰富多彩，又生动活泼。其缺点是由于品牌类型繁多，管理成本较高。

4. 背书品牌战略

背书品牌战略是指一个实力强大的企业同时生产经营多种不同的产品，并向顾客担保其产品的优秀品质的战略，即同一厂家生产不同产品不同品牌，各品牌间互不干扰。

例如,五粮液集团除生产五粮液、五粮醇、五粮春、五粮神等"五粮"系列品牌外,还推出了浏阳河、京酒、金六福等品牌产品,获得了良好的经营业绩。在这里,五粮液品牌属于背书品牌,浏阳河、京酒、金六福等品牌属于被担保品牌。企业在传播品牌时,有意识地将这一信息传达给顾客。与其他品牌关系相比,浏阳河、京酒、金六福等品牌与五粮液之间的关系比较松散,在其产品包装上"五粮液"的位置并不突出,它只起背书和担保的作用。

对于被担保品牌而言,其既受到背书品牌的支持,又受到该品牌的制约。当被担保品牌为新产品时,企业采取背书品牌战略可以有效地支持新产品进入市场,提高新产品入市的成功率;当被担保品牌在市场中具有较大影响力之后,背书品牌可能会阻碍其自主发展。因此,当被担保品牌较为强大后,可以选择走出背书品牌的"庇护",开创自己的天地。

5. 联合品牌战略

联合品牌战略是指企业在同一产品上使用两个或更多品牌的战略,可以实现相互借势,达到 1+1>2 的目的。例如,Intel 公司与全球主要计算机制造商合作,推出了鼓励计算机制造商在其产品上使用"Intel Inside"标志的联合计划,结果在计划实施的短短 18 个月里,"Intel Inside"标志的曝光数量就高达 100 亿次,这使得许多购买者在购买计算机时开始认定"Intel Inside"标志。

7.1.6 包装战略

包装战略有以下几种。

1. 统一包装战略

统一包装战略又称类似包装战略,是指企业所有产品采用统一的包装形式,在包装上采用相同或相似的图案、色彩、形状、结构、附件和标签等,使消费者易于辨认或联想到同一企业的产品,借以提高企业的信誉和形象的战略。

2. 差异化包装战略

差异化包装战略是指企业针对不同产品采用不同的包装形式,甚至对同一产品也采用不同的包装形式的战略。这种包装战略强调包装的变化及差异化,在激烈的市场竞争中,差异化的包装战略有时会引起顾客的注意,从而起到促销的作用。

3. 配套包装战略

配套包装战略是指把消费者经常同时使用的几种产品放在一个包装单元内进行包装的战略。这种包装战略的目的是方便使用,如文具盒、化妆盒、家庭药箱和工具箱等的包装采用的就是配套包装战略。

4. 等级包装战略

等级包装战略是指按被包装产品等级的不同,采取不同的包装形式的策略。这种包装战略可以使包装与其产品质量一致,表里如一,方便选购。例如,礼品多用该种包装战略,以满足不同层次顾客的需求。

5. 再使用包装战略

再使用包装战略是指在原包装的产品用完以后,把空的包装物另作他用的战略。例如,把盛装饮料的容器设计成茶杯状,饮料喝完后该容器可以作饮茶工具用。这种包装策略能够在一定程度上起到促销作用。

6. 附赠品包装战略

附赠品包装战略是指企业为了推销产品,在产品的包装中附带某些赠品的战略。例如,儿童食品中附带小玩具,白酒包装中附带打火机,等等。这种包装策略不仅能起到促销作用,而且极易引起重复购买。

7.1.7 服务战略

1. 服务营销模型

服务是指为社会、组织及个人提供的一种有偿或无偿的价值活动。服务是产品层次中的附加产品部分,即无形产品。在现代科学技术高度发达的今天,有形产品(实体产品)间的差异在逐渐缩小,而无形产品间的差异则在不断增大,这一变化趋势使得服务成为企业竞争的焦点。服务营销模型如图 7-7 所示。

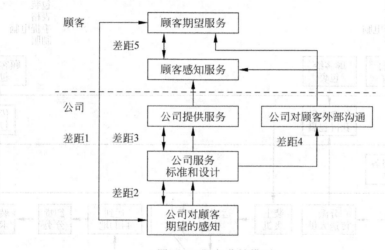

图 7-7　服务营销模型

2. 服务内容

服务的具体内容为:维修、安装、送货、供应零部件、培训、代办托运、邮寄、保险、投诉、信用和融资等。服务质量构成要素相对重要性,如图 7-8 所示。

3. 服务形式战略

服务形式战略可分为以下三种形式。

(1) 生产企业提供服务。由生产企业向顾客提供设计、送货、安装、调试、示范、培训、维修和咨询等方面的服务。

(2) 经销商提供服务。由经销商向顾客提供咨询、融资、订单处理、送货、维修等服务。

(3) 专业服务公司提供服务。由社会上的专业服务机构提供如保洁、陪护、招工、培训等服务。

图 7-8　服务质量构成要素
相对重要性

4. 服务导向战略

(1) 确定服务的地位。如果产品的价值量高、技术性强、体积大,则需要以生产企业提供的服务为主;如果是一般的产品,则可以以中间商或专业服务公司提供的服务为主。如果顾客对产品的服务要求专业性强,则应以专业服务公司或生产企业提供的服务为主。如果企业的实力雄厚,则可以考虑向顾客提供更多的技术服务,以提高产品的竞争力。如果市场竞争激烈,服务成为竞争的焦点,企业则应该提供高质量的服务。

(2) 确定服务的范围。一方面,企业要明确服务的具体内容,包括服务的项目、方式、注意事项等;另一方面,要明确服务的地理范围,包括区域、位置等。按区域管理服务是常见的服务管理模式,如城市中的家电维修可以按区域管理。

(3) 确定服务工作的原则。针对服务的特点,企业在提供服务时应遵循主动、热情、快速、灵活、优质的基本原则,为顾客提供满意的服务。服务导向蓝图如图 7-9 所示。

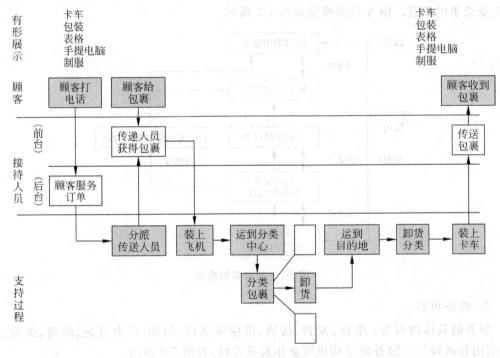

图 7-9 服务导向蓝图示例

7.1.8 价格战略

价格战略在企业职能战略中占据着重要地位,对营销战略的实施起着关键作用。价格战略可分为以下几种。

1. 创新产品定价战略

(1) 撇脂定价战略。撇脂定价战略是指把新产品的价格定得尽可能高,先在市场中获取大量利润,当竞争激烈时再降低价格的战略。这种战略适合技术含量高、质量好、特色鲜明的产品。例如,一款新手机刚上市时以高价销售,随着销售规模的扩大和竞争的加剧,价格逐渐降低。

(2)渗透定价战略。渗透定价战略是指把新产品的价格定得尽可能低,以便于快速占有较大市场的战略。这种战略适合需求价格弹性较大、市场潜力大的分散行业中的产品。例如,一种新品牌的洗衣粉刚投放市场时,以低价位来吸引顾客购买,等得到顾客广泛认可后,再逐渐调高价格。

(3)温和定价战略。温和定价战略又称中间定价战略,是指介于撇脂定价战略和渗透定价战略中间的定价战略。例如,一种新型的装饰材料刚投放市场时,其价位应遵循适中的行业价格水平,既不能太高,也不能太低。太高会令顾客望而却步,太低会令顾客心存疑虑。

2. 仿制型新产品定价战略

对仿制型新产品而言,可按竞争形式采取不同的价格与质量组合定位战略,如图 7-10 所示。

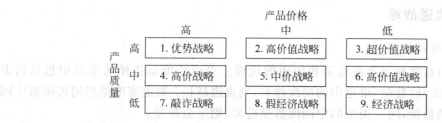

图 7-10　价格与质量组合定位战略

3. 产品组合定价战略

产品组合定价战略是指以整个产品组合利润最大化为目标的定价战略。常见的形式有产品线定价、互补品定价和产品捆绑定价。

(1)产品线定价

同一产品线内的产品属于系列产品。企业对系列产品进行定价时,要综合考虑整个产品线的收益。产品价格要能反映产品线内不同型号、规格和档次的产品的差异。例如,某服装店经营着某一品牌高、中、低三个档次的西服,高档价格为 1500 元,中档价格为 1000 元,低档价格为 300 元。如果这三种档次的西服需要调整价格,就要注意价格与产品档次的匹配。这种定价战略的宗旨是货真价实,价格反映产品的质量与品质。

(2)互补品定价

互补品是指必须在一起使用的两种或多种产品。例如,计算机与 U 盘、剃须刀架与刀片、打印机与打印纸等都属于互补品。企业通常的做法是把主产品的价格定得低一些,以促使消费者购买,而对附属产品定高价,以增加利润。例如,吉列牌剃须刀架比较便宜,而刀片较贵,企业希望在消耗量大的刀片上获取更多利润。

(3)产品捆绑定价

产品捆绑定价是指针对不同类型的多种产品,定出一个总的价格的定价形式。例如,旅游公司给数日游规定一个价格,其中包括住宿、餐饮、景点游览等多种产品的价格。

4. 折扣与折让战略

折扣是对商品价目单中所列的商品价格,根据批发、零售、特约促销等不同销售对象,给予一定的优惠方法,具体分为:①现金折扣;②数量折扣;③功能折扣;④季节折扣。折让是购货方的质量、规格等原因给予购货方的一种价格减让,分为折让与现金折让。

5. 心理定价战略

心理定价战略是根据消费者购买商品时的不同心理制定产品价格。具体分为:①尾数定价;②整数定价;③声望定价;④习惯定价;⑤招徕定价。

6. 地理定价战略

地理定价战略是一种根据商品销售地理位置不同而规定差别定价的战略。具体分为:①产地定价;②统一定价;③分区收价;④基点定价;⑤运费免收定价。

7.1.9 渠道战略

1. 渠道战略的概念

一般用渠道长度和宽度衡量销售渠道的规模。渠道长度是指销售渠道中包括的渠道成员类型(层次)的数量,渠道中的层次越多,则渠道越长;渠道宽度是指销售渠道中同一类型中间商的数量,同一类型的中间商数量越多,则渠道越宽。

与销售渠道密切相关的是实体分配。实体分配(Physical Distribution)是指通过有效安排产品的仓储、管理和转移,使产品在要求的时间内到达指定地点的经营活动。实体分配的主要内容包括运输、仓储、存货管理、接受和运送、包装、订单处理等。

2. 渠道战略的类型

(1)零层渠道

零层渠道又称直销渠道,是指企业的产品不经过中间商,直接服务于顾客,如图 7-11 所示。零层渠道的形式使企业直接与顾客接触,有利于收集顾客的需求信息,并建立稳固的交易关系,以获得市场优势。例如,有些高档化妆品、保健品、机器设备、特色产品等可以采用该种渠道形式。

(2)一层渠道

一层渠道是指渠道中仅有一种类型的中间商。中间商的形式有批发商、代理商和零售商等多种类型,如图 7-12 所示。在一层渠道中,中间商的类型虽然为一类,但数量可以多一些。一层渠道的形式减轻了企业的分销压力,可以充分利用中间商的分销优势,顺利销售产品,提高销售业绩。但是,企业必须让渡给中间商一定的利润。

图 7-11　零层渠道　　　　　　　　　　图 7-12　一层渠道

(3)多层渠道

多层渠道是指企业利用多种类型的中间商分销产品,如图 7-13 所示。在多层渠道中,企业可以利用多种类型中间商的分销优势,提高产品的市场覆盖面和市场占有率。生活日用品大多采用多层渠道的形式进行销售。

图 7-13　多层渠道

3. 渠道战略

企业营销渠道的选择将直接影响产品的价格、促销、品牌、服务的决策,渠道是企业是否能够成功开拓市场,实现网络营销、区域市场营销战略的重要手段。渠道战略根据渠道的拓展方向,分销管理,辐射力、自控力等因素,分为:①独家分销战略;②密集性分销战略;③选择性分销战略。

7.1.10 促销战略

1. 促销战略类型

促销战略是企业通过人员推销、广告、公共关系和营业推广等各种促销方式,向消费者或用户传递产品信息,引起他们的注意和兴趣,激发其购买欲望和购买行为。促销战略包括如下几个战略。

（1）拉动战略

拉动战略是指生产企业以中间商和最终顾客为促销对象,使用广告等促销手段提高产品知名度和顾客购买的积极性,激励中间商订货,使中间商积极主动地把产品销往最终市场的促销战略。拉动战略适用于质量好、品牌差异性强、品牌忠诚度高、购买决策明确的产品。例如,家电、化妆品及高档酒类、食品、服装等产品适合采取拉动战略。拉动战略强调的是广告等促销手段对中间商及顾客的影响。

（2）推动战略

推动战略是指生产企业通过销售队伍的主动推销,对中间商的营业推广,以及大规模的促销活动,将其产品向顾客大量推销的促销战略。推动战略一般适用于档次一般或偏低、顾客选择余地大、品牌忠诚度低、易受促销策略影响的产品,如钢材、水泥和木材等工业品,以及中低档服装、生活日用品等消费品。推动战略强调的是企业销售人员的推销作用。

2. 市场营销战略与企业总体战略的关系

随着市场营销战略在企业实现目标的过程中起到越来越大的作用,市场营销战略已经逐步挣脱了企业总体战略对其的制约和主导,越来越偏向以目标市场和顾客为导向,同时遵循总体成本领先战略、差异化战略、集中化战略三大成功通用战略的原则,成为企业战略取胜的不贰法宝。从战略制订方向上已经从以前的自上而下变成了自下而上,形成了新型的逆向关系。

市场营销战略在企业总体战略的核心地位已经逐渐形成,二者的关系不再是以往的母与子的上下关系,而是成为鸡与蛋的相生关系。市场营销战略的好坏直接影响整个企业的成败,市场营销战略的实施需要企业整体战略的支持,二者之间相互依存,相互影响。

在越来越重视企业战略的今天,企业战略的意义不言而喻,从市场营销战略对企业战略的影响上我们清醒地认识到,制订一个市场营销战略是一项至关重要的工作,研究市场营销战略与企业战略之间的关系,看似只论证了一个关系,但更多的是找到了制订企业战略的一个关键性突破口,对制订更加有效的企业战略,达到企业生产经营获取最大利润并能持续良性发展有着不可忽略的意义。

■ 7.2 生产战略

生产战略是企业根据总体战略、竞争战略及其他职能战略的要求,对企业战略期内的生产系统所做出的一系列决策及谋划。生产战略的作用在于取得生产领域内的低成本、高质量和高性能等竞争优势,以支持企业参与竞争,而不局限于处理和解决生产领域中的局部矛盾和问题。生产战略有两个明显的特征:一是强调通过提高生产系统的工作质量保障产品竞争力;二是强调生产系统中各要素间的协调性,以形成对企业总体战略的强有力支撑。

生产战略受到企业业务方向、经营目标、企业战略体系等多方因素的制约。从业务方向看,从事消费品、工业品及服务生产的企业,其生产战略的内涵有所不同。从经营目标看,不同的经营目标决定了不同的生产战略,赢利目标会促使企业以降低成本为主,寻求低成本优势;市场目标会促使企业更加注重研发与产品创新;社会责任目标会促使企业更加注重环保与降低能耗;等等。从企业战略体系看,企业总体战略、业务竞争战略及其他职能战略对生产战略的影响很大。例如,采用一体化发展战略、多元化发展战略与集中发展战略对生产战略有极大的影响。成本领先战略、差异化战略和集中化战略的竞争优势各不相同,也影响着生产战略决策与实施的结果。

企业生产战略决策涉及的环节及因素众多,主要包括企业生产系统设计和生产作业计划及控制两方面。

7.2.1 企业生产系统设计

企业生产系统是指企业将生产经营要素经过自身的转化机制,向社会输出产品或服务的综合系统,是企业价值链上的关键环节,也是企业竞争优势培育的关键过程,如图 7-14 所示。

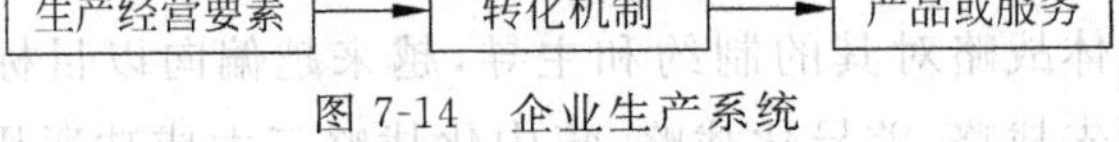

生产经营要素 → 转化机制 → 产品或服务

图 7-14 企业生产系统

企业生产系统设计包括以下六个方面的内容。

1. 新产品设计

企业生产经营活动的第一步就是根据企业的实际状况(人员、技术、资金等)和市场需求状况确定企业生产的产品,即设计开发新产品。现代技术的发展对企业新产品的设计开发提供了很大的帮助,如管理信息系统(MIS)、计算机辅助产品设计(CAD)、辅助工艺过程设计(CAPP)及辅助制造(CAM)技术的应用,都极大地提高了新产品的设计效率,降低了新产品的开发成本。

2. 生产能力设计

企业新产品设计完成后,接下来的任务就是生产能力设计。生产能力是指理论上最大的产出效率或转换能力,一般用固定时间内的产品产量表示,如一年内的最大产量、一个月内的最大产量等。企业生产能力的设计要有战略性,因为厂房、设备和生产线等固定资产一旦投入使用,就要使用很长时间。在设计生产能力时,要考虑到企业未来发展中的市场变化情况,以保证产需平衡,使企业的设计生产能力得以充分的发挥。企业生产能力设计要在考虑市场需求的现状及发展趋势和企业自身管理能力的前提下,选择高效率、低成本的生产能力方案。

3. 生产过程选择

生产过程是产品形成的关键环节,决定了产品或服务的质量。一般情况下,生产过程选择应包括两个方面的内容。

(1) 核心技术选择。核心技术选择主要是选择实现产品或服务的关键技术,如服装的设计技术、饮料的配方等,主要考虑技术的竞争性、先进性、前瞻性等。

(2) 过程技术选择。过程技术选择主要考虑产品的实现过程,如生产方式、生产线、生产设备、生产工艺以及采购、库存、厂内运输等生产辅助活动的设计。生产过程是产品质量、成本形成的关键环节,对于产品低成本优势及差异化优势的形成至关重要。

4. 厂址选择

厂址的选择是生产系统决策中的重要内容。企业所处的地区、地点及周围环境会对生产经营及产品的质量、成本等产生重大影响。选择厂址时,除考虑地理因素、气候条件、交通条件、资源条件和能源供应等以外,还要考虑环境保护、社会安全、职工生活学习、劳动力来源、生产协作条件和建厂费用等因素。在满足生产的前提下,要力争做到降低成本、方便职工、便于运输、优化环境,带动周边社会经济的健康发展。

5. 工厂布置

工厂布置是指厂区内部生产性设施、非生产性设施及支持性设施的空间和场地设计。生产性设施是指产品生产过程中直接使用的设施,如工作站、物料处理设备等;非生产性设施是指为产品生产过程提供支撑及服务的设施,如储藏场地、维修设施等;支持性设施是指为产品生产制造提供服务的相关设施,如办公室、厕所、休息室、餐厅和停车场等。一个成功的厂区设计要达到既能实现高效生产,又能方便员工工作、学习和休息;既先进科学,又富有人性化的标准。

6. 工作设计

工作设计是指具体生产任务的实现与落实。经过工作设计,可以把企业的战略目标分解成不同层次、不同岗位和不同时间内的具体工作任务,落实到生产系统中的具体组织或个人。工作设计包括三项活动:一是明确具体任务;二是确定完成工作的方法或途径;三是将工作任务分解、下派给每一个人。

7.2.2 生产作业计划及控制

1. 生产作业计划

生产作业计划是指企业在一定时间内所确立的产品品种、质量、数量和进度等指标，即对生产任务所做出的统筹安排。企业要根据市场需求的变化及产品销售计划来制订产品生产作业计划，把企业生产计划中的任务分配到具体的车间、工段、班组及个人，规定其在一定时间内按计划完成各岗位任务。生产作业计划是企业生产目标的具体保证，是销售计划的具体支撑。

2. 库存控制

库存控制主要包括原材料、在制品、产成品以及其他备品备件的控制。库存控制的基本原则是在保障生产的前提下减少库存成本，将库存维持在理想的水平上。实现库存控制的方法主要有以下两种。

（1）准时库存。准时库存又称看板管理，是指努力达到产品生产量与运送量平衡的理想状态，使库存水平接近于零。在这种控制模式下，原材料供应与产品生产是准确的、即时的，不会形成生产等待或原材料的滞留，最大限度地降低了库存水平和产品的管理成本。

（2）经济订购批量。经济订购批量是指在保证生产需要的前提下，为寻求总库存管理费用最低而制订的最佳订货批量及订货间隔期。总库存费用由两部分构成：①库存材料的保管费用，它会随着库存量的增大而增加；②订购费用，它会随着订购批量的增大而减少。总库存费用是两部分费用之和，经济订购批量就是总库存费用最低时对应的订购批量，如图 7-15 所示。

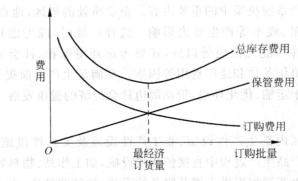

图 7-15 经济订购批量

3. 质量控制

（1）事前控制。事前控制是指在产品生产之前所进行的质量控制活动，包括产品质量教育、质量宣传及产品设计控制等环节。其关键是产品设计控制。通过产品设计控制，可以提高产品的设计质量，使产品在结构、性能和功能等方面尽量完善，为下一步的产品生产提供高质量的产品方案。并且，产品设计对产品成本也有较大的影响，因为设计上的节约是最大的节约，所以对于设计工作有"设计一条线，下笔值千金"的说法。

（2）事中控制。事中控制又称生产过程控制，是指从影响产品质量的人、机、料、法和环五大类因素入手,找出制约产品质量的关键工序,深入分析原因,提出改善措施的一系列质量控制活动。事中控制可以有效地控制工作质量,最大限度地降低损失,实现产品的质量目标。

（3）事后控制。事后控制是指在产品完成以后,通过检验手段评判产品质量的结果控制方法。通过产品检验,发现产品质量问题,并及时反馈到生产环节,以便尽快得到解决,完善产品质量。事后控制也是传统的质量控制手段,具有明显的滞后性,因此,在现代质量控制中较多地使用事前、事中和事后相结合的综合控制方法,以达到全面控制产品质量的目的。

■ 7.3 研究与开发战略

7.3.1 研究与开发战略的概念和方式

1. 研究与开发战略的概念

研究与开发战略是指企业在技术创新、产品研发等方面所做出的长期性的谋划与决策。研究与开发战略主要包括企业技术创新和新产品开发两方面。企业的研究与开发工作可以分为基础研究、应用研究和开发研究三种基本类型。其中,基础研究是指为了发现新知识、探求新事物、探索自然现象的内在联系及其发展变化规律,为开发新技术、新产品等所提供的理论基础研究。应用研究是指为了科学知识和科学理论得到应用和推广而进行的研究工作,其目的是把基础研究中所取得的研究成果应用到生产实践中去。开发研究是指运用基础研究和应用研究的知识和成果,对开发新产品、新工艺及新技术等所进行的研究工作。企业生产研究与开发管理流程如图 7-16 所示。

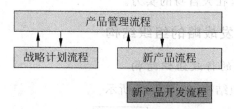

图 7-16 企业生产研究与开发管理流程

2. 研究与开发战略的方式

（1）独立研制

独立研制是指新研究与开发的所有环节及内容全部由企业单独完成。企业通过建立自己的研究机构,根据社会的需求趋势独自研制新技术或新产品。这种方式工作难度大、研发成本高、周期长,但成功后具有经济技术上的绝对优势,可以强化企业的核心能力。由于这种方式要求企业必须有高额的研发投入,因此,独立研制适用于大型企业。产品研究与开发流程如图 7-17 所示。

（2）技术引进

技术引进是指企业从其他企业或机构引进新技术或新产品。这种方式一般通过购

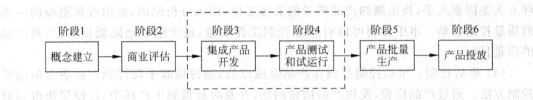

图 7-17 产品研究与开发流程

买实现,周期短、成本低、见效快,可以尽快掌握新产品的制造技术或新的生产工艺,但不具有经济技术上的优势,产品缺乏竞争优势,企业难以形成核心能力。因为中小型企业实力较弱,不具备独立的研发能力,所以采取技术引进的方式可以解决企业发展中的短期技术问题和产品研发中的困难。从长远发展看,中小型企业只有提高自主研发能力,才能获得有利的市场竞争地位。

(3) 独立研制与引进相结合

独立研制与引进相结合的方式是指综合以上两种方式的优点,企业根据自身的实力状况,对有能力独立完成的环节或技术自己完成,对没有能力完成的环节或技术通过技术引进的方式实现。独立研制与引进相结合的方式对许多企业来说,更多的是引进关键技术设备,自己独立开发其他辅助技术。

(4) 联合开发

联合开发是指企业与科研机构或高等院校合作,把企业资源、生产技术优势与科研机构或高校的技术优势联合起来,发挥协同效用,完成技术与新产品的研究与开发工作。联合开发的前提是优势互补、互利互惠、合作共赢,因此,合作双方要在公平、信任、诚实的基础上开展有意义的合作。在当前复杂的经营环境中,企业要善于利用社会中的相关资源,以弥补自身的不足,壮大自身的实力。

7.3.2 研究与开发战略的组织结构

1. 企业研究与开发的行政组织结构

企业研发的行政组织结构,如图 7-18 所示。

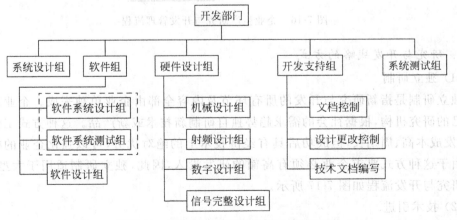

图 7-18 企业研究与开发的行政组织结构

2. 企业研究与开发的项目组织结构

企业研究与开发的项目组织结构,如图7-19所示。

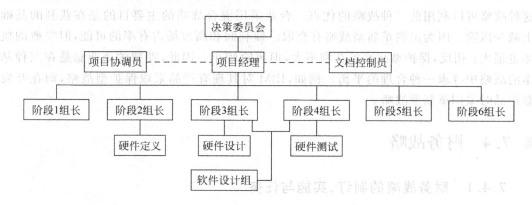

图 7-19 企业研究与开发的项目组织结构

7.3.3 研究与开发战略的基本类型

研究与开发战略是企业重要的职能战略,为企业的技术创新与产品开发工作提供了思路,指明了方向。企业研究与开发战略有以下四种基本形式。

1. 革新型战略

革新型战略是指企业通过首创的新产品、新服务或新技术获得市场占有率上的领导地位。这种类型战略需要大量的投资、高素质的研发队伍、全新的产品形象等,比较适合于实力雄厚、研发能力较强的大型企业,如制药企业、计算机企业等。但实施革新型战略的利润与风险并存:一方面,成功会给企业带来高额的利润;另一方面,失败也会给企业带来高的成本和代价。

2. 保护型战略

保护型战略是指通过改进现有产品和生产技术维持企业当前的技术地位和现状的战略。在产品研发中,企业可以对现有产品的功能、结构、技术性能等进行适当的改造,从而实现产品的升级和换代。这种战略成本低、见效快、易成功,适合于许多行业。例如,家电、汽车、计算机、手机等产品通过采用保护型战略,可以更好地巩固产品的市场地位,提高产品的市场占有率,维护产品及企业的形象。

3. 追赶型战略

追赶型战略是指企业紧紧追随在采用革新型战略企业后面采用新技术的战略。具体做法主要是研究竞争对手的产品或服务的优势,并将这些优势纳入到自己所生产的产品之中。采用这种战略的企业也要有一定的研发力量,但不是着眼于创新,而是重在仿制采用革新型战略企业的产品或服务,强调低成本、高效率、短周期与机动灵活,推出比采用革新型战略企业性价比更高的产品。实施追赶型战略的企业多见于服装、家具、服务等行业。

4. 混合型战略

混合型战略是指企业综合应用上述三种研究与开发战略,以完成企业的研发任务。这种战略可以利用前三种战略的优点。企业采用混合战略的主要目的是在获利的基础上减少风险。因为虽然革新型战略有获取巨额利润和高市场占有率的可能,但失败的概率也很大;相反,保护型战略虽获利不大,但风险较小。因此,理智的企业总是在三种基本的战略中寻求一种合理的平衡。例如,IBM 对其现有产品采取保护型战略,而在开发新产品时采用革新型战略。

7.4 财务战略

7.4.1 财务战略的制订、实施与任务

企业的经营管理活动是以实现价值最大化为根本目标的,现代企业的所有管理活动都是价值管理活动。新时期价值管理实践下的财务战略思路对新时期企业财务管理实现转型、探索和研究企业财务战略发展和转变具有一定的参考价值。

资金是企业的血液,资金的运作直接关系企业的生存与发展,由此可见企业财务战略的重要性。近年来,经济不断发展,科学技术日新月异,消费者需求不断变化,市场竞争不断加剧,由此而衍生出的新产业、新形式层出不穷,以至企业财务战略的制订和实施也需要与时俱进,必须要有新的思维和方式。

企业财务战略的制订首先应该以管理科学和战略管理思想为理论基础开展。企业财务战略制订的前期准备,只有以理论科学为指导才能够有制订正确的企业财务战略的前提和基础;其次,制订企业的财务战略必须以企业需求为导向,结合企业总体战略目标从全局利益出发寻找适合企业的财务战略内容,只有这样企业才能做到一切从企业自身的实际出发制订出适应企业发展要求并且与企业总体战略相适应的企业财务战略规划;最后,企业的财务战略还应该结合宏观的经济和市场环境而有所调整,不应该一成不变、内容僵化。只要企业能做到以上三点,制订出适合企业的财务战略并非难事。

企业财务战略的实施是又一个事关财务战略能否发挥作用的重要环节,必须有必要的保障措施。首先要塑造财务战略管理文化,观念决定行动;其次完善企业的预算管理,实施全面预算管理;再次要健全企业内部的财务预警机制,健全财务严格监控管理机制;最后应该建立相应的企业奖惩机制,激发员工发的积极性,提升财务战略实施的效率和完整性。

企业财务战略的主要任务,就是根据企业宗旨确定财务战略总体目标,根据总体战略、经营战略及其他职能战略的要求,分析企业资金需求数量,确定融资渠道和融资方法,调整企业内部财务结构,保证企业经营活动对资金的需要,提高资产管理能力,以最佳的资金利用效果来促进企业战略目标的实现。财务战略既是企业战略管理的一个不可或缺的组成部分,也是企业财务管理的一个十分重要的方面。因此,财务战略的管理既要体现企业战略管理的原则要求,又要遵循企业财务活动的基本规律,制订财务战略常采用SAS 财务分析模型,做出正确决策;提供准确信息的依据。如图 7-20 所示。

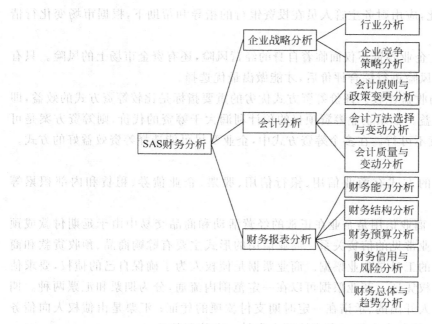

图 7-20 SAS 财务分析模型

7.4.2 资本筹集战略

资本筹集战略也称为融资战略,即根据企业经营的实际资金需求量和特定融资环境进行综合分析,确定企业最佳融资规模、资本结构和融资方式的财务战略。

1. 筹资结构分析

筹资结构分析是指对各种渠道资金的比例关系进行分析。其重点在于分析企业自有资金与贷款构成的比例对企业自有资金收益率和企业风险大小的影响。企业可以根据具体投资项目的预计收益能力、风险大小、企业承担风险的能力和筹资成本等,选择合适的筹资战略。企业在确定筹资结构时,既要考虑较高的投资报酬率和较小的企业风险,又要考虑通过股票或债券、贷款筹资,建立适当的负债比率,以最低的资金成本获取较好的经济效益。

2. 影响筹资方式的因素

(1) 筹资代价

筹资代价包括三个方面的内容。

① 比较各种筹资方式的资金成本(利息、手续费等),尽量选择资金成本低的筹资方式。

② 比较各种筹资方式的附加条件,选择对企业有利的筹资方式。

③ 比较各种筹资方式的时间代价,选择适合企业实际的筹资方式。

(2) 筹资机会

筹资机会对企业筹资方式的影响主要分为以下三个方面。

① 筹资时机。在迅速变化的资金市场,企业要选择好筹资的时机。不同的时机有不

同的筹资代价,因此,应由财务主管人员在投资银行的指导和帮助下,根据市场变化行情做出决策。

② 筹资风险。企业筹资不仅面临着自身的经营风险,还有资金市场上的风险。只有对各种筹资方式的风险进行综合评价后,才能做出最优选择。

③ 筹资代价与收益比较。评价筹资方式优劣的重要指标是比较筹资方式的效益,即比较筹资代价与收益。如果企业筹资项目的预计利润大于筹资的代价,则筹资方案是可行的;否则,项目就不可行。在多个筹资方式中,企业要尽可能选择筹资效益好的方式。

（3）筹资方式

企业筹集资金的方式有商业信用、银行信用、股票、企业债券、租赁和内部积累等方式。

① 商业信用。商业信用是企业在正常的经营活动和商品交易中由于延期付款或预收账款所形成的企业常见的信贷关系。商业信用的形式主要有赊购商品、预收货款和商业汇票。商业信用的工具是商业票据。商业票据是债权人为了确保自己的债权,要求债务人出具的书面债权凭证。商业票据可以在一定范围内流通,分为期票和汇票两种。期票是债务人向债权人开出的、承诺在一定时期支付款项的凭证;汇票是由债权人向债务人发出的命令,要求债务人向第三者或持票人支付一定款项的凭证。

② 银行信用。银行信用是由商业银行或其他金融机构授给企业或消费者个人的信用。由于中小型企业很难上市,难以利用证券市场广泛筹措资金,所以银行贷款是中小型企业筹措资金的重要工具。一方面,银行贷款可以缓解企业的资金困难,促进企业发展;另一方面,银行贷款要按期还本付息,这对企业的日常经营也会产生大的影响。因此,企业要考虑自身偿还能力,不能让银行贷款成为自身的负担。

③ 股票。股票是股份有限公司在筹集资本时,向出资人发行的股权凭证,它代表持股人对股份企业的所有权。持有股票的法人或自然人可以凭借手中的股票参与企业的重大经营管理事务,可以享受分红权利。企业股票发行有两种方式:一是企业自己发行,这种方式筹资速度慢,不用支付佣金,但要承担一定风险;二是委托经纪人公司代办发行,这种方式筹资速度快,风险小但需要支付佣金。与企业筹资有关的股票形式主要有普通股和优先股两种形式,企业可以根据实际情况决定发行股票的方式。

④ 企业债券。企业债券是指企业按照法定程序发行、约定在一定时期内还本付息的有价证券。债券持有者与发行债券的企业形成了一种借贷关系。债券的类型很多,有记名债券和无记名债券,信用债券和担保债券,附息票债券和贴现债券,财产债券、合并债券、改组债券和资金调剂债券等。企业发行债券有其利弊:一方面,可以筹集到企业所需的资金,并且资金成本较低;另一方面,企业债券到期后要偿还本金和利息,如果经营不善,企业会遭受一定的压力和风险。

⑤ 租赁。租赁是出租人以收取租金为条件,按照合同或契约的期限约定,将资产出让给承租人使用的业务活动。按租赁目的的不同,可以把企业资产租赁方式分为经营租赁和融资租赁两种方式。

经营租赁又称服务租赁,是指以满足承租人临时使用资产的需求为目的的租赁业务。这种租赁方式时间短、频率高、租赁资产数额较低。融资租赁是指以满足承租人添置资产、融通资金为目的的租赁业务,具有明显的购置特征。这种租赁方式的时间较长,一般租赁期为资产使用年限。对中小型企业而言,融资租赁是一种较好的筹资方式。

⑥ 内部积累。内部积累是指企业依靠税后利润留成,逐渐滚动积累,形成一定的资金量。大型企业依靠内部积累,可以形成很强的资金实力。

7.4.3 投资战略

投资战略是指企业在资金的使用与投入方面所进行的谋划与决策。企业资金的投入主要包括流动资产和固定资产两方面。

1. 流动资产投资

流动资产是企业生产经营活动的必要条件,其核心职能是要保障企业的正常运营。企业的流动资产项目主要包括现金、短期投资、应收票据、应收账款、存货、预付账款、待摊费用等。流动资产投资决策主要涉及存货投资和应收账款投资两个方面。

存货对企业的生产经营起着保障作用,存货太多会造成产品和原料积压,大量资金被占用,影响企业效益;存货太少,则不能保障企业的正常生产经营。应收账款属于商业信用,如果过少,会影响销售业绩;如果过多,会增加企业资金被占用比例和资金风险。因此,存货与应收账款要保持在合理的水平上。

2. 固定资产投资

企业固定资产投资应分为以下两种策略。

(1) 市场导向投资策略

市场导向投资策略是指企业根据市场需求的变化,决定固定资产的投资力度与方向。一般情况下,固定资产往往是集中投资,长时间使用,不太可能根据需求的变化进行大幅度的随时调整。因此,在进行固定资产投资时,要科学预测市场需求的发展与变化趋势,以降低投资风险,提高企业经济效益。

(2) 最低标准收益率策略

最低标准收益率策略是指根据技术经济原理,企业的投资项目必须高于事前预定的最低标准收益率。只有高于这一收益率,项目才可能被采纳。

7.4.4 财务战略分析方法

1. 因子分析法

企业的活动,总是在一定的环境条件下进行的,成功的财务战略一定是建立在对企业内、外环境因素的全面分析的基础上,来维持企业长期营利能力并形成以竞争优势为目的的战略性思维方式和决策活动。根据企业的众多财务指标,运用因子分析方法分析上市公司的财务情况,并利用波士顿矩阵模型构建企业的财务战略模型,用以分析企业应当采取的经营手段和经营战略情况。

2. 财务战略矩阵

财务战略矩阵是用来综合分析企业价值增长程度的工具。财务战略矩阵强调价值创造而不是简单的收益增长,这使得企业整个导向发生变化。财务战略矩阵的管理体系的最大优点是引导组织的全部管理者更加注重费用的控制,更有效地使用公司资产,获得更好的投资回报率。管理者必须了解企业所处的阶段,才能准确地选择相应的财务策略。我们按照企业的经济增加值(EVA)大小和企业的现金流状况将企业的发展分成四个象限。财务战略矩阵用该 EVA 指标评价公司的价值增长状态。如果 EVA 的值大于零,说明企业的税后净营运利润大于资金成本,即公司为股东创造了新的价值。EVA 的管理模式使得经营权和所有权之间的关系进一步趋于合理化,使得原本存在利益分歧的企业经营者和股东的根本利益趋向一致。如图 7-21 所示。

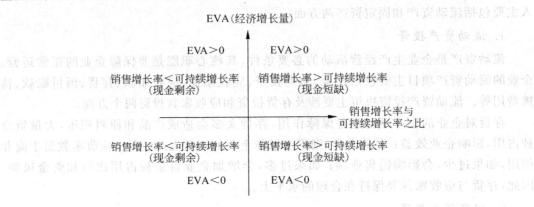

图 7-21　财务战略矩阵

3. 杜邦分析法

杜邦分析法是一种用来评价公司赢利能力和股东权益回报水平,即从财务角度评价企业绩效的一种经典方法。其基本思想是将企业净资产收益率逐级分解为多项财务比率乘积,这样有助于深入分析比较企业经营业绩。

杜邦分析法有助于企业管理层更加清晰地看到净资产收益率的决定因素,以及销售净利润率与总资产周转率、债务比率之间的相互关联关系,给管理层提供了一张明晰的考察公司资产管理效率和是否最大化股东投资回报的路线图,如图 7-22 所示。

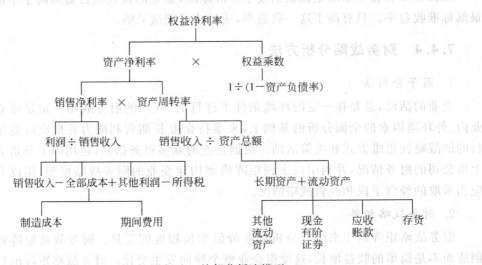

图 7-22　杜邦分析法模型

4．平衡计分卡

平衡计分卡是根据企业组织的战略要求而精心设计的指标体系,是一种绩效管理的重要工具,它将企业战略目标逐层分解转化为各种具体的相互平衡的绩效考核指标体系,按此体系进行考核,从而为企业战略目标的完成建立起可靠的执行基础。平衡计分卡(the balanced scorecard)与其他评价模型相比令人耳目一新的是关于组织价值观的革命,因为它不单纯追求股东价值最大化,而是关注了两个重要的利益相关者——股东和客户。在当今"新经济"全球化时代,组织的价值观只考虑两个利益相关者也是幼稚和近视的。利益相关者价值对企业的生存和发展有着重大影响。

5．绩效棱柱模型

英国的经济学者安迪·尼利(Andy Neely)、克里斯·亚当斯(Chris Adams)和迈克·肯尼尔利(Mike Kennerley)创造了一个三维框架模型——绩效棱柱模型。如图 7-23 所示。

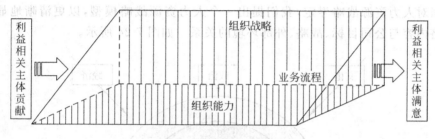

图 7-23　绩效棱柱模型

绩效棱柱模型把利益相关者放在核心位置,用于管理组织与它们的每一个利益相关者的关系。该模型要求企业整体分析与各方利益相关者(不仅仅是股东或股东与客户)的关系,要求那些期望获得成功的企业必须非常清楚地了解谁是它们的主要利益相关者以及他们的愿望和要求是什么。为了满足企业自己的要求,企业必须从它们利益相关者那里索取一定的价值,通常包括来自投资者的资金和信用、来自顾客的忠诚和利润、来自员工的想法和技术以及来自供应商的原料和服务等。组织还需要明确所要采取的企业战略绩效以确保其利益相关者满意。为了实施这些企业战略绩效,组织还要考虑企业需要的流程,必须做到效果和效率兼顾。在其内部,只有组织拥有充分的能力,如适当的人力、良好的实践、领先的技术和物质基础的综合,流程才能得到执行,企业才能实现价值最大化。

▪ 7.5　人力资源战略

7.5.1　人力资源战略基本理论

1．人力资源战略的含义

人力资源战略是指企业为实现总体战略目标,在人力资源的开发、使用、激励与管理方面所进行的长远性的谋划与决策。人力资源战略的宗旨是发挥企业全体员工的潜力和能力,为企业创造优异的经营业绩。

2. 人力资源战略的作用

人力资源战略是建立在与企业公司层战略和事业层战略发展相一致的基础上,企业只有这样才能发挥人力资源管理的战略作用,才能通过人力资源管理提高企业的绩效,实现企业的战略目标。

人力资源战略指导着企业的人力资源管理活动,它使人力资源管理的活动之间能够有效地互相配合。因此不同的人力资源战略必然会影响人力资源的管理活动。

人力资源战略和企业战略之间的一致性是提高企业绩效的关键所在,不同的企业战略要求有不同的人力资源战略与之相适应。

3. 人力资源战略的模型

人力资源战略,是对外,与企业外部人力资源环境和企业战略适应匹配;对内,企业人力资源管理系统各部分一致的人力资源管理。

根据对人力资源战略界定,我们提出一个人力资源战略模型,以更清晰地显示人力资源战略内容与公司目标、战略、外部环境的关系。如图 7-24 所示。

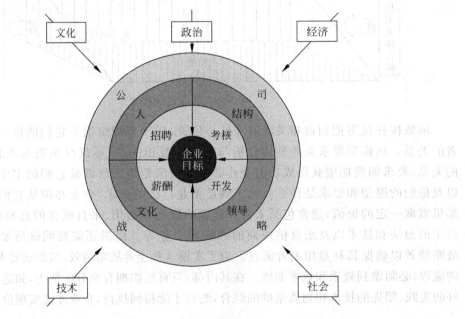

图 7-24　人力资源战略模型

图 7-24 所示的模型是按四个层次划分的。

整体是一个自行车轮的形状,轴心是企业目标,第一层(最外层)是开放的企业外部环境,外部环境既影响企业战略的制订,也决定了企业人力资源环境。

第二层是公司战略层面,它决定了企业的目标,也是决定企业直接参与市场竞争方式的层次。

第三层面是影响公司战略能否成功的关键部分,对战略实施起支持作用,如人、文化、结构和领导。

第四层面是具体的人力资源战略,也可以说是传统人力资源管理工作的重点区域,这是体现企业内部人力资源系统的层面,既要对公司战略提供支撑,彼此间也要互相配合,无论哪根辐条发生断裂都会影响车轮前进,久而久之会缠住轴心,导致企业目标无法实现或受到损害。

人力资源战略就是在这样四个层面间发挥作用,最终目的是实现企业目标。根据公司战略确定企业的关键成功要素,也就是影响战略能否成功的核心点。如一家高级酒店公司战略是提供特别的、全面的令顾客满意的服务,其关键成功要素包括:直接提供全面服务的人、无缺陷服务、声誉、团队合作。

4. 人力资源战略的模式

人力资源战略模式是基于不同组织在人力资源战略模式变量上得分差异的一种分类,认为西方的人力资源战略模式主要有传统的降低成本模式与现代的提高员工承诺模式两种。我们国家的人力资源战略模式可以划分为降低成本导向的控制型模式与提高员工承诺导向的承诺型两种模式。人力资源战略中西方的区别以亚洲的日本和西方的美国为例,见表7-3。

表 7-3　人力资源战略的美日模式比较

名　称	定　义	特　点	实施条件
以美国为代表的劳动契约型	整个人力资源管理体系建立在以雇佣关系为基础的契约之上,组织与员工的关系完全是一种合同关系,或者说是一种契约关系,一切的制度都以这个契约为前提	特别强调个人能力,不管过去和未来,只管跟本企业合作的这一段时期,因此其晋升就特别快	(1) 整个社会的劳动雇用体系是自由的,我国现在还不完全具备这个条件,表现之一就是户口的制约,劳动雇用不完全自由; (2) 劳动力市场非常发达。雇主有充分的选择余地,劳动力供大于求; (3) 文化必须是个人主义的,因为它只对个人,契约、合同是针对个人签订的; (4) 能力至上,不看你的地位、学历,关键看你能干什么; (5) 社会的文化必须是契约文化
以日本为代表的资源开发型,也叫资历主义	通过个人能力的积累达到提高整体实力的目标	稳步地晋升,终身雇用制	(1) 雇用体制必须是稳定的,所以,在日本跳槽现象非常少,跳槽曾经被认为是一件很可耻的事情,日本的猎头公司近年才出现; (2) 目标是长期的; (3) 文化是集体主义的,不针对个人; (4) 个人发展是非常专业化的

5. 人力资源战略的职能

人力资源战略的核心职能包括人力资源规划、人力资源开发、人力资源评价和人力资源激励四方面职能,从而构建科学有效的"招人、育人、用人和留人"人力资源管理机制。如图 7-25 所示。

人力资源规划战略的核心任务就是要基于公司的战略目标配置所需的人力资源,根据定员标准对人力资源进行动态调整,引进满足战略要求的人力资源,对现有人员进行职位调整和职位优化,建立有效的人员退出机制以输出不满足公司需要的人员,通过人力资源配置实现人力资源的合理流动。

人力资源开发战略的核心任务是对公司现有人力资源进行系统的开发和培养,从素质和质量上保证满足公司战略的需要。根据公司战略需要组织相应培训,并通过制订领导者继任计划和员工职业发展规划保证员工和公司保持同步成长。

人力资源评价战略的核心任务是对公司员工的素质能力和绩效表现进行客观的评价,一方面保证公司的战略目标与员工个人绩效得到有效结合,另一方面为公司对员工激励和职业发展提供可靠的决策依据。

图 7-25　人力资源战略职能关系

人力资源激励战略的核心任务是依据公司战略需要和员工的绩效表现对员工进行激励,通过制订科学的薪酬福利和长期激励措施激发员工充分发挥潜能,在为公司创造价值的基础上实现自己的价值。

7.5.2　人力资源的开发战略

在人力资源的开发方面,主要有以下几种战略。

1. 引进人才战略

引进人才一般是从国内外企业或科研机构、设计院所、高等院校等,引进企业所急需的各类高级人才。这种战略可以解决企业短期急需人才的矛盾和困难,但因为引进的人才不熟悉企业的实际状况,其水平的发挥会受到一定影响。一般情况下,引进人才要同企业技术引进相配套。

2. 借用人才战略

借用人才是指企业借用其他企业或单位的人才为本企业服务,一般是短期的。借用人才可以采用把人才"请进来"的办法,使其直接来企业工作;也可以采用"走出去"的办法,委托借用人才在其原单位为企业工作,如产品设计、技术咨询和管理服务等。中小型企业可以通过借用人才的办法,完成新产品开发、技术服务和管理咨询等任务。

3. 招聘人才战略

招聘人才是指从企业内部和外部招募聘用生产经营中所需的人才。人才招聘工作要坚持"公平、公正、公开"的原则,择优录用,竞争上岗,把优秀的人才选拔到合适的岗位上,充分做到"人尽其才"。具体招聘可以采用笔试、口试、答辩和综合测试等方式,要保证应聘者来源的广泛性。同时,招聘企业在待遇、工作和生活等方面要具有较强的吸引力,以利于人才的集聚和成长。

4. 自主培养人才战略

自主培养人才就是企业选拔优秀员工,根据其自身条件和企业需要进行内部培养。自主培养人才的方式有企业内部培训、岗位任务训练、岗位轮换锻炼等。企业内部培训就是企业通过举办培训班、学习班和专业讲座等形式提高员工素质,这种方式要注意授课教师与学员的匹配性,要真正收到实效。岗位任务训练就是有意识地给选拔出来的培养对象增加任务,使其在本职岗位上能尽快具备较高的业务素质。岗位轮换锻炼是指对选拔出来的培养对象有计划地、定期地进行企业内部的岗位轮换,使其熟悉更多的岗位业务,以提高其综合素质和能力。

5. 自学成才战略

企业通过鼓励广大员工走自学成才之路,培养出一批人才,进行长远性的人力资源战略方面的谋划。企业要为员工学习提供鼓励政策和方便的条件,员工通过参加自学考试、夜大学校学习、函授学习、全国性职业资格考试等途径,达到提高自身素质与技能的目的,为企业创造更多的价值。

7.5.3　人力资源的使用战略

人力资源的使用主要有以下几种战略。

1. 任人唯贤战略

在人才的使用上,企业要从实际出发,注重人才的优势和价值,充分挖掘和利用人才的长处,并努力为其创造良好的工作环境。同时,要彻底摒弃传统用人观念中的人情、等级、岗位、学历、地位等因素的束缚和干扰,大胆录用有才之士,委以重任。

2. 岗位轮换战略

为了有利于人才的健康成长,在使用人才的过程中要注意岗位轮换,使其在众多的岗位上得到锻炼和学习,既提高了其自身的业务素质,也为实现人才的发展定位提供了选择空间。实践证明,成功人士大多经历丰富,见多识广,具有在多岗位和复杂环境下工作的经验。

3. 台阶提拔战略

台阶提拔就是按照企业内的组织层次,从基层到高层,逐级提拔培养。台阶提拔可分职务和职称两个方面。职务提拔是针对特定员工根据企业管理层次,从基层岗位开始,经过考察、锻炼、学习、评价和考核等环节,在确定其符合要求后,再进入更高一级的考察考核范围。这种方式从实际工作中选拔干部,能选出业务精良、作风务实、群众基础好的优秀人才。职称晋升是指专业技术技能和素质方面的晋升方式,如初级工、中级工、高级工,助理工程师、工程师和高级工程师等。

4. 权力委让战略

在人才的使用过程中,企业要注重适当放权,充分发挥人才工作的主动性、积极性和创造性。在权力委让中,还要具体情况具体分析,掌握好分权与集权的合理性、科学性,达到既有利于调动人才的积极性,又能实现有效控制的目的。

5. 破格提拔战略

对于企业中非常优秀或者做出杰出贡献的中青年人才,企业可以打破一般用人制度,实行越级提拔,将其放到更高层次加以锻炼。这种方式对中青年人才的成长和企业的发展都具有战略意义。

7.5.4 人力资源战略制订过程

人力资源战略是企业战略的核心,人力资源是企业的核心资源,企业的战略是企业发展的目标和行动指南,企业战略实施中最终起决定作用的是其所拥有的高素质的核心人才队伍。制订和实施科学的人力资源战略是企业打造核心人才队伍,推动企业战略实施,促进企业飞跃发展的重要途径。

如何根据企业的总体战略制订人力资源战略?如何使所制订的人力资源战略有助于总体战略的实现?如何使人力资源战略能有效地指导人力资源管理政策与流程?这些是每个人力资源总监所面临的首要问题。人力资源战略的制订和企业战略制订的程序一样,包括人力资源战略环境分析、人力资源战略的制订、人力资源战略的实施、人力资源战略的评估与控制等四个步骤。

1. 人力资源战略环境分析

人力资源战略环境分析包括外部环境分析和内部环境分析。外部环境分析主要包括:组织所处地域的经济形势及发展趋势;组织所处行业的演变、生命周期、现状及发展趋势;组织在行业所处的地位、所占的市场份额;竞争对手的现状及增长趋势,竞争对手的人力资源状况,竞争对手的人力资源政策;预计可能出现的新竞争对手。还包括组织外部的劳动力市场状况,政府的人力资源政策、法规对组织人力资源战略的影响等。外部环境的分析通常采取 PEST 分析法进行分析。

内部环境分析主要包括:企业内部的资源、企业所处的生命周期、发展阶段、企业总体发展战略、企业的组织文化,以及企业员工的现状和他们对企业的期望。

2. 人力资源战略的制订

人力资源战略的制订采取 SWOT 分析法和 PEST 分析方法对企业人力资源外部环境进行分析,确认环境中存在哪些机会可以被人力资源管理的各个环节(招聘管理、薪酬管理、劳动关系管理)利用,环境中存在哪些威胁应该予以避免。然后是企业内部人力资源管理能力和资源现状的分析,以回答公司目前的人力资源管理有哪些优势和哪些劣势。

通过对环境中的机会与威胁的分析和企业内部优势与劣势的分析,把企业面临的外部环境机会和威胁与企业内部的优势和劣势相匹配,得到四类可能的战略选择。结合人力资源管理中人才的"选、用、育、留"选择人力资源战略。

SO 战略:利用企业内部优势,抓住外部环境中的有利机会,即"利用战略"。

WO 战略:利用外部环境机会,弥补和改善企业内部的劣势,即"改进战略"。

ST 战略:利用企业内部优势,躲避外部环境中可能的威胁,即"监视战略"。

WT 战略:主要是使劣势最小化以躲避外部环境中的威胁,即"消除战略"。

各种人力资源战略与人力资源管理活动的整合。根据环境分析所确定的人力资源战略,确定人力资源管理活动(职位分析与胜任素质模型管理、人力资源规划、员工招聘、职业生涯规划与管理、培训与开发、绩效管理、薪酬管理、员工关系管理)的策略,将人力资源战略变成可执行的人力资源策略,指导人力资源活动的开展。如图 7-26 所示。

3. 人力资源战略的实施

人力资源战略的实施是将战略变成可执行的行动方案的转变过程。在转化过程中

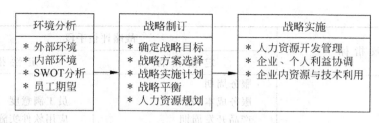

图 7-26　企业人力资源战略制订过程

要制订具体的战略目标、战略实施计划、实施保障计划以及资源的合理平衡、人力资源规划等,使人力资源战略可操作化,把战略变成具体的人力资源管理业务活动。同时要使战略制度化,通过制度保证战略的实施,使战略切实落到实处。

战略的实施是人力资源开发与管理的一项重要工作,必须要有保证措施,根据战略实施计划,对照战略目标,组织资源,按计划实施。同时在实施中必须协调好组织与个人间的利益关系。要充分利用组织内部资源与技术资源,推进战略的顺利实施。

4. 人力资源战略的评估与控制

绩效考核与激励机制一起构成了一个控制系统。考核的关键不在于考核本身而在于是否能形成改善绩效的考核循环。

设定绩效评估的目标和关键评估指标(KPI)是整个绩效管理循环的起点和核心。绩效管理的目标是根据企业的发展战略目标制订的,从而确保通过绩效管理推进的部门及员工的行为能够与公司整体的发展目标相一致。公司管理层需要定期对绩效管理指标进行审视,针对企业发展中存在的问题做出相应调整,绩效管理目标包括短期目标和长期目标。

关键评估指标(KPI)是量化的绩效衡量标准,用来监控向企业战略目标迈进的进程。关键评估指标(KPI)是沟通业务结果的主要方法。关键评估指标(KPI)的长期目标或短期目标,都是保证注重于企业的持续和突破性的改进。基于公司战略分解的绩效指标体系见表 7-4。

表 7-4　基于公司战略分解的绩效指标体系

绩效指标	战略评估手段	
	定量指标	定性指标
财力指标 F1—提高收入 F2—扩大收入混合 F3—降低成本结果	投资回报 投资者风险 收益增长率	投资者评价
客户指标 C1—用产品和人员提高客房满意程度 C2—提高对售后服务的满意程度	客户流失率 客户利润贡献率	关系的广度 关系的深度 口碑

续表

绩 效 指 标	战略评估手段	
	定 量 指 标	定 性 指 标
内部指挥 I1—流程效率 I2—信息化程度	服务周期 服务成本,效率 产品开发周期 服务误差率	员工满意度 应用软件实施效果
学习能力指标 L1—培养战略性技能 L2—提供战略性信息 L3—树立相应的个人目标	战略性信息的可用比例 知识转移速度 知识分享程度	企业文化的创新性 学习型组织实现程度

7.6 企业形象与企业文化战略

7.6.1 企业形象的概念

1. 企业形象

企业形象(corporate identity,CI)是指社会公众对某一企业的总体印象和评价,是企业行为在社会公众心目中的反映。不同企业有不同的形象,企业形象也构成了企业竞争力的组成部分。

2. 企业形象识别

企业形象识别系统包括理念识别(mind identity,MI)、行为识别(behavior identity,BI)和视觉识别(visual identity,VI)三部分。

理念识别是指企业的经营理念,包括经营哲学、经营宗旨、经营方针、价值准则、企业文化、企业精神等内容。理念识别是企业形象的核心,它决定着企业形象的性质,决定着行为识别和视觉识别的结果和形式。

行为识别是指企业的经营行为,包括对内行为和对外行为两方面。企业的对内行为包括员工的工作行为及企业对员工的教育、培训、激励措施等;企业的对外行为包括促销活动、定价和竞争行为等。

视觉识别是指企业经营中的视觉因素,包括企业名称、标志、商标、图案、广告、包装、服饰、徽章、标语、口号和歌曲等。

7.6.2 企业文化

1. 企业文化的概念

企业文化(corporate culture)理论是 20 世纪 80 年代以后兴起的新的管理理论,是对行为科学学派的发展和完善。在现代企业的发展中,企业文化是决定企业生存和发展的核心要素,影响和决定着企业的兴衰成败。企业文化的概念有广义与狭义之分。

（1）广义的企业文化

广义的企业文化是指企业在长期的生产经营活动中所形成的物质成果和思想成果的总和。物质成果是指包括机器设备、厂房和产品等在内的有形的物质文化,它具备一定的实物形态,是看得到的;思想成果是指企业的精神文化,即狭义的企业文化。

（2）狭义的企业文化

狭义的企业文化是指企业在长期的生产经营活动中所形成的,为广大员工所一致认同的企业的价值观、经营理念、行为准则等思想成果,即精神文化。精神文化是企业文化的核心,是企业成长与发展的灵魂,是现代企业核心能力的决定因素。

在现代管理理论中,企业文化研究的重心在精神文化上。一般情况下,企业所涉及的文化内容都是指狭义的精神文化。

2. 企业文化的层次

企业文化包含的内容十分丰富。按层次的不同,可以把企业文化分为表层文化、幔层文化和深层文化三层,如图7-27所示。

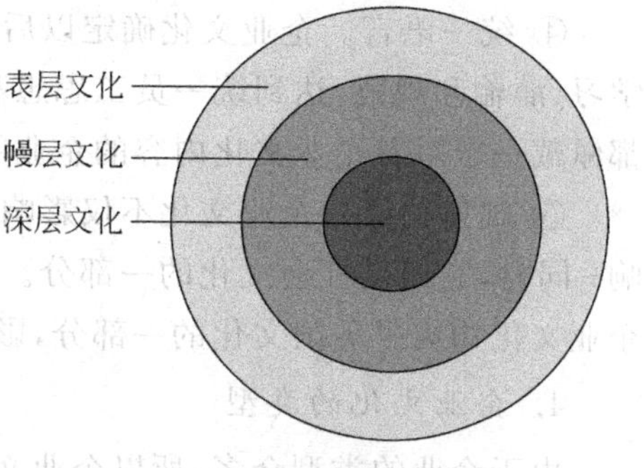

（1）表层文化

表层文化又称形象文化,是企业幔层文化和深层文化的外在表现,包括企业家形象、员工形象和产品形象等。

（2）幔层文化

幔层文化又称制度文化,是指处于表层文化和深层文化之间的文化层次,包括企业的领导体制、组织机构和管理制度等。

图7-27　企业文化的结构层次

（3）深层文化

深层文化又称理念文化,是企业文化的核心部分,包括企业的价值观、基本信念、经营哲学、企业精神和追求目标等多方面的内容。深层文化决定了幔层文化和表层文化的形式,决定了企业文化的性质。

3. 企业文化的特点和功能

（1）企业文化的特点

① 隐形性。企业文化不具备实物形态,它是无形的,即使是形象文化中的产品形象、员工形象、企业家形象等,也只是文化的载体,并不代表文化的形态。

② 科学性。企业文化是企业发展过程中成功经验的核心部分,是对企业发展规律的正确解释,符合企业的实际,对企业的健康发展具有普遍指导意义。

③ 动态性。在不同时期,企业文化的内涵和强调的重点是不同的。在企业的起步阶段,企业文化的内涵是强调创业与创新;在快速成长阶段,企业文化的内涵是强调完善产品与技术,注重品牌与形象的塑造;在竞争激烈的成熟阶段,企业文化的内涵是强调竞争。另外,企业文化要体现出时代的特色。

④ 系统性。企业文化中包括的因素很多,这些因素可分为不同的层次,其目标的方向协同一致,构成了一个有机的系统。

⑤ 特色性。基于不同的历史、背景、制度和人员构成,不同的企业形成了彼此各异、

个性鲜明的企业文化。即使是处于同一行业中的企业也有不同的企业文化,有的企业文化理念较为温和,有的企业文化理念更具有挑战性和竞争性,等等。

(2) 企业文化的功能

① 导向功能。企业文化能够统一企业员工的思想和行动,正确引导企业资源的配置,为企业的发展指明方向,保证企业战略目标的实现。

② 约束功能。通过企业文化建设,形成被广大员工一致认可的价值观和行为准则,从而对每一位员工的思想和行为起到约束和规范作用,实现企业员工的自我调整、自我约束、自我控制和自我管理。

③ 凝聚功能。企业文化是一项凝聚人心的工程,能团结和统一广大员工,形成最大合力,鼓舞员工士气,增强企业创新能力,确保企业战略目标的实现。

④ 统一语言。企业文化确定以后,要用统一的语言形式向企业所有员工传达,经过学习、灌输和规范,达到统一员工思想和行动的目的。例如,海尔集团的每一位员工身上都佩戴一个写着企业文化内容的企业文化牌。

⑤ 辐射功能。企业文化不仅影响企业的经营行为,对周围的社会环境也有着显著影响;同时,它还是社会文化的一部分。例如,可口可乐、麦当劳和福特汽车等知名企业的企业文化构成了美国文化的一部分,影响着美国人的生活方式和消费理念。

4. 企业文化的类型

由于企业的类型众多,所以企业文化的差异也较大。按企业在生产经营中遇到的风险的高低和企业战略决策的反馈速度的不同,可以把企业文化分为强者型文化、合作型文化、稳重型文化和规矩型文化,如图 7-28 所示。

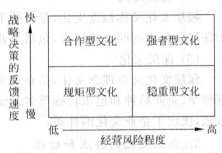

图 7-28 企业文化的类型

(1) 强者型文化

在企业面临风险高,并且对风险反应速度快的情况下,企业应采取强者型文化。这种文化类型强调决策果断、高度竞争和勇于挑战的战略态势,通过竞争实现市场份额的扩大。例如,美国百事可乐公司的企业文化基本属于强者型文化。

(2) 合作型文化

当企业面临的风险小而反应快时,企业应采取合作型文化。这种文化类型强调合作和建立融洽关系的重要性。企业只要积极肯干,努力工作,就会取得较好的业绩。从事产品分销的中间商多具有该类型的文化。

(3) 稳重型文化

当企业面临的风险大而反应慢时,企业应采取稳重型文化。这种文化类型强调仔细慎重、从容不迫、安全运营的经营模式。一些资金密集型的企业的文化往往是这种类型。

(4) 规矩型文化

当企业面临的风险小而反应慢时,企业应采取规矩型文化。这种文化类型强调员工工作要谨小慎微、中规中矩、程序严明、准确高效,工作中更加注重处理的方式,而不是工作的效果。银行、保险公司、公共事业等行业多采用这种类型文化。

7.6.3 企业文化战略

按企业文化内涵的不同,可以把企业文化战略分为以下几种。

1. 产品形象战略

产品形象战略是指通过产品的设计、生产、包装、品牌和服务等环节的谋划,使产品在市场中具有较高的知名度和美誉度,从而赢得顾客信赖的战略。产品形象属于企业文化的表层文化内容,是产品内在品质和企业幔层文化、深层文化的反映与体现。

2. 员工形象战略

员工形象战略是指通过对员工的教育、培养和引导,使其具有较高的文化素养、良好的精神风貌和职业道德,以提高企业人员的素质和企业服务质量的战略。员工形象属于企业文化的表层文化内容,是企业形象人格化的具体体现。

3. 企业家形象战略

企业家形象战略是通过企业家的形象和社会认知度,使企业家站在受众立场上实施自觉的形象管理,在企业经营管理模式、商业创新、投资拓展、企业文化、社会责任方面对于企业组织、社会及自身具有推波助澜的加速作用。

企业家是企业文化的构思者、设计者、实施者和管理者。企业家形象属于企业文化的表层文化,是企业深层文化及综合实力的具体体现。企业家的思维方式、处事风格、言行举止和领导艺术源自其自身的文化修养、价值观念、行为准则和成长经历等因素综合作用。因此,企业家形象战略是企业文化战略中的重要内容。

4. 员工榜样战略

员工榜样战略是指企业通过选拔各岗位上作出突出贡献的优秀员工,并将其树立为榜样,进行公开表彰和宣传,以带动更多员工学习先进、赶超先进,从而提高员工整体素质的战略。确立员工榜样时要注意榜样的典型性、结构性和感召力。

5. 文明生产战略

文明生产战略就是企业按照科学发展的要求,在生产过程中营造文明的生产环境,实施文明的管理方式,从而提高生产的安全性、文明性和整洁性的战略。文明生产属于企业文化中的幔层文化,是企业管理制度和经营行为的具体体现。科学文明的生产反映了企业的文化素质,是企业市场竞争力和产品优良品质的重要保证。

6. 企业凝聚力战略

企业凝聚力战略就是通过培育广大员工一致认同的价值观念、企业信念和经营理念,来达到统一员工思想和行动,从而形成强大的凝聚力的战略。企业凝聚力属于企业文化中的深层文化。员工的共同信念和强大的企业精神可以保证企业无论在何种环境中,都能团结一致、奋发图强、勇于创新和敢于挑战,从而激发出企业巨大的生机和活力。

本章小结

市场营销战略是企业战略实施中的重要职能战略,主要包括市场细分战略、目标市场定位战略、产品战略、新产品开发战略、品牌战略、包装战略、服务战略、价格战略、渠道战略和促销战略等内容。

生产战略是企业根据总体战略、竞争战略及其他职能战略的要求,对企业战略期内的生产系统所做出的一系列决策及谋划。生产战略主要包括企业生产系统设计、生产作业计划及控制两方面内容。

研究与开发战略是指企业在技术创新、产品研发等方面所做出的长期性的谋划与决策。研究与开发战略的方式有独立研制、技术引进、独立研制与引进相结合、联合开发四种。企业研究与开发战略有革新型战略、保护型战略、追赶型战略和混合型战略四种基本形式。

财务战略是一项通过对资金的筹措与运用的安排,以协调企业战略体系中各项战略活动的职能战略。企业财务战略包括筹资战略、投资战略。

人力资源战略是指企业为实现总体战略目标,在人力资源的开发、使用、激励与管理方面所进行的长远性的谋划与决策。人力资源战略的宗旨是发挥企业全体员工的潜力和能力,为企业创造优异的经营业绩。人力资源战略包括人力资源的开发战略和人力资源的使用战略。

企业形象是指社会公众对某一企业的总体印象和评价,是企业行为在社会公众心目中的反映。企业形象识别系统包括理念识别、行为识别和视觉识别三部分。企业文化战略的类型有产品形象战略、员工形象战略、企业家形象战略、员工榜样战略、文明生产战略、企业凝聚力战略。

思考与练习

一、名词解释

企业职能战略　营销战略　生产战略　研究与开发战略　财务战略　人力资源战略　企业文化战略

二、简答题

1. 简述消费者市场和生产者市场的细分依据。
2. 什么是目标市场?什么是目标市场定位?
3. 简述新产品开发的常用战略。
4. 渠道战略有哪几种?
5. 促销组合战略有哪几种?
6. 生产战略包括哪些内容?
7. 研究与开发战略有哪几种?
8. 财务战略包括哪些内容?

9. 人力资源战略包括哪些内容?

10. 什么是企业形象? 企业文化战略有哪几种?

三、案例分析

面罩帽决策

北京时美服装厂袁厂长是一位精明的企业家。他深谙服装经营之道:主张生产一批,试出一批,设计一批,新款式服装不断档。在他的领导下,这个厂的效益年年递增。

袁厂长不仅重视发挥厂里的专职服装设计人员的作用,而且注意发动全厂职工出主意、想办法,对有实施价值的建议敢于重奖。这样一来,大家的聪明才智被充分调动起来了,都愿意把自己的"灵感"和"火花"告诉他。入冬以来,该厂生产的白翎牌羽绒服正畅销,可袁厂长已在布置设计新款式、新产品了。小吴是个爱动脑筋的小伙子,这天他找到袁厂长,谈了他的一个设想,引起了袁厂长的极大兴趣。"走在街上,看到人们身上穿得暖暖呼呼的,可就是脸露在外面风吹雪打。口罩也管不了多大事,戴上摘下的麻烦不说,戴上以后还憋得慌。戴眼镜的人还多一样烦恼,鼻孔一出气,眼镜就'结霜',雾蒙蒙一片影响视力。我想,咱们应该设计一种新产品——面罩帽,既能穿戴方便,又能呼吸顺畅,耐脏防寒,还能方便戴眼镜的人。"袁厂长沉吟片刻,马上把设计科科长叫来,叫他派人按小吴的设想设计出样品来,三天后交厂领导讨论。

三天过去了,设计科准时交出了设计的样品。原型是羽绒服上的帽斗,在帽斗前面从右边多出一块面罩,正好护住眼睛以下的大半张脸。在嘴和鼻孔的位置放上海棉并穿以微孔,左边安着三四颗按扣,可以扣个严严实实。由于呼吸有"门",戴眼镜的人再不用担心两眼茫然了。这种面罩帽既可与市场上热销的羽绒服配套,又可以单独销售。袁厂长拿着样品征求其他几位厂领导的意见,有一位领导提出,这种面罩还得考虑不戴时往哪放的问题,不能就这么耷拉着。设计科的人马上进行了改进,把面罩多安了几个摁扣儿,这样就可以在不用时把它折放在帽斗里。袁厂长当场拍板,先生产200套到试销部销售,其中一百套与羽绒服配套卖,一百套单卖。袁厂长还派了几名得力的人员在试销部征求顾客的意见。

从现场销售情况看,那100套羽绒服销路不好,由于"面罩帽"的缘故,本来热销的羽绒服也成了滞销货。派去的人员现场采访了几位顾客,顾客说,现在城里的年轻人讲求的是轻便、洒脱,面罩帽这玩意儿实用是实用,但蒙住了大半个脸,像个蒙面人,不美观,因此大家不愿意买。不过他们也发现了一个新动向,就是许多进城跑买卖,打短工的郊区、郊县的农民却把单卖的面罩帽买走了不少,他们都说这面罩帽实用,就是面料和做工过精,价钱稍微贵了一点。听了这些反映,袁厂长决定对面罩帽决策进行相应的调整,然后投入批量生产。他心里已经有了谱儿,面罩帽这一新产品的推出肯定能给厂里带来可观的效益。

(资料来源:陈国生.现代企业管理案例精析.北京:对外经济贸易大学出版社,2008)

思考:

(1) 北京时美服装厂的戴面罩帽的羽绒服为什么销路不好?

(2) 袁厂长应如何对面罩帽的决策进行调整?

四、实训题

中小企业人力资源战略管理。

（1）实训目的与内容

① 中小企业人才流失的问题对策。

② 中小企业员工激励机制建立。

③ 家族式管理的主要顽疾问题分析。

④ 中小企业文化的核心塑造的方法步骤。

（2）实训组织

① 以小组为单位，6～8人一组。

② 要求制作PPT，各小组之间相互讨论和分享。

③ 老师对各小组进行简单点评。

（3）实训要求

① 认识人力资源战略管理理论。

② 搜索并学习中小民营企业的人力资源战略管理方法。

③ 小组讨论修订中小民营企业的人力资源战略管理方案。

（4）成绩评定

① 结果占50%，考查对公司战略的制订、理解和执行。

② 分析占50%，考查分析实际问题的运用能力。

第八章 企业战略评价与选择

战争与商业竞争相同,也是人类利益冲突之一。 ——[德]克劳塞维茨

除非战略评价被认真地和系统地实施,也除非战略制订者决意致力于取得好的经营成果,否则一切精力将被用于为昨日辩护,没有人会有时间和精力开拓今天,更不用说去创造明天。 ——[美]彼得·德鲁克

战略制订者的任务不在于看清企业目前是什么样子,而在于看清企业将来会成为什么样子。 ——[美]约翰·W.蒂兹

没有"尽善尽美"的战略决策,人们总要付出代价。对相互矛盾的目标、相互矛盾的观点及相互矛盾的重点,人们总要进行平衡。最佳的战略决策只能是近似合理的,而且总是带有风险的。 ——[美]彼得·德鲁克

战略制订者要在所取信息的广度和深度之间做出某种权衡。不断地进行这种权衡正是战略制订者的任务,一种不可由他人代理的任务。

——[美]弗雷德里克·格卢克

学习目标

※ 了解企业战略评价的概念;
※ 理解企业战略评价的标准;
※ 掌握企业战略评价的方法;
※ 了解企业战略选择的过程;
※ 掌握影响企业战略选择的因素;
※ 了解企业战略选择的方法。

案例导入与分析

世界银行的战略评价

世界银行由若干机构组成,其中之一是国际复兴开发银行(International Bank for Reconstruction and Development,IBRD)。IBRD向中等收入政府提供贷款,用于基础设施建设和开发。世界银行的其他机构关注于低收入国家,向其提供极富吸引力的信贷条件。在60年前世界银行成立时,主要关注的是中等收入国家和第二次世界大战之后的重建工作,由IBRD负责。多年以来,遵循这一使命,IBRD成为世界银行中占主导地位的机构。

评论家开始抱怨世界银行侧重于中等收入国家、经济增长主动权和基础设施项目,

这些既不能消除贫困,也不能根除社会对贫穷国家应该拥有更高的优先权的担忧。他们认为,关注增长使得强势的银行和弱势群体结盟。1995年,世界银行的新总裁詹姆斯·沃尔芬森(James Woifensohn)重新调整了组织使命,使其致力于减少贫困。10年后,他成功地"改变了机构需要优先考虑的事项,强调建设机构、改善治理、提高贫穷国家的话语权和参与权、强化法治、消除腐败"。随着使命的改变,IBRD的活动骤然减少,年度资金分配已由1995年的近140亿美元下降到2013年的约163亿美元。虽然IBRD在最初成立时是为那些无法从其他地方获得资金的国家提供贷款,但是目前状况已经发生了改变。私人投资对新兴国家的投入已达3000亿美元。未来,获得私人投资很可能更加容易。

世界银行的内部评估小组评估了世界银行的绩效并得出结论,即关注于社会问题和减少贫困造成,它没有对增长给予应有的关注。世界银行的领导者正面临一个非常重要的问题——IBRD应该继续限制运营规模,为了以另一种方式作出贡献而重组,或者完全关闭吗?

(资料来源:杰弗里·S.哈里森,卡伦·H.圣约翰.战略管理精要.大连:东北财经大学出版社,2003)

思考:

(1) IBRD为什么成为世界银行占主导地位的机构?

(2) 你对世界银行的战略有什么评价?

分析:

(1) 世界银行(WBG)是世界银行集团的俗称,"世界银行"这个名称一直是用于指国际复兴开发银行(IBRD)和国际开发协会(IDA)。这些机构联合向发展中国家提供低息贷款、无息信贷和赠款。它是一个国际组织,其一开始的使命是帮助在第二次世界大战中被破坏的国家的重建。今天它的任务是资助国家克服穷困,各机构在减轻贫困和提高生活水平的使命中发挥独特的作用。在2012年,世界银行为发展中国家或转型国家提供了大约300亿美元的贷款或帮助。

世界银行的工作经常受到非政府组织和学者的严厉批评,有时世界银行自己内部的审查也对其某些决定有所质疑。往往世界银行被指责为是美国或西方国家施行有利于它们自己的经济政策的执行者,此外往往过快的、按错误的顺序引入或在不适合的环境下进行的市场经济改革对发展中国家的经济反而造成破坏。世界银行的真正掌控者是世界银行巨头,它们最终的目的是追逐利润,现在的状况可以说是一个妥协的结果。

(2) 世界银行的主要帮助对象是发展中国家,世界银行在人类发展领域(如教育、医疗)和农业及农村发展领域(如灌溉、农村建设)帮助它们建设教育、农业和工业设施以及环境保护领域(如降低环境污染、制订实施相关法规)、基础设施建设(如修建新路,城市复兴,电网增容)。世界银行向成员国提供优惠贷款,同时向受贷国提出一定的要求,比如减少贪污或建立民主等。

世界银行推行多项改革计划,以适应世界经济不断发展变化的需要。一方面,改革有利于发展中国家在世界银行中地位的上升,同时也有利于世界银行职能的完善;另一方面,改革计划能否得到有力执行,改革能否从根本上解决世界银行已有的缺陷,仍是一个未知数。未来世界银行的改革之路不会一帆风顺。

企业战略管理是一项系统工程,涉及的问题多,覆盖面广。从大的方面来看,企业战略管理过程可分为战略评价与选择、战略实施与控制两个方面。通过战略评价与选择,可以运用科学的方法和程序对战略方案进行评价,并综合考虑,选出适合企业发展的最佳战略方案,为下一步的战略实施奠定基础。如果战略方案选不好,即使后面的实施过程再严密科学,也无济于事。

■ 8.1 企业组织结构与战略

8.1.1 企业组织结构的战略含义

企业组织结构是实施战略的一项重要工具,一个好的企业战略需要通过与其相适应的组织结构去完成,方能起作用。实践证明,一个不适时宜的组织结构必将对企业战略产生巨大的损害作用,它会使良好的战略设计变得无济于事。因此,企业组织结构是随着战略而制订的,它必须按战略目标的变化而及时调整。在战略运作中,采取何种组织结构,主要取决于企业决策者和执行者对企业组织结构含义的理解,取决于企业自身的条件和战略类型,也取决于对组织适应战略发展标准的认识和关键性人物的选择。

美国学者钱德勒(A. D. Chandler)在 1962 年发表的《战略与结构:美国工业企业历史的篇章》一书中指出:战略与结构关系的基本原则是组织的结构要服从于组织的战略,即企业战略决定着结构类型的变化。这一原则指出企业不能仅从现有的组织结构去考虑战略,而应从另一视角,即根据外在环境的变化去制订战略,然后再调整企业原有的组织结构。

一般来看,从静态对企业组织结构来划分,组织结构包括职能专业化、区域组织、事业部制、战略经营单位、矩阵结构和横向结构六大类。但如果从企业发展的角度,即从动态上来看,企业处于不同发展时期,必将会采用不同的组织结构。企业组织结构也一定是随企业的发展过程不断地推演、创新,从而寻求到最佳状态。因此,我们理解企业组织结构的战略含义不能仅局限于其静态时的几种形态,更重要是从企业的发展动态过程中理解其演变过程,及在不同时期表现出来的形态。只有这样,才能不被一时的表面现象所迷惑,而能使我们在复杂的过程中更准确地把握企业组织结构的动态变迁,这才是其更深的战略内涵。

8.1.2 组织结构与战略匹配

1. 组织结构适应战略发展的标准

企业战略的内容充分考虑到企业员工的行为特点,适用于指导和调动企业整个组织,这是组织结构适应战略的最本质内容。这种组织结构适应战略发展的标准包括产生共同愿景、反映企业组织的前进趋势和具备催人奋进的精神张力。

(1)"产生共同愿景"是指在战略上充分有效地使企业全体员工的认知和努力方向一体化,具有为企业全体员工提供共同理想的聚焦作用。对于作为企业长期运营共同的指针或者理想蓝图的战略来说,这是最有重要意义的组织结构适应。

企业的最终活动是诸多的具体个人活动的动态总和。对于这些个人活动是统一起来还是分散开来,这是组织结构适应战略发展所要解决的问题。毫无疑问,统一单体活动使之统一化,关系到企业取得业绩的大小。在促进人们行动一体化方面,管理者可采用的方法、手段有许多种,其中组织结构设计的手段便是其一。

(2) 使企业全体员工有共同愿景,统一前进方向还不够,必须使人们自觉地接受这一体化的方向,并以高涨的士气和坚定的信心,向着既定的企业战略目标齐心协力,使企业运作处于最佳状态,这就使组织结构能反映整个企业组织的前进趋势。否则,虽有共同愿景,但趋势错误,可想而知其结果也必将对战略结局无济于事。

企业有了这种前进趋势,可以充分鼓励起员工的干劲,使企业内在力量倍增,反之,没有了前进趋势,企业的内在潜力将不能用之于刀刃上,这是人的集体所特有的特性。反映出企业组织的前进趋势,并能加以利用和保持,体现了战略的指向,也是企业组织结构适应战略的第二个标准。有了这种前进趋势的一体方向,企业就可以在竞争中处于优势地位,使竞争对手望而却步,并迫使其反击对抗的势头越来越弱,从而在竞争中获胜。

(3) 组织结构适应战略发展的第三个标准,是指设计好的组织结构能否在全体员工中产生一种积极进取并保持一种紧张感的精神张力。企业的组织结构实现了"共同愿景"和"反映组织的前进趋势"之后,如果缺乏那种催人奋进并保持适度紧张的精神张力,则组织迟早会松懈,并逐渐习惯成自然,养成惰性。为了防止出现这种情况,防患未然,有必要给员工注入一定的紧张剂——精神张力,使其不断上进,努力拼搏。如果做不到这一点,那么,企业的一体化方向和前进趋势终因懈怠而付之东流。

综观企业组织结构适应战略要求的三个标准,可以清晰地看到,它们是顺序累积地实现其有效机能的。首先是结构能产生企业的共同愿景,然后再凝聚这些共同愿景,使其反映到企业发展的正确趋势上来,为了保持持久的动力,同时还必须使企业全体员工能产生一种压力紧张感,有了这种精神张力的存在,就可以使企业在实施战略过程中永葆活力,不断进取。三者也缺一不可。如果没有"共同愿景"则体现不出企业的前进趋势,精神张力也无从谈起;如果没有反映企业的前进趋势标准,则"共同愿景"很有可能产生误导作用,精神张力也有可能产生副作用;同样,不能保持企业成员的精神张力,企业的"共同愿景"和前进趋势则在实施过程中可能会功亏一篑。

2. 组织结构与战略的匹配

战略的变化往往要求组织结构发生相应的变化,其主要原因有以下两个。

(1) 组织结构在很大程度上决定了目标和政策是如何建立的。例如,地域型组织结构企业的目标和政策将以地域性的术语来表述;而在按产品类型构造企业组织结构的公司中,目标与政策则在很大程度上用产品性语言予以描述。制定目标与政策组织的结构方式也会对所有战略实施活动产生相当大的影响。

(2) 企业的组织结构决定了资源的配置。如果企业组织是按用户群体构造的,那么资源便也按这一形式配置。同理,如果企业组织是按职能性业务领域构造的,那么资源也将按照职能领域配置。改变组织结构的侧重点通常为战略实施活动的一部分,除非新的或修改后的战略同原战略所侧重的职能领域相同。

战略的变化将导致组织结构的变化。组织结构的重新设计应能够促进企业战略的实施。离开了战略,组织结构将没有意义。钱德勒(Chandler)发现了往往重复出现于公司的发展和战略改变过程中的一种特定的组织结构演变顺序,如图 8-1 所示。

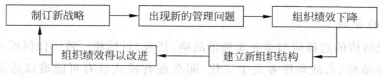

图 8-1 钱德勒的战略—组织结构演变顺序

对特定战略或特定类型的企业来说,不存在一种最为理想的组织结构设计。对某一企业适用的组织结构不一定适用于另一家类似的企业,尽管特定产业中成功的企业趋向于采用相类似的组织结构。例如,生产消费品的公司倾向于按产品设置组织结构,小企业倾向于按职能设置组织结构(集中化的),中型企业一般实行分部式的组织结构(分散式的),大型企业则采用战略事业部(SBU)或矩阵式组织结构。随着企业的不断成长或多种基本经营战略的相互结合,企业组织结构将经历由简单到复杂的发展过程。

企业组织要受到多种外部和内部因素的影响,没有一家企业可以对所有影响因素的变化都做出组织结构上的调整,因为这样做将导致混乱。然而,当企业改变战略时,其现行结构有可能变得无效。无效组织结构的症状包括过多的管理层次、过多的人参加过多的会议、过多的精力被用于解决部门间冲突、控制范围过于宽广、有过多的目标未能实现。结构的变化有助于战略的实施,但不能期望结构的变化可以将坏的战略变成好的战略,或将不好的管理者变为好的管理者,或使不良产品变成畅销产品。

8.1.3 企业组织结构的优化设计

通过对企业组织结构模式的比较分析,我们可以清楚地了解到各种模式的优点及缺点,然后结合企业行业特征与战略的选择及外部环境的变化,最终对企业的组织结构做出战略设计,以保证企业战略目标的实现。其主要内容有:目前组织结构的优缺点分析;组织结构体系的战略模式设计;组织结构体系下管理制度所明确的企业各层次、各部门、各岗位的工作责任和权力;企业采取的管理方法定位。企业组织结构的优化设计如图 8-2所示。

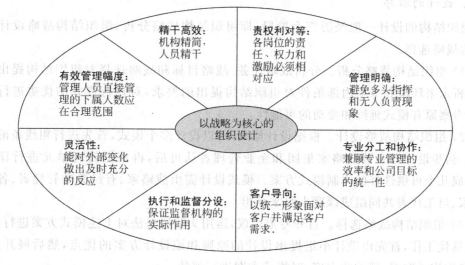

图 8-2 企业组织结构的优化设计

1．设计的原则

（1）组织结构的选择应与企业实施的战略、任务、目标相一致。任何模式都必须服务于企业的总体战略，若战略任务发生变化，那么现有模式就有可能难以适应。若追求的战略目标较高，具有一定的风险，则企业的组织管理体制必须具有一定的创造性和弹性，并在组织内培养创新精神。若企业以员工的满意程度作为战略目标，规章制度就必须为建立和谐的工作环境服务。

（2）组织结构应有弹性。环境和内部条件是制约模式变动的重要因素，未来的模式必须符合未来环境与未来内部条件的要求。由于未来环境和未来内部条件是动态的、变化的，并且未来环境本身就是预测和假设的产物，这就要求企业未来的组织结构模式必须具有一定的弹性，并尽可能地设计一些模式应变方案。模式弹性可以表现为组织结构体系的弹性，也可以是责权规定的弹性和管理方法的弹性。

（3）业务定岗，岗位配人。要根据企业未来业务的数量和性质安排岗位，再根据岗位的特点、责任、权力和工作量定人，秩序不可颠倒。在定岗位时，应本着提高效率、节省费用的原则，能减则减，能并则并，该增则增。要根据可能的经济活动范围、工作量确定岗位之间和人员之间的比例，不要事先根据人员的级别、比例确定。

（4）有效的控制幅度。领导者的直线下属，包括直线层次下属和职能参谋部门下属，要有一个适度的量，只有在限定范围内，才有利于实施有效控制。高层领导由于考虑的工作比较复杂，直线下属应少些；低层领导工作的重复性较大，内容较简单，直接下属的人数可多些，控制幅度可大些。具体控制幅度的大小，还应考虑领导者的工作能力、心理素质和管理技术的特点等因素。

（5）责权利统一。工作责任和工作权力、利益分配应同比例变化，这是定岗定责时必须考虑的。因为权力是责任实现的保证，责任是权力赋予的基础，责任和权力一致是部门提高效率的必要条件。

2．设计的程序

组织结构的设计一般经历三个阶段，即组织结构战略分析、组织结构战略设计和组织结构战略选择。

（1）组织结构战略分析。分析战略任务、战略目标和战略选择对组织结构提出的要求，分析未来环境和未来内部条件对组织结构提出的要求，对现行模式的优劣进行详细分析，考察原有模式延续和变动的可能性。

（2）组织结构战略设计。根据设计原则，可以设计多个模式，首先进行粗线条的初步设计。初步设计方案被战略家集团和企业管理者认可后，再依据管理单元进行详细设计，形成几个可供选择的体制模式方案。模式设计需由战略家、有经验的管理者、各方面的专家、员工代表共同组成课题小组来承担。

（3）组织结构战略选择。召开专家会议，运用头脑风暴法对上述模式方案进行比较、评价、选优工作，首先由设计小组提出设计的原则和该设计方案的优点，然后展开讨论。与会者应抱着客观、慎重的态度，对模式方案进行评估。

整个设计程序,如图 8-3 所示。

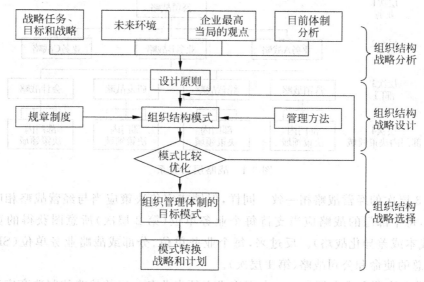

图 8-3　组织结构设计的程序

　　方案一经确立,企业必须着手制订组织结构转换的战略和计划,规定新旧模式的替代方式。新模式的应用,一般有渗透式和变革式之分。前者是在旧体制的框架内,通过分部、分层逐步改变;后者是以某个时间点进行模式整体转换。前者的优点是震动小,在较长时间内实现各种关系的调整,其缺点是体制并存可能产生摩擦;后者的优点是完整、彻底,但震动大、风险大。新体制问题的突然出现,可能会影响管理秩序的稳定。对于模式转换,必须制订周密的计划,充分估计可能产生的问题,并制订相应的对策。

8.1.4　机构组织结构在战略实施中的作用

　　机构的协调是将机构中相互离散的活动连接并整合在一起的过程。协调要求机构中处于不同层次和不同部门的经理对机构的目标和目的有共同的理解。一个企业获得和保持竞争优势的能力取决于它根据机构的竞争需要获得和分配资源的能力。机构的协调有两种方式:纵向协调和横向协调。

　　1. 纵向协调

　　纵向协调指的是在机构中不同层次之间对于战略、目标、行动计划和决策的协调。本书前面提到过企业战略分三个层次:公司的、业务的和部门的战略,在图 8-4 中,这些战略分别用层次 1、层次 2、层次 3 来表示。除了在这三个层次的每个层次之间协调活动和工作重点外,纵向协调还依赖于第 4 个层次的协调,即每个部门内决策领域之间的协调。图 8-4 表明了这种层次之间的关系。战略实施的有效观测采取的是自下而上的方式,也就是要求低级别的决策要与高一级的决策相吻合。当达到这种一致性的时候,纵向协调就实现了。

　　在第 4 层次,每个部门的活动和决策都应当支持部门的战略。例如,经营部门的决策(如生产能力和进度、技术的运用、工厂的位置、劳动力的管理、业绩的测评等)都应当

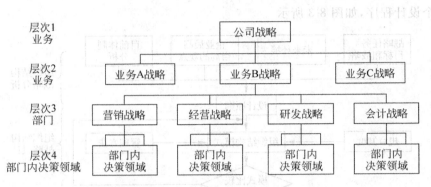

图 8-4　战略层次关系

与公司第 3 层次的经营战略相一致。同样,促销或定价决策应当与经营战略相吻合。更进一步说,每个部门的战略应当支持每个业务单位(第 2 层次)所意图获得的竞争优势(总的低成本或差异化战略)。反过来,每个业务单位、分部或战略业务单位(SBU)应当支持公司总的使命和公司战略(第 1 层次)。

（1）纵向协调和成本领先。一个实施成本领先业务一级的战略的制造商应当将工作重点放在建立严格的成本控制规章和严格的产品和服务执行控制成本规章,以及确保各个部门恰当地使用资源等问题上。而每个部门都必须将这个目标转化为部门的具体行动计划,来支持这项战略。

例如,为了与一个 SBU 的低成本战略相协调,技术、生产能力、场所和劳动力等具体经营部门的决策应当支持各个部门的效率、机器使用率和劳动生产率等方面的部门战略目标。一个强调低成本的 SBU,如果它是生产分离型的产品,如电视机,就应当选择流水线形式的生产工艺技术;如果它是生产例如化肥、汽油或水泥等产品的话,就应当选用连续型的生产工艺技术。流水线工艺的特点是按照生产该产品的步骤和顺序将机器分组,并建立工作站。SBU 应当将其工厂设在靠近资源的地方,原因之一是可以将运输成本降低到最低限度。各个经营部门的经理还要加强监督和控制,以便确保各项资源(人力、材料、机器和设备等)得到最有效的使用。

（2）纵向协调和差异化。对于建立在差异化的业务一级的战略,纵向协调的方法就大不一样了。假定一个 SBU 追求的是以交货迅速和按照订货生产产品的灵活性为基础的竞争优势,在这种情况下,各个部门的经理会选择分项工艺或分批次生产工艺技术,这种工艺技术采用能够处理顾客的各种需要的多功能机器。分项工艺非常适合种类多的小量顾客订货的生产。分批次工艺技术就好像是一个断断续续生产的车间,但是可以处理相对较大数量的混合系列产品。每个批次生产的产品数量通常根据准备成本与存货保持成本的比例来预先确定。

尽管信息技术的发展已经使得距离不再成为什么大问题,实施差异化战略的工厂仍然应当靠近顾客,以便能够方便和快速地接触顾客。为了确保快速交货,部门经理应当有权就某些问题自行决策,这些决策和实现纵向协调的方法总结在表 8-1 中。

表 8-1　实现纵向协调：成本领先和差异化

战略/部门领域	成本领先：低成本/低费用	差异化：转化速度/产品灵活性
经营战略	严格执行控制产品和服务成本的原则，重点是效率、机器使用和劳动生产率	减少系统的刻板和僵硬性，提高从一种产品快速转向生产另一种产品的能力，减少加工研制时间
工艺的选择或技术	流水线或连续型生产工艺	分项工艺或分批次生产
经营中的劳动力管理方法	监督、控制、解决问题	咨询、委托、建立工作团队
位置	靠近原材料	靠近顾客

（3）战略业务单元。企业一般管理着相当多的不同的业务范围，它的每项业务都要有自己的战略。通用电气公司把它所经营的范围划分为 49 种，并称为战略业务单元（亦称战略性事业单位、策略性事业单位。strategic business units，SBU）。

战略业务单元是公司中的一个单位，或者职能单元，它是以企业所服务的独立的产品、行业或市场为基础，由企业若干事业部或事业部的某些部分组成的战略组织。战略业务单位必须在公司总体目标和战略的约束下，执行自己的战略管理过程。在这个执行过程中其经营能力不是持续稳定的，而是在不断变化的，可能会得到加强，也可能会被削弱，这取决于公司的资源分配状况。

一个理想的战略业务单位应该具备以下特征。

① 有独立的业务：它是一项独立业务或相关业务的集合体，但在计划工作中能与公司其他业务分开而单独作业。

② 有不同的任务：它有区别于其他业务单元的具体任务，虽然大目标相同，但从不同的方向去努力。

③ 有自己的竞争者：在各自的领域都有现实的或潜在的对手。

④ 掌握一定的资源：掌握公司分配的资源的控制权，以创造新的资源。

⑤ 有自己的管理班子：它往往有一位经理，负责战略计划、利润业绩，并且控制影响利润的大多数因素。

⑥ 能从战略计划中得到好处：它有相对的独立权，能按贡献分得应有的利润和其他好处。

⑦ 可以独立计划和实施其他业务：可以扩展相关业务或新的业务。

用战略经营单位组织的主要好处是保证在大公司中某一产品不致被销售量大、利润高的其他产品挤掉，还可以使负责指导与推销某一产品或产品系列的经理和职工集中注意力并倾注其全部力量。因此它也是一种组织技巧，可以保护企业家的注意力和精力。实际上，这是一种提高大公司或许很缺乏的"企业家经营之道"的好方法。

建立战略业务单元的原因有以下两点。

① 延续企业生存。为在现实生活中维持企业利润增长，大多数公司都经营着几项业务。但这些业务经常被确定在某项产品内，如"汽车行业"或"飞机业务"等。然而，西奥多·莱维特（Theodore Levitt）提出了下述观点，即企业的市场定义比企业的产品定义更为重要。他认为，企业经营过程必须被看成一个顾客满足过程，而不是一个产品生产过

程。产品是短暂的,而基本需要和顾客群则是永恒的。马车公司在汽车问世后不久就会被淘汰,昨天客户们让你在某个利润域中获得了利润,而今天,这个利润域则变成了非利润域。但是同样一个公司,如果它明确规定公司的任务是提供照明,它就会从煤油灯生产转为电灯生产。西奥多·莱维特主张公司在确定其业务范围时应该从产品导向转向市场导向。

② 突破传统组织架构的瓶颈。中国乃至世界各国的企业,现在都会遇到信息化、新经济带来的挑战。过去的管理模式已经不太适应企业的需求。

2. 横向协调

横向协调主要是指机构内部战略层次较低部门的工作协调。横向协调可以分为跨部门和部门内的协调两个方面。跨部门的协调要求各个部门之间(层次 3,如图 8-4 所示)在决策上保持一致,也就是在营销、经营、人力资源和其他部门的活动和决策能彼此互补。部门内协调则是通过各个部门决策领域(层次 4,如图 8-4 所示)的相互关联,在每个机构内部实现协同工作。为了成功地实施战略,一个部门内部的决策(层次 4)在纵向上应当与该部门的战略目标相一致,在横向上与该部门内各个决策领域的决策相协调。横向协调的过程要求在不同部门的活动之间进行交流和合作,通过跨部门整合的横向协调如图 8-5 所示。

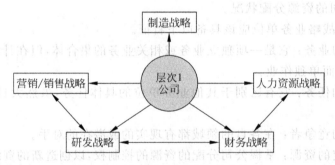

图 8-5 通过跨部门整合的横向协调

(1)横向协调和成本领先。成本领先战略要求在整个企业内实行严格的成本控制并通过严格地强化管理对产品和服务的成本进行控制。成本领先者还要求确保在各个部门中恰当地使用各种资源。每个部门都需要把这个目标转化为具体的行动计划支持成本领先业务战略。例如,经营部门应当力图通过提高效率、机器的使用率和劳动生产率来消减成本;研发部门将大力开展产品设计的标准化以控制成本;营销部门将通过提供品种有限的产品和许诺最少的选择或设计更改来适应顾客的需要;而人力资源部门将致力于工作的专业化等。

(2)横向协调和差异化。在寻求产品的灵活性方面有差异的 SBU 需要提高提供几种产品和快速地对这几种产品进行改型来满足顾客需要的能力。为了实现这一战略,总的来说,该业务单元应当朝减少系统的刻板和僵硬性,提供从一种产品快速转化为生产另一种产品的能力和减少加工研制时间等方向努力。

为了支持上述经营方针,研发部门应当考虑采用定制的设计方法。如果这个目标与快速交货结合在一起,那么该战略可能还包括通过快速地把几种基本的产品模块排列和组合在一起而形成范围很大的产品的能力。

研发部门和营销部门应当协同工作,以引导新产品的开发和新产品的推出。促销工作计划应当建立在产品种类的基础上,并对定做的产品实行价格补贴。制造部门应当培育能够小批量生产,以及快速地从生产一种产品转向生产另一种产品的能力。一个 SBU 的装配工作应当能够在很短的时间内处理种类繁多的产品,而不需要花费很多的时间来调整。人力资源部门应当重点雇用具有多种技能的员工,并实行工种轮换制度。采购部门需要在附近建立一个可靠的供应商网络,从而可以迅速而可靠地采购到少量的材料。表 8-2 对这些关系进行了总结。

表 8-2　实现横向协调:成本领先和差异化

战略/部门领域	成本领先	差异化
经营	重点是效率、机器的使用率和劳动生产率	提高从一种产品快速转为生产另一种产品的能力,减少加工研制时间
营销	提供品种有限的产品,对顾客许诺最少的选择	提供种类繁多的产品,对定做的产品提供价格补贴,引导新产品的推出
研发	产品设计的标准化	定做的设计方法,引导新产品的开发
人力资源	工作专门化	鼓励工作轮换,强调发展多种技能

(3) 部门内的横向协调。一个部门内部各个决策领域之间的合作,对于战略实施也是非常重要的,例如经营方面的协调对于改进业绩贡献很大。经营部门的决策领域可以大致分为结构性决策领域和基础性决策领域。结构性决策指的是某一决策过程中的环境及规则,能够用确定的模型或者语言描述,以适当的方法产生决策方案,并从多种方案中选择最优的决策。这些决策大体上在企业结构范畴内。如场地、技术或工艺和生产能力等方面的决策。而基础性决策指的是人们为实现企业目标而制定的行动方案,并准备组织实施的经营活动过程,它是提出问题、分析问题、解决问题的过程。这些决策大体上在企业经营系统的范畴中,如制造计划和控制、劳动力管理、质量管理、机构的设置和业绩的测评系统等。如图 8-6 所示。

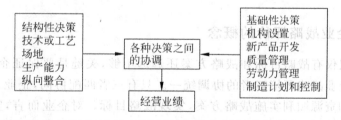

图 8-6　部门内的横向协调

关于基础性决策,如机构的结构和劳动力管理等,应当与结构性决策,如技术和生产能力等决策相互补充。研究人员认为,一个部门内部各个决策领域之间相互联系能够改善工作业绩。

(4) 企业资源规划(ERP):一种实现横向协调的方法。企业资源规划(ERP)系统是利用一个共同的数据库将各个部门的决策和资源整合在一起。通过使用一个共同的数据库将整个企业整合在一起是可能的,这将减少重复性工作,并推动各个部门将其各项活动协调起来。例如,在 ERP 系统中,营销和生产部门一起制订共同的预测工作,然后这项预测被财务部门用做筹集资本或获取可以得到的资金的基础,而人力资源部门则据此设法招聘具有所需技能和所需人数的员工。

在没有一体化 ERP 系统的情况下,不同的部门可能会产生自己的预测,或许它们会使用不同的方法并得到不同的结论。一体化的 ERP 系统消除了冗余的信息,同时,使得整个机构都能够得到实时的信息。在世界上的任何地方,任何时间都可以访问共同数据库中的当前信息,这样的系统还有利于实现全球范围内与顾客、供应商或机构内其他单位的合作。各个部门,或者在地球上不同地区里的经理们能够从整个业务的角度,而不是仅仅从部门的角度看问题,从而确保他们的决策与机构内其他人的决策保持一致。如图 8-7 所示。

ERP的六大核心思想
工程数据管理(Engineering Data Management)
生产管理(Production Management)
项目管理(Project Management)
客户服务管理(Customer Service Management)
物资管理(Materials Management)
财务管理(Financial Management)

图 8-7　ERP 模型

8.2　企业战略评价

8.2.1　企业战略评价的概念

一个企业仅仅有战略目标和战略方案还远远不够,关键是要保证企业战略目标、企业战略方案和企业战略环境三者的协调统一。只有三者匹配协同,企业才能有效地利用环境中的机会和资源顺利实施战略方案,实现战略目标。对企业而言,实现战略目标的战略方案有多种选择,需要对各战略方案进行评价,以利于选择最佳的战略方案。

企业战略评价包括两个方面:一是战略方案评价,即在战略决策前对战略方案的评价;二是战略实施评价,即对战略实施过程中战略活动的评价。对战略方案的评价是指运用科学的方法和程序,对战略方案进行综合分析和论证,并预测战略方案的未来效果及战略实施过程中可能遇到的风险。企业战略方案评价主要是对企业在战略期内所实施的各种战略的评价,因此,必须建立在科学的预测基础之上。对战略实施的评价是指对战略实施过程中的企业绩效进行评价,通过评价可以发现战略实施中存在的误差,以便采取措施进行纠正,保证企业战略目标的实现。

8.2.2　企业战略评价的标准

企业战略评价所涉及的因素很多,因此,评价的标准是多元化的。战略学大师理查德·鲁梅特(Richard Rumelt)提出了可以用于战略评价的四条标准:一致性标准、协调性标准、优越性标准和可行性标准。协调性和优越性标准用于企业的外部评价,一致性和可行性标准则主要用于企业的内部评价。

1. 一致性标准

在同一战略方案中,各层次、各领域的目标和政策应该是一致的。企业组织内部的冲突和部门间的争执可能就是战略不一致的征兆。鲁梅特提出了以下三条准则,以帮助管理者判断组织内部战略是否一致。

① 如果企业组织中更换了人员后,管理问题依然存在,那么,出现问题就不是因为人,而是因为事,在这种情况下战略存在不一致性。

② 如果企业内一个部门的成功意味着另一部门的失败,就说明战略存在不一致性。

③ 如果在战略实施的过程中,不断有政策性问题被提交给高层领导解决,则说明战略存在不一致性。

2. 协调性标准

协调性标准是指在进行战略评价时,既要考虑单一因素的影响,又要考虑多种因素的综合影响。企业战略必须要适应外部环境和内部环境的综合变化。例如,某一地区经济增长的原因是多种因素综合作用,如政策、技术、资源、人口和教育等因素。

3. 优越性标准

企业所选择的战略必须能够在特定的业务领域内使企业创造和保持竞争优势。一般情况下,竞争优势源自资源、技能和位置三个方面。资源的合理配置可以提高企业的整体效益;技能是指企业在某些方面可以建立起显著的竞争优势,如生产能力、技术和服务等;位置也能在战略中发挥关键作用,好的市场位置既可以防御也可以进攻,能够使企业在竞争中保持优势。

4. 可行性标准

一个好的战略要做到既不过度消耗可利用资源,又不造成无法解决的派生问题。企业所选择的战略一定要与企业的人力、物力、财力等资源条件相匹配,与企业的管理、技术、文化相匹配,确保战略的实施与落实。战略目标的制订要既有挑战性,又有可行性。

经典案例

美国西尔斯公司经营战略的灵活应变

享有"百货王"美誉的西尔斯集团历经百年不衰,业绩长青。零售业专家认为,灵活多变、适时调整的经营战略是西尔斯成功的秘诀所在。

20世纪四五十年代,随着美国零售方式的不断创新,西尔斯公司面临着超级市场、折扣商店和仓储商场等多种零售商店的竞争,西尔斯公司传统的邮购商店和连锁百货店的零售方式受到了挑战。此时,西尔斯公司果断地采取了应对措施——推行百货商场超市化的战略。该战略的具体表现形式是商店内仍保持着传统百货商店的基本风格,但店内的设计更趋于大众化;商品的陈列在很大程度上类似超级市场,店员人数也已经明显减少,绝大部分商品都采用自助式销售,甚至减价式促销也成为西尔斯公司经常采用的销售方式;店里的一些角落设有出售廉价和折扣商品的专柜,有的西尔斯百货店还设有廉价的地下商场。

(资料来源:冯志强.中小企业集团战略管理.北京:中国广播电视出版社,2010)

分析:

享有"百货王"美誉的西尔斯集团历经百年不衰,与其经营理念、经营战略及经营手段有着密切联系。零售业专家认为,不墨守成规和紧跟市场随机应变是西尔斯成功的秘诀所在。第一,扩大规模,开设连锁百货店;第二,面对竞争,实施超市化战略;第三,经营多样,卖商品也卖服务。

8.2.3　企业战略评价的过程

1. 企业战略方案的评价过程

企业战略方案的评价过程包括以下十个阶段。

(1) 分析各战略方案与战略环境的匹配性。这一阶段主要分析外部环境中的机会和企业优势对战略方案中各层次的战略的支撑情况。只有战略与环境匹配良好,才能保证企业战略目标的实现。

(2) 分析企业的现有经营状况及发展趋势。企业战略的实施必须以现有的经营状况为基础,根据对环境变化的预测,描绘出企业未来的发展趋势。

(3) 分析现有战略对企业战略目标的保障程度。为了保证企业战略对战略目标的保障,企业要制订科学的战略体系;同时,企业的战略目标也要依据企业发展的实际情况分成若干个阶段,将战略期内的总目标分解为不同阶段的分目标,便于检查、评价和控制。

(4) 根据企业战略目标的要求,分析和比较各方案的有效性和保证战略目标实现的可能性。企业应根据企业战略目标的要求,综合评价各种战略实施的结果是否接近战略目标。

(5) 分析各战略方案对资源条件(人力、物力、财力)的要求。各战略方案对资源条件的要求不同,有的方案侧重于更多的财力,有的方案侧重于更多的人力或物力。企业战略评价要评价不同方案对资源条件的要求情况。

(6) 分析各战略方案与企业组织和管理的匹配性,保证企业组织结构、组织效能和管理现状等能适应企业战略的要求。

(7) 分析各战略方案与企业内部的市场营销、生产、研究与开发、财务和人力资源等各职能管理的协调性,以保证协同一致。

（8）分析各战略方案中战略阶段的划分是否符合企业发展的实际。

（9）比较各战略方案的优缺点、风险及效果，提出战略性的补充措施。

（10）预计企业战略实施过程中的风险和阻力，以及克服困难的可能性。

2．企业战略实施的评价过程

企业战略实施评价包括以下三项基本活动。

（1）考察企业战略的内在基础。这一活动主要是对企业所处的外部环境及企业内部素质进行评价，分析内外环境变化对企业战略目标可能带来的影响。

（2）战略绩效衡量。将企业的战略目标与战略活动的实际绩效进行对比，以寻找绩效不佳的原因及误差因素。

（3）分析原因，采取对策。根据绩效衡量的结果，认真分析，寻找原因，并采取切实可行的措施弥补偏差。

3．企业战略评价的一般方法

企业战略评价的方法有很多种，常用的有 SWOT 分析法、波士顿矩阵法、内部要素评价矩阵（IFE）法、还有竞争地位—生命周期矩阵、定量战略规划矩阵（QSPM）法、大战略矩阵、平衡计分卡法、定向政策矩阵法、新波士顿矩阵法。在这里重点介绍几个方法。

（1）竞争地位—生命周期矩阵

行业生命周期可以划分为幼稚期、成长期、成熟期和衰退期。企业的竞争地位可分为主导地位、强劲地位、有利地位、可维持地位和软弱地位五种类型。五种竞争地位的含义如下。

① 主导地位。处于主导地位的企业能控制竞争者的行为，具有较多的战略选择，且战略具有较强的独立性。

② 强劲地位。处于强劲地位的企业能遵循自己的战略和政策，并能长期保持其优势地位。

③ 有利地位。处于有利地位的企业可能具有一定的竞争优势和市场机会，并能长期保持。

④ 可维持地位。处于可维持地位的企业具有能维持局面的、满意的经营业绩，能长期忍耐或抵御最重要的竞争对手，具备长期利用一般机会的能力。

⑤ 软弱地位。处于软弱地位的企业经营业绩不佳，经营实力弱，竞争劣势明显，勉强能维持短期内的生存，缺乏长期生存与发展的竞争优势。

以行业生命周期四阶段为横坐标，以竞争地位的五种类型为纵坐标，可以构成竞争地位—生命周期矩阵，企业可以根据自己在矩阵中所处的位置进行战略选择。竞争地位—生命周期矩阵如图 8-8 所示。

（2）定量战略规划矩阵法

定量战略规划矩阵（quantitative strategic planning matrix，QSPM）法是指把影响战略实施的外部因素和内部因素一一列举出来，利用专家打分的方法确定各战略方案的优劣程度，见表 8-3。

地位	幼稚期	成长期	成熟期	衰退期
主导地位	迅速增长,开创	迅速增长,成本领先,更新	防御,成本领先,更新	防御,集中一点创新
强劲地位	开创,差异化,迅速增长	迅速增长,赶超,成本领先或差异化	成本领先,差异化,集中一点	市场开拓,市场渗透,随行业发展而增长,收获
有利地位	开创,差异化,集中一点	集中一点,赶超,随行业发展而增长	收获,市场开拓,市场渗透,更新,差异化,集中一点	紧缩,转变方针
可维持地位	开创,随行业发展而增长,集中一点	收获,赶超,固守阵地,规避风险,集中一点	收获,转变方针,规避风险,紧缩	放弃,紧缩
软弱地位	寻找避风港,迎头赶上,自然增长	转变战略,紧缩	撤退,放弃	撤退

图 8-8　竞争地位—生命周期矩阵

表 8-3　定量战备规划矩阵

关键因素	权重	战略方案 A		战略方案 B		战略方案 C	
		得分	总得分	得分	总得分	得分	总得分
外部因素							
因素 1							
因素 2							
……							
内部因素							
因素 1							
因素 2							
……							
总计							

在表 8-3 中,外部因素包括外部机会与威胁,内部因素包括内部优势与劣势。QSPM 的外部因素和内部因素都至少有 10 项。其中,权重表示该因素对战略方案影响的重要性。企业不同,环境不同,权重就不同。得分的根据是该因素对战略方案选择的影响程度。得分可分四档:1＝没有影响力;2＝有一定影响力;3＝有相当影响力;4＝有很强影响力。然后,根据专家对各因素的打分,计算出该因素的总得分:总得分＝权重×得分。再把各因素的总得分相加,求出各方案的总得分。最后,按方案总得分排序,选出最佳战略方案。

（3）大战略矩阵

大战略矩阵(grand strategy matrix)是一种较为常见的战略评价工具。它通常用企业竞争地位的强弱和市场增长程度两类因素进行评价,如图 8-9 所示。

在图 8-8 中,横轴表示企业竞争地位,纵轴表示市场增长程度。这种方法是将企业战略方案中的各类战略放在大战略矩阵中,根据上述两类指标的具体情况,企业可以选择

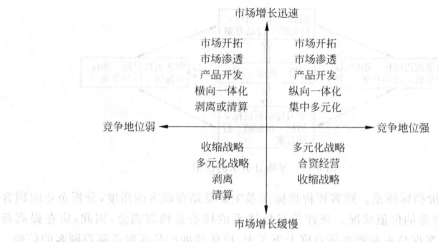

图 8-9　大战略矩阵

合适的战略形式。

在大战略矩阵中,位于第一象限的企业处于最好的战略位置,可供该类企业选择的战略有市场开拓、市场渗透、产品开发、纵向一体化和集中多元化等多种形式。位于第二象限的企业的核心任务是提高竞争能力,可供该类企业选择的战略有市场开拓、市场渗透、产品开发、横向一体化、剥离或清算等多种形式。位于第三象限的企业处于市场增长缓慢和竞争地位弱的双重劣势下,可供该类企业选择的战略有收缩战略、多元化战略、剥离和清算等多种形式。位于第四象限的企业处于市场增长缓慢,但竞争地位强的局面,可供该类企业选择的战略有多元化战略、合资经营和收缩战略等几种形式。

（4）平衡计分卡法

平衡计分卡法是 1992 年由哈佛大学商学院教授罗伯特·卡普兰(Robert Kaplan)和复兴国际方案总裁大卫·诺顿(David Norton)设计的,是一种财务指标和非财务指标相结合的、全方位的战略评价方法。平衡计分卡法将企业的愿景、使命和发展战略与企业的业绩评价系统联系起来,把企业使命和战略转变为具体的目标和评测指标,以对企业的未来绩效做出科学的评价。

平衡计分卡是将企业愿景、使命、战略转换成财务、顾客、内部流程、学习与创新四个方面的指标,并通过这四个方面指标之间的相互驱动的因果关系,动态评价企业绩效,从而实现绩效考核—绩效改进以及战略实施—战略修正的战略目标过程。它把绩效考核的地位上升到组织的战略层面,使之成为组织战略的实施工具。平衡计分卡的框架如图 8-10 所示。

在平衡计分卡评价体系中,每一部分指标都包括目标、指标、目标值和行动方案。其中,财务和顾客代表了对企业外部环境的评价,内部流程和学习与创新代表了企业的内部管理,通过平衡计分卡的实施,可以实现企业外部环境与企业内部管理的动态平衡。

① 财务评价指标体系。财务评价指标体系是平衡计分卡中的核心评价指标,主要包括财务效益状况、资产运营状况、偿债能力状况和发展能力状况。财务评价可以综合反映出企业财务性经营成果。

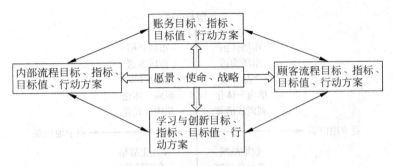

图 8-10　平衡计分卡的框架

②　顾客评价指标体系。顾客评价指标体系主要是站在顾客的角度,分析企业向顾客所提供产品或服务的价值状况。该评价指标体系的核心是顾客满意,因此,应在提高新顾客开发率、顾客保持率和顾客满意度上下工夫,以优质的产品或服务赢得顾客的信赖。

③　内部流程评价指标体系。内部流程评价指标体系主要是评价企业内部从原材料输入到产品或服务完成这一过程中企业所具有的优势。该指标评价体系是企业价值链分析的重要内容,主要包括创新、经营和服务三个方面。其中,创新包括企业确立、新市场开拓、新产品开发等内容;经营包括时间、质量、成本、效率等内容;服务包括保证书、维修、退换货及支付手段等内容。

④　学习与创新评价指标体系。学习与创新评价指标体系主要是指对企业内部学习新技术、新理念、新方法的能力和企业开发新产品、新技术、新管理模式的能力的评价。该指标评价体系主要包括员工满意度、员工流动率、员工知识水平及培训等内容。良好的学习与创新能力是企业创造和提高价值的保障。

以上四个方面的评价体系中的每一部分又可以细化为一系列的具体评价指标,因此,整个平衡计分卡就构成了一个综合控制盘,哪个方面出现问题,哪里就会亮起红灯。企业应当及时给予关注和分析,并提出完善的对策,以达到战略控制的目的。

企业实施平衡计分卡应注意四个方面的问题。

第一,切勿照抄照搬其他企业的模式和经验。不同的企业面临着不同的竞争环境,需要不同的战略,进而应设定不同的目标。每个企业在运用 BSC 法时都要结合自己的实际情况建立 BSC 指标体系。所以各自平衡计分卡四个层面的目标及其衡量指标皆不同;即使相同的目标也可能采取不同的指标来衡量;另外不同企业的指标之间的相关性也不同;相同的指标也会因产业不同而导致作用不同。总之,每个企业都应开发具有自身特色的平衡计分卡,如果盲目地模仿或抄袭其他企业,不但无法充分发挥平衡计分卡的长处,反而会影响对企业业绩的正确评价。

第二,提高企业管理信息质量的要求。与欧美企业相比,我国企业信息的精细度和质量要求相对偏低,这会在很大程度上影响平衡计分卡应用的效果。如导致所设计与推行的考核指标过于粗糙,或不真实准确,无法有效衡量企业的经营业绩。此外,由于无法正常发挥平衡计分卡的应有作用还会挫伤企业对其应用的积极性。

第三,正确对待投入成本与获得效益之间的关系。平衡计分卡的四个层面彼此是连接的,要提高财务指标首先要改善其他三个方面,要改善就要有投入,所以实施平衡计分卡首先出现的是成本而非效益。更为严重的是,效益的产生往往滞后很多时间,使投入与产出、成本与效益之间有一个时间差。这可能是 6 个月,也可能是 12 个月,或更长的时间。因而往往会出现客户满意度提高了,员工满意度提高了,效率也提高了,可财务指标却下降的情况。关键的问题是在实施平衡计分卡的时候一定要清楚,非财务指标的改善所投入的大量投资,在可以预见的时间内,可以从财务指标中收回,不要因为实施了 6 个月没有效果就没有信心了,应该将眼光放得更远些。

第四,平衡计分卡的执行要与奖励制度结合。企业中每个员工的职责虽然不同,但使用平衡计分卡会使大家清楚企业的战略方向,有助于群策群力,也可以使每个人的工作更具有方向性,从而增强每个人的工作能力和效率。为充分发挥平衡计分卡的效果,需在重点业务部门及个人等层次上实施平衡计分,使各个层次的注意力集中在各自的工作业绩上。这就需要将平衡计分卡的实施结果与奖励制度挂钩,注意对员工的奖励与惩罚。

(5)定向政策矩阵

定向政策矩阵是由荷兰皇家壳牌集团开发的一个业务组合计划工具,用于多业务公司的总体战略制订。定向政策矩阵采用四个主要标准评价业务部门的前景:市场增长率、市场的质量、工业原料状况、环境因素;采用三个标准评价公司的相对竞争力:市场地位、生产能力、产品研究与开发。定向政策矩阵如图 8-11 所示。

		行业前景	
	无吸引力	平均水平	高吸引力
较弱	不再投资	分期撤退	加速发展或放弃
经营单位 竞争力　平均	分期撤退	密切关注	不断进化
较强	资金源泉	发展领先地位	领先地位

图 8-11　定向政策矩阵

矩阵中不同象限的业务应采取不同的战略。

① 领先地位。该类中的业务一般具有高市场份额,拥有低成本和优越的技术地位。这类业务往往利润丰厚,但现金流量仅勉强够用,这是由于公司成长和持续投资的原因。此类业务应当优先得到资源的支持。

② 不断进化。此类业务中的产品需要得到进一步的投资以将它们引入领导者地位。除非进行这样的投资,否则在高吸引力的行业中,企业将失去竞争力。

③ 加速发展或放弃。这类业务非常有吸引力,但企业竞争能力有限,如果有部分业务得到足够的支持就可以转为明日的领导者。

④ 发展领先地位。该类业务中的产品一般会遇到 2～4 个强有力的竞争对手,因此,没有一个企业处于领先地位。此类业务对应可行战略是分配足够的资源,使之能随着市场而发展。

⑤ 密切关注。一般的,密切关注发生在竞争对手众多而该企业相对较弱时。此类业务对应可行战略是使其能带来最大限度的现金收入,停止进一步投资。

⑥ 资金源泉。这是指在一个低增长市场上具有强竞争力的市场地位。尽管利润丰

厚,但并不具有新的有吸引力的投资机会,此类业务对应可行战略是只花极少资源投资于未来的扩展,而将其作为其他快速发展的经营部门的资金来源。

⑦ 分期撤退。该类业务在低成长率部门中保持中低位置,虽无法产生大量现金,但仍保持赢利。因此,其最佳战略是分期撤退以收回尽可能多的资金。

⑧ 不再投资。该类业务已有亏损,所应采取的战略是尽快清算,将其资金转移到更有利的经营部门。

(6) 新波士顿矩阵

1983 年,美国波士顿咨询团又提出了一种新的矩阵。其横轴表示的是经营单位所具有的竞争优势在行业中的大小,纵轴表示的是取得竞争优势的途径的多少。如图 8-12 所示,这个矩阵也有四个象限,主要是解决处于不同象限的企业应当采取什么样的竞争战略(成本领先、差异化与集中化)的问题。

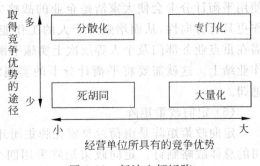

图 8-12 新波士顿矩阵

① 大量化的经营单位具有较多的竞争优势,但在这一行业中所具有的取得竞争优势的途径并不是很多。该行业有为数不多的竞争者;竞争者的生产活动大致相同或相似;存在着规模经济或经验效益。企业最适宜采取成本领先战略,并以大量生产为基础。

② 专门化的经营单位具有较多的取得竞争优势的途径,并且企业自身具有的竞争优势也较大。所处的行业具有可分开的各种活动;在每一专业化的活动中有许多竞争者,但存在着一个处于主导地位的竞争者。这类经营单位可以采取差异化战略。

③ 死胡同的经营单位既没有较多的竞争优势,也缺乏取得竞争优势的途径。这类行业不存在明显的规模经济;行业内竞争者很多;进入行业的障碍很低但是退出行业的障碍很高;所有企业的赢利性很低。企业只有转变目前的战略才有出路。

④ 分散化的经营单位具有较多的实现竞争优势的途径,但企业本身现有的竞争优势较小。行业不存在规模经济;进入和退出行业具有较低的障碍;在产品或市场中存在较多的可区分开的活动。企业最适宜采用集中化战略。

8.3 企业战略选择

8.3.1 企业战略选择的过程

企业战略选择就是决策者根据企业战略评价的结果,从众多方案中选出一组最佳战略方案的过程。这个过程可分为以下三个阶段。

1. 信息输入阶段

信息输入阶段的主要任务是通过环境分析,得出评价结果,为下一阶段分析论证提供依据。该阶段输入的信息基本上为环境分析信息、外部环境中的机会与威胁以及企业的优势与劣势。

2. 匹配阶段

匹配阶段的主要任务是利用第一阶段的分析结果,采用科学的方法(SWOT 分析法、波士顿矩阵法等)确定与环境匹配的战略方案。进行该阶段的工作时要充分利用信息输入阶段的机会与优势信息,为企业设计出能实现战略目标的战略方案。

3. 评价阶段

评价阶段的主要任务是对各备选方案进行比较,确定最优方案。该阶段常用的方法是定量战略规划矩阵法。为了保证战略方案的科学性、最优性,也可考虑同时使用多种方法,经过综合评价并形成最优方案。

8.3.2 影响企业战略选择的因素

企业战略选择是一个复杂的过程,涉及的因素众多,除了按照上述方法和程序进行科学的分析和论证外,还要考虑以下六种因素的影响。

1. 过去战略的惯性影响

对大多数企业而言,过去的战略是战略选择的起点,现在的战略又是未来战略的起点。许多企业战略实施的结果表明,企业过去的战略影响着企业未来战略的选择。由于在实施过去的战略和现行战略的过程中,企业已经投入了大量时间、精力和资源,企业上下对已有战略的思路较为熟悉,所以在制订和选择新战略时,由于惯性和继承性的作用,企业会很自然地沿用过去和现在的战略模式,并认为这种做法便于组织和实施新战略。事实上,如果环境变化不大,风险较小,继续采用过去和现在的战略模式是比较可行的;但如果环境变化快,影响范围大,企业无法预测未来风险,沿袭已有的战略模式就会带来较大的风险。

造成战略惯性的原因有以下四个。

(1) 企业领导固守原有的成功战略模式,形成了思维定式,影响了以后的战略选择。

(2) 现有战略推行的时间过长,导致战略变得格式化,缺乏必要的柔性及适应性,禁锢了企业决策层的思维。

(3) 企业在制订和选择新战略时,习惯于把新的战略嫁接到已有的战略上去,摆脱不了已有战略的束缚,难以形成一种全新的战略模式。

(4) 只有当环境发生重大变化或已有战略明显不适合时,企业才会考虑改变战略模式。因此,企业在推行新战略时,面临的阻力和难度相当大,往往需要通过调整企业高级管理层及相应的组织机构来为新战略的实施铺平道路。

2. 企业对待外部环境变化的态度

在企业的外部环境中,国家政策、技术、经济、文化、自然条件和股东、竞争对手、合作伙伴、顾客、供应商、分销商等因素会对企业的战略实施产生大的影响。外部环境变化又是十分复杂的,对不同的行业或企业的影响也不尽相同;同时,不同企业对待外部环境变化的态度也存在差异。例如,2007 年下半年开始的全球金融危机对企业的经营产生了很大的影响,有些企业把金融危机看做单纯的风险和威胁,只是一味地抵抗和避让,结果遭受重创;而有些企业辩证地看待此次金融危机,认为危机中既有风险也有机遇,所以它们在认真应对风险的同时,还积极开拓新的市场,加快技术升级的步伐,结果反而取得了出人意料的好成绩。

3. 企业对待风险的态度

对企业经营者而言,风险无疑是不利因素。一般情况下,在复杂的环境变化中,机会与威胁、利润与风险难以被清晰而准确地区分开,往往是在有利机会中蕴藏着大的威胁,在高额利润背后隐藏着巨大的风险,高利润、低风险的情形比较少见。因此,同一行业中的企业就有不同的发展结果。保守型领导大多选择较为稳妥的战略模式,而开拓型领导则倾向于选择高风险、高利润的战略模式。在高风险的环境中,英明的领导会利用风险中的机会,努力实现发展目标。

4. 企业的权力模式

企业的权力模式对企业的战略选择会产生较大的影响。集权模式有利于实现对企业的有效控制,更加注重各级领导的直线指挥职能,可以达到严格管理、高效率、低成本的目标。但过度的集权容易出现企业经营机制僵化、缺乏生机和创新能力、适应性差的结果。分权模式有利于企业创新,有利于提高企业的适应能力,容易调动各级员工的积极性和创造性。但过度的分权会导致企业的管理成本上升,控制力下降。企业在选择战略方案时,要根据企业的实际权力模式与环境变化的情况,做出科学的选择。

5. 时间因素

时间因素对战略方案的选择影响很大。

(1)当环境出现重大变化时,迫使企业必须在短时间内做出决策,这时,决策者往往无暇全面仔细地评价战略方案的长期效益,通常只是注重战略方案带来的短期后果。在这种情况下,企业采取进攻性的扩张策略没有把握,甚至会感到风险很大,而采取紧缩性战略又不甘心,所以常常会选择防御性战略。

(2)选择战略实施的具体时机也很重要,因为时机选择不当会为企业带来麻烦,甚至是灾难性后果。在产品不同的生命周期阶段,要实施与当前生命周期相匹配的战略。例如,在新产品的投入前期就应以差异化战略为主,突出新产品的形象和特色;而在竞争激烈的成熟期,则应注重成本和服务竞争,以成本领先战略为主。

(3)不同战略产生效果的时间是不同的。企业经理层关心的是2~3年可以产生效果的战略,而不会关心长时间能体现效果的战略方案;企业的高层管理者应着眼于长远的发展目标,考虑的战略方案时间跨度长。

6. 竞争对手的反应

企业高层领导在进行战略选择时,要充分考虑竞争对手的反应,尤其是主要竞争对手的反应。如果企业选择一种方案后会引起竞争对手强烈的反应,那么,企业就要做好迎接挑战和竞争的准备,并且企业竞争胜算的把握要很大,这样才能在竞争中获得更好的发展。否则,如果企业无力与竞争对手抗衡,那就只能选择较为稳妥的战略模式,避免与对手展开激烈的正面竞争。如果企业选择的战略方案不会引起竞争对手的强烈反击,那么,企业就可以根据自身的实际情况,积极稳妥地推行战略方案。

影响企业战略方案选择的因素很多,而且选择战略方案也没有固定的模式和规律,最关键的一点就是要保证企业战略方案的适应性,提高其柔性。

8.3.3 企业战略选择的原则

1. 自上而下原则

自上而下原则指企业的高层确定总体战略,并向各下属部门传达,下属部门根据自身的实际情况,提出各自职能战略,如市场营销战略、生产战略、财务战略、人力资源战略等,形成系统的战略方案。这种方法要求企业高层能深思熟虑,高瞻远瞩,具有高超的统筹驾驭能力,能把握整个企业的发展方向。尤其要求企业的一把手具有卓越的战略规划能力和统筹能力,既要把握好全局,又要指挥和协调好下属各部门的工作。但是,这种方法束缚了下属各部门的手脚,不利于各部门的沟通与合作,不利于调动下属管理层人员的积极性,不利于组织的创新。

2. 自下而上原则

自下而上原则是一种先民主后集中的原则。这种原则是企业高层领导先把企业面临的形势和企业的实力状况通报给下属各部门,要求各下属部门先提出战略方案,然后再统一协调和平衡,并进行修改和完善,最终形成企业战略方案。这种方法可以充分调动各级部门的积极性和创造性,集思广益,博采众长,所形成的企业战略方案具有很好的可行性。其不足之处是各部门提出的方案目标低,部门色彩浓厚,协调的难度大,影响企业整体方案的系统性、完整性和挑战性。

3. 上下结合的原则

上下结合原则既吸收了前两种方法的优点,又弥补了其不足之处。这种方法具体是指在制订企业战略方案的过程中,企业最高管理层和下属各部门共同参与,相互沟通与协商,制订适合企业发展的战略方案。利用这种方法制订的战略方案既具有系统性、完整性和挑战性,又具有可行性。

4. 组建战略小组原则

组建战略小组原则是指由企业负责人与其他高层管理人员组成一个战略小组,根据企业面临的问题,制订适合企业的战略方案。在该小组中,一般由总经理或厂长担任组长,组员由与决策业务关系密切的部门经理或业务骨干担任。这种制订战略的方法目的明确、效率高,适用于新业务投资、产品开发、市场开拓等特殊战略的制订和紧急事件的处理。

■ 8.4 企业战略选择的方法

企业战略选择的方法主要有波士顿矩阵法、GE 矩阵法、生命周期矩阵法。

8.4.1 波士顿矩阵法

波士顿矩阵法又称市场增长率—相对市场份额矩阵法,是由波士顿咨询公司(BCG)

在 20 世纪 70 年代初提出的一个规划企业产品组合的方法。波士顿矩阵将组织的每一个战略经营单位标在一种二维的矩阵图上，从而显示出哪些业务单位能为公司提供高额的潜在收益，以及哪些业务单位消耗大量的组织资源。波士顿矩阵的发明者、波士顿公司的创立者布鲁斯认为"公司若要取得成功，就必须拥有增长率和市场份额各不相同的产品组合。组合的构成取决于现金流量的平衡"。波士顿矩阵法的实质是为了通过业务单位的优化组合实现企业的现金流量平衡。

1. 波士顿矩阵法的基本结构

波士顿矩阵的分析前提是认为企业的相对竞争地位(以相对市场份额指标表示)和业务增长率(以市场增长率指标表示)决定了企业业务组合中的某一特定业务应当采取何种战略。

波士顿矩阵法把一个公司各种战略业务单元所处的地位，画在一张具有四个区域的坐标图上(如图 8-13 所示)。该图以相对市场占有率为横坐标，表示公司在该业务上拥有的实力。相对市场占有率是经营单位的销售额与其实力最强的竞争对手的销售额的比值，是以倍数表示的，反映了企业该经营单位的市场地位。相对竞争地位决定了该经营单位获取现金的速度，因为与竞争对手相比占有相对较高的市场份额的企业一般拥有较高的利润率，从而应得到更多的现金流量。

相对市场占有率的计算公式如下：

$$\text{相对市场占有率} = \frac{\text{公司某项业务本期销售额}}{\text{最强的竞争对手该业务本期销售额}} \qquad (8\text{-}1)$$

若相对市场占有率等于 2，意味着本企业某项业务的销售额是最强的竞争对手的两倍；若相对市场占有率等于 0.5，则表示只有竞争对手的一半。在这里，需要确定相对市场占有率高低的分界线。图 8-13 中的分界线为 1.0 倍。

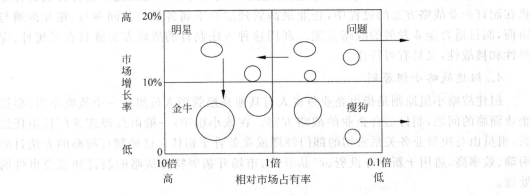

图 8-13　波士顿矩阵

波士顿矩阵图为什么不以市场占有率来反映经营单位的竞争地位呢？因为行业的集中程度不同，直接以市场占有率表示企业某业务单位在行业中的地位是不确切的，不同行业的市场占有率也没有可比性，不利于对企业的业务单位进行划分。

波士顿矩阵以市场增长率为纵坐标。市场增长率代表着对某一经营单位来说的市场吸引力的大小。市场增长率高意味着市场需求有增长的趋势，该行业未来有较好的发展前景,能为迅速收回资金,并把收回的资金再投资于该领域,为未来获得较高的收益提供机会。市场增长率根据历史数据计算得出,其计算公式如下:

$$市场增长率 = \frac{当期销售额 - 上期销售额}{上期总销售额} \tag{8-2}$$

在比较前后两期的销售额时,应消除价格变动因素。

市场增长率高低的界线确定的依据是如果企业多种业务属于同一行业,则可以把行业的平均增长率作为界线;如果企业的业务很分散,缺乏共性,可以把国民生产总值的增长率作为分界线;也可以把各项业务的加权平均增长率作为分界线;有的企业把企业的目标增长率作为分界线,以此来区别那些拉高或拉低了全公司增长率的业务。

波士顿矩阵图的第三个参数是各项业务的销售收入,它以圆圈的面积来表示,圆圈面积的大小代表了该项业务销售收入的多少,说明该业务在公司所有业务中的相对地位和对公司的贡献。用来说明企业各项业务对企业贡献的指标不仅仅有销售额,而且还有利润等指标,为什么不用利润指标来衡量?这是因为竞争对手销售额指标容易取得,而利润指标难以取得,而且也很少出错。本企业和竞争对手的准确销售额数据往往是现成的和公开的,而取得竞争对手的利润资料却相当困难。而且企业的利润往往是业务收入数据扣除了成本和费用的分摊之后的数据,存在一些在各经营业务费用分摊的合理性问题,从而容易导致比较大的偏差。

2. 波士顿矩阵法的基本原理及企业的战略对策

波士顿矩阵法将企业所有产品从市场增长率(销售增长率)和相对市场占有率角度进行组合。在坐标图上,以纵轴表示企业市场增长率(销售增长率),横轴表示相对市场占有率,各以 10% 和 1.0 作为分界点,将坐标图划分为四个象限,依次为"问题""明星""金牛""瘦狗"象限。在使用中,企业可将产品按各自的销售增长率和相对市场占有率归入不同象限,使企业现有产品组合一目了然,同时便于对处于不同象限的产品做出不同的发展决策。其目的在于通过产品所处不同象限的划分,使企业采取不同决策,以保证其不断地淘汰无发展前景的产品,保持"问题""明星""金牛"产品的合理组合,实现产品及资源分配结构的良性循环。

(1)问题类业务

问题类业务位于矩阵的右上角,具有较高的市场增长率和较低的相对市场占有率。市场增长率高说明这类业务市场增长迅速,是具有吸引力的业务。相对市场占有率低说明与竞争对手相比,企业还缺乏实力,市场上的地位比较低,是存在风险的业务。对企业来说,这类业务是待开发的新业务,一般处于市场生命周期的投入期。

企业对于问题类业务的战略抉择:可以发展这类业务,通过研发,尽快稳定产品质量;通过建工厂、增加设备和人员,提高企业的生产能力;积极开拓市场,扩大市场占有率,使其成为明星业务。但是,这类业务需要大量投资,在采取发展战略时,应该充分考虑该业务对资金的需求和企业的筹资实力。对于这类业务,如果企业实力有限或者是该类业务市场前景不乐观,企业可以采取不发展的策略,不对其进行投资,让其成为瘦狗类业务,或者采取撤退战略,尽快收回以前的投资。

企业对待问题类业务的态度:只有那些符合企业发展长远目标,企业具有资源优势,能够增强企业核心竞争能力的业务才能得到发展。

（2）明星类业务

明星类业务位于矩阵的左上角，具有较高的市场增长率和较高的相对市场占有率。这类业务是由问题类业务投资发展而来，由于市场增长迅速而具有吸引力，同时企业的市场地位也比较高，是企业中成长的明星和企业未来的希望。这类业务是有发展前途的业务，一般处在市场生命周期的成长期，产品逐渐被市场了解和接受，销售增长迅速，能够回收大量资金，同时也需要大量资金投入。

企业对于明星类业务的战略抉择：这类业务市场增长很快，企业需要进一步加大投资，扩大生产规模，满足市场日益增长的需求，同时巩固自己在该行业的市场地位，将这类业务发展为金牛类业务，以保持企业的竞争优势，并击退竞争对手。发展战略以及明星产品的管理与组织最好采用事业部形式，由对生产技术和销售两方面都很内行的经营者负责。

企业对待这类业务的态度：如果企业有多项业务属于明星类业务，那么就需要识别出群星闪烁中谁是行星，谁是恒星。企业要将有限的资源投入在能够发展成为金牛的恒星上。

（3）金牛类业务

金牛类业务位于矩阵的左下角，是具有较低的市场增长率和较高的相对市场占有率的业务。市场增长率低说明这类业务进入了成熟期，相对市场占有率高说明企业相对于其他竞争对手，实力更强，市场地位更高，企业是成熟市场中的领导者。

金牛类业务的财务特点是销售量大、产品利润率高、负债比率低，是企业现金的来源。市场已经成熟，企业不必大量投资做广告来扩大市场规模，企业的销售增长率较低，也没有必要大量投资新购生产设备、新建厂房，因而所需投资较少。同时作为市场中的领导者，该业务享有规模经济和高边际利润的优势，因而给企业带大量财源，能够大量收回资金，支持问题类业务发展为明星类业务，支持明星类业务进一步发展为金牛类业务。

企业对于金牛类业务的战略抉择：金牛类业务适合采用稳定战略，适量投资做提示性广告，尽量延长这类业务的销售时间，保持业务单位的市场份额。

企业对金牛类业务应采取的态度：用金牛类业务支持其他两种需大量现金的业务。

（4）瘦狗类业务

瘦狗类业务位于矩阵的右下角，具有较低的市场增长率和较低的相对市场占有率。这类业务的市场增长率低，说明没有吸引力，相对市场占有率低，说明企业的市场地位软弱，和竞争对手比没有竞争力。这类业务是没有发展前途的业务。这类业务常常是微利甚至是亏损的业务，负债比率高，无法为企业带来收益。

企业对于瘦狗类业务和战略抉择：如果业务出现销售负增长，短期内没有发生转机的迹象，应采取尽量利用的策略。如果出现亏损，企业应采取撤退战略，减少批量，逐渐撤退。如果亏损严重，企业要果断淘汰该类业务。

企业对瘦狗类业务应采取的态度是只回收而不投资。

3. 企业经营组合战略

对大多数公司来说，它们的经营单位分布于矩阵的每一象限。企业应采取的经营组合战略可概括如下：首要目标是维护金牛类业务的地位，但要防止常见的对其追加过多投资的做法。金牛类业务所得的资金应优先用于维护或改进那些无法自给自足的明星类业务的地位。剩余的资金可用于扶持一部分筛选的问题类业务，使之转化为明星类业务。多数公司将会发现，若选择同时扩大全部问题类业务的战略，可能出现资金问题。因此应放弃那些不予投资的问题类业务。

波士顿矩阵法只使用两个指标判断企业的业务应采取的战略，将战略决策过于简单化，有可能忽略了影响战略决策的重要问题。

8.4.2 GE 矩阵法

波士顿矩阵是一种有用的战略分析工具，使用该矩阵做出战略选择的指标只有两个——市场增长率和相对市场占有率，但是促使企业做出战略选择的因素有时不仅只有这两个因素，因此，企业应采取其他方式做出战略选择。

针对波士顿矩阵所存在的问题，美国通用电气公司(GE)于 20 世纪 70 年代开发了新的投资组合分析方法——GE 矩阵。通用电气公司实行多元化战略，如果非"数一数二"的战略经营单位要脱离 GE 的航母，GE 就是用这个矩阵找出企业需要处理的战略经营单位的。

1. GE 矩阵的基本结构

GE 矩阵法也叫行业吸引力—竞争能力分析法，根据行业吸引力的高、中、低和经营单位竞争能力的强、中、弱，组成一个九象限矩阵，确定企业各战略经营单位在矩阵中的位置，并据此制订出相应的战略。如图 8-14 所示。

		行业吸引力	
	高	中	低
经营单位竞争力 强	扩张	扩张	维持
中	扩张	维持	回收
弱	维持	回收	回收

图 8-14　GE 矩阵示意

行业吸引力取决于外部环境因素，也就是与各业务有关的不可控的外部因素。评价各经营单位的行业吸引力时一般考虑以下因素：市场容量、市场增长速度、市场的分散程度、行业的竞争结构、行业利润、进入壁垒、行业技术环境、社会因素、环境因素、法律因素和人文因素等。行业吸引力可以划分为高、中、低三个档次。由于外部环境因素众多，企业在评价的时候需要识别哪些因素是关键因素。

经营单位竞争能力取决于企业内部的各种可控因素，评价时考虑的内部因素主要有市场占有率、销售增长率、生产能力、研发力量、利润率、产品质量与可靠性、人力资源情况、管理水平、企业品牌形象等。由于因素众多，评价时企业要识别哪些是关键因素，并且与主要竞争对手进行对比。竞争能力也可以划分为强、中、弱三个档次。

行业吸引力的三个等级和经营单位竞争能力的三个等级构成一个九象限的矩阵。企业的每一战略经营单位经过评价之后都可以在矩阵中找到其位置。对位于不同象限中的经营单位可以采取不同的战略。

(1) 扩张类战略：位于象限图的左上部的三个矩阵中的经营单位，应采取扩张类战略。这类经营单位具有较强的竞争地位，同时这类行业也很有发展前途，企业应采取扩张战略，优先分配资源，巩固经营单位在行业中的地位。

(2) 维持类战略：位于象限图从左下到右上的对角线上的三个矩阵中的经营单位，应当采取维持战略。这类经营单位的竞争地位和行业前景要么处于中间状态，要么行业吸引力高而企业竞争能力弱，要么企业竞争能力强而行业吸引力低，企业应采取维持战略，即通过市场细分、选择性投资、纵向一体化等努力维护现有市场地位。

(3) 回收类战略：位于象限图的右下部的三个矩阵中的经营单位，应采取回收类战略。这类经营单位行业吸引力和竞争能力都很弱，应采取回收战略，即有计划地降低市场占有率以回收资金，如提高产品价格、降低库存水平、减少营销费用、减少研发费用等。对于不赢利又占用资金的单位则采取放弃战略。

2. GE 矩阵在战略分析中的应用

下面通过用一个经营单位 A 的评价过程介绍如何将行业吸引力和经营单位竞争能力中的每个因素进行定量化，然后采用加权平均法确定出每个经营单位在矩阵中的位置。

(1) 定义各因素

选择要评估经营单位竞争能力和行业吸引力所需的重要因素。确定这些因素的方法可以采取头脑风暴法，关键是不能遗漏重要因素，也不能将微不足道的因素纳入分析中。

(2) 确定对每个因素的度量方法

在对影响行业吸引力和经营单位竞争能力的每个因素进行度量时，可选择具有 5 等级的李克特 (Likert) 等级度量法，衡量行业吸引力的五级评分标准 (1：毫无吸引力，2：没有吸引力，3：中性影响，4：有吸引力，5：极有吸引力)。对经营单位竞争能力也使用 5 级标准进行类似的评定 (1：极度竞争劣势，2：竞争劣势，3：同竞争对手持平，4：竞争优势，5：极度竞争优势)。

(3) 计算行业吸引力与经营单位竞争能力的等级值

根据每个关键因素的相对重要程度给出各自的权数，重要程度高的因素赋予的权数值高，重要程度低的因素赋予的权数值低，各个权数之和等于 1。再对每个因素按李克特量表法予以分别评分。最后用权数乘以等级值，就得出每个因素的加权值，把所有关键因素的加权值加总，即得到各个因素的总加权值。各个因素的总加权值即代表了行业吸引力和经营单位竞争能力的等级值。表 8-4 和表 8-5 是评价经营单位 A 行业吸引力和竞争能力的例子。

表 8-4　行业吸引力加权值

因　　素	权　　数	评　　分	加　权　值
市场容量	0.2	3	0.6
市场增长率	0.15	4	0.6
行业赢利能力	0.15	3	0.45
零件供应	0.1	2	0.2
税收	0.1	4	0.4
技术成熟度	0.1	3	0.3
人力资源	0.05	3	0.15
工资水平	0.05	3	0.15
竞争状况	0.05	4	0.2
进入壁垒	0.05	5	0.25
合计	1	34	3.3

表 8-5　经营单位竞争能力加权值

因　　素	权　　数	评　　分	加　权　值
市场占有率	0.2	3	0.6
研发能力	0.2	4	0.8
生产规模	0.15	3	0.45
营销能力	0.15	4	0.6
财务状况	0.1	4	0.4
管理能力	0.1	3	0.3
利润率	0.1	3	0.3
合计	1	24	3.45

（4）确定各个经营单位的位置

在这里，为了简单起见，将行业吸引力的高、中、低和经营单位竞争能力的强、中、弱三个等级的分界点定位 3.0 和 1.5，即分值在 1.5 以下的为弱，处于 1.5～3.0 的为中，高于 3.0 的为强。以上例子，行业吸引力加权分为 3.3，经营单位竞争能力加权分为 3.45，在图 8-16，我们可以找到该经营单位所处的位置。该经营单位位于矩阵图的左上方，说明该经营单位的位置是理想的。

如果企业有多个经营单位，需要分别对各个经营单位的行业吸引力和竞争能力进行评价。如某企业有五个经营单位，各经营单位的行业吸引力和竞争能力的加权值列在表 8-6 中。根据各经营单位的加权分值，确定其在如图 8-15 所示的 GE 矩阵图中的位置。

表 8-6　行业吸引力和竞争力能力的加权值

经营单位	经营单位竞争能力加权值	行业吸引力加权值
A	3.45	3.3
B	2.4	4.1
C	4.0	1.4
D	1.75	2.25
E	3.5	2.5

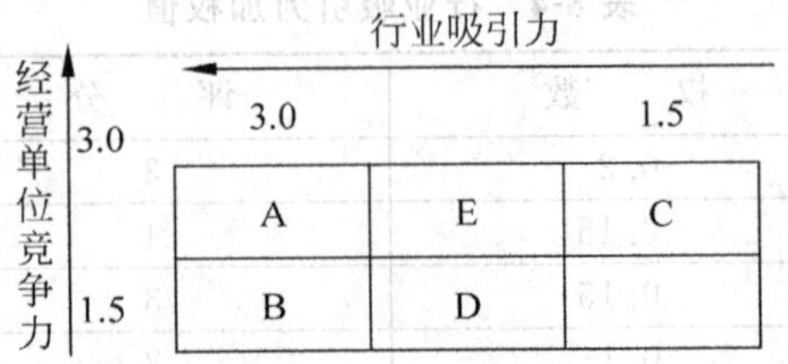

图 8-15　某企业各个经营单位在 GE 矩阵中所处的位置

8.4.3　生命周期矩阵法

1. 生命周期矩阵法概述

生命周期矩阵法是运用生命周期分析矩阵,根据企业的实力和产业的发展阶段分析评价战略的适宜性的一种方法。利用它有助于战略选择,可以缩小选择的范围,做到有的放矢。

生命周期矩阵法由亚瑟·利特尔咨询公司提出,并被战略管理学界接受。该方法以两个参数来确定公司中各个经营单位所处的位置:行业成熟度与企业竞争地位。

生命周期矩阵的横坐标代表行业发展的阶段——投入期、成长期、成熟期、衰退期,纵坐标代表企业的竞争地位,分为五类——支配地位、强大地位、有利地位、防御地位、软弱地位。生命周期矩阵分 20 个象限。

2. 生命周期矩阵法的相关理论

行业的划分是以生产相同或者相似产品为依据的。我们通过观察产品的生命周期就可以了解整个行业目前的发展状况。

生命周期理论认为,任何行业根据所表现的特征,可划分成下列四个阶段:投入期、成长期、成熟期和衰退期。在划分行业成熟程度时,一般考虑下列因素:增长率、增长潜力、产品线范围、竞争者数目、市场占有率分布状况、市场占有率的稳定性、顾客稳定性、进入行业的难易程度、技术等。

行业生命周期各阶段的特点如下。

(1) 投入期,产品设计尚未成熟,行业利润率较低,市场增长率较高,需求增长较快,技术变动较大,行业中的竞争者主要致力于开辟新用户、占领市场,但此时技术上有很大的不确定性,在产品、市场、服务等策略上有很大的余地,对行业特点、行业竞争状况、用户特点等方面的信息掌握得不多,企业进入壁垒较低。

(2) 成长期,市场增长率很高,需求高速增长,技术渐趋定型,行业特点、行业竞争状况及用户特点已比较明朗,企业进入壁垒提高,产品品种及竞争者数量增多。

(3) 成熟期,市场增长率不高,需求增长率不高,技术上已经成熟,行业特点、行业竞争状况及用户特点非常清楚和稳定,买方市场形成,行业赢利能力下降,新产品和产品的新用途开发更为困难,行业进入壁垒很高。

(4) 衰退期,这一时期的行业生产能力会出现过剩现象,技术被模仿后出现的替代产品充斥市场,市场增长率严重下降,需求下降,产品品种及竞争者数目减少。

确定一个经营单位的战略竞争地位需要一定的定性判断,这种判断一般基于以下多项指标：如产品线宽度、市场占有率、市场占有率的变动以及技术的改变等。应用生命周期法可将一个经营单位的战略竞争地位划分成：支配地位、强大地位、有利地位、防御地位、软弱地位五种类型。

处于不同地位的经营单位的特点如下。

- 支配地位：能够控制竞争者的行为；具有较广的战略选择，且战略能独立于竞争者而做出。
- 强大地位：能够遵循自己的战略和政策，而不会危及长期的优势地位。
- 有利地位：可能具有一定的战略优势；在一个分散型的行业中因具有某些方面的优势而能够保持其长期地位。
- 防御地位：企业出现某些落后现象，但经过努力可以克服，把力量集中起来使用仍可保持赢利。
- 软弱地位：是指企业或者是由于太弱小，难以持久地生存和营利；或者由于经营失误导致地位的严重削弱。该地位具有过渡性质，或是得到改善，或是变得无法生存。

3. 生命周期矩阵法的战略建议

以行业成熟度为横坐标，竞争地位为纵坐标，这样组成一个具有 20 个象限的生命周期矩阵。按照咨询公司的建议，有四种战略选择，即发展战略、有重点的发展战略、调整战略与退出战略，企业可根据具体情况予以选择，图示详见第四章。

▋本章小结

企业组织结构是实施战略的一项重要工具，一个好的企业战略需要通过与其相适应的组织结构去完成，方能起到作用。企业组织结构是随着战略而制订的，它必须按战略目标的变化及时调整。组织的结构要服从于组织的战略，根据外在环境的变化制订战略，然后再调整企业的组织结构。

企业战略评价包括两方面内容：一是战略方案评价，即在战略决策前对战略方案的评价；二是战略实施评价，即对战略实施过程中战略活动的评价。企业战略评价的标准有一致性标准、协调性标准、优越性标准和可行性标准。企业战略评价的方法有 SWOT 分析法、波士顿矩阵法、内部要素评价矩阵法、竞争地位—生命周期矩阵、定量战略规划矩阵法、大战略矩阵、平衡计分卡法、定向政策矩阵法、新波士顿矩阵法等。

企业战略选择就是决策者根据企业战略评价的结果，从众多方案中选出一组最佳战略方案的过程。这个过程包括信息输入阶段、匹配阶段和评价阶段。影响企业战略选择的因素有过去战略的惯性影响、企业对待外部环境变化的态度、企业对待风险的态度、企业的权力模式、时间因素和竞争对手的反应等。企业战略选择的原则有自上而下原则、自下而上原则、上下结合原则和组建战略小组原则，企业战略选择的方法有波士顿矩阵法、GE 矩阵法、生命周期矩阵法。

思考与练习

一、名词解释

波士顿矩阵法　GE矩阵法　生命周期矩阵法　企业组织结构　企业战略评价　企业战略选择

二、简答题

1. 企业战略与组织结构的关系是什么？
2. 什么是企业战略评价？
3. 企业战略评价的标准是什么？
4. 企业战略评价的一般方法有哪些？
5. 什么是企业战略选择，其过程包括几个阶段？
6. 影响企业战略选择的因素有哪些？
7. 企业战略选择的原则有哪些？
8. 简述企业战略选择的方法有哪些。

三、案例分析

案例一

"御味园"的发展战略

"御味园"是一家大规模的中餐连锁店，常胜是其中一家的经理。这家店位于S市。常经理发现S市有很多上了年纪的老人愿意到他的店里来吃早餐，而且似乎专门要那种10元钱且带免费茶水的套餐。这些老人不是一般的常客，而是几乎每天早上八点钟就来了，然后要一份套餐，坐上三四个小时，和朋友边喝茶边聊天。常经理店里的员工和这些熟客都非常友好，总是叫他们"张老""王老"，而这些顾客也对员工很亲切，用名字称呼他们。他们之间的这种亲密关系也恰恰符合了连锁店与顾客保持朋友关系的原则。常经理也很喜欢这种氛围，觉得每个人都像一个大家庭的一分子。

这些顾客几乎不点别的食物，但是他们非常有礼貌，对每一个进来的新顾客都热情招呼，无论是否认识；他们之间也很熟悉；而且在他们临走的时候，都会把桌面收拾得干干净净。他们通常在早饭期间聚集，规模在100人以上。餐厅暂时没有拥挤的问题，但是如果人数持续增长下去，恐怕就会略显狭窄。常经理发现这些老年顾客通常在午饭就餐的人多之前的中午11点至12点陆续离去。

常经理现在面临两难选择，一方面他的餐厅在外面渐渐有了"夕阳红"餐厅的名声，一些想进行比较丰富消费的青年顾客不愿意光顾他的餐厅，这是他所不愿意看到的，而且他的压力很大，非常希望餐厅能有比较高的流动率以实现增长，而这些老顾客坐的时间似乎太久了。但是他又觉得这些和蔼可亲的老顾客是非常宝贵的资源，而且他和他们都相处得非常愉快。他知道这些老人很喜欢听戏，他考虑是否增加这个项目，同时适当地增加费用，比如每个人加收2元钱的节目费，他猜想这个波动老人们应该乐意接受。

（资料来源：赵学涛，於方，马国霞.战略环评和费用效益分析方法在环境规划中的应用.北京：中国环境科学出版社，2012）

思考：根据以上案例情况，常经理应该如何选择餐厅未来的发展战略呢？

案例二

让战略从纸上落地：企业战略管理解决方案

蓝光公司在开发和生产激光设备方面处于国内领先地位，现有员工600人，其中300人是生产人员，100多人是研发和设计人员，其余人员是工程、销售、市场和管理人员。蓝光公司主要生产两类光电产品：电子数字计算器和激光器。该公司主要通过直属销售团队和代理商销售产品，现有遍布全国的3家分支机构和11家代理商。

战略目标

蓝光公司在两年半前采购了财务通软件，主要用于财务管理。在新的竞争要求下，原有的财务通软件已明显不能支持蓝光公司的战略发展。具体表现为：客户数量在增加，满意度却下降，导致客户流失率增加；生产效率不高、周期长；库存资金占用大；企业对市场变化反应慢；手工操作、信息传递不及时、不准确；管理方式陈旧，不适应企业长远发展要求。

面对这一现状，2002年走马上任的CEO明确提出："将带领蓝光实现信息化。"同时，他将蓝光公司的战略目标确定为："不断推出新的技术与产品，创造最佳的股东回报率和实现今年销售收入增长50%。"

战略目标的有效分解与执行

金蝶利用平衡计分卡，帮助蓝光公司在四个维度建立起关键绩效指标。

同时利用战略地图有效地分解战略对象，建立起关键成功因素（CSF）的因果关系。蓝光公司的战略目标是"创造最佳的股东回报率和实现今年销售收入增长50%"，要实现这一目标，需要做到以下四点。

(1) 财务方面实现税后股东利润率达到15%，税后利润率达到10%，销售收入增长50%，提高设备产能，提高存货周转率，加强预算控制，降低成本。

(2) 客户方面实现扩大代理商规模近150%，增加市场占有率，提高客户满意度（24小时内上门服务）和忠诚度（老客户的保留）。

(3) 内部流程上要保持技术领先地位，改进生产方式和营销方式，提高内部沟通渠道畅通，加强与供应商沟通，减少重复采购，具体流程重新再造。

(4) 学习与成长方面要明确部门，员工绩效目标，提升企业整体客户意识，创建具进取精神的环境，提高员工满意度，信息系统的集成，提升信息分析能力。

在战略目标分解后，就要严格按照"目标—量度—指标—计划"，将关键绩效指标转化为行动方案。

在执行的过程中，还需要实时的绩效监控。从ERP、CRM、SCM等业务交易系统中实时获取关键绩效指标的实际值，与战略目标值相比较后，透过管理驾驶舱展现出差异，便于企业管理者实时掌握企业的运营状况。借助消息平台、预警平台、ABC成本管理等各种管理监控工具，指导业务人员采取相应的处理措施，保证部门和个人的行动与战略目标始终一致。

（资料来源：尚芳.企业战略管理.北京：教育科学出版社，2013）

思考：

（1）蓝光公司的战略目标是如何一步步落实的？

（2）本案例显示，战略选择、战略评价二者之间是怎样的关系？

四、实训题

1. 每个组选择一个熟悉的公司，制作一个波士顿矩阵图，分析所熟悉的公司的业务所处的矩阵象限，并给出战略建议。

（1）实训目的与内容

通过小组合作，收集、分析资料，制订战略，增强对波士顿矩阵的掌握程度，并提升运用此方法解决实际问题的能力。

（2）实训组织

① 以专业班级为单位，4～5人为一个实训小组。

② 制作PPT进行班级分享交流。

③ 教师对各小组进行点评。

（3）实训要求

① 在学习并掌握本项目波士顿矩阵分析法的基础上，能收集被分析企业的有用资料。

② 认真分析资料，并为企业的各项业务制定对策。

③ 按波士顿矩阵分析的流程步骤进行。

（4）成绩评定

① 流程形式占50%，考查对波士顿分析方法流程、规范的理解和运用。

② 内容占50%，考查分析实际问题的运用能力。

2. 每个组上网收集蒙牛的企业发展史和蒙牛的企业文化，并收集蒙牛制订的战略和战略的实施方面的信息。

（1）实训目的与内容

通过小组合作，收集、分析资料，了解企业文化与企业战略的关系。

（2）实训组织

① 以专业班级为单位，4～5人为一个实训小组，完成实训任务。

② 小组制作PPT，在班级进行发言交流和分析。

③ 教师进行重点点评。

（3）实训要求

① 在实训之前了解企业文化的相关知识。

② 实训时要求收集被分析企业的信息资料。

③ 认真分析资料，确定企业文化和战略的关联性，并写出实训报告。

（4）成绩评定

① 资料占50%，考查资料是否全面。

② 报告占50%，考查分析问题、解决问题的能力。

第九章 企业战略实施

战略制订者的绝大多数时间不应该花费在制订战略上,而应该花费在实施既定战略上。

——[加拿大]亨利·明茨伯格

改变战略、结构和体系是不够的,除非它们赖以产生的思维方式也发生变化。

——[美]彼得·圣吉

公司的目标可以集中企业资源,统一企业意志,振奋企业精神,从而指导,激励企业取得出色的业绩,战略制订者的任务就在于认定和表明企业的目标。

——[英]约翰·基恩

战略不是能够在会议桌旁随随便便拼凑起来的东西。 ——[美]特里·哈勒

企业所采用的战略应能够打破正常的产业发展进程并创造不利于竞争者的新的产业条件。

——[美]伊恩·C.麦克米伦

到目前为止,取得这样的成果,我总结了一条经验:就是预先要把事情想清楚,把战略目的、步骤,尤其是出了问题如何应对,一步步一层层都想清楚;要有系统地想,这不是一个人或者董事长来想,而是由一个组织来考虑。当然,尽管不可能都想得和实际中完全一样,那么意外发生时要很快知道问题所在,情况就很好处理了。

——柳传志

 学习目标

※ 掌握企业战略实施的原则和模式;
※ 理解企业战略与组织结构的关系;
※ 熟悉常见的组织结构类型;
※ 掌握组织结构的战略创新内容;
※ 掌握企业战略资源的配置原则和分配。

 案例导入与分析

大庆石油管理局的战略实施

一、大庆石油管理局面临的挑战

大庆石油管理局曾是我国工业的一面旗帜,有着光荣而辉煌的历史。按照中国石油天然气集团公司的总体部署,原大庆石油管理局实施了"重组分立",油气生产、炼油化工、管道运输、科研设计等主营业务,整体划归中国石油天然气股份有限公司并在美国和中国香港上市。大庆石油管理局以存续企业的身份,主要从事石油工程技术服务和生产

服务,同时还承担着文化教育、医疗卫生、城市公交等大量的社会职能。在重组分立之初,原来一些深层次矛盾纷纷暴露出来。主要体现在以下三个方面:一是产业布局分散、主营业务不突出,产业跨度从第一产业到第三产业,产业关联度差;二是无序竞争激烈、规模效应差,全局业务构成"大而全、小而全"的现象非常普遍,重组分立之初,全局各类机械加工企业有 15 家、油田助剂企业有 26 家;三是运行效率低、管理体制不顺,全局最多时有 89 家二级单位,从总部到基层作业单元的最长管理级达 7 级。

二、大庆石油管理局的战略实施

(一)战略适应环境

面对企业转型期出现的矛盾和问题,大庆石油管理局的决策者通过"二次创业",提出以石油工程技术服务为主、加速向新经济领域迈进、全面实施国际化经营的大型现代企业集团的目标,进一步明确了企业长远发展的战略目标。

(二)结构追随战略

围绕企业的战略定位,大庆石油管理局的决策者认识到,"大而全,松而散"的产业布局和组织结构与"以石油工程技术服务"为主的战略目标是格格不入的,产业结构不合理是企业战略实施中面临的主要矛盾。从 2002 年开始,管理局将原来 89 家局属单位按照产业关联和上下游关系进行了战略重组,至 2004 年年底,基本形成了 12 个集团、9 家专业公司引领全局发展的业务格局。从产业组织的角度看,集团化体现的是"合力",发挥的是"舰队"效应,能够有效地配置内部资源,增强企业整体市场竞争力。通过结构调整所引发的"舰队"效应和"特种部队"效应,实现了企业生产要素的合理组合,保证了资源的优化配置和合理利用。

(三)职能与体制联动

伴随着产业结构和组织结构的调整,大庆石油管理局按照精干两头、强化中间的原则,开展了分权化管理的尝试。大庆石油管理局将大量的日常事务性管理职能下放到集团和专业公司层面。各个集团和专业公司作为利润中心,从提高效率、增加效益的角度,开展了一系列流程再造、资源充足、扁平化管理等活动,对企业的可持续发展起到了润滑剂和加速器的作用,切实提高了集团和专业公司层面的行为能力和执行能力,使总部机关也从繁杂的日常事务中解脱出来,更加集中精力谋划企业的长远发展问题。

(资料来源:唐东方.战略规划三部曲:方法·实务·案例.2 版.北京:中国经济出版社,2013)

思考:大庆石油管理局是如何进行战略实施的?它给我们带来了哪些启示?

分析:

(1)大庆石油管理局进行战略实施时,注意战略适应环境、结构追随战略、职能与体制联动。

(2)启示:①战略实施要做好与推进方式的匹配;②战略实施要做好与组织结构的匹配;③战略实施要做好与资源要素的匹配;④战略实施要做好与管理风格的匹配。

▌9.1 企业战略实施的原则和模式

企业战略实施就是将公司战略付诸实施的过程。企业战略实施是战略管理过程的行动阶段,要比战略的制订更加重要。

企业战略实施是一个自上而下的动态管理过程。企业战略实施过程中,常常需要在"分析—决策—执行—反馈—再分析—再执行"的不断循环中达成战略目标。

9.1.1　企业战略实施的原则

企业战略实施的原则主要有以下三点。

1. 适度合理原则

在企业战略实施的过程中,因为在较长的战略期内影响战略实施的因素很多,因此,往往不可能保证百分之百地实现所有战略目标。只要基本上达到了战略目标的要求,或已经确保了关键性目标的实现,就可以认为企业战略的实施是成功的,这就是适度合理原则。

在较长的战略期中,环境会发生复杂而深刻的变化,制订战略时所收集和利用的信息难免会存在失真问题;同时,环境变化中也存在大量不确定的变化,这样就会增加战略实施的难度。另外,在战略实施的过程中,企业内部各部门有时也会产生矛盾与冲突,进而影响战略实施的效果。因此,在企业战略的实施过程中,要坚持适度合理的原则。

2. 统一原则

统一原则是指在战略实施的过程中,企业上下要坚持统一领导、统一指挥的原则。在企业中,高层领导掌握着更多的信息,对战略的理解更加深刻,而各部门掌握的信息较少或不全面,因此,在战略实施过程中难免会出现上下级意见不一致的情况。在此情况下,企业上下级部门要及时沟通与交流,达到认识上的统一,从而保证行动上的一致性。为了强化战略实施的严肃性,企业内部各级组织结构要分工明确、责任到位,指令的传达和信息的发布要统一口径,坚持统一领导、统一指挥的原则。

为保证统一原则的贯彻,企业要建立健全组织结构,配备得力的人员,强化企业文化建设,充分发挥全体员工的积极性和创造性。

3. 权变原则

权变原则是指在企业战略实施的过程中,当遇到环境发生大的变化或发生重大事件时,企业应修订原来的战略目标,以保证战略、环境及企业资源的匹配性。

当企业遇到重大环境变化,如发生战争、自然灾害、政局变动和经济危机等的时候,企业的经营风险就大大增加。面对重大风险,企业可以调整战略方案及战略目标,或终止、或转移、或压缩,以降低风险的损害作用。但当环境出现重大机遇,如国家政策、行业竞争格局等变化的时候,企业可以把原来比较保守的战略方案及战略目标调整得高一些,以适应形势的变化,实现企业更好的发展。

9.1.2　企业战略实施的模式

一般情况下,企业战略实施的基本模式主要有以下五种。

1. 指挥型模式

指挥型模式是一种高度集权的模式,强调领导层的权威,由高层管理者制订战略,下层管理者执行战略,统一指挥,严格控制,分工明确。这种模式的特点是企业高层领导考虑如何达到战略实施的最佳效果。

指挥型模式适合的条件包括五点。

(1)总经理具有较高的权威,领导艺术好,能有效地管理企业。

(2)企业所处的环境和竞争地位较为有利。

(3)企业内部信息的传递渠道通畅,具有较强的信息管理能力,有关信息能被及时传递给企业高层领导,便于决策。

(4)管理模式是高度集权的,企业上下分工严明,强调执行与服从。

(5)战略的制订者与执行者目标一致。因为这种模式在战略实施过程中刚性太强,所以在一定程度上压抑了员工的创新精神,不利于企业的创新。

2. 变革型模式

变革型模式是企业高层领导通过建立新的组织机构、新的信息系统、变更人事安排以及调整经营范围等措施,并运用有效的激励和控制手段,推进战略实施的模式。这种模式的主要特点是企业高层领导考虑的是如何推动战略的实施。

为了更好地实施企业战略,企业高层领导通常采用以下三种办法。

(1)通过新建组织机构,向全体员工传达企业的战略思路、战略重点,强化企业战略资源与战略的匹配性。

(2)通过沟通与交流,充分调动企业内部各类人员的积极性,争取得到更广泛的支持,以保证企业战略的实施。

(3)建立企业绩效评价及控制系统,采取有效的激励政策,保证战略实施。变革型模式克服了指挥型模式刚性太强的缺点,有利于调动员工的积极性,便于企业创新,增强了企业适应变化的能力。但变革也会带来企业内部系统的不稳定,甚至是冲突,影响企业战略实施的效果。

3. 合作型模式

合作型模式是企业一把手发挥集体智慧,把企业的战略任务分摊到企业高层中的各位领导身上,大家通力合作,积极配合,保证战略目标顺利实现的战略实施模式。这种模式的特点是企业一把手考虑如何利用高层领导人员的能力实现战略目标。

合作型模式使企业高层领导成员肩负重任,深入一线,获得比较准确的信息,既发挥了他们的积极性,也汇集了集体智慧;既减轻了企业一把手的工作压力,也发挥了高层管理者的作用。但该种模式属于分权模式,由于业务不同、出发点不同和观点不同等,在战略实施过程中容易产生冲突和矛盾,因此,实施企业战略的过程中协调的工作量会比较大。

4. 文化型模式

文化型模式是指企业高层领导运用企业文化的手段,不断向全体员工传达、灌输企业的战略思想,以形成共同的价值观和行为准则,保证员工产生最大合力的战略执行模式。这种模式适用于由众多技术人员和管理人员组成的企业,如高新技术企业。

文化型模式打破了战略制订者与实施者的界限,凝聚了每位员工的能力和智慧,可以保证企业快速地发展。但是,这种模式也存在一些缺点:一是一线操作员工与管理层缺乏沟通,影响战略执行;二是过分强调企业文化的作用,可能会掩盖企业运行中存在的一些实际问题,导致企业形成务虚而不务实的工作作风;三是这种模式执行起来耗费的时间长。

5. 增长型模式

增长型模式是企业的高层领导通过激励基层管理人员,保证基层单位战略方案的实施,以确保企业总体战略方案实施及战略目标实现的战略执行模式。这种模式的特点是企业高层领导以激励基层管理人员实施战略为主,充分调动基层人员的积极性,使其创造更多更好的效益。增长型模式的战略制订方式为自下而上,先由各基层单位确定基层战略方案和目标,然后经过企业高层汇总、调整和整合,最后形成企业总体战略方案和战略目标。

增长型模式的优点有以下四点。

(1) 能够充分调动基层人员的工作积极性,使战略实施更加符合实际。

(2) 在实施过程中适当分权,有利于提高企业领导的管理水平。

(3) 容易得到广大基层员工的支持。

(4) 便于充分发挥集体智慧,降低集体决策的不利影响。

增长型模式强调适当分权,但难以把握分权的程度。过度分权就有失控的可能,另外,基层员工的意见有时多种多样,难以形成统一的方案,影响企业战略的实施效率。

以上五种战略实施模式各有利弊,在实际工作中,要具体情况具体分析,甚至可以打破这些固有模式的限制,综合各种模式的优点,确定符合企业实际的战略实施模式。

■ 9.2　企业战略实施的组织调整

企业战略发生变化,需要有一定的组织保证。因此,组织结构的调整是战略实施的重要环节。

9.2.1　企业战略与组织结构的关系

在企业战略实施的过程中,企业的组织结构形式必须与企业战略相匹配,才能确保企业战略的顺利实施,保证战略目标的实现。企业战略与组织结构存在以下关系。

1. 企业战略决定了企业的组织结构形式

不同的战略要求有不同的组织结构与之相匹配。例如,企业的业务集中在某一行业领域时,企业应当采取职能型结构;企业实施多元化战略时,企业应采用事业部制或矩阵式结构。

2. 组织结构影响着战略的选择和执行

简单结构模式加强了企业的集权决策,强化了指挥与服从,但高度的控制会压抑员工的创新意识;事业部制结构和矩阵式结构突出了分权,促使下属部门加强沟通与协作,更加有利于企业的创新。

3. 战略的前导性与组织结构的滞后性

战略的前导性是指企业战略的变化要快于组织结构的变化。组织结构的滞后性是指组织结构的改变通常要滞后于企业战略的改变。由于战略的前导性和组织结构的滞后性，企业的组织结构往往不能适应企业战略的需要。例如，有的企业在经营范围、市场竞争、核心能力等战略方面已进行了重大改变，但企业的组织结构却变化缓慢，甚至一成不变，最终战略危机就产生了。

9.2.2 组织结构对战略实施的重要性

组织结构对战略实施的重要性主要体现在如下几个方面。

1. 企业资源分配与使用方面

有效的组织结构规定了各层次管理者分配和使用企业资源的权力，确立了必要的管理控制权限，从而明确了企业各层次管理人员各自的职责，有利于组织内部建立起管理控制秩序。

2. 企业内部分工合作方面

有效的组织结构规定了企业内部各单位、各岗位之间的分工合作，从而能够增强全体成员协同完成企业目标的可能性。

3. 企业内部联系沟通方面

有效的组织结构规定了企业内部各单位、各成员之间的联系沟通渠道，从而能够确保企业各类信息的准确、快速传递，有利于提高企业的应变能力。

9.2.3 企业组织的战略调整原则与内容

适应循环原则是企业组织战略调整的根本原则。企业组织战略调整的内容包括以下方面。

(1) 正确分析企业目前组织的优势和劣势，设计开发出能适应战略需求的组织结构模式。

(2) 通过企业内部管理层次的划分、相应的责权利匹配和适当的管理方法与手段，确保战略的实现。

(3) 为企业组织结构中的关键战略岗位选择最合适的人才，保证战略的顺利实施。

9.2.4 组织结构类型的选择

企业组织结构有多种类型，不同的组织结构类型有不同的特点，分别适用于不同的企业状况。下面介绍几种常见的组织结构类型。

1. 简单结构

简单结构又称直线制结构，其特点是结构简单、权责明确、指挥统一、控制力强，组织内没有专业分工，要求企业领导具有多方面的业务管理能力与技能。这种类型的组织结构适合规模较小的企业。处于起步阶段的企业由于产品单一、生产能力低、生产规模小，所以采用简单结构可以有效地实施对企业的集中控制，使企业反应敏捷、效率高。简单结构如图 9-1 所示。

2. 职能型结构

职能型结构是根据企业的业务及职能设置而划分的组织结构形式。这种结构适用于企业规模较小、产品结构相对简单的情况。职能型结构如图 9-2 所示。

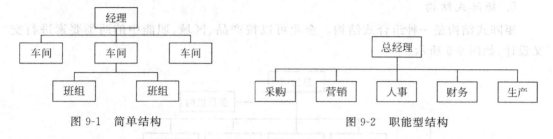

图 9-1　简单结构　　　　　　　　　　图 9-2　职能型结构

在职能型结构中,企业的目标被分解到各个职能部门和业务部门,可以充分发挥各部门的优势及专业人员的特长。该结构的优点是总经理可实现有效分权,明确职责划分,简化控制机制,可以发挥各部门专家的作用。其缺点是各部门独立性强,沟通与协同效果差,总经理分心于各部门的协调,容易忽视企业战略问题。

3. 区域型结构

区域型结构是指按市场地理区域划分的组织结构。图 9-3 所示为某大型跨国公司的区域型结构。

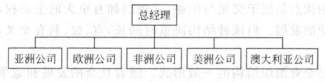

图 9-3　某大型跨国公司的区域型结构

区域型结构适用于产品结构较为集中、产品差异性小、生产规模大、市场覆盖面广、实力强的企业,如饮料生产企业、汽车制造企业、家电制造企业等。这种结构可以利用各区域市场的差异性,赋予区域公司较强的本土特色,以更好地满足顾客需求。

4. 事业部制结构

事业部制结构又称分权部组织或部门化组织,是指企业按照"集中政策、分散管理"的经营模式,划分不同的业务管理机构。在这种结构中,总公司拥有强大的参谋机构,负责制订企业战略,下属各事业部拥有独立的利润中心,独立经营,自负盈亏,如图 9-4所示。

图 9-4　事业部制结构

在事业部制结构中,事业部可以按业务类型、市场区域及顾客类型来划分,各事业部拥有更多的权力。总公司最高管理机构拥有总体战略决策、重大人事决策、财务控制、价格调整、监督检查、利润控制等权力。事业部制结构应具备三个基本要素:相对独立的市场、相对独立的利益、相对独立的自主权。

5. 矩阵式结构

矩阵式结构是一种组合式结构。企业可以按产品、区域、职能中的两类要素进行交叉设计,如图 9-5 所示。

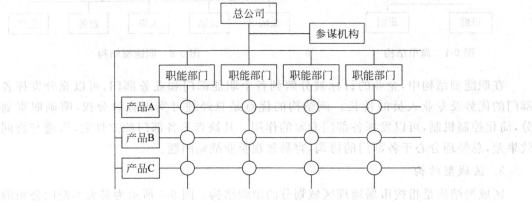

图 9-5　矩阵式结构

矩阵式结构的优点是便于交流与沟通,管理层拥有更大的主动权,公司决策层有时间和精力谋划企业的发展。但该种结构决策时间长,责、权、利有交叉,容易产生冲突和矛盾。

以上介绍的是企业组织结构的一般形式。随着社会的发展和竞争环境的日益复杂化,企业的组织结构形式也在发生变化,原有的组织结构在不断调整和完善;同时,也产生了一些新的组织结构形式,如团队型组织、扁平化组织、虚拟组织等。

9.2.5　组织结构的战略创新

在现代市场环境下,伴随着经济、技术、文化的发展和进步,产品生命周期越来越短,企业之间竞争的形式越来越复杂,企业需要采用全新的思维模式制订战略。因此,企业组织结构只有变革和创新,才能适应企业新战略。现代企业组织结构可以从以下几个方面进行创新。

1. 组织瘦型化

在传统的职能型组织结构中,管理的幅度较大,企业中设计、工艺、生产、销售、供应、财务等职能部门设置齐全,各部门独立性强,难以实现良好的合作与沟通,甚至各自为政,产生矛盾,不利于企业价值链的整合和核心能力的培养。因此,在现代企业组织结构中,通过合并或合作关系密切或关联度高的部门,可以减少企业职能部门的数量,减小组织管理的幅度,使企业组织结构向瘦型化发展。例如,将企业中的设计与工艺、生产与销售、供应与财务这些职能部门合并,组织结构中的职能部门就由六个变成三个,加强了沟通,减少了摩擦与冲突,理顺了关系,有利于企业战略的实施。

2. 组织扁平化

组织扁平化是指减少组织结构中的管理层次,提高组织内部信息的传递的速度,保证信息传递的快速、准确、畅通,提高组织工作效率。在传统的组织结构中,管理层次多,信息传递路径长、速度慢,信息易失真,工作效率低,影响决策速度和质量。在现代企业"快鱼吃慢鱼"的速度竞争中,需要提高企业的灵敏度,及时捕捉市场机会,尽量规避经营风险。因此,企业可以通过计算机管理信息系统、网络系统和企业资源计划系统(ERP)等现代技术,以全新的观念改造企业组织结构,精简管理层次,把企业的组织结构改造成高效、快速和准确的扁平化组织。

3. 组织跨部门团队化

在传统企业的组织结构中,业务处理往往是串行方式,各部门之间只有上下级的信息沟通,在设计、工艺、设备、采购等环节的工作准备好以后再开始生产,这样会导致各部门之间缺乏沟通和浪费时间,造成企业对市场的反应能力下降。针对这种情况,企业应建立包括多个部门和环节在内的跨部门的团队组织结构,如在产品开发过程中通过建立一个包括设计、工艺、制造、检测、财务、销售、供应商和顾客等在内的跨部门团队组织,可以提高企业开发新产品的速度和对市场的反应能力。

跨部门团队组织的优点包括:提高工作效率和产品质量,降低成本,提高企业效益;加强企业各部门间的沟通与合作,提高企业应变能力;促使企业以市场为中心,更好地满足顾客需求;提高员工士气,充分调动员工的积极性和创造性,有利于员工的成长。

4. 全员参与管理

企业管理的最高境界就是无管理,即全员参与管理的自主管理模式。全员参与管理是指企业通过放权的方式,以先进的企业文化吸引广大员工共同参与管理的新型组织形式。企业高层领导通过适度放权,调动广大员工的工作积极性和热情,提高员工的主人翁意识和奉献精神,实现员工的自主管理。企业要注意合理分权,加强上下级间的沟通,并且上级授权的对象必须是有能力完成任务的人。

9.2.6 企业流程再造

目前迫切需要建立企业流程再造的理论框架,研究企业流程再造的实施策略,包括开发流程分析模型及规范化程序,构造企业流程再造体系与管理结构等。

1. 企业流程再造原则

(1)组织领导能力。企业流程再造过程对于企业来说是一个艰难而又痛苦的过程,有效的领导是企业流程再造成败的关键。

(2)顾客至上。企业要准确把握顾客的需求,包括顾客对产品和服务需求的具体内容和优先程度。

(3)面向流程。企业的使命是为顾客创造价值,价值的实质是解决顾客问题的方法、措施和手段。

(4)以人为本。充分尊重员工的价值,组织和员工要共同成长,共同发展,达到员工和组织目标的一致。

2．企业流程再造的方法

（1）确立企业流程再造的目标和组建流程再造团队。企业流程再造是彻底的改造，而不是渐进式的变革，参加人员必须掌握企业真实信息和相关技术，拥有良好的个人声誉和和谐的人际关系。

在充分认识企业现状的基础上，提出企业流程再造的使命和目标。这些目标可以是成本降低的目标或者是对质量和顾客满意度的目标，这些目标必须以可衡量的定性和定量的方式表达出来，这些目标代表了企业竞争力的实质性飞跃。使命和目标时刻提醒员工哪些流程需要改造，使流程再造具有更强的可操作性。

例如，一个企业流程再造项目的使命和目标是"在未来的两年里，X公司将减少某个产品单位产出成本15％"。流程再造的使命和目标一般涵盖较长一段时间。

（2）获得企业流程的系统描述。哈默把流程定义为一系列业务活动，是把一个或多个输入转化为对顾客有用的输出的活动。分析企业流程现状是企业流程再造的重要部分，首先对现有流程进行描述，描述是用来反映企业中流程的现有状态，在详细描述基础上建立模型。模型可以预测一些我们不能直接观察和测量的特性。有时，直接获得数据是代价昂贵或不可能的，模型恰恰解决了这个问题。通过模型，我们可以清楚地看出活动之间的关系、流程和流程之间的关系。详细的描述和模型为进一步的分析流程提供了依据，能使我们方便地识别关键所在。

3．识别再造的机会

在获得企业流程的描述和模型以后，下一步是识别流程中的再造机会，对企业的现有流程进行诊断，以便开发和设计更合理的流程。

（1）流程分类。首先把获得的流程进行分类，分类可以使后面的企业流程再造项目重点突出，目标明确。分类的依据按照基本的活动和对象进行。

（2）研究其他公司的成功案例。成功企业再造的经验表明，再造过程再设计行之有效的三项技术或法则是：①大胆果断地应用一条或多条再造企业的原则；②搜查破坏固有的假设；③始终寻求创造性应用科学技术的机会。

（3）对现有的流程进行定量分析。很多定量分析的方法已经非常成熟，在企业流程再造理论诞生之前已经被大量地采用。例如：运筹学中的排队论、系统模拟、线性规划、动态规划、网络技术，近年来作业成本法（activity based costing）也被大量地使用。作业成本法为流程再造提供了成本信息，帮助员工更好地理解成本，增强成本意识，确认需要改造的流程。可以用表9-1中列出的量化的绩效指标对流程进行分析。

表9-1　可量化的绩效指标

序号	分析维度	可量化的指标
1	营利能力	利润，投资利润率，销售利润率，每股平均收益，资本构成，资本占用，现金流量
2	市场和销售	市场占有率，销售量，销售额
3	生产	生产率

序 号	分 析 维 度	可量化的指标
4	产品	每个产品的销售量和营利能力,新品开发周期,新品开发费用和效果
5	人力资源	培训人数,培训费用,离职人数
6	顾客服务	紧急事故处理时间,交货期,顾客满意度
7	社会责任	支持公益事业的费用,产品的环保指标

(4) 发现限制组织目标完成的约束。这些约束是指限制组织得到较高绩效的活动。约束是在企业的流程中没有必要存在的、运行不良的、有所欠缺的活动。

4. 设计企业流程

流程再设计的核心是设计流程的输入和输出,以及输入和输出之间的过程。流程设计原则如下:

(1) 工作的合并。

(2) 增加员工的决策权。

(3) 采用同步流程。

(4) 减少不必要的审核和监督。

(5) 建立信息资源的共享和在源头获取信息。

(6) 清除非增值活动。

(7) 增加增值流程。

(8) 为流程安排有效的资源。

(9) 预测可能的失败方式。

5. 实行模拟分析

企业的新流程设计以后,在现实环境中模拟新的流程,同时进行定量和定性的分析,集中检验新流程的性能。定量和定性分析是从部分再设计的流程开始,得到的结果用于流程的进一步的优化和作为备选方案的筛选依据。

6. 制订新流程的实施计划

在完成流程的模拟分析以后,就需要为新设计流程制订实施计划,确保新设计流程正常运行。

7. 实施新设计流程

按照转变计划,在组织中实施新设计的流程,同时还需要为新流程购买技术,培训员工;对企业资源进行再分配;编写新流程的相关文件。

8. 流程的维护

因为内外部环境是不断变化的,对系统的要求也是随时间而改变的。系统适应这些要求是很重要的,因此再设计流程必须不断地进行,以适应未来环境的变化。

同时,为了巩固企业流程再造项目的成果,还需要把适应环境变化,采取变革的行为融入企业文化之中,使员工具有变革意识。另外,在选拔新的高层领导人的时候,候选人要具有这种变革的意识,这是选拔企业领导者的必要条件之一,否则,多年的努力会付诸东流。

9.3 企业战略实施的资源配置

9.3.1 战略与资源的关系

1. 战略资源

在企业战略实施的过程中,战略方案的执行和战略目标的实现必须依赖于战略资源配置,因为战略资源是企业战略成功的基础。一方面,再好的战略方案和战略目标如果没有战略资源作支撑将难以成功。企业战略方案的实施与战略目标的实现必须依赖于外部环境提供给企业的人力、物力、财力和信息等资源,没有这些资源保障,战略方案与战略目标就成了空中楼阁。另一方面,战略资源只有与科学的战略方案和战略目标结合,才能发挥其应有的效用。战略资源范围广泛,形式多样,如果没有战略方案和战略目标的统领,其效用的发挥就缺乏统一的方向性,难以整合为显著的竞争优势及强大的竞争力。

2. 企业战略资源的内容

具体来讲,企业战略资源包括以下八种。

(1) 采购与供应实力。企业是否具备有利的供应地位,与自己的供应厂家关系是否协调,是否有足够的渠道保证,能否以合理的价格获取所需的资源。

(2) 生产能力与产品实力。企业的生产规模是否合理,生产设备、工艺能否跟得上潮流,企业产品的质量、性能是否具有竞争力,产品结构是否合理。

(3) 市场营销与促销实力。企业是否具备了开发市场的强大实力,是否有一支精干的销售队伍,市场策略是否有效等。

(4) 财务实力。企业的获利能力与经济效益是否处于同行前列,企业的利润来源、分布及趋势是否合理,各项财务指标及成本状况是否正常,融资能力是否强大等。

(5) 人力资源的实力。企业的领导者、管理人员、技术人员等素质是否一流,其知识水准、经验技能是否有利于企业的发展,其意识是否先进,企业的内聚力如何等。

(6) 技术开发的实力。企业的产品开发和技术改造的力量是否具备,企业与科研单位、高校的合作是否广泛,企业的技术储备是否能在同行业中处于领先地位。

(7) 管理经营的实力。企业是否拥有一个运行有效、适应广泛的管理体系,企业对新鲜事物的灵敏度如何,反应是否及时、正确,企业内是否有良好的文化氛围,在企业内是否形成良好的分工与合作,能否进行有力的组织等。

(8) 时间、资讯等无形资源的把握能力。企业是否能充分获取、储备和应用各种资讯,时间管理是否合理等。

3. 企业战略资源的特点

企业战略资源的整合基本上就构成了竞争实力,战略资源本身也具有如下特点。

(1) 战略资源的流动方向和流动速度取决于战略规划的决定。

(2) 企业中可支配的资源总量和结构具有一定的不确定性,在战略实施的过程中,资源的稀缺程度,结构会发生各种变化。

(3) 战略资源的可替代程度高。由于战略实施周期长,随着科学技术的进步,原来稀缺的资源可能会变得十分丰裕,也可能发生相反的变化。

(4) 无形资源的影响程度难以准确地预料。例如企业的信誉资源对企业获取公众的支援、政府的帮助会产生很大的影响。正因为如此,企业的战略管理者在实施战略时,必须充分了解这些战略资源的内在特质,并做出适当的预防措施,只有这样,才能保证战略的平稳运行。

4. 战略与资源的相互关系

(1) 资源是能够给企业带来竞争优势或者劣势的任何要素,也是企业生产过程中的投入。包括有形资源,如:企业雇员、厂房、设备、资金,也包括无形资源,如:专利、品牌、企业文化。企业能力是企业的财务能力、营销能力、研发能力、组织能力、企业文化与业绩等的有机组合。企业竞争力一般有营销竞争力、研发竞争力、理财竞争力、产品竞争力等,只是企业某一个方面的竞争力。企业核心竞争力是组织积累性的学识,是企业技能与技术的集合体,处在核心能力地位,是影响企业全局的竞争力。

(2) 企业内部环境对于企业的市场竞争优势具有决定性作用,企业能力、资源和知识积累,是企业获得收益和保持企业竞争优势的关键。核心能力仅是企业竞争力的一个构成部分,是处于企业核心地位的、影响全局的竞争力。有核心能力的企业,一般都有比较强的竞争力,有竞争力的企业,不一定具有核心能力。如果某些企业能够承受可持续的竞争优势,这些企业具备有核心能力。反之,不具备核心能力,只能是具备一般的能力。竞争力来自企业某种资源的优势,而核心能力是以多种资源为基础,在市场竞争中获得的一种资源整合能力,并在长期积累、不断演化中形成。

(3) 企业资源与企业能力是两个相互联系又相互影响的交叉系统,企业提高竞争力就是要在顾客价值的导引下,构造合理的能力结构。通过这样的分析,我们得出企业能力的优势与劣势所在,形成结论,进而准确锁定企业战略。战略与资源的关系如图 9-6 所示。

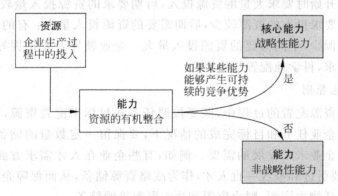

图 9-6　战略与资源的关系

5. 网络环境下企业应具备的一些特殊能力

以下能力是企业重要的资源,对于企业制订、实施战略具有十分重要的作用。

(1) 收集和更新信息的能力;

(2) 供应链管理能力;

(3) 生产管理信息能力;

(4) 财务管理能力；

(5) 客户关系管理能力；

(6) 决策支持分析能力；

(7) 内部资源整合能力；

(8) 利用各种外部资源的能力；

(9) 扩建电子商务社区的能力；

(10) 网络搭建和改造的能力。

6. 企业资源、能力、核心能力与战略能力的关系

企业资源、能力、核心能力与战略能力的关系，最终产生企业可持续竞争的优势，这种企业的优势，就是企业战略性竞争优势。

9.3.2　企业战略资源配置的原则

企业战略资源配置应遵循以下四个原则。

1. 关键性原则

当企业经营的业务种类较多时，应当将战略资源配置到关键的环节、部门和业务上，以保证战略目标的实现。在企业进行多元化经营的过程中，产品业务众多，企业应首先确保能体现其核心能力的业务或支柱性产品业务的战略资源配置，其他产品业务可以适当考虑，灵活决策。

2. 时序性原则

在战略实施的过程中，企业要根据任务和项目本身的内在规律性，按任务时序配置资源。不同的任务和项目有其自身的规律性，在不同时间段对资源的要求不同。例如，有的任务和项目开始时要求大量的资源投入，后期要求的资源投入量较小一些；有的任务和项目开始时要求投入的资源较少，后期需要的资源投入量大；有的任务和项目开始和后期需要的资源少，中间需要的资源投入量大。企业领导者要把握好这些差异性，按照任务和项目要求，科学地配置战略资源。

3. 保留余地原则

企业在战略资源配置的过程中，既要按照任务和目标来配置资源，又要考虑到环境的变化。在确保企业任务和目标完成的情况下，要保留一定数量的储备资源，以应对可能出现的变化和企业未来发展的需要。例如，有些企业在人才需求方面，除满足生产经营的需要外，还要引进和吸收一批人才，作为战略资源储备，从而保障企业未来发展。战略资源储备还包括物力资源、财力资源和技术资源等的储备。

4. 长远性原则

企业战略资源配置既要立足于当前，又要着眼于长期发展，在协调好眼前利益和长远利益的基础上，力争加大对长远目标的战略资源配置。有些企业往往迫于眼前的压力，忽视了对长远目标的资源配置，企业把有限的资金大量地用在了购买原料、发放工资和促销宣传上，而用于产品研发、员工培训和管理创新等方面的战略性投资却无法保证，疲于应对"燃眉之急"，却忽视了"当务之急"，使企业难以走出困难境地。

9.3.3　企业战略资源的配置

企业战略资源的配置一般可分为人力资源、物力资源、财力资源、信息资源、技术资源等方面的配置。

1. 人力资源配置

随着社会的发展,人力资源在企业竞争中的作用越来越重要,有效的人力资源配置是战略顺利实施的关键保障。在进行人力资源配置时,应注意以下六点。

(1) 根据岗位或职位需要科学地配置人力资源,力争达到岗位上配置最优秀的人员,优秀的人员配置到最理想的岗位上,做到人尽其才。

(2) 要以开放的思维在更广的范围内整合企业人力资源。选用人员时除考虑企业内部现有人员外,还要考虑从企业以外的系统中吸纳,以保证人力资源的质量。

(3) 要以先进的企业文化引领企业发展,使广大员工认同企业理念,自觉规范自己的行为,从而形成强大的合力。

(4) 企业人力资源配置要基于一个开放的系统,人员能进能出,保持人员的合理流动,为社会大系统中人力资源的流动提供支撑。

(5) 在人力资源配置中要注意使用科学的激励政策,增强员工的工作积极性。

(6) 要保持人力资源与其他资源配置间的协调性,尽量降低人力资源配置的成本,提高人力资源配置的效益。

2. 物力资源配置

物力资源的配置要在市场需求和企业需要的前提下,根据价值评价,实现物力资源的科学配置。在物力资源配置中,要注重质量、成本、效率、功能及与其他环节或部门的协同性,坚持科学规划、优质高效的原则,实现降低能耗、保护环境的可持续发展。

3. 财力资源配置

财力资源配置主要是资金的分配。资金是保障企业正常运行的"血液",是企业生产经营活动的润滑剂。资金的分配和使用决定了战略的成败。在资金的分配和使用中,要注意以下四点。

(1) 要坚持预算原则。资金的分配和流动要有科学的计划和严格的制度,尽量把有限的资金用到企业的关键环节和急需资金的部门,以提高资金的使用效率。

(2) 要厉行节约。分配和使用资金时要坚持节约原则,避免铺张浪费。

(3) 要提高资金利用率。

(4) 确保重点任务和项目的资金使用。

4. 信息资源配置

信息资源是现代企业经营中的关键资源,它不同于其他形式的资源,具有无形性、时效性、保密性和专有性等特点。现代信息技术的快速发展使得企业的组织结构趋向于扁平化、无边界化和数据化,影响着企业的各个环节和部门。在使用信息资源时,应注意以下五点。

① 信息的收集、处理和使用要及时。

② 收集信息的范围要大。

③ 信息收集和处理的方法要先进,要充分利用现代信息技术,确保信息的时效性。

④ 信息的处理与使用要集中管理，统一决策，保证企业内部信息口径的一致性。

⑤ 建立企业内部信息沟通的管理机制，实现上下级信息顺畅沟通，提高企业的应变能力。

（1）信息系统在战略实施中的重要性

企业战略的实施过程也是一个信息搜集、整理、组合、传递运用的过程，合适的信息技术和信息系统发挥着"难以估量的作用"，同时，信息技术的发展也使得发挥上述"难以估量的作用"成为可能。正如许多管理学家所指出的那样，信息时代的新型企业组织也被称为"计算机化"的企业。

在战略实施过程中，信息系统的重要作用体现在以下方面。

① 战略表达。企业高层制订的战略只有被全体员工正确理解时才能得到有效的实施。理解战略的前提是战略已经得到了正确、合适的表达，而不再是宽泛、抽象的语言和观念。因此，通过一定的信息把战略思想表达为"行动"就成为战略实施的关键。

② 战略分解与沟通。这是战略实施过程中双向信息交互最频繁的一个阶段。企业的竞争优势是企业全部活动的效果之和，所以，企业有关人员必须对企业战略安排、自己的行动后果、他人的行动都有所了解，从而实现知识的创造与共享。

③ 战略反馈。战略反馈就是企业在其战略实施中通过学习、实践而调整有关的战略前提、假设以确定新战略的过程。显而易见，这依赖于有关信息的反馈与沟通。

战略实施中上述三个方面的信息交互情况可以用图 9-7 来表示。

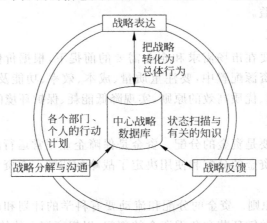

图 9-7　战略实施过程中的信息交互

（2）战略实施中的基础信息支持

根据卡普兰等人的研究，企业不论其战略体现了什么样的思维，最终都可以通过四个方面加以描述，即财务、顾客、内部活动以及学习，而每个方面又都应从目标、测评指标、行动方案、预算等几个子维度来展开。

① 对战略展示的信息支持的重点包括关键业绩驱动因素系统和基于顾客调查的价值曲线管理系统。

企业战略规定了在财务、顾客、内部流程以及学习等方面的理想状态，这个状态应导致相应的行动。为支持展示战略的这一特征，企业有必要逐步建立关键业绩驱动因素系统，如图 9-8 所示。

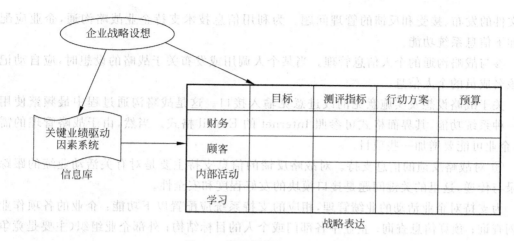

图 9-8　关键业绩驱动因素系统

顾客的价值曲线表示企业对顾客价值决定因素以及偏好分布的完整理解,因此顾客价值曲线是表示战略并支持企业战略实施的重要信息。顾客价值曲线信息可用两个基本维度表示,分别是价值属性和该属性的取值。以某型号摩托车理想的顾客价值曲线为例,如图 9-9 所示。

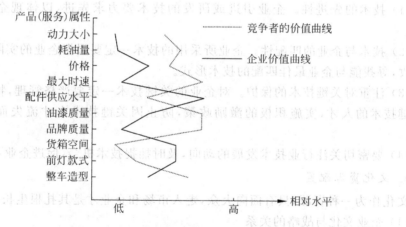

图 9-9　某型号摩托车的顾客价值曲线

图 9-9 中纵轴的产品(服务)属性以及多个属性的取值高低均可根据具体产品或服务而专门设定,企业可将这方面数据存储积累以便在表述战略的顾客维度设想时予以调用。

作为一个投资项目,企业必须在建设初期,对这个项目可获得的投资回报有一个较为全面、客观的分析和估计,以确定项目的可行性;在建设进程中,企业必须了解和把握项目的进展、资源需求、质量控制、风险控制的诸多要素,以控制项目建设的时间、成本和质量;在项目竣工投运之后,企业必须通过翔实的实证分析,以获得对项目价值实现的客观评价。信息化项目不应当脱离这个基本框架,价值评估应当成为贯穿信息化项目整个生命周期的活动。

② 对战略沟通的信息支持。企业的战略沟通过程包括战略发布、接受以及意见发布等。当企业战略能进行结构化展示时,战略沟通的信息支持问题可基本等同于对一个特

定文件的发布、接受和反馈的管理问题。为利用信息技术支持企业战略沟通，企业应配置如下信息系统功能。

参与战略沟通的个人信息管理。当某个人调用或发布关于战略的设想时，应自动记录该名成员的个人信息。

关于战略设想及实施意见的改进意见输入接口。这是战略沟通过程中最频繁使用的一种系统功能，其界面格式可参照 Internet 的 E-mail 格式。当然，由于战略管理的需要，企业可能要增加一些项目。

③ 对战略反馈的信息支持。对战略反馈的信息支持主要是对有关活动业绩的跟踪记录与传递，这里的关键问题是接口模块的友好程度和安全性。

为支持对企业活动的业绩管理，相应的支持系统应配置以下功能：企业的各项作业计划查询；预算信息查询；企业中各部门或个人的目标结构；外部企业组织（主要是竞争者）的参照数据系统；因果关联关系数据管理系统。

5. 技术资源配置

技术资源是推动企业进步和创新的关键因素。它可以加速新产品开发，降低产品成本，提高劳动效率和企业活力，增强企业竞争优势。在配置技术资源时，应注意以下四点。

（1）技术的先进性。企业引进或研发的技术要力求先进，以体现企业技术领先的优势。

（2）技术与企业的匹配性。企业所采用的技术一定要根据企业的实际，量力而行，选择吸收，寻找能与企业最佳匹配的技术形式。

（3）注重对关键技术的保护。对企业的关键技术一定要严格管理，特别要管理好掌握关键技术的人才，实施积极的激励政策，防止因关键技术人才流失而造成企业重大损失。

（4）要密切关注行业技术发展的动向，及时捕捉技术机会，促进企业不断发展。

6. 文化资源配置

文化作为一种资源，只有面向大众，走入市场和企业才是其扎根生长的必然选择。

（1）企业文化与战略的关系

企业文化与战略的关系主要表现在三个方面。

① 企业文化是企业战略的基石。企业文化为企业战略的制订、实施、控制提供正确的指导思想和健康的精神氛围。

企业文化为战略的制订提供成功的动力。一个企业自身具有很强的文化特色时，会通过企业成员的共同价值观念表现出企业的特殊性。这有利于企业形成别具一格的战略，为企业的成功奠定基础，提供原始动力。

企业文化是战略实施的关键。企业文化可以激发员工的工作热情，统一全体员工的意志，从而使战略得到有效的贯彻和实施。

企业文化还是战略控制的"软性黏合剂"。战略控制可以通过规章制度、计划要求等"刚性连接件"实现，但不如共同的价值观、信念和行为规范可以形成人们的自觉行动，达到自我控制和自我协调。拥有共同价值观的企业员工会自动调整他们个人的目标和行为,使之符合企业的目标和行为。

② 企业文化是维持战略优势的条件。企业文化往往体现了这个企业的历史积累,其他企业很难模仿。因此,企业的核心竞争力中一旦有了文化的内涵,往往可以维持较长久的战略优势。

③ 企业文化与战略的适应和协调。在企业中,一个新的战略要求原有文化的配合与协调。由于企业组织中原有文化有它的相对稳定性或称为惯性的特点,很难马上对新战略做出反应。因此,企业文化既可能成为实施战略的动力,也可能成为阻力。例如踏实严谨的作风在经营方向既定、环境比较稳定的情况下有利于企业将产品做得精益求精,但在外部环境剧烈动荡、产业结构发生重大变化的时期,这种埋头苦干的作风任由其惯性地发展,就有可能使企业迷失方向。因此,企业文化必须在继承的基础上不断创新。

很多企业并购失败了,究其原因,最关键的问题就是两个企业的文化不能很好地融合。作为合并典范的德国戴姆勒-奔驰与美国克莱斯勒的合并,一度被世人称为"完美的互补"。但是并购两年后,美国《新闻周刊》以"并购混乱"作为封面来报道了戴姆勒-克莱斯勒并购以来的情况,2000年第三季度,公司亏损5.12亿美元,戴姆勒公司近九年来第一次出现亏损,业内专家估计2001年的亏损额将增到20亿美元,公司的市场资本总值已经低于原戴姆勒-奔驰公司的水平。不同企业文化的冲突是这场危机的根本原因。

在战略管理过程中,企业内部的新旧文化必须相互适应,相互协调,为战略成功提供保证。在中小型企业中,新旧两种文化要逐渐演变为一种文化。在大型联合企业里,企业在实行多样化经营或差别化战略时,可以根据生产经营的需要,在某个事业部或经营单位中,保留它们各自的原有文化。不过,在这种情况下,企业总部要做好全局性的文化协调工作。

（2）关系矩阵模型

在战略管理中,企业处理战略与文化关系的工作可以用下面的矩阵表示。如图9-10所示。

图 9-10　战略与文化关系的管理矩阵

在矩阵上,纵轴表示在实施一个新战略时,企业的结构、技能、共同价值观、生产作业程序等各种组织要素所发生的变化程度;横轴表示企业所发生的变化与企业目前的文化相一致的程度。

以企业使命为基础。在第 I 象限里,企业实施一个新战略时,重要的组织要素会发生很大的变化,但这些变化大多与企业目前的文化有潜在的一致性。这种企业是那些以往效益好的企业,可以根据自己的实力,寻找可以利用的重大机会,或者谋划改变自己的主要产品和市场,以适应新的要求。这种企业由于有企业固有文化的大力支持,并且实施新战略没有大的困难,一般处于非常有前途的地位。在这种情况下,企业处理战略与文化关系的重点有四个。

① 企业进行重大变革时,必须考虑与企业基本使命的关系。在企业中,企业使命是企业文化的正式基础。高层管理人员在管理过程中,一定要注意变革与企业使命内在的不可分割的联系。

② 要发挥企业现有人员的作用。现有人员之间具有共同的价值观念和行为准则,可以保证企业在文化一致的条件下实施变革。

③ 在调整企业的奖励系统时,必须注意与企业组织目前的奖励行为保持一致。

④ 要考虑进行与企业组织目前的文化相适应的变革,不要破坏企业已有的行为准则。

加强协同作用是一种合力的作用,可以产生"2+2=5"的效应。在第Ⅱ象限里,实施一个新战略时,组织要素发生的变化不大,又多与企业目前的文化相一致。处在这种地位的企业主要应考虑两个问题:一是利用目前的有利条件,巩固和加强企业文化;二是利用文化相对稳定的时机,根据企业文化的需求,解决企业生产经营中的问题。

根据文化的要求进行管理在第Ⅲ象限里,企业实施一个新战略,主要的组织要素变化不大,但多与企业组织目前的文化不大一致。因此,企业需要研究这些变化是否会给企业带来成功的机会。在这种情况下,企业可以根据经营的需要,以不大影响企业总体文化一致性的前提下,对某种经营业务实行不同的文化管理。同时,企业在对像企业结构这样与企业文化密切相关的因素进行变革时,也需要根据文化进行管理。

重新制订战略在第Ⅳ象限里,企业在处理战略与文化的关系时,遇到了极大的挑战,企业在实施一个新战略时,组织的要素会发生重大的变化,又多与企业现有的文化很不一致,或受到现有文化的抵制。对企业来讲,这是个两难的问题。

在这种情况下,企业首先要考虑是否有必要推行这个新战略。如果没有必要,企业则需要考虑重新制订战略。这就是说,企业在现实中能够实施的战略是与企业现有行为准则和实践相一致的战略。反之,在企业外部环境发生重大变化,企业的文化也需要相应做出重大变化的情况下,企业考虑到自身长远利益,不能为了迎合企业现有的文化,而将企业新的战略修订成与现行文化标准相一致,这是不符合企业利益的。

(3) 实现组织文化变革的策略

如果发现企业文化已产生病态的时候,或者发现企业文化已对必须采取的新战略形成阻碍时,就要下决心进行文化变革。管理者如何推动组织文化的变革呢?其重要的一点就是对现有的文化进行解冻,而这需要一个全面的、协调的战略。

① 组织文化分析。解冻的最佳着眼点是进行组织文化分析,这包括进行文化审核以评估现有的文化,即分析现有文化与环境及战略是否适应;确定与环境和战略适应的文化内容;将现有文化与预期的文化做比较,进行差距评价以确定哪些价值观及文化要素需要变革。

② 向员工宣传变革组织文化的必要性和紧迫性。虽然危机可以作为解冻强文化的一种契机,但危机并不是组织的所有成员都能意识到的。因此,管理当局必须向员工明确说明,如果不马上推行变革,组织的生存就会受到致命的威胁。要是员工没有意识到文化变革的必要性和紧迫性,那就很难使一种强文化对变革的努力做出反应。

③ 任命具有新观念的新领导者。任命新的最高层领导者本身就是一个信号,它预示着一场重大的变革正在发生。新的领导者常会带来新的观念和行为标准,大胆地推动文化的变革。当然,新领导者需要把他的新观念尽快地注入组织中,又往往需要将关键管理职位的人员调换成忠于这一观念的人。例如,美国的克莱斯勒公司曾成功地进行了文化的变革,首先公司任命了新的首席执行官李·艾柯卡,而他又迅速对公司高层经理做了大量调整,这为文化变革打下了坚实的基础。

④ 发动一次组织重组。伴随着主要管理人员的调整,发动一次组织重组也具有重要的意义。设立一些新单位,或者将某些单位合并或取消,这些都以显而易见的方式传达着管理当局下决心将组织引入新方向的信息。

⑤ 引入新口号、新故事、新仪式、新物质象征来传播新价值观。新的领导者也要尽快创造出新的口号、故事、仪式、物质象征等取代原有的文化载体,以便更好地向员工传播组织的主体价值观。而这是要即刻去做的,耽搁只会使新领导者与现有文化为伍,从而关闭推行变革的大门。

⑥ 围绕新的价值观体系,树立新的榜样。管理当局还要改变人员的选聘和社会化过程,以及绩效评估和奖酬制度,并树立新的榜样,以便对采纳组织所期望的价值观的员工形成有力的支持。

推行以上的策略,也并不能立刻就带来强烈的组织文化的变革。变革的推动者要有足够的耐心,并坚持不懈。

■ 9.4 企业战略与领导

领导是管理工作的一个重要职能,是影响组织群体为实现目标而努力的过程。企业领导是企业战略的构思者、设计者、制订者和实施者,领导的思维方式、管理风格、个人素质等对战略的实施具有关键作用。

9.4.1 企业领导

1. 领导的概念

在企业管理理论中,有关领导的概念有多种描述,都从不同方面解释了领导的内涵,对领导理论的研究提供了很大的帮助。常见的关于领导的说法有以下内容。

(1) 领导是影响人们自动为实现群体目标而努力的一种行为。

(2) 领导就是行使权威与决定。

(3) 领导就是影响一个集体走向并达到目标的能力。

(4) 领导是组织赋予一个人的权力,以领导下级完成组织目标。

著名管理学家哈罗德·孔茨(Harold Koontz)提出,领导就是影响力,即对人们施加影响的艺术或过程,从而使人们心甘情愿地为实现群体目标而努力。

综合多方面的描述,本书认为:领导就是通过引导、指挥、指导与先行,组织和影响群体完成任务的动态过程。领导活动的主体是领导者,领导者的角色如同一个乐队的指挥,需要具备卓越的指挥能力和艺术性。见表9-2。

表 9-2   不同战略对领导者的要求

战 略	特定的技能要求	关 键 特 征
公司级		
单一经营	所经营业务的市场和技术方面的知识	经验
纵向一体化	学习新业务、财务分析	经验
多元化	控制和考核、经营组合分析	经验
稳定发展	技术和市场知识、个人接触	经验、个性
调整和收缩	做出和贯彻困难的甚至痛苦的决策的能力	个性
清理	资产的评估、出售和报废	训练、经验
破产	法律知识	训练、经验
事业级		
成本领先	对成本的衡量和控制	经验、训练
差异化	创造力和激励	经验、训练
重点集中	特定市场层面需求的知识	经验

2. 领导的功能

领导的功能主要体现在组织和激励两方面。

(1) 组织功能

组织功能就是通过领导实现企业资源、外部环境机会和企业发展目标三者的有效统一,使得企业的优势与外部环境中的机会能有效地结合,保证企业战略目标的顺利实现。

(2) 激励功能

激励功能就是通过领导的影响力,对企业员工生产经营中的态度和行为产生影响,使员工的潜力得以充分发挥,提高广大员工的积极性和创造性。激励功能主要体现在三个方面:一是提高被领导者接受和执行任务的自觉性;二是激发被领导者实现组织目标的热情;三是提高被领导者的行为效率。

9.4.2 企业领导者的类型

按企业领导者的个人性格特质和组织结构功能要求的不同,可以把企业领导者分为以下六种类型。

1. 开拓型领导

开拓型领导性格外向,思维开放,勇于创新,不怕风险,具有敢为天下先的工作精神。当环境变化较为复杂或企业处于起步阶段时,需要得到该类型领导的支持。开拓型领导可以高瞻远瞩,审时度势,能更好地利用环境中的机会,带领企业员工创造辉煌的业绩。但开拓型领导也要做好应对各种风险、困难、压力的准备,以乐观向上的心态应对各种变化。

2. 征服型领导

征服型领导具有较强的自信心和竞争意识,对环境变化反应灵敏,创新能力强,敢于迎接挑战,具有出色的感召力。在企业间的竞争趋于激烈时,该类型领导能发挥巨大的作用。征服型领导往往因竞争意识过强而招致一些风险、压力,有时甚至会影响企业在行业中的形象。因此,征服型领导在强调竞争的同时,也应考虑行业中的合作与联盟,以达到竞合有度的效果。

3. 冷静型领导

冷静型领导思维严谨、业务优秀、处事稳重,具有较强的原则性和良好的人际关系,善于处理各种复杂问题,能控制企业局面。冷静型领导往往具有很强的领导威信与权威,在企业发展的关键时刻会发挥关键性作用。在现代社会竞争激烈的情况下,冷静型领导更能科学地观察问题、分析问题、解决问题。

4. 行政型领导

行政型领导稳重而严谨,责任心和原则性强,富有涵养,人际关系好,严格照章行事,具有较强的维持现状的能力。但该类型领导习惯于固守以往的管理风格和处事方式,创新精神稍差。行政型领导适合从事程序化、固定化、涉及面广的企业日常管理工作,其主要职责是提供服务。优秀的行政型领导可以化解企业生产经营中的矛盾和冲突,达到节约资源、提高效率的效果。

5. 理财型领导

理财型领导具有较强的原则性和制度意识,工作细致而严谨,具有较强的资本积累能力,善于运作资本,该投入的资金毫不吝惜,不该投入的资金则严格控制。理财型领导是企业一把手的核心支撑,也是企业避免资金风险、维持良好现金流量、提高财务绩效的有力保障。

6. 交际型领导

交际型领导机智灵活,目标性强,思维敏捷,具有较高的情商,社会关系丰富,善于公关和交际,能整合和利用各种人脉资源,实现工作目标。交际型领导尤为擅长企业的公关、人事管理、市场销售和产品服务等方面的工作。

9.4.3 企业领导班子的组建

1. 企业领导班子应具备的能力

企业组织结构确立以后,在组建领导班子时,应遵循能力匹配的基本原则,达到各成员之间能力互补、匹配协同、形成最大合力的目的。美国学者艾夏克·阿代兹提出了企业领导班子应具备的四种能力。如图9-11所示。

任何企业的战略管理都是在一定环境和条件约束下进行的,企业管理者要重视和时时关注战略管理环境和条件的变化,不断调整和创新管理理念与行为,确保战略管理的有效性,不断提高战略管理效率。

企业生命周期是指企业从出生开始,到成长、成熟、衰退直至死亡的过程。这是所有企业都会经历的过程。企业在运转过程中,如果系统内各要素之间、各子系统之间以及

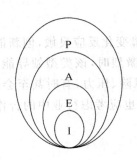

P——提供劳务或产品的生产技术能力。
A——计划、组织和控制集团活动的管理技能。
E——适应动荡环境，承担风险的企业家素质。
I——调节、平衡、统一集团活动与目标的综合才能。

图 9-11　企业领导班子应具备的能力

企业与外部环境之间的协调关系发生障碍，从而导致企业系统对环境的适应能力和自身获利能力减弱或丧失，企业将面临较大的经营风险、财务风险，甚至产生病态和衰亡。因而，企业环境和条件因素对企业的生存和发展至关重要。企业必须对各种影响因素进行有效地协调和控制，即进行有效管理。处于生命周期的不同阶段的企业面临不同的环境和条件，要求实施与企业成长特征相适应的不同管理行为，这样才能确保管理的有效性。企业从出生到不断成长的历程中要进行战略调整以及与之相适应的组织结构演变，有时会引发"领导人危机"、"自主权危机"、"控制危机"和"烦琐危机"四个危机。如果管理者忽视这些变化，不能及时调整管理理念、管理重点和管理方法，就会大大降低企业管理的有效性，甚至产生管理的"负效应"，导致企业的"生存危机"。如图 9-12 所示。

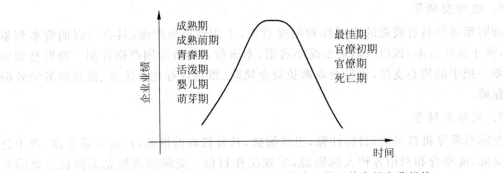

图 9-12　企业生命周期不同阶段领导班子管理能力的变化规律

2. 企业领导应具备的素质

企业领导应具备的素质主要有以下五种。

（1）战略思维

企业领导对企业的发展起着关键作用，应该具备高瞻远瞩、开拓创新、敢于竞争、不怕风险、独树一帜的战略思维。战略思维的核心是创新，因此，企业领导要具备创新思维。

（2）卓越人格

企业领导在通过手中的权力发挥管理职能的过程中，还要具备优秀的人格，以提高其领导艺术。企业领导须具备的个人品格包括胸怀坦荡、公正廉洁、纪律严明、关心下属、真诚守信等。通过发挥企业领导的人格魅力，可以达到凝聚人心、鼓舞士气、提高战斗力的目的。

（3）业务精良

企业领导一定要熟悉企业的生产经营业务，精通企业的生产、技术、销售、市场、服务等基本业务环节，能站在战略高度对企业的不同业务进行整合，能根据市场变化进行产品结构的调整，能协调各类业务间的资源配置。

（4）刚柔相济

企业领导在管理众多业务及员工时，一定要掌握好工作的艺术性。所谓艺术性，就是原则性与灵活性的巧妙结合与创新。在制度、条例面前人人平等，要体现其"刚性"（原则性），不能牺牲原则，但工作中也要有"柔性"（灵活性），在坚持原则的前提下，要注意人性化和灵活性。

（5）乐于奉献

奉献精神是企业领导最为高尚的品格之一。企业领导一定要有以大局为重、以企业为重、以发展为重及不计个人得失的奉献精神。这种奉献和付出不仅表现在时间、精神、体力和经济上，还表现在牺牲自己的兴趣、爱好等方面。

3. 企业经理人员的来源

企业经理人员的来源包括内部晋升和外部招聘两个方面。

（1）内部晋升

企业采用内部晋升的方式选拔经理人员的做法较为普遍。这种方式选拔的经理人员熟悉企业、精通业务，具有奉献精神和良好的人际关系，能较好地履行岗位职责和顺利实现企业的战略目标。在美国、日本等国家的企业中，企业的经理层人员绝大多数来自企业内部。但该种形式也存在一些弊端，如坚守固有的思维定式，信息闭塞，乐于维持现状，缺乏创新精神等。

（2）外部招聘

当企业内部没有合适的经理人选时，企业应该根据岗位需要从外部招聘。这种方式的优点是新任经理责任心强，工作具有开拓性和创新性，可以超越复杂的人际关系和旧有秩序；同时，可以增强对企业现有经理人员的激励和鞭策。但是，这种方式也存在一些弊端，如合适的经理人员难以寻找，外聘人员熟悉企业环境需要的时间长，容易引起内部人员的嫉妒而带来消极工作的后果等。

本章小结

企业战略实施是指企业在选择战略方案后，有效地利用企业面临的战略环境和企业自身实力，实现企业战略目标的过程。企业战略实施的原则有适度合理原则、统一原则和权变原则。企业战略实施的模式主要有五种：指挥型、变革型、合作型、文化型、增长型。

在企业战略实施的过程中，企业的组织结构形式必须与企业战略相匹配，才能确保企业战略的顺利实施，保证战略目标的实现。常见的组织结构类型有：简单结构、职能型结构、区域型结构、事业部制结构、矩阵式结构。现代企业组织结构可以从以下几个方面进行创新：组织瘦型化、组织扁平化、组织跨部门团队化、全员参与管理。

在企业战略实施的过程中,战略方案的执行和战略目标的实现必须依赖于战略资源配置,因为战略资源是企业战略成功的基础。企业战略资源配置应遵循四个原则:关键性原则、时序性原则、保留余地原则、长远性原则。企业战略资源的分配一般可分为人力、物力、财力、信息资源、技术资源等方面的配置。

领导的功能主要体现在两个方面:组织和激励。企业领导的类型有开拓型领导、征服型领导、冷静型领导、行政型领导、理财型领导、交际型领导六种。企业领导班子的组建要注意领导班子应具备的能力、企业领导应具备的素质及企业经理人员的来源三个方面的工作。

思考与练习

一、名词解释
战略实施　模式组织调整　资源配置　企业信息支持系统　企业家

二、简答题
1. 企业战略实施的原则是什么?
2. 企业战略实施的模式有哪些?
3. 简述组织结构对战略实施的重要性。
4. 现在企业组织结构可以从哪些方面进行创新,从而适应企业新战略?
5. 简述企业资源配置的原则和分配。
6. 组建企业领导班子应注意哪些工作?
7. 企业战略如何获得企业信息系统的支持?
8. 在企业战略实施中,企业领导应该具备什么基本的素质?

三、案例分析
案例一

福特汽车公司的组织结构

福特汽车公司的组织结构相对简单,然而这种组织结构能够战略性地反映出福特汽车公司的变化与经营重点。福特汽车公司有三个基本的战略经营单位:汽车集团、多样化产品公司和金融服务集团。每一战略经营单位都由许多不同的经营单位组成。福特汽车公司的组织结构如图 9-13 所示。

1. 汽车战略经营单位

汽车集团分为北美汽车公司与国际汽车公司两个部分,北美汽车公司在美国有 50 多条装配及生产线。

2. 多样化产品战略经营单位

多样化产品公司包括福特汽车公司所有的支撑性业务。作为福特汽车公司内的供应组织,多样化产品公司在节约供应成本方面扮演着重要的角色。

3. 金融服务战略经营单位

福特金融服务集团主要由福特汽车信贷与保险服务公司、国家第一金融公司和美国

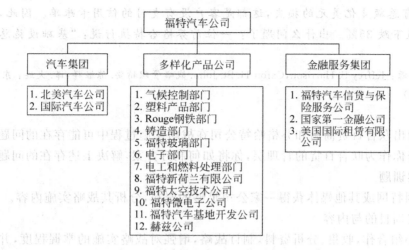

图 9-13　福特汽车公司的组织结构

国际阻赁公司组成。该集团负责监督福特汽车信贷公司的经营状况，以及福特汽车公司在国外汽车生产厂家的财务状况。国家第一金融公司与美国国际租赁公司构成了世界第二大金融公司，它们除了经营保险业务外，还向经销商、汽车零售商和农用设备用户提供贷款。

（资料来源：Michael A. Hitt，R. Duane Lreland，Robert E. Hoskisson，吕徽.企业战略管理.北京：机械工业出版社，2010）

思考：

（1）福特汽车公司的组织结构属于哪种类型？

（2）福特汽车公司的组织结构有什么优点与缺点？

案例二

联合百货商店购买芬格哈特公司后的疑惑

1998 年，芬格哈特公司（Fingerhut ComPany）已经成为一个年营业收入达 20 亿美元的欣欣向荣的邮购零售商。它正成功地向电子商务转型。这家令人尊敬的古老的目录公司迅速开通了因特网网站，并且购买了其他在线零售商的股权。芬格哈特公司拥有满足目录订购的订单处理与发货专长。它成功地把订单处理合同销售给其他公司，比如 eToys 和沃尔玛。企业分析家对芬格哈特的多元化战略印象很深。《财富》杂志宣称芬格哈特公司是"十家做到这种样子的公司之一"。该公司的业绩深深地打动了联合百货商店，促使其于 1999 年 2 月以 17 亿美元收购芬格哈特。联合百货商店管理层确信，有芬格哈特加入，到 2004 年公司网上销售额将达到 20 亿～30 亿美元。

购买芬格哈特 20 个月之后，联合百货发现其网上销售额只达到 1.8 亿美元，而且近期不可能增长到很高。管理层发现，虽然芬格哈特具有卓越的因特网和目录业务战略，但是其战略实施非常糟糕。自从被指控服务水平低下，并且和 eToys 发生公开纠纷之后，芬格哈特的订单处理合同从 22 个减少到 8 个。公司还出现了管理失误，为目录客户提供更多信用额度。且结果是导致很多控诉和临时停业，总支出达 7.95 亿美元。此外，

2001 年还有总额 4 亿美元的损失,这都是客户没有支付的信用卡账单。因此,联合百货的股票价值下跌 35%。出什么问题了?一位前芬格哈特执行说:"基础设施总是滞后一步半。"

（资料来源：Jeffrey S. Harrison,Caron H. St. John. 战略管理精要. 陈继祥,译. 大连：东北财经大学出版社,2013）

思考：

（1）指出联合百货商店和芬格哈特公司在战略实施过程中可能存在的问题。

（2）若你作为联合百货的管理层,你将如何制订方案,解决上述存在的问题?

四、实训题

通过因特网或其他媒体获得一家公司足够的资料,分析其战略实施内容。

（1）实训目的与内容

通过小组合作,收集、分析资料,制订战略,增强对战略实施的掌握程度,并提升运用此方法解决实际问题的能力。

（2）实训组织

① 以个人为单位,3~5 人为一个实训小组,完成实训任务。

② 每人撰写一份 3000 字的战略实施报告,小组内发言交流。

③ 每组 1 人,进行全班交流分享。

④ 教师进行重点评价。

（3）实训要求

① 简要描述该公司的发展历程,追溯这段时间内公司战略实施的具体情况。分析公司在战略实施过程中都遇到哪些难以想象的困难,发生了哪些突发事件影响战略的实施。

② 初步分析该公司在战略实施中如何进行战略资源配置,以及该公司在战略实施中采用的组织方式。

③ 说明领导职能以及企业文化在实际中是如何影响公司战略实施的。

（4）成绩评定

① 流程形式占 50%,考查对战略实施的理解和运用。

② 内容占 50%,考查分析实际问题的运用能力。

第十章 企业战略控制

天人合一。
——周文王

不要控制失败的风险,而应控制失败的成本。
——[英]Robert. A. Cooper

企业如果固守过去曾行之有效的战略,那么它必将败于竞争对手。
——[美]威廉·科恩

没有"尽善尽美"的战略决策。人们总要付出代价。对相互矛盾的目标、相互矛盾的观点及相互矛盾的重点,人们总要进行平衡。最佳的战略决策只能是近似合理的,而且总是带有风险的。
——[美]彼得·德鲁克

美国企业界存在的一个很大的问题是,当它们遇到麻烦时只会按照原方向加倍努力。正像挖金子一样,当你挖下 20 英尺但还没有发现金子时,你的战略会是再挖 2 倍的深度。但如果金子是在距你横向 20 英尺处,那么不论你挖多久也永远不会找到金子。
——[法]爱德华·德·伯诺

 学习目标

※ 掌握企业战略控制的概念和作用;
※ 掌握企业战略控制的内容和方法;
※ 了解企业战略控制系统的组成和特征;
※ 掌握企业战略控制过程。

 案例导入与分析

耐克对虚拟经营战略的控制

耐克公司总部专攻附加值最高的设计和营销,把设计好的样品和图纸交给劳动力成本较低的国家的企业,最后验收产品,贴上耐克的商标,销售到每个喜爱耐克的人手中。耐克公司的这种策略为虚拟经营的范畴。

耐克的人员被安置于所有"生产伙伴"的现场,每一个耐克公司的代表一般要在同一个工厂待几年的时间以控制合作伙伴的人员及其生产过程。他们的作用是努力使耐克的研发活动和新产品的设计与工厂的生产能力相配合,并根据最新的销售情况预测每月新产品的订购量。

耐克将自己的图纸和订单交给生产工厂之后,在每个工厂实施质量保证计划以不断加强其实时的、有效的质量管理活动。耐克驻厂的人员定期对工厂生产过程进行检查,保证生产伙伴能按质量保证计划的要求进行生产。耐克公司努力使每个月的生产订购量的变动达到最小化(每日产量一般为20000～25000双),其政策是保持月度之间的订购数量变动不超过20%。为了对企业的整个运作链进行控制,耐克也在进行调整,尤其是存货控制体系和海外销售体系。耐克要求经销商必须提前6～8个月就预订其总销量的80%,这样才给予10%的折扣。这使得耐克可以对订货情况了如指掌,并有足够的时间来安排,避免过多的存货,保证获得理想的出厂价。

按时向生产伙伴支付购买款项,使其获得可以预测的现金流量是耐克的一项严格的政策。

(资料来源:王昶.战略管理:理论与方法.北京:清华大学出版社,2010)

思考:耐克是如何进行企业战略控制的?

分析:耐克采用的是虚拟经营战略,在该战略执行的过程中,如果不能进行有效控制,战略是不可能取得成功的。本项目主要介绍如何建立战略控制系统以及对企业战略的执行进行有效控制的工具和方法。

为了对虚拟经营战略进行有效控制,耐克采取了派耐克人员入驻生产厂,控制生产厂的质量,确保生产厂能够按照设计和质量管理体系的要求生产出高质量的鞋子。为了控制生产订购量,耐克要求经销商必须提前6～8个月就预订其总销量的80%,这样才给予10%的折扣。耐克按时向生产伙伴支付购买款项,以控制现金流。

由于企业中每个人会由于缺乏必要的能力、认识和信息,对所要做的工作不甚了解,或不知道如何做得更好,从而出现行为上的偏差;由于原来战略计划制订不当或环境的发展与原来的预测不同,造成战略计划的局部或整体不符合企业的内外条件。因此,一个完整的战略管理过程就必须具有战略控制环节,以保证实际的成果符合预先制订的目标要求。

10.1 企业战略控制概述

10.1.1 企业战略控制的概念和作用

1. 企业战略控制的概念

(1) 企业战略控制的含义

企业战略控制是指将预定的战略目标与实际效果进行比较,检测偏差程度,评价其是否符合预期目标要求,发现问题并及时采取措施以实现企业战略目标的动态调节过程。战略控制的目的主要是控制战略失效,确保战略目标的有效实现。具体体现在以下两个方面:一是保证战略方案的正确实施;二是检验、修订、优化原定战略方案。

(2) 战略失效

按在战略实施过程中出现的时间顺序,战略失效可分为早期失效、偶然失效和晚期失效三种类型。把失效率在战略实施不同阶段上所表现出来的上述特征画成曲线,就形成了形似浴盆的"浴盆曲线",如图10-1所示。

一项战略开始实施时,就有可能遇到早期失效。实践表明,大量的战略实施早期失效率特别高,这是因为新战略还没有被员工理解和接受,或者实施者对新的环境、工作不适应。战略控制时必须考虑效果的"延滞效应"。

度过早期失效后,工作步入正轨,战略进入平稳发展阶段。这时可能会出现战略偶然失效,以"浴盆曲线"的盆底部分表示。偶然失效是指在战略的平稳实施阶段所出现的一些意外情况。当处于偶然失效时,战略决策者应该及时、慎重地处理,维持战略的平稳推进,一般战略偶然失效的概率比较低。

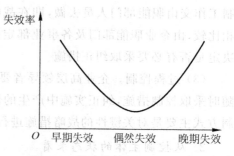

图 10-1 战略失效的"浴盆曲线"

随着时间的推移,由于外部环境的变化使得战略的实施受到了一定程度的阻碍,因而企业战略进入了晚期失效阶段。此时,战略决策者应该适应外部环境的变化,调整转移战略,积极创造条件推进战略。

2. 企业战略控制的作用

企业战略控制的作用体现在以下三个方面。

(1) 保证企业战略实施的有效性。在战略实施的过程中,企业通过战略控制,可以降低偏差程度,及时弥补战略方案的不足和缺陷,保证企业战略活动的方向性,科学实施战略资源的配置,确保企业战略目标顺利实现。

(2) 影响企业战略决策。企业战略控制的能力是企业战略决策的重要依据。企业战略控制能力强,企业领导就可以做出较为大胆的、风险较大的战略决策;反之,企业只能做出较为稳妥的战略决策。

(3) 促进企业文化建设。通过战略控制,可以发现企业文化建设方面存在的问题(如在企业经营理念、管理制度、企业行为等方面存在的问题),寻找问题的原因,加以解决和完善,从而促进企业文化建设。

10.1.2 战略控制的类型

1. 从控制时间来看

从控制时间来看,企业的战略控制可以分为事前控制、事后控制、过程控制三类。

(1) 事前控制。事前控制在战略实施之前,要设计好正确有效的战略计划,该计划要得到企业高层领导人的批准后才能执行,其中有关重大的经营活动必须通过企业领导人的批准同意才能开始实施,所批准的内容往往也就成为考核经营活动绩效的控制标准,这种控制多用于重大问题的控制,如任命重要的人员、重大合同的签订、购置重大设备,等等。事前控制是在战略行动成果尚未实现之前,通过预测发现战略行动的结果可能会偏离既定的标准。

(2) 事后控制。这种控制方式是在企业的经营活动之后,才把战略活动的结果与控制标准相比较,这种控制方式工作的重点是要明确战略控制的程序和标准,把日常的控制工作交由职能部门人员去做,即在战略计划部分实施之后,将实施结果与原计划标准相比较,由企业职能部门及各事业部定期地将战略实施结果向高层领导汇报,由领导者决定是否有必要采取纠正措施。

(3) 过程控制。企业高层领导者要控制企业战略实施中的关键性的过程或全过程,随时采取控制措施,纠正实施中产生的偏差,引导企业沿着战略的方向进行经营,这种控制方式主要是对关键性的战略措施进行随时控制。

2. 从控制主体的状态来看

从控制主体的状态来看,企业的战略控制可以分为避免型控制和开关型控制两类。

(1) 避免型控制。避免型控制即采用适当的手段,使不适当的行为没有产生的机会,从而达到不需要控制的目的。如通过自动化使工作的稳定性得以保持,按照企业的目标正确地工作;或者转移或放弃某项活动,以此来消除有关的控制活动。

(2) 开关型控制。开关型控制又称为行与不行的控制。其原理是:在战略实施的过程中,按照既定的标准检查战略行动,确定行与不行,类似于开关的开与止。

开关型控制的具体操作方式有多种。①直接领导:管理者对活动进行直接领导和指挥,发现差错及时纠正,使其行为符合既定标准。②自我调节:执行者通过非正式的、平等的沟通,按照既定的标准自行调节自己的行为,以便和作者配合默契。

开关型控制一般适用于实施过程标准化的战略实施控制,或某些过程标准化的战略项目的实施控制。

3. 从控制的切入点来看

从控制的切入点来看,企业的战略控制可以分为财务控制、生产控制、销售规模控制、质量控制和成本控制五种。

(1) 财务控制。这种控制方式覆盖面广,是用途极广的非常重要的控制方式,包括预算控制和比率控制等。

(2) 生产控制。生产控制即对企业产品品种、数量、质量、成本、交货期及服务等方面的控制,可以分为产前控制、过程控制及产后控制等。

(3) 销售规模控制。销售规模太小会影响经济效益,太大会占用较多的资金,也影响经济效益,为此要对销售规模进行控制。

(4) 质量控制。质量控制包括对企业工作质量和产品质量的控制。工作质量不仅包括生产工作的质量,还包括领导工作、设计工作、信息工作等一系列非生产工作的质量,因此,质量控制的范围包括生产过程和非生产过程的其他一切控制过程。质量控制是动态的,着眼于事前和未来的质量控制,其难点在于全员质量意识的形成。

(5) 成本控制。通过成本控制使各项费用降到最低水平,达到提高经济效益的目的,成本控制不仅包括对生产、销售、设计、储备等有形费用的控制,而且还包括对会议、领导、时间等无形费用的控制。在成本控制中要建立各种费用的开支范围、开支标准并严格执行,要事先进行成本预算等工作。成本控制的难点在于企业中大多数部门和单位是非独立核算的,因此缺乏成本意识。

综上所述,战略控制的类型见表 10-1。

表 10-1　企业战略控制的类型

分 类 标 准	分 类 类 型
控制时间	(1) 事前控制 (2) 事后控制 (3) 过程控制
控制主体的状态	(1) 避免型控制 (2) 开关型控制
控制的切入点	(1) 财务控制 (2) 生产控制 (3) 销售规模控制 (4) 质量控制 (5) 成本控制

10.1.3　战略控制的原则

"没有规矩,不成方圆。"做什么事情都要讲究原则,战略控制有五大原则,如图 10-2 所示。

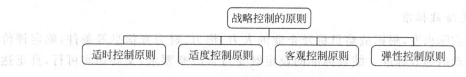

图 10-2　战略控制的原则

1. 适时控制原则

企业战略实施中对产生的偏差只有及时采取措施加以纠正,才能避免偏差的扩大,或防止偏差对企业不利影响的扩散。及时纠偏,要求战略管理人员及时掌握能够反映偏差产生及其严重程度的信息。纠正偏差的最理想时机是在偏差未产生以前,就注意到偏差产生的可能性,从而预先采取必要的防范措施,防止偏差的产生。

2. 适度控制原则

适度控制是指战略控制的范围、程度和频度要恰到好处。控制过多或控制不足均会带来消极的影响。控制常给被控制者带来某种不愉快,控制过多会影响被控制者的情绪,但是如果缺乏控制则可能导致组织活动的混乱。同时适度控制要求企业找出影响企业经营成果的关键环节和关键因素,并据此在相关环节上设立预警系统或控制点,进行重点控制。

3. 客观控制原则

控制工作应该基于企业的实际状况,采取必要的纠偏措施,或促进企业活动沿着原先的战略轨道继续前进。客观的控制来源于对企业经营活动状况及其变化的客观了解和评价。

控制过程中采用的检查、测量等技术和手段,必须能正确反映企业经营在时空上的变化程度和分布状况,准确地判断和评价企业各部门、各环节的工作与战略规划的要求相符或相背离程度,这种判断和评价的正确程度还取决于衡量工作成效的标准是否客观和恰当。

4. 弹性控制原则

弹性控制原则是指企业的战略控制应能根据实施过程中的变化做出相应的调整,即灵活性或弹性。企业在生产经营过程中经常可能遇到某种突发的、无法抗拒的变化,导致企业战略与现实条件严重背离。在这种情况下,有效的控制系统应该仍能发挥作用。

弹性控制要求制订合理的控制标准。例如,有效的预算控制应能反映经营规模的变化,应该考虑到未来的企业经营可能呈现出不同的水平,从而为代表经营规模的不同参数值相应规定不同的经营额度,使预算在一定范围内是可以变化的。

通常组织的目标是多重目标的组合,因此采取多重标准可以防止工作中出现做表面文章的现象,同时也能够更加准确地衡量实际工作和反映组织目标。

10.1.4　企业战略控制的内容

企业战略控制的内容包括以下几个方面。

1. 设定绩效标准

从企业实际出发,根据战略目标及企业的人力、物力、财力及信息等条件,确定评价企业战略活动的绩效标准。绩效标准的设定既要符合战略要求,又要切实可行,真正达到评价效果。

2. 偏差分析

通过科学的手段及方法,用设定的绩效标准评价企业的战略活动,从中发现偏差,并分析原因。

3. 设计纠偏措施

根据偏差分析的结果,采取相应措施纠正已有偏差,并预防同类偏差再次出现,以保证战略的顺利实施。

4. 监控外部环境

企业应密切关注外部环境的变化,预测可能出现的机会与威胁,为战略调整做好必要的准备。企业制订战略时,不可能把战略期内出现的各种情况都考虑周全,在战略实施过程中总会出现一些新情况、新问题。这些新的变化会对战略的实施产生很大的影响,因此,企业要关注外部环境的变化。

5. 激励控制主体

在战略实施的过程中,企业要充分调动广大员工的工作积极性,采取有效的激励措施,激励员工做好本职工作,积极参与企业管理,为企业发展作出贡献。

10.1.5　企业战略控制系统

1. 企业战略控制系统的组成

企业战略控制系统包括战略控制、业务控制和作业控制三个层次,如图 10-3 所示。

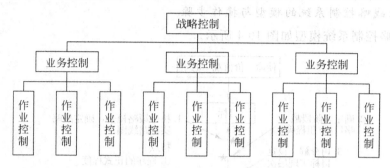

图 10-3　企业战略控制系统的组成

战略控制系统是指以企业高层为主的控制系统,主要关注外部环境变化和企业内部绩效;业务控制系统是指企业的业务部门及职能部门所实施的控制系统,主要关注本部门业务的战略进展与战略目标的匹配性;作业控制系统是指企业一线操作人员对其日常生产经营活动的具体控制,主要关注职责履行与作业目标的完成情况。

2. 企业战略控制系统的特征

（1）匹配性

企业战略控制的标准要与企业的长期目标和近期目标方向一致,这有利于整合企业的各种资源,保证企业战略目标、战略方案与战略活动匹配一致。

（2）激励性

战略控制系统要通过绩效评价,对完成工作任务的部门予以奖励,对于没有完成工作任务的部门实施必要的负激励,以降低偏差,保证战略目标的实现。

（3）预警性

战略控制系统不仅能检查问题,寻找偏差,而且有"早期预警"机能,能根据环境变化,预测可能遇到的风险和威胁,有助于做好危机管理工作。

3. 实现企业战略控制的条件

（1）科学的战略规划

企业战略规划是企业实施战略控制的依据。只有科学的战略规划,才能确保战略控制有章可循,保证战略控制的实效性。

（2）健全的组织结构

组织结构是实施战略控制的载体。健全的组织结构可以保证战略实施控制的系统性、科学性和可行性。组织结构越健全,战略控制的效果就越好。

（3）得力的领导

企业领导既是战略控制的主体,又是战略控制的对象,在企业战略控制中起着关键作用。得力的领导能发挥其在企业中的战略控制力,协调各方面的资源与关系,保证企业战略顺利实施。

（4）优秀的企业文化

企业文化是企业发展的灵魂。优秀的企业文化可以统一员工的思想和行为，保证企业行为的一致性，减少冲突与摩擦，增强企业合力，降低企业战略活动中的偏差。

4．企业战略控制系统的模型与操作步骤

企业战略控制系统模型如图 10-4 所示。

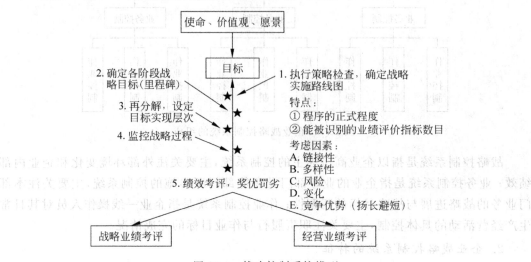

图 10-4　战略控制系统模型

企业战略控制系统的操作步骤有以下五步。

（1）执行策略检查。企业制订战略后，要制订战略执行方案，确保既定的战略被执行下去。要对战略执行情况进行控制，首先应该确定战略实施路线图，即战略执行的流程及每个流程的工作内容。

（2）根据企业的使命和目标，识别各个阶段业绩的"里程碑"（战略目标/阶段性目标），给诸如市场份额、品质、创新、客户满意等要素进行定量和定性。业绩"里程碑"具有如下特征：①它是在标出关键性的成功因素之后识别出来的；②它应当是长期目标的短期步骤；③它使管理者能监视行动（例如，是否启动了一个新项目）及其结果（例如，成功启动了项目）。

（3）设定目标的实现层次，不需要专门定量。将第（2）步设定的里程碑式的战略目标再进一步分解为更细的可以执行的目标，目标必须合理准确，体现为各个部门或者员工的工作绩效标准，最好能将目标具体化为员工的行动。这类目标体现为竞争的基准是与竞争有关的对策。

（4）正式监控战略过程。战略实施的过程中，管理人员要对照目标，监控各层目标的完成情况，找出差距，尽量分析出形成差距的原因，并形成监控报告。监控报告不像财务报告披露那么频繁。

（5）奖励和采取纠正措施。在生产经营活动中，一旦企业判断出外部环境的机会或威胁可能造成的结果，则必须采取相应的纠正或补救措施。当然，当企业的实际效益与目标出现了很大的差距时也应及时采取纠正措施。对完成战略目标的部门和员工,要及时奖励。虽然有些企业在年终奖的计算中应用对战略业绩的计量,但在大多数系统中,战略目标的实现和奖励制度之间的关系并不明显。

除了正式的战略控制系统,还有很多明确的战略目标或里程碑并未被确定为管理控制程序中的一部分而受到约束和正式监控。这种非正式性能增强灵活性,减少官僚主义,并促进开放性的交流。非正式的控制并不总是会起作用。

5. 构建战略控制系统时应考虑的因素及战略性业绩计量指标

战略控制系统的特点可以通过两个方面来反映:程序的正式程度和能被识别的业绩评价指标数目。控制系统应当是节约的、有意义的、简单的,适时地提供信息,有助于采取行动,提供发展趋势的定性信息的。

(1)构建战略控制系统时应考虑的因素

① 链接性。如果在重要机构之间架起沟通的桥梁,能够有效执行战略,那么应以避免破坏的方式进行合作。

② 多样性。如果系统具有多样性,要注意从多种策略控制系统中选择适合性较高的控制系统。

③ 风险性。高风险的企业战略决策可能会对整个企业不利。在高风险的企业战略控制系统中,需要包含较多性能标准,以便更容易地把可能存在的问题检测出来。

④ 变化性。企业战略控制系统应能迅速地应对战略控制系统的环境变化。

⑤ 竞争优势。为控制目标,要有目的地区分两个类型的业务,一是具有较弱竞争优势的业务;二是具有较强竞争优势的业务。

(2)战略性业绩计量

战略性业绩计量的特征是:

① 重点关注长期的事项,对大多数企业而言可能是股东价值。

② 有助于识别战略成功的动因,如企业是如何长期创造股东价值的。

③ 通过企业提高业绩来支持企业学习。

④ 提供的奖励基础是基于战略性的事项而不仅仅是某年的业绩。

确定战略性业绩计量指标的要求是:

① 战略性业绩计量指标必须与战略目标相一致。企业战略目标要能得到实现,必须层层分解,层层落实。各个部门、各个管理层次执行战略的过程,只能用业绩评价指标来衡量,才能正确反映战略的执行情况。

② 战略性业绩计量指标必须有可计量性。不能计量的指标是没有可比性的。

③ 战略性业绩计量指标必须是被衡量的部门和人员可以接受的,能够反映企业的实际情况。

④ 必须能够持续计量。企业战略控制的过程不是一蹴而就的,战略的执行是长期的,因此衡量业绩的指标应该能够对执行的业绩进行重复的评价与衡量。

10.1.6 企业经营业绩的衡量

1. 企业经营业绩衡量的主要目的

(1) 企业经营业绩衡量是整体控制或者反馈控制系统的一部分,能够对必要的控制行为提供反馈。

(2) 企业经营业绩衡量是与利益相关者或群体沟通的重要组成部分。

(3) 企业经营业绩衡量与激励政策以及业绩管理系统紧密相关。

(4) 由于管理层追求获得评价为满意的业绩,这会增加管理层的动力。

2. 衡量企业经营业绩的不同观点

(1) 股东观。股东观认为企业应基于股东的利益而存在,应该把股东回报率作为企业业绩的指标。

(2) 利益相关者观。每个利益相关者在一定程度上都对该企业具有依赖性,他们会对企业做出相应的要求,这些要求很可能与其他利益相关者的利益相冲突。

(3) 关键性业绩指标。业绩指标既包括财务指标,又包括非财务指标。关键性业绩指标见表 10-2。

表 10-2 关键性业绩指标

活　　动	关键性业绩指标
市场营销	销售数量、毛利率、市场份额
生产	利用能力、质量标准
物流	利用能力、服务水平
新的生产发展	投诉率、回购率
广告计划	了解水平、属性等级、成本水平
管理信息	报告时限、信息准确度

3. 比较业绩

(1) 确定获取信息的途径。在评定经营业绩的过程中,必须获得准确可靠的评价信息。

(2) 对总体业绩的评价。在对企业总体业绩进行评价时,采用的方法主要有两种:一种方法是对比分析法,这种方法是将在一个时点上的衡量结果与相应时点的目标值进行比较;另一种方法是趋势分析法,这种方法是衡量一段时间内的业绩变化趋势。也可以将两种方法结合起来,衡量一段时间内的企业经营的总体绩效和发展趋势。

10.1.7 战略调整与变革

1. 企业战略的调整

为了纠正战略实施过程中出现的偏差,使实际效果与预期目标趋向吻合,对企业战略进行适时调整或变革是十分必要的。常见的战略调整有如下几种。

(1) 常规战略变化

常规战略变化是指企业为了吸引顾客或为产品确定位置,而在战略上采取的正常变化。通常这种变化是在原有战略基础上作出比较小的变动、调整。企业可以在正常经营活动中改变自己的广告、包装形式,使用不同的定价战略,甚至改变销售分配的方式来进行常规的战略变化。

(2)有限战略变化

有限战略变化是指企业在原有的产品系列基础上向新的市场推出新的产品时所需要作出的局部变化。由于产品更新的方式很多,这种变化的方式也较多。一般来讲,如果只是改变产品的形式,则不需要在生产和市场营销上做出很大的动作。如果产品中附有高新技术,则会对战略实施带来新的复杂问题。

(3)彻底的战略变化

彻底的战略变化是指企业的组织结构和战略发生重新组合等重大变化。这种变化有两种主要形式:一种是在同一行业里的企业之间形成联合或兼并时会出现这种变化。作为一个新的联合体,其不仅要求获得新的产品或市场,而且会遇到如何制订新的组织结构、形成新的企业文化等问题。另一种是企业自身发生重大变化。特别是企业进行多元化经营,企业管理者对下属经营单位采取联合或出售时会出现这种情况。

(4)企业转向

企业转向是指企业改变自己的经营方向。这种变化主要有两种形式:一是不同行业之间的企业进行联合和兼并时所发生的变化,这种变化的程度取决于行业之间的差异程度,以及新企业实行集中管理的程度。二是一个企业从一个行业中脱离出来,转到另一个新的行业中去。

2. 企业战略的变革

企业为了适应环境和在市场条件下生存而推行的战略变革有四种类型:

(1)技术变革。旨在使企业生产更有效率或增加产量。

(2)产品和服务变革。很大程度上影响了市场机会。

(3)结构和体系变革。使得企业运作的管理方法更加科学。

(4)人员变革。企业员工价值观、工作态度、技能和行为方式的转变,确保职工努力工作,完成企业目标。

10.2　企业战略控制的模型

企业战略控制的目标就是使企业战略实施的实际效果尽量符合战略的预期目标。为了达到这一点,战略控制过程可以分为四个步骤,即确定评价指标、评价环境变化、评价实际效果以及战略调整或变革。企业战略控制过程如图 10-5所示。

10.2.1　确定评价指标

战略控制过程的第一步就是确定企业战略目标实施效果的评价指标。这些指标既可以是定性的,也可以是定量的。但对不同的组织单位和不同的目标,应采取不同的评价指标。

图 10-5　企业战略控制模型

1. 公司经营业绩的评价指标

（1）投资收益率

投资收益率等于税前收入除以总资产，常用来测定企业综合效益，是衡量企业经营业绩的一般标准。投资收益率反映投资的收益能力。当该比率明显低于公司净资产收益率时，说明其对外投资是失败的，应改善对外投资结构和投资项目；而当该比率远高于一般企业净资产收益率时，则存在操纵利润的嫌疑，应进一步分析各项收益的合理性。

（2）附加价值指标

附加价值指标是近年来一些西方企业开始采用的评价企业经营成果的新指标，是以附加价值为基础考核企业经营业绩，并直接衡量企业对社会作出贡献的高低。它由以下两部分组成。

① 附加价值。附件价值是指企业产品的新增价值，用公式表示是：

$$附加价值＝销售收入－原材料成本－外购零部件成本$$

② 附加价值收益率，它等于税前净利除以附加价值。美国学者霍弗的初步研究表明，对于市场处于成熟或饱和阶段的多数产业来说，附加价值收益率趋向于稳定为 $12\%\sim18\%$。

（3）股东价值

股东价值是一定时期内分红和股份升值部分的总和，是股东财富。它可评价一个企业是否以超过股东要求的利润率增长。

（4）高层管理人员的评价指标

针对高层管理的人员的评价指标一般有投资利润率、资本收益率、每股赢利和股东价值等，用以评价整个企业的获利情况。但是，在具体操作中不应仅仅考虑利润方面的情况，还应考虑战略管理实践中其他方面的经营业绩。例如，高层管理人员是否建立了合理的长期和短期目标；是否制订出富有创新精神的战略；是否与业务经理人员密切合作，制订出切合实际的战略实施计划、程序和预算；为进行反馈，是否制订和采用了评价企业表现的衡量指标；在做出重大决策之前，是否向董事会提供了公司经营方面的信息；等等。

（5）关键表现域指标

关键表现域是指对企业战略的成功具有举足轻重作用的那些方面，它反映了企业的主要战略目标，是建立行之有效的、合理的控制系统的前提条件之一。例如，美国通用电气公司提出了八个关键表现域，并建立了相应的指标。

2. 事业部战略经营单位和职能单位经营业绩的评价指标

企业可以运用各种技术评估和控制事业部、战略经营单位和职能单位的经营业绩。如果企业由多个战略经营单位或事业部组成，可以使用多种与评估整个企业经营业绩一样的指标，如投资收益率、附加价值、股东价值等。但对于独立而特殊的职能部门，如研发部门，企业可以建立责任中心，以便对其进行专门的评价。

10.2.2 评价环境变化

由于环境变化，今天成功的战略并不意味着明天也一定成功，也正是由于环境的变化，使得战略实施的控制系统必不可少。当今评价环境变化的方法主要是因素评价法。

这种方法将企业内外部环境因素列出评价表,然后将战略实施之前的评价表与实施过程的评价表进行比较,如果内容不变,则企业战略管理者就不必采取调整措施;如果两个调整表的评价不同,则企业战略管理者要按照战略制订的过程重新考虑。

为了评价环境的变化状况,企业战略管理者应经常注意和回答以下问题。

① 企业内部的优势是否依然是优势?

② 企业是否有新的优势? 如果有,有哪些?

③ 企业内部的劣势是否依然是劣势?

④ 企业是否有新的劣势? 如果有,有哪些?

⑤ 企业外部的机会是否依然是机会?

⑥ 企业是否有新的机会? 如果有,有哪些?

⑦ 企业外部的威胁是否依然是威胁?

⑧ 企业是否有新的威胁? 如果有,有哪些?

10.2.3 评价实际效果

通过上述工作,基本上可以将企业战略实施的业绩实况和环境变化状况评价出来,接着将企业战略实施的实况与战略实施计划进行比较,确定两者之间的差距及形成差距的原因。一般来说,形成差距的原因主要有以下几点。

1. 环境变化

环境变化是一个非常直接且影响力极大的原因。

2. 短期化行为

短期化行为是指企业高层管理者仅以利润或投资收益率指标考核企业及下层单位,造成企业单纯追求短期效益,忽视长期使命,短期增加了利润,但却丧失了长期发展的潜力,使企业长远战略目标难以实现。

3. 目标移位

所谓目标移位,是指将帮助战略目标实现的经营活动本身变为目的,或者经营活动未能实现自己所要达到的目的,从而混淆了企业战略的目的和手段,导致整个企业经营业绩下降。目标移位有行为替代和次优化两种类型。

10.2.4 战略调整或变革

为了纠正战略实施过程中出现的偏差,使实际效果与预期目标趋向吻合,对企业战略进行适时调整或变革便十分必要。大量的实践表明,企业的成功或失败常常取决于管理者能否及时认识到需要进行战略调整的能力,一般而言,常见的战略调整有如下几种方法。

1. 常规战略变化

常规战略变化,是指企业为了吸引顾客为自己的产品确定位置,而在战略上采取的正常变化。企业可以在正常的生产经营活动中改变自己的广告、包装形式,使用不同的定价战略,甚至改变销售分配的方式来进行常规的战略变化。例如,企业根据不同的季节需求,通过广告宣传自己的产品可以满足不同需求的特性,并且制订适宜的价格,鼓励消费者购买。

2. 有限的战略变化

有限的战略变化,是指企业在原有的产品系列基础上向新的市场推出新的产品时只需要做出的局部变化。由于产品更新的方式较多,这种战略变化的形式也较多。一般来讲,如果只是改进产品的形式,则不需要在生产和市场营销上做很大的动作,但如果产品中附有高新技术,则会给战略实施带来新的问题。

3. 彻底的战略变化

彻底的战略变化,是指企业的组织结构和战略发生重新组合等重大变化。这种变化主要有两种形式:一种是在同一行业里的企业之间形成联合或兼并时会出现的变化;另一种是企业自身发生重大变化,特别是在多种经营企业中,企业管理高层如果对下属的经营单位采取大出大进的方式推进联合或出售时会出现的变化,这种变化便格外明显。

4. 企业转向

企业转向是指企业改变自己的经营方向。这种变化主要有两种形式:一种是不同行业之间的企业进行联合和兼并时所发生的变化;另一种是一个企业从一个行业中脱离出来,转到一个新的行业中所发生的变化。

10.3 企业战略控制的方法

企业战略控制方法主要有预算与预算控制法、杜邦分析法、平衡计分卡法、审计控制法。

10.3.1 预算与预算控制法的应用

1. 预算的重要性

常言道,"凡事预则立,不预则废"。全面预算管理已经成为现代化企业不可或缺的重要管理模式。它通过业务、资金、信息、人才的整合,明确适度的分权授权、战略驱动的业绩评价等来实现企业的资源合理配置并真实地反映出企业的实际需要,进而为作业协同、战略贯彻、经营现状与价值增长等方面的最终决策提供支持。就像美国著名管理学家戴维·奥利所指出的那样:全面预算管理是为数不多的几个能把组织的所有关键问题融合于一个体系之中的管理控制方法之一。

2. 预算的方法

(1)增量预算

新的预算使用以前期间的预算或者实际业绩作为基础来编制,在此基础上增加相应的内容。增量预算一般是以现有的成本费用水平为出发点,结合预算期业务量水平及有关降低成本的措施,调整有关费用项目而编制预算的方法。

增量预算的优点:①预算是稳定的,并且变化是循序渐进的;②经理能够在一个稳定的基础上经营他们的部门;③系统相对容易操作和理解;④遇到类似威胁的部门能够避免冲突；⑤容易实现协调预算。

增量预算的缺点：①它假设经营活动以及工作方式都以相同的方式继续下去；②不能拥有启发新观点的动力；③没有降低成本的动力；④它鼓励将预算全部用光以便明年可以保持相同的预算；⑤它可能过期，并且不再和经营活动的层次或者执行工作的类型有关。

（2）零基预算

零基预算方法是指在每一个新的期间必须重新判断所有的费用。零基预算开始于"零基础"，需要分析企业中每个部门的需求和成本。零基预算不是以现有费用为前提，而是一切从零做起，从实际需要和可能出发，像对待决策项目一样逐项审议各种费用开支是否必须合理，进而综合平衡，从而确定预算成本的一种方法。

零基预算的优点：①能够识别和去除不充分或者过时的行动；②能够促进更为有效的资源分配；③需要广泛的参与；④能够应对环境的变化；⑤鼓励管理层寻找替代方法。

零基预算的缺点：①它是一个复杂的耗费时间的过程；②它可能强调短期利益而忽视长期目标；③管理团队可能缺乏必要的技能。

10.3.2　杜邦分析法的应用

1. 杜邦分析法的概念

杜邦分析法（DuPont Analysis）是基于财务指标的战略控制方法，它利用几种主要的财务比率之间的关系综合地分析企业的财务状况，从财务的角度评价企业绩效和战略实施的状况。具体来说，它是一种用来评价公司赢利能力和股东权益回报水平，从财务角度评价企业绩效的一种经典方法。杜邦分析法对应的杜邦分析图如图 10-6 所示。

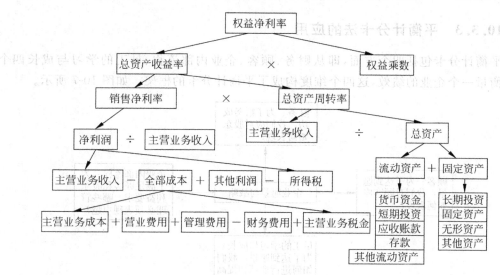

图 10-6　杜邦分析图

2. 杜邦分析法的基本思路

权益净利率，也称权益报酬率，是一个综合性最强的财务分析指标，是杜邦分析系统的核心。

$$权益净利率＝资产净利润率＋权益乘数$$

资产净利率是影响权益净利率的最重要的指标，具有很强的综合性，而资产净利率又取决于总资产周转率和销售净利率的高低。总资产周转率反映总资产的周转速度。对总资产周转率的分析，需要对影响资金周转的各因素进行分析，以判明影响公司资金周转的主要问题在哪里。销售净利率反映销售收入的收益水平。扩大销售收入，降低成本费用是提高企业销售净利率的根本途径，而扩大销售，同时也是提高总资产周转率的必要条件和途径。

权益乘数表示企业的负债程度，反映了公司利用财务杠杆进行经营活动的程度。资产负债率高，权益乘数就大，这说明公司负债程度高，公司会有较多的杠杆利益，但风险也高；反之，资产负债率低，权益乘数就小，这说明公司负债程度低，公司会有较少的杠杆利益，但相应所承担的风险也低。

3. 杜邦分析法的步骤

（1）从权益净利率开始，根据会计资料（主要是资产负债表和利润表）逐步分解计算各指标。

（2）将计算出的指标填入杜邦分析图。

（3）逐步进行前后期对比分析，也可以进一步进行企业间的横向对比分析。

4. 杜邦分析法的局限性

从企业绩效评价的角度来看，杜邦分析法只包括财务方面的信息，不能全面反映企业的实力，有很大的局限性，在实际运用中需要加以注意，必须结合企业的其他信息加以分析。

10.3.3 平衡计分卡法的应用

平衡计分卡包括四个方面，即从财务、顾客、企业内部流程、员工的学习与成长四个维度衡量一个企业的绩效，这四个维度构成了平衡计分卡的框架。如图10-7所示。

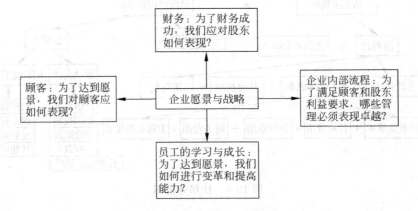

图 10-7 平衡计分卡结构

平衡计分卡将企业的愿景与使命和企业战略转换成了企业具体的衡量指标，代表了企业外部环境与企业内部管理两种指标之间的平衡状态，天平的一边是有关股东和顾客的外界指标,另一边是有关企业流程、创新能力、学习与成长的内部指标;它也代表了过去与未来两种指标之间的平衡状态,天平的一边是衡量企业过去努力的成果的指标,另一边是驱动企业未来绩效的指标;它也代表了客观与主观两种指标之间的平衡状态,天平的一边是客观的、容易量化的成果指标,另一边是主观的、带有判断色彩的绩效驱动的指标。

平衡计分卡中的目标和评估指标来源于组织战略,它把组织的使命和战略转化为有形的目标和衡量指标。

平衡计分卡中顾客角度方面,管理者们确认了组织将要参与竞争的客户和市场部分,并将目标转换成一组指标。如市场份额、客户留住率、客户获得率、顾客满意度等。

平衡计分卡中的内部流程方面,为吸引和留住目标市场上的客户,满足股东对财务回报的要求,管理者需关注对客户满意度和实现组织财务目标影响最大的那些内部流程,并为此设立衡量指标。指标主要有产品质量、完成订单时间、生产率等。

平衡计分卡中的创新与学习方面确认了组织为了实现长期的业绩而必须进行的对未来的投资,包括对雇员的能力、组织的信息系统等方面的衡量。指标有新业务收入、员工满意度等。

平衡计分卡的财务方面列示了组织的财务目标,并衡量战略的实施和执行是否在为最终的经营成果的改善作出贡献。主要指标有投资回报率、利润率、现金流量等。

10.3.4　审计控制法的应用

审计是客观地获取企业有关经济活动的结果,评价结果与预期标准之间的符合程度,并将结果报知有关方面的过程。审计过程着重于对企业的财务结果进行审核,以及判断这些论断是否符合实际。

按照审计的对象不同,把审计分为财务审计和管理审计;根据审计主体的不同,可把审计分为外部审计和内部审计。

1. 财务审计

财务审计是以财务活动为中心,以检查和核实账目、凭证、财物、债务以及结算关系等为主要手段,以判断财务报表中各项记录正确无误、合理合法的控制方法。财务审计在控制支出的合理性、保护本单位财产、严格管理会计工作、改进本单位的财务状况等方面具有积极的作用。

2. 管理审计

管理审计是一个工作过程,它以管理原理作为评价准则,系统地考察、分析和评价一个组织的管理水平和管理成效,进而采取措施克服存在的缺陷或问题。管理审计的目标不是评价个别主管人员的工作质量和管理水平,而是从系统的观点出发去评价一个组织整个管理系统的管理质量。

3. 内部审计

内部审计简称内审,是由单位内部审计部门或人员进行审计的过程。内部审计由于情况熟悉,一方面能针对本单位情况加强监督、审核;另一方面还能提出有关建议以利于加强控制。内部审计应加强制度化、经常化建设，以充分发挥审计部门和人员的作用。内部审计人员除了使本身确实弄清楚会计账户是否反映实际之外，还要对政策、程序、职权行使、管理质量、管理方法的效果、专门问题以及经营的其他方面做出评价。

4. 外部审计

外部审计简称外审，是由外单位的审计机构和专业人员对本单位的财务和管理进行审计的过程。外部审计实际上是对企业内部虚假、欺骗行为的一个重要而系统的检查，因此起着鼓励诚实的作用。由于知道外部审计不可避免地要进行，企业就会努力避免做那些在审计时可能会被发现的不光彩的事。

本章小结

一个完整的战略管理过程就必须具有战略控制环节，以保证实际的成果符合预先制订的目标要求。企业战略控制是指将预定的战略目标与实际效果进行比较，检测偏差程度，评价其是否符合预期目标要求，发现问题并及时采取措施以实现企业战略目标的动态调节过程。

企业战略控制的作用包括：保证企业战略实施的有效性、影响企业战略决策、促进企业文化建设。企业战略控制的内容包设定绩效标准、偏差分析、设计纠偏措施、监控外部环境、激励控制主体。企业战略控制的方法主要有预算、审计和个人现场观察。

企业战略控制系统包括战略控制、业务控制和作业控制三个层次。企业战略控制系统的特征有匹配性、激励性和预警性。企业战略控制过程可以分为四个步骤，即确定评价指标、评价环境变化、评价实际效果以及战略调整或变革。企业战略控制方法主要有预算与预算控制法、杜邦分析法、平衡计分卡法、审计控制法。

思考与练习

一、名词解释

战略控制　战略控制系统　杜邦分析法　平衡计分卡法

二、简答题

1. 什么是企业战略控制，其内容有哪些？
2. 企业战略控制系统的特征有哪些？
3. 实现企业战略控制的条件有哪些？
4. 简述企业战略控制的方法。
5. 简述企业战略控制的过程。

三、案例分析

案例一

海天集团战略调整

人们记忆中的海天冰茶是 1993 年以一个供销社为基础发展起来的饮料巨头，初期发展迅猛。1995年,海天冰茶销售额达到5000万元。1996年,这个数字骤然升至5个亿,翻了10倍。在市场销售最高峰的1998年,海天冰茶的销售额达到了30亿元。短短几年间,海天集团一跃成为中国茶饮料市场的龙头老大。

海天集团的成功引来了众多跟风者的竞争。康师傅、统一、可口可乐、娃哈哈等一群"冰红茶"、"冰绿茶"相继出现在消费者面前。海天冰茶的独家生意很快就被分食、弱化了。2001年,海天的市场份额从最初的70%跌至30%,销售额也随之大幅下降。

伴随着产品先行者的优势被削弱,管理上的问题也越来越多地暴露出来。据介绍,在渠道建设方面,不论进入哪一个城市,不论什么职位,海天集团都从本地派遣人马。但是,管理这些网点的制度规范却很滞后,总部与网点之间更多的是激励机制,少有约束机制。

海天集团实行按照回款额考核工作业绩的制度。有报道说,有些从集团派出的业务人员为了达到考核要求,私自和经销商商定:只要你答应我的回款要求,我就答应你的返利条件;可以从集团给你要政策,甚至允许你卖过期产品。更有些业务人员,主要精力除了用于催款和许诺,就是和经销商一起坑骗海天集团。

面对如此严峻的形势,海天集团开始了变革。变革的力度可以用"大破大立"来形容。

第一步是企业高层大换血。目标是将原来粗放、经验主义的管理转为量化、标准化管理。集团引进了三十多位博士、博士后和高级工程师,开始接手战略管理、市场管理、品牌策划和产品研发方面的工作。

第二步是把一千多名一线的销售人员重新安排到生产部门,试图从平面管理向垂直管理转变。集团总部建立了物流、财务、技术三个垂直管理系统,直接对大区公司进行调控,各大区公司再对所属省级公司进行垂直管理。这样的人员调动是集团成立八年来最大的一次。

第三步是把集团的组织结构重新划分为五大事业部,包括饮料事业部、冰茶红酒事业部、茶叶事业部、资本经营事业部和纺织及其他事业部,实现多元化经营。令人意想不到的是,大刀阔斧的变革并没有让产品的市场表现有所好转,相反,组织内部却先乱了起来。

在"空降兵"进入集团并担任要职后,新老团队之间的隔阂日益加深。由于公司最初没有明确的股权认证,大家都不愿意自己的那一份被低估,元老们心里想的是"当初我的贡献比你多",而新人则认为"今天我的作用比你大"。同时,一千多名一线业务人员被调回生产部门,不仅关系到个人利益的重新分配,而且关系销售渠道的稳定性和持续性。于是,矛盾不可避免地尖锐起来,企业出现了混乱。自2001年,如日中天的海天集团开始明显地滑落,2002年下半年,海天集团停止销货。一度风光无限的"海天"渐渐成为人们脑海中的一个回忆。

(资料来源:王昶.战略管理:理论与方法.北京:清华大学出版社,2010)

思考:

(1)结合案例材料,分析海天集团进行战略调整的动因。

(2)你认为海天集团战略调整失败的原因有哪些?

案例二

美国杜邦公司的组织结构变革

美国杜邦公司是目前最大的跨国化学公司。自建立至今公司组织结构历经变革,这一过程大致分为五个阶段。

1. 单人决策

1802年,法国贵族出身的杜邦兄弟——伊雷内和维克托在美国特拉华州创立了杜邦火药厂,由于美国战争对火药的大量需求,企业得到了迅速发展。在整个19世纪,杜邦家族都推行的是凯撒式单人决策。这是因为:

(1) 公司实行单一产品经营战略;

(2) 公司处于规模扩张的初期;

(3) 公司产品有稳定的市场份额。

2. 集团式经营

19世纪末至20世纪初,华特·杜邦在公司濒临危机时走马上任,他抛开了单人决策模式,精心设计了集团式经营的管理体制。其主要特点是:

(1) 高度集权,垂直领导;

(2) 横向按职能分工,进行部门化设置;

(3) 设立了执行委员会,其是公司最高的管理机构。

3. 多分部体制

杜邦公司在第一次世界大战期间大幅度扩张,给公司组织结构带来巨大挑战,为提升效率,建立更有弹性的组织结构,1920年杜邦公司创建了多分部组织结构。其特点是:

(1) 按产品种类和职能分工设立分部;

(2) 总部采取分权策略,分部经理可以独立自主地决策;

(3) 公司高层摆脱了日常经营事务,把注意力转移到战略层面;

(4) 公司开始多角化经营。

4. "三头马车式"体制

20世纪60年代,市场竞争异常激烈,杜邦公司融资困难,股价大跌,许多专利权相继到期。这时,第十一任总裁科普兰果断推行国际化竞争战略,以开拓新的利润来源。在新战略的指引下,公司组织结构被迫变革。1967年,科普兰把总经理和财务委员会议议长二职让给非杜邦家族的专家来担任——这可是史无前例的,而科普兰专任董事长一职,从而形成了"三头马车式"的组织体制,成为管理大企业的"有效的富有专业精神的管理工具"。

5. 多角化经营的组织结构

20世纪末,杜邦公司为减少投资风险、保持均衡的投资利润率,其经营触角延伸至房地产、金融保险、媒体等产业,因此,杜邦公司采用了多维立体的组织结构。其特点是:

(1) 母公司通过股权纽带控制各子公司;

(2) 母公司的行政机构十分精练,从事各种生产经营职能的部门都设置于子公司内;

(3) 母公司不干预各部门的具体经营管理活动,只负责分配资源,利润核算,绩效考评。

(4) 部门设置可按照管理职能、产品种类、地域区间三维划分。

（5）这一时期推行的是开拓型（风险型）战略，相应的组织结构有一定的柔性特征。

（资料来源：刘平.企业战略管理——规划理论、流程、方法与实践.北京：清华大学出版社,2011）

思考：

（1）杜邦公司组织结构变革的原因有哪些？

（2）此案例对你有何启示？

四、实训题

1. 每个组选择一个熟悉的公司,深入到企业中去,调查该企业如何进行战略控制。

（1）实训目的与内容

通过小组合作,增强学生对战略控制的掌握程度,提升调查、分析能力。

（2）实训组织

① 以个人为单位,参加专业班级的实践性教学实习活动。

② 以 3～4 人为一个实训小组,进行讨论研究、分析探索。

③ 个人撰写实践性教学实习工作 3000 字总结一份。

④ 班级发言交流。

（3）实训要求

① 在学习本项目内容的基础上,能收集被分析企业的有用资料。

② 认真分析资料,了解企业实施的是什么战略,战略目标是什么,企业如何控制战略的实施。

③ 针对公司的战略控制,小组讨论,给出建议。

④ 写出调研报告。

（4）成绩评定

① 资料占 50%。

② 实习总结占 50%。

2. 每个组选择一个熟悉的公司,深入到企业中去,调查该企业如何进行质量控制。

（1）实训目的与内容

通过小组合作,增强对质量控制的掌握程度,并提升调查、分析能力。

（2）实训组织

① 以个人为单位,参加专业班级的实践性教学实习活动。

② 以 3～4 人为一个实训小组,进行讨论研究、分析探索。

③ 个人撰写实践性教学实习工作 3000 字总结一份。

④ 班级发言交流

（3）实训要求

① 在学习本项目内容的基础上,能收集被分析企业在质量控制方面的有用资料。

② 认真分析资料,了解企业进行质量控制时是从哪些方面进行的,效果如何。

③ 针对公司的质量控制的措施和工具,小组讨论,给出建议。

④ 写出调研报告。

（4）成绩评定

① 引用资料占 50%,考查战略控制方法的熟悉程度。

② 内容占 50%,考查分析实际问题的应用能力。

参考文献

[1] 魏江. 企业战略管理——理念、方法与案例[M]. 杭州：浙江大学出版社，2013.

[2] 杨增雄. 企业战略管理——理论与方法[M]. 北京：科学出版社，2013.

[3] 宿春礼，H. Fred. 全球顶级企业通用的 9 种战略管理方法[M]. 北京：光明日报出版社，2013.

[4] 内皮尔，赛德尔，沙南汉. 战略规划的高效工具与方法[M]. 屈云波，武魏巍，杨凤妍，译. 北京：企业管理出版社，2013.

[5] 刘平. 企业战略管理——规划理论、流程、方法与实践[M]. 北京：清华大学出版社，2011.

[6] 王昶. 战略管理：理论与方法[M]. 北京：清华大学出版社，2010.

[7] 刘平. 战略管理：流程、方法与工具[M]. 北京：机械工业出版社，2011.

[8] 方少华. 战略咨询——方法、工具与案例[M]. 2 版. 北京：经济管理出版社，2012.

[9] 唐东方. 战略绩效管理：步骤·方法·案例[M]. 北京：中国经济出版社，2012.

[10] 陈国生. 现代企业管理案例精析[M]. 北京：对外经济贸易大学出版社，2008.

[11] 唐东方. 战略规划三部曲：方法·实务·案例[M]. 2 版. 北京：中国经济出版社，2013.

[12] 科利斯，蒙哥马利. 公司战略：一种以资源为基础的方法[M]. 2 版. 大连：东北财经大学出版社，2011.

[13] 赵学涛，於方，马国霞. 战略环评和费用效益分析方法在环境规划中的应用[M]. 北京：中国环境科学出版社，2012.

[14] 威廉·P. 安东尼，K. 米歇尔·卡克马尔，帕梅拉·L. 佩雷威. 人力资源管理：战略方法[M]. 赵玮，等，译. 北京：机械工业出版社，2012.

[15] 刘宝宏. 企业战略管理[M]. 大连：东北财经大学出版社，2012.

[16] 尚芳. 企业战略管理[M]. 北京：教育科学出版社，2013.

[17] 谭开明，魏世红. 企业战略管理[M]. 2 版. 大连：东北财经大学出版社，2010.

[18] 秦远建. 企业战略管理[M]. 北京：清华大学出版社，2013.

[19] Michael A. Hitt，R. Duane Lreland，Robert E. Hoskisson，吕巍. 企业战略管理[M]. 北京：机械工业出版社，2010.

[20] Jeffrey S. Harrison，Caron H. St. John. 战略管理精要[M]. 陈继祥，译. 大连：东北财经大学出版社，2013.